"十一五"国家重点图书出版规划项目   大连市软科学资助出版项目

国家社会科学基金项目（05BSH021）

21世纪

科技与社会发展丛书

（第一辑）

丛书主编 徐冠华

劳动力市场性别歧视
与社会性别排斥

张抗私 ／著

科学出版社

北京

内 容 简 介

　　劳动力市场性别歧视和社会性别排斥是一个世界性的问题，千百年来，两性从未有过真正意义上的平等，女性在经济上被歧视、被剥夺，在社会上被压抑、被排斥。两性劳动者在生理和心理上存在差异，其经济和社会行为也有所不同。尽管如此，这些差异都不能成为歧视或排斥女性劳动者的理由。生产力在不断发展，文明在不断进步，观念亦需要随之更新。本书基于经济学和社会学的交相论证，对性别歧视和排斥的市场及社会根源、深远影响进行了透彻的剖析，并对抵制不平等等问题提出了积极的改良建议，具有极强的理论和现实意义。

　　本书适合经济学、社会学等相关专业的高校师生和科研工作者阅读。

图书在版编目（CIP）数据

　　劳动力市场性别歧视与社会性别排斥／张抗私著. —北京：科学出版社，2010.5

　　（21世纪科技与社会发展丛书）

　　ISBN -978-7-03-027140-2

　　Ⅰ.①劳…　Ⅱ.①张…　Ⅲ.①劳动市场 - 性别 - 研究 - 中国 ②男女同工同酬 - 研究 - 中国　Ⅳ.①F249.213

　　中国版本图书馆 CIP 数据核字（2010）第 057004 号

丛书策划：胡升华　侯俊琳

责任编辑：郭勇斌　陈　超　苏雪莲／责任校对：钟　洋

责任印制：赵德静／封面设计：黄华斌

编辑部电话：010 - 64035853

E-mail：houjunlin@ mail. sciencep. com

科 学 出 版 社 出版

北京东黄城根北街 16 号

邮政编码：100717

http://www. sciencep. com

中国科学院印刷厂 印刷

科学出版社发行　各地新华书店经销

*

2010 年 5 月第　一　版　开本：B5（720×1000）

2010 年 5 月第一次印刷　印张：17 1/2

印数：1—2 500　　字数：33 000

定价：56.00 元

（如有印装质量问题，我社负责调换）

总　序

　　进入 21 世纪，经济全球化的浪潮风起云涌，世界科技进步突飞猛进，国际政治、军事形势变幻莫测，文化间的冲突与交融日渐凸显，生态、环境危机更加严峻，所有这些构成了新世纪最鲜明的时代特征。在这种形势下，一个国家和地区的经济社会发展问题也随之超越了地域、时间、领域的局限，国际的、国内的、当前的、未来的、经济的、科技的、环境的等各类相关因素之间的冲突与吸纳、融合与排斥、重叠与挤压，构成了一幅错综复杂的图景。软科学为从根本上解决经济社会发展问题提供了良方。

　　软科学一词最早源于英国出版的《科学的科学》一书。日本则是最早使用"软科学"名称的国家。尽管目前国内外专家学者对软科学有着不同的称谓，但其基本指向都是通过综合性的知识体系、思维工具和分析方法，研究人类面临的复杂经济社会系统，为各种类型及各个层次的决策提供科学依据。它注重从政治、经济、科技、文化、环境等各个社会环节的内在联系中发现客观规律，寻求解决问题的途径和方案。世界各国，特别是西方发达国家，都高度重视软科学研究和决策咨询。软科学的广泛应用，在相当程度上改善和提升了发达国家的战略决策水平、公共管理水平，促进了其经济社会的发展。

　　在我国，自十一届三中全会以来，面对改革开放的新形势和新科技革命的机遇与挑战，党中央大力号召全党和全国人民解放思想、实事求是，提倡尊重知识、尊重人才，积极推进决策民主化、科学化。1986 年，国家科委在北京召开全国软科学研究工作座谈会，时任国务院副总理的万里代表党中央、国务院到会讲话，第一次把软科学研究提到为我国政治体制改革服务的高度。1988 年、1990 年，党中央、国务院进一步发出"大力发展软科学"、"加强软科学研究"的号召。此后，我国软科学研究工作体系逐步完善，理论和方法不断创新，软科学事业有了蓬勃发展。2003～2005 年的国家中长期科学和技术发展规划战略研究，是新世纪我国规模最大的一次软科学研究，也是最为成功的软科学研究之一，集中体现了党中央、国务院坚持决策科学化、民主化的执政理念。规划领导小组组长温家宝总理反复强调，必须坚持科学化、民主化的原则，最广泛地听取和吸收科学家的意见和建议。在国务院领导下，科技部会同有关部门实现跨部门、跨行业、跨学科联合研究，广泛吸纳各方意见和建议，提出我国中长期科技发展总体思路、目标、任务和重点领域，为规划未来 15 年科技发展蓝图做出了突出贡献。

在党的正确方针政策指引下，我国地方软科学管理和研究机构如雨后春笋般大量涌现。大多数省、自治区、直辖市政府，已将机关职能部门的政策研究室等机构扩展成独立的软科学研究机构，使地方政府所属的软科学研究机构达到一定程度的专业化和规模化，并从组织上确立了软科学研究在地方政府管理、决策程序和体制中的地位。与此同时，大批咨询机构相继成立，由自然科学和社会科学工作者及管理工作者等组成的省市科技顾问团，成为地方政府的最高咨询机构。以科技专业学会为基础组成的咨询机构也非常活跃，它们不仅承担国家、部门和地区重大决策问题研究，还面向企业提供工程咨询、技术咨询、管理咨询、市场预测及各种培训等。这些研究机构的迅速壮大，为我国地方软科学事业的发展铺设了道路。

软科学研究成果是具有潜在经济社会效益的宝贵财富。希望"21 世纪科技与社会发展丛书"的出版发行，能够带动软科学的深入研究，为新世纪我国经济社会的发展做出积极贡献。

程冠华

2009 年 2 月 11 日

第一辑序

　　随着经济与社会的发展，软科学研究的体系和成果为经济与社会发展的科学决策提供了重要支撑。"21 世纪科技与社会发展丛书"的出版，旨在充分挖掘国内地方软科学研究的优势资源，推动软科学研究及其优秀成果的交流互补和资源共享，实现我国软科学研究事业的健康发展，为我国经济与社会发展的科学决策做出积极贡献。

　　大连市有着特殊的地缘位置，地处欧亚大陆东岸、辽东半岛最南端，东濒黄海，西临渤海，南与山东半岛隔海相望，北依东北平原，是东北、华北、华东及世界各地的海上门户，与日本、韩国、俄罗斯、朝鲜等国往来频繁。作为著名的港口、贸易、工业、旅游城市，大连市的经济社会发展对于东北地区、全国乃至整个东北亚地区都有着重要的战略意义。这个大背景为大连市软科学的发展提供了肥沃的土壤，同时大连市还拥有众多大学、科研院所及高水平的科研队伍，因此，大连市发展软科学有着得天独厚的优越条件。近年来，大连市的软科学事业发展很快，已经在产学研合作、自主创新、体制改革、和谐社会建设、公共管理、交通运输、文化交流等领域，开展了深入而广泛的软科学研究，取得许多令人瞩目的成绩。

　　通过"21 世纪科技与社会发展丛书"的出版，大连市软科学研究的优秀成果及资源得到了科学整合。一方面，能够展现软科学事业取得的进步，凝聚软科学研究人才，鼓励多出高质量、有价值的软科学成果，为更多的决策部门提供借鉴和参考；另一方面，能够通过成果展示，加强与其他城市和地区软科学研究人员的沟通和交流，突破部门、地方的分割体制，改善软科学研究立项重复、资源浪费、研究成果难以共享的状况，有利于我国软科学研究的整体健康发展。

第一辑编委会

2009 年 2 月 11 日

前　言

　　劳动力市场性别歧视和社会性别排斥是一个世界性的问题。私有制产生之初，囿于生产力的发展水平，形成了"男主外女主内"的经济与社会的分工定势，性别社会角色由此被逐渐概念化并延续至今。千百年来，两性从未有过真正的平等，女性在经济上被歧视、被剥夺，在社会上被压抑、被排斥。传统文化影响力之强超越了生产力的发展，也超越了政治与社会的变迁，而人们对女性的偏见、歧视和排斥更是亘古不休。这是怎样的一个问题？它存在的弊端以及沿传的危害是什么？有什么办法能够规避这个问题？……所有的追问促成了本书的形成。

　　经济学的分析认为，性别差异与歧视不同，并不是所有的性别差异都是歧视，只有那些两性劳动生产率特征相同却得不到相同对待的情况才被称为性别歧视。市场性别歧视是一种偏好行为的结果，这种偏好在经济学看来有如商品，对它的"消费"需要支付"价格"。如果要减少或干脆消除性别歧视，最好的办法有两个：要么制定严格的反对性别歧视的法律及惩戒条款，以此提高歧视的"价格"，让那些偏见持有者"购买"不起歧视；要么制定保护女性的优惠政策，用以降低女性的雇用成本，使那些所谓理性的雇主不至于因为计较损益而差别地对待女性劳动者。

　　社会学的分析追本溯源，将文化习俗等背景视为性别社会定位的基础，把由社会性别偏见产生的市场歧视看做是一个合乎逻辑的自然结果。女性劳动者因为市场中的被动地位使得就业与发展十分艰难，因此她们积弱积贫，以至于不易进入富有资源的社会网络，也得不到社会资本的支持。再加上制度性别意识的薄弱与缺失，自然使女性劳动者被排斥在市场与社会的边缘。这甚至是一个恶性循环，打碎它，靠的是有公正心的政府，因为政府有足够的力量进行文化的引导、法制的建设和政策的激励。

不可否认，两性劳动者在生理和心理上存在差异，其经济和社会行为也有所不同。尽管如此，这些差别都不能成为歧视或排斥女性劳动者的理由。生产力在不断发展，文明在不断进步，观念亦需要随之更新。经济昌盛离不开有限资源的有效使用，女性劳动力是市场中不可或缺的宝贵要素，她们的坚韧、勤劳和同样优秀的智慧对市场经济有着卓越的贡献，因此歧视或排斥女性是不尊重效率的非理性行为。社会和谐离不开两性平等的社会参与，女性劳动者是社会成员中重要的另一半，她们担负着人类再生产的重任、承载着家庭的幸福及社会的稳定，因此压抑或排斥女性是阻碍社会发展的不明智之举。所有这些行为理应得到及时纠正，无论政府、雇主抑或我们自己，都有责任为消除市场性别歧视和社会性别排斥端正态度，并作出积极的努力。

经济学的逻辑是理解社会问题的一个独特视角，而社会学的规范研究更能够升华对经济问题的认识。针对劳动力市场性别歧视与社会性别排斥的研究，经济学与社会学的互为结合、交相弥证，一定会使理论的解释力更强。应该说，这是一个尝试，也是一个需要继续研究与探索的征程。

张抗私

2009 年 4 月 29 日

目　　录

第一章　绪　　论

社会排斥是 20 世纪 60~70 年代在法国出现的一个社会学概念①，指的是某些个人、家庭或社会群体因缺乏机会参与一些社会普遍认同的社会活动，而被边缘化或隔离的系统性过程。这个过程同时涉及经济、政治、社会和文化诸多方面。毋庸置疑的是，经济和社会资源占有的多寡决定了排斥和被排斥双方。就经济排斥而言，劳动力市场的参与或被隔离程度是其重要表现形式之一，而这其中重要的内容是性别排斥抑或性别歧视。社会性别歧视导致性别不平等，进而形成两性在经济和社会资源的占有、配置甚至是经济和社会地位上的绝对差异。两性间的种种不平等并没有增加市场的经济效率，也没有提高社会的福利水平；相反，女性群体因为在政治、经济及文化领域里的相对弱势而被边缘化的状态，导致经济资源的浪费惊人，社会缺乏稳定、和谐，并且矛盾重重。基于对这类问题的忧虑和思考，本书力图对劳动力市场性别歧视及社会性别排斥问题进行深刻剖析，论述其产生的根源、弊端以及不良影响，为改善女性劳动者的被动地位、建立高效的市场运行机制、实现平等祥和的社会目标提供理论研究和政策改良的依据。

第一节　市场性别歧视与社会性别排斥

在劳动力市场中，社会性别排斥以"性别歧视"和"性别隔离"最为典型，其主要表现为女性劳动者就业难、失业多、两性收入差距大、性别职业隔离、退休年龄性别差别、女性人力资本投资不足等歧视现象。作为经济学理论的解释，需要回答这些现象存在的市场原因。比如，这种行为的选择是否进行了成本和收益的比较，这种行为的结果是否具有效率。作为社会学理论的解释，需要介入社会制度、网络、文化及约定俗成等领域，以此补充那些看似违背经济规律却大行其道的行径的社会根源。针对市场中的性别歧视和社会上的性别排斥，经济学和社会学的交相弥证，力图进行一项新的研究，目的在于寻求消除不正当性别歧视

---

① 社会排斥概念最早由法国学者勒内·勒努瓦（Rene Lenoir）在 1974 年使用，在勒内的开创性研究中，他估计当年法国"被排斥"的人口占到法国总人口的 1/10，"这些人（受排斥者）包括精神和身体残疾者、自杀者、老年患者、受虐儿童、药物滥用者、越轨者、单亲父母、多问题家庭、边缘人、反社会的人和与社会不适应者"。摘自阿马蒂亚·森. 论社会排斥. 经济社会体制比较（双月刊），2005，（3）：1。

和社会性别排斥的途径及对策，增强社会的整合，趋近社会的公正。

劳动经济学研究的是劳动力市场的价格规律，而作为这个市场的主体，"买卖双方"率先发生的却是"人际关系"，无论是需求方厂商还是供给方劳动者，均不能回避约定俗成的个性以及由各种思想支配的主观能动性。因此，他们常常秉持顽固的偏好，甚至忘记了价格的存在，劳动力市场性别歧视行为即是这"利益最大化"规则中的另类。

不难解释劳动力市场的另类行为，因为这个市场本身就有别于产品市场和资本市场，除了受价格因素的作用外，它还更多地受制度性、社会性因素的影响。历史、文化和习俗的力量，潜移默化地"催生"了人们的价值观念，亦决定了人们在市场中的取舍。在市场的选择和决策过程中，雇用双方当然要问价和还价，自然也在不自觉中受到由观念而生的意识取向和效用最大化行为的左右。就供给方劳动者而言，家庭背景、父母的职业以及社会隶属的阶层对个人的职业选择幅度，甚至对劳动力市场上的流动性都具有十分重要的作用。在选择职业的过程中，能够跳出个人所属社会层面的可能性很小，这就使得劳动力市场形成了很多非竞争性的因素。由文化或习俗等历史原因还可能形成适当的角色概念，无形之中又分割了劳动力市场。比如，妇女被排斥在某个领域之外，职业被隔离开来。就需求方厂商而言，一方面它是资本的代表者，追寻最大可能的利益；另一方面它亦是社会人，有着同样观念的约束和由此决定的极具个人色彩的偏好行为。比如，性别倾向可能使它有意无意地在招聘、晋升和发展机会等方面特别地对待某一性别群体的劳动者，其结果就形成了两性在劳动力市场中地位和待遇的差别。问题是，这种差别在多大程度上影响了市场的出清能力？劳动力市场是否是非效率的或者在给定的条件下效率是否有所损失？劳动力市场的非效率或低效率对社会福利会有怎样的影响？笔者最早思考的问题，就是劳动力市场的价格机制与社会机制的关系问题，其中，这个市场更深厚的社会背景在价格体系中的作用引发了笔者极大的好奇。

女性是如何进退劳动力市场的？这个问题总是浸润着浓重的观念色彩。从经济学的角度看，首先，它是个供给问题。女性进入或退出劳动力市场，涉及女性劳动者自己的选择和决策。生理性别的特点以及"男主外，女主内"等观念上的束缚，使得女性传统地游离于市场之外，累经积历，她们也越发具有了家庭生产的比较优势。女性之所以进入劳动力市场，是因为生产力水平极大提高以后，市场的高工资增加了她们非市场性生产活动的机会成本。另外，生儿育女或其他不可避免的家庭原因又会迫使她们阶段性地退出劳动力市场。其次，它也是个需求问题。经济的发展使生产的可能性边界不断向外推延，消费者对产品的需求、厂商对劳动力的需求都在不断增加，男性劳动力的单纯供给早已不能满足市场的要求。由于刻板的社会性别角色概念，女性劳动者是在厂商们的"另眼相看"

之下进入劳动力市场的。当然，她们也是厂商可以用任何借口都能够辞退的"边际人"。在资料的索引和阅读过程中，笔者发现，实际上在决定女性进退劳动力市场的问题当中，最关键的是根深蒂固的"男重女轻"的观念和越来越分明的性别排斥。

歧视对歧视者与被歧视者的总收入有什么样的影响呢？如果歧视直接减少了被歧视者的收入，那么歧视者的收入会发生怎样的变化？假设劳动力市场歧视提高了歧视者的收入，那么"报复"性的歧视也符合被歧视者自身的利益，因为这也会提高他们的收入；假设劳动力市场歧视降低了歧视者自身的收入，那为什么歧视还能此起彼伏呢？美国经济学家加里·S. 贝克尔的《歧视经济学》，以"效用最大化、市场均衡和偏好稳定"为前提研究了歧视行为的经济结果，得出结论：歧视并非像人们通常认为的那样能够增加歧视者的收入，而是使歧视者和被歧视者同时蒙受损失。他断定，人类的一切活动都蕴涵着效用最大化的动机，最高的效用水平往往体现在偏好的最大限度的满足上。在贝克尔看来，歧视就是一种偏好。就像任何一种商品或劳务一样，对它的消费取决于收入和价格这样一些变量。歧视偏好者要维持歧视，或者说要"购买歧视"，就必须支付相应的费用。如果"购买歧视"者收入太低（歧视他人的资源太少、力量太弱），或者由于歧视带来的损失太大（满足偏好付出的成本，即歧视的价格太高），歧视者自然就会减少或干脆放弃歧视。反之，就会通过增加歧视、延续歧视来满足偏好，实现效用的最大化。歧视性雇主追求的是效用最大化而不是利润最大化。在一个竞争性的产品市场和劳动力市场上，最大化的利润是企业从所投入的资本中获得正常的收益，这也是企业最理性的选择。利润最大化企业（如非歧视性企业）将比歧视性企业获得更多的收益。竞争的力量将会惩罚那些歧视性的企业，使它的歧视偏好程度降低或者干脆持续不下去，除非企业的所有者愿意接受低于市场的利润水平或者正在受到某种强大力量的保护。

经济理论的方法别出心裁地表达了对性别歧视甚至更深刻的社会排斥行为的反对态度，提出了"市场力量会驱逐歧视"等合乎经济学逻辑的预测，但事实上，性别歧视并没有减少，歧视者也没有退出竞争的市场，而且劳动力市场中的性别歧视蔓延成了包括政治、文化和心理等诸方面的社会性别排斥。社会学从社会分工、网络、文化及社会性别等视角作出的论证为性别歧视存续的原因提出了令人信服的解释。自1950年以来，我国许多已婚妇女进入劳动力市场，她们主要在边缘性劳动力市场中从事服务和体力性的工作，工资水平普遍低于男性，在职业结构体系中处于低下层次，形成了劳动力市场的性别分割格局。劳动力市场中，妇女低工资、就业岗位性别分割和服务行业女性化等现实，不利于妇女的发展。与此同时，由于妇女进入劳动力市场，她们在家庭生活和社会生活中处于母亲或妻子与有酬劳动者双重矛盾角色的两难境地，进退维谷。实际上，市场机制在改善妇女福利状况中的作用是两方面的：一方面，劳动力市场为妇女参与社会生活和实现经济独立提供机会和途径，有助于实现男女平等；另一方面，市场机制和就业制度又是性别取向的，不仅无助于妇女解放和男女平等，而且还会恶化妇女在家庭和社会中的状况（刘继同，2003a）。因为人们在市场交换中所使用的资源以及对资源的占有存在一个平等与否的问题，当一种性别不均衡地控制了物质资源以及产生这些资源的经济生产过程时，这一性别就有能力控制两性间的关系，并将这些关系建构进性别不平等的系统，而力量软弱的性别则必须寻求讨价还价的策略以改善在经济权力中的弱势地位（Jnnathana，2001）。这个系统的主要内容就是社会性别排斥。

以社会排斥的视角研究劳动力市场中女性的地位和发展状况是一个崭新的领域。当对性别歧视和排斥这样具有强烈主观色彩行为的经济学分析尚有局限性时，社会学范式的系统研究就是一个重要的补充。因为要消除这项行为，除了等待经济规律的惩罚和"驱逐"之外，在社会学理论分析的基础上寻求社会对策，有助于增强社会整合和趋近社会公正。在市场经济中，劳动力市场是三大市场体系中极其重要的组成部分，劳动力市场的基本功能是配置劳动力资源，其有别于资本和商品市场的是，劳动力的市场交换并非一个纯粹的经济过程，它充满着各种社会因素，即嵌入社会结构之中，是受到社会现实限定的现象（石彤，2002）。性别歧视造成女性劳动者的就业权利和平等待遇难以实现，一部分人获利，而一部分人受损，劳动力市场效率低下。长此以往，女性被拒绝于劳动力市场的主流之外，不稳定的工作而非长期失业是社会排斥的主要成因（Castel，2000）。女性能力和经济收入因此而降低，这是社会性别排斥的开始，并逐渐变为社会排斥的主要形式。

本书提出了劳动力市场性别歧视和社会性别排斥的概念和分析框架，对研究中国女性群体的工作和生存状况有现实意义。性别歧视研究更多地针对市场中的就业及职场发展不平等，性别排斥研究有助于深入分析中国妇女问题和社会性别制度。通过对这两大问题的论证，说明在经济和社会体系中性别资源配置、性别关系以及它们与社会政治经济文化的联系。研究问题的目的是认识它并解决它，就本书的实质而言，是要解决或消除性别歧视与排斥，从而为两性共同携手创造社会融合提供理论佐证。

第二节　理论与实际研究现状

对劳动力市场性别歧视的分析，经济学界作了很多的尝试，其中以贝克尔的研究最为有影响。贝克尔以效用理论作依托，把性别偏见视为一种"嗜好"，而实现其满足必须付出相应的代价。因此，他的结论是：歧视会使歧视者与被歧视者双方的利益都受损，歧视者因为没有实现利润的最大化而迟早会被竞争的市场所淘汰。贝克尔的著作问世 5 年之内，没有经济学家研究同类问题。1962 年之后，经济学家研究弱势族群的论文和书籍的出版相对增多。时至今日，经济学界对歧视问题的分析已经不足为鲜，文献也汗牛充栋，但是除了资料和实证技巧渐为精进外，其基本方法还没有脱离贝克尔的模式。

在贝克尔以前，歧视问题一直是一个社会学、人类学、心理学问题，研究它的也主要是一些社会学家，如著名的戈尔顿、阿尔波特等。也曾有经济学家讨论过歧视问题，如缪尔达尔曾专门就美国的种族歧视问题写过著作。但是，认真地构造一个解释歧视的经济影响的经济学模型，贝克尔是第一人。性别歧视是许多领域都在不断研究的问题，而从经济学分析的角度进行研究则很少有人尝试。目前，经济学家们缺乏一种系统的用以解释多数群体与少数群体之间的经济差距的理论，缺少一种能够把对少数群体的歧视与对企业和职业的自由选择结合起来的理论。经济分析方法可以在很大程度上为理解社会和政治问题作出贡献，在对歧视的经济后果以及持续不绝的现状的研究方面，挽回经济学家的疏忽，补充心理学家和社会学家对歧视原因的分析，使之更加具有理论的解释力，才是这个领域可以继续深入下去的必由之路。

歧视首先和主要是一个社会问题，贝克尔的分析是对非货币变量进行定量分析的一项个案研究，是一种方法上的探索。歧视系数尤其是一个独特的构思，贝克尔对歧视这个社会问题定量分析的尝试，最终使他"……开始走应用经济学与社会问题的道路"，并且沿着"这条道路一直继续走到今天"。歧视是一种主观感觉，既然是人，就免不了有偏见或有歧视倾向，差别只在于程度大小。经济学的分析，是把歧视视为一项"物品"，对歧视的需求，必须支付代价，如果成本增加，则可以在一定程度上抑制歧视。市场歧视不仅直接影响经济，而且还作用于非市场的范畴。研究市场歧视行为，是为找出足够的理由，说明它给市场带来的效率损失和给社会带来的福利破坏，以此为消除歧视提供理论依据。实际上，市场歧视因强烈的观念而产生，而观念又走不出历史、文化和习俗的影子，无论经济学对歧视行为结果的研究得出怎样的结论，要排除市场歧视，不对这种观念的渊源进行分析显然是站不住脚的。而性别歧视行为一旦"走出市场"、"走出经济学范式"，那么在更广大的社会背景下所表现出来的就是一种性别排斥，即女性群体的边缘化。她们因此而疏离社会网络，难以积累其社会资本，积贫积弱。这个时候如果制度的约束还"含糊不清"，甚至没有相关的保护，那么这个群体从资源的贫弱到能力的贫弱就会逐渐形成并被定位。几千年的历史发展，物质文明惊人地跃进，而在经济和精神上，一个群体的被欺压、被剥夺却不曾得到改变。这与研究的不足、研究者发出的声音微弱有直接的关系。

无论是经济学抑或社会学，现在这个领域需要突破的难题还有以下几点。

其一，对就业和就业前后劳动力市场性别歧视的实证研究。包括：雇主歧视在垄断产业和竞争产业里的相对数量、成本、程度等比较；雇员歧视在工会化和竞争的劳动力市场里的相对数量、成本、程度；性别隔离和歧视的范围、强度、原因以及成本与收益；对女性的歧视以及女性在生产过程中的重要性，两者之间关系的深入探究；性别歧视以及受教育程度（人力资本投资）中的歧视研究。

其二，对劳动力市场中性别歧视的制度性要素的研究。包括：女性的相对报酬分析，对不利于所有弱势群体的歧视的讨论；非货币因素在职业选择、工作条件等方面的重要性。近年来，流行如下观点：强势群体之所以歧视弱势群体，是想压低弱势者的收入来提高强势者的货币所得。除政府和工会的歧视外，无工会的民营部门的勾结亦被强调。尽管没有任何人曾证明，数千家的厂商和数百万的劳工如何能成功地勾结在一起歧视弱势群体。但是，忽视歧视弱势群体的集体行动的范围和影响，也是在分析弱势群体的经济地位中尚待补足的议题。

其三，对家庭生产和劳动力供给行为的研究。一般来说，在家庭和社会中，女性的工作、生育和职责是随经济发展而变化的。为更好地理解这一点，需要认识到妇女地位的改变并不是因某些个别因素，而是来自于人类社会从仅能维持生存的经济向高技术社会缓慢进步的总转变。从家庭生产到商品和服务的专业化生产，经济发展是渐进的。这种专业化生产使我们有可能利用更好的技术、科学方法和日益完善的经济和社会的基础设施。随着经济的不断进步，自给自足的家庭生产在减少，家庭外的专业化企业为家庭生产越来越多的消费品。而且，在仅能维持生存的经济中，家庭成员彼此间的各种服务，包括身体保护、卫生保健和教育，正由公共社区或专业企业接管。在这个过程中，家庭的许多原始功能逐渐被剥夺。这种结果从根本上改变了家庭成员与外界的关系和成员彼此间的关系。当代社会由仅能维持生存的经济向完全专业化经济转变。即使在高度发达的工业化国家，家庭中主要由女性从事的商品生产和服务仍占整个工作时间的相当大的份额。在发展中国家，这种生产更加重要，并且在较少数的发达国家，它在整个商品生产和服务中占非常大的比重。因此，研究性别歧视，就不能忽视这些因素：在仅能维持生存的经济中，家庭组织的劳动分工和资源配置的公平性；从家庭经营到大规模经营；人力资本投资中的性别倾向性；出生率下降的原因；工资差异的各种决定因素。

其四，对性别歧视的社会学解释。贝克尔对所谓市场歧视系数的变量的考察，尽管揭示了某些现象之间的真实联系，但仍然不是对原因的探讨。歧视形成的原因是复杂多样的，事实上这些原因也不可能靠一两个简单的模型就能被揭示出来，因为这些模型本身不过是对有限的几个相互影响的变量之间关系的假定而已。在某种程度上，歧视的形成或者基于种族，或者基于性别，或者基于宗教，或者基于某种历史地形成的社会经济政治地位，而贝克尔所运用的那些变量，其实是已经存在的各种歧视发生作用的环境条件，这些条件的变化或者强化已有歧视并放大它的影响，或者弱化歧视并缩小它的影响。关于歧视的影响，贝克尔的确揭示了其中一个极其重要的方面，即歧视的经济后果。然而，歧视的影响并不只是经济的。在很大程度上，歧视的社会影响和心理影响可能更为重要。它既是许多被歧视的人产生挫伤感甚至自惭形秽的根源，也往往是导致某些反社会行为的直接原因，因此更需要心理学的分析和社会学的理解。

其五，对社会性别排斥的研究。动态的分析就是考察歧视随时间而发生的变化。时间的流逝总是伴随着其他一些变量的变化，而这又可能会改变歧视的量。这方面的研究尚显不足。女性劳动者职业地位的变化，从绝对量上来看，平均职业地位一直在稳定地随时间而上升，越来越多的女性劳动者进入了熟练和半熟练的职业，甚至是高新技术领域。然而，男性员工的平均职业地位也同样在上升。实际上，女性劳动者平均职业地位的上升，是由于某些共同的社会发展因素，如由教育的整体进步等引起的所有社会群体地位普遍上升，而不是那些仅仅使得女性劳动者地位上升的力量（如歧视的减弱）导致的。同时，对比的分析也还不足，女性劳动者的相对地位基本上随时间而有显著上升，但是，在某些地区或某些领域，女性劳动者的平均职业地位并没有变化，甚至还有所下降。其原因，正如贝克尔所言："看起来有可能的是，歧视的长期大幅减少并未发生。"[1] 受损的市场效率和流失的社会福利没有遏止性别歧视的行为，是因为受损的效率和流失的福利少以至于可以忽略不记？抑或歧视的观念强大，行为顽固，纵使有很大程度的效率和福利的损失，也必须无奈地面对？对这些问题的深究，需要对社会性别排斥进一步研究。经济歧视与社会排斥互为恶性循环是导致市场低效率和社会低福利行为得以延续的根源。

本书运用经济学理论研究市场中的性别歧视以及运用社会学理论研究社会性别排斥，力图解释女性群体经济和社会地位不高、资源和能力薄弱及广遭歧视和排斥的原因及其影响。相较于市场歧视，社会性别排斥是一个多维度的概念，其可以用来描述和概括女性所处的多种不利状况。社会性别排斥又是一个积累性的过程，遭受某一维度的社会排斥可能引发另一维度的社会排斥。社会性别排斥是市场性别歧视研究的重要补充，在这个更宽泛的视野里，性别歧视原因和影响的解释尤为有宽度和力度。社会性别排斥往往要触及施动者的作用，这自然就会有的放矢地研究相应的社会政策，使市场性别歧视的对策研究更进一步。

本书形式上以文献评述、实证分析及社会调查相结合为主，内容上采用经济学和社会学交相论证的方法。文献研究主要用于对比经济学和社会学关于社会排

---

[1] 转引自：陈光金，刘小珉. 新经济学的拓疆者——贝克尔评传. 太原：山西经济出版社，1998：57。

斥中的性别歧视研究。社会调查针对辽宁省30个主要城镇的女性就业、女大学生就业进行实地考察，得到的具体数据用以佐证劳动力市场性别歧视、社会性别排斥问题的研究。实证研究主要完成四项任务：①分别从经济学和社会学角度界定性别歧视及社会性别排斥的含义及其涉及的一般问题。初步认识市场性别歧视和社会性别排斥的具体表现及影响，初步论证歧视与排斥、经济和社会互为作用的结果。②指出社会性别排斥的主要形式，如就业歧视、两性收入差距扩大、性别职业隔离、退休年龄性别差距等的原因和影响。③分析各类性别排斥之间的关系，如社会排斥和劳动力市场分割、就业歧视与性别人力资本投资倾向、性别排斥与社会福利保障等相互作用机制。④比较和评价主要国家反社会排斥、反性别歧视的政策措施及制度安排，并提出积极的改良建议。

第三节　研究内容与结构

本书对社会性别排斥及其典型行为——性别歧视将作比较全面的研究，特别是以经济学和社会学相结合的方法，论证女性就业难问题、女性职业边缘化、男女工资差距、女性提前退休及女性劳动保障和相关权利保护缺失等问题。提出在公共领域建立中国女性社会保障制度，减轻经济领域性别歧视及更广泛领域里的社会性别排斥，还特别提出建立与法律规定并行的监督和惩罚机制，实现男女在经济和社会方面的实际平等建议。应该说，这些研究和建议均具有较好的应用价值和学术价值。

全书由八个部分组成。

第一章"绪论"。提出劳动力市场性别歧视及社会排斥的研究状况及现存问题，介绍本书的基本结构和内容，并阐述本书的尝试及不足之处。本书是笔者国家社会科学基金项目的研究成果，具体涉猎的问题也着眼于生活中的直接感受以及理论学习过程中产生的兴趣。而在围绕这个问题的文献检索及阅读中，笔者发现，相比于经济学和社会学，其他诸如女性学或法学等对性别歧视及社会性别排斥的研究都不乏真知灼见。用贝克尔的话说："该领域的研究极具发展前途。"这里蕴涵了太多值得探索的问题。

第二章"社会性别相关问题及其研究"。首先，阐述社会性别、性别差异、性别不平等、性别歧视及不同含义，论述性别歧视的经济学解释及表现。劳动力市场上有很多要素决定生产率的特征：教育水平、年龄、工作经验和工时数量，甚至还有研究者无法观察到或无法衡量出来的因素，如两性对从事市场或家务劳动的不同选择。男性和女性之间的平均工资报酬差距和职业分布不均衡，既有可能是因为他们之间的不同生产率特征所导致的，也有可能是因为他们虽然拥有相同的生产率特征但所获得的报酬却有所不同而引起的，其中，后一种差距的来源是劳动力市场中的性别歧视。性别歧视有广义和狭义两种解释：在社会各领域，甚至在人们的意识和理念中，对某一性别不公正或有差别地对待，为广义性别歧视；在劳动力市场中，对生产率相同的劳动者不公正或有差别地对待，为狭义性别歧视。其次，阐述社会性别排斥的含义。作为人类社会的一个痼疾，无论东、西方，无论广义还是狭义，性别歧视都有着深刻的历史文化渊源，性别偏见是一个亘古的、世界性的陈腐观念，这个观念使性别的社会角色得以定位。虽然各种文明进程的荡涤、理论的佐证以及法律的约束，在极大程度上修正了这种观念和做法，但是，无论在市场还是在社会中今天女性都被主流所排斥，这个现象是个不争的事实。再次，阐述市场性别歧视与社会性别排斥的关系。性别观念影响了社会性别的定位，进一步为市场中的性别歧视提供了"借口"，而就业及就业前后的性别歧视使女性的经济资源和能力越来越贫弱，由此，这个群体很自然地被排斥在社会的边缘。这是一个"怪圈"，需要靠政府的制度、法律及社会团体正义和慈善的力量走出这个恶性循环。

第三章"劳动力市场社会排斥问题：性别歧视的视角"。这部分内容涉及前劳动力市场、市场中和市场后性别歧视的表现。①前劳动力市场歧视剥夺的是劳动者与生俱来的能力和就业前所应当具备的能力。性别歧视作为一种社会现象，它是私有制产生以后父权社会的代表性观念和行为，在劳动力进入市场前早已渗透在意识形态和具体生活的方方面面。②劳动力市场歧视是指具有同等竞争能力的人，却受到不平等的安排、提升或者只得到与他们的表现无关而只是根据雇主的一些偏见所支付的工资报酬。③劳动力市场后，即劳动者因年龄等原因退出职业工作领域后进入的生存空间或生活状态。在退出劳动力市场的过程中，来自企业或制度安排的性别差别及歧视依然存在，两性权益的不平等伴随着生命的始终。④劳动力市场中"重男轻女"的原因之一是企业追求利润最大化的结果。企业理性离不开成本与收益的权衡，如表现在优先选择素质较高、价格较低的要素，在体力、出差、职业寿命、工资制度等方面，男性比女性有更主动或更直接的优势，这是企业在招聘、分配、晋升和退休安排等方面对两性差别对待甚至性别歧视的原因。

第四章"理论研究与评述"。理论研究包括三个方面：①劳动力市场性别歧视的理论研究。首先，全面回顾经济理论对性别歧视研究的脉络，分析性别歧视的市场性和非市场性原因。性别歧视有着浓重的社会性特征，而经济分析的主流很少关注这个问题，无论是古典学派抑或是马克思的研究，都不曾把性别歧视看成是经济分析的中心概念。但是，非直接的相关论述及思想，特别是以贝克尔为代表的经济学家对人类社会一般行为的研究，是探讨劳动力市场性别歧视原因最为重要的依据。这些理论包括：性别差异的经济思想，如比较优势论和家长制的解释；新古典经济学的思想，如关于劳动力供给、搜寻成本和可比价值的学说；

人力资本理论；新马克思主义的理论；制度经济学的观点；现代其他理论，如行为经济学、理姬薇互动理论、提利综合理论和统计性的观点等。其次，是对歧视原因的分析。这个问题涉及两个方面：非经济的原因，包括传统观念中的性别歧视、对女性就业的偏见和女性劳动者的自身素质问题。市场性的原因包括分工的观点、经济机制中女性的地位、成本的观点、收益率的观点、劳动参与率与折旧率的观点和人力资本收益率的观点。②社会性别排斥理论研究。首先，从基本含义到理论研究对社会排斥进行了梳理。社会排斥依据不同的角度有五个方面的分类：构建性的和工具性的；消极的和积极的；直接的和间接的；结构性的和功能性的；经济、政治及文化等各种层面的。而对社会排斥的研究也可以分为三个方面：其一，关于社会排斥表现及结果的论述。这其中涉及社会学的几个主要理论，如社会分工二元理论、父权制资本主义理论、社会性成人理论、资本交换理论、符号化情感劳动理论。其二，关于社会排斥原因的研究，包括自我责任论、社会结构生成论、社会政策创造论、其他相关理论。其三，社会性别排斥的理论研究。这部分理论论证了社会性别排斥的原因和结果，为深刻认识和解决这个问题提出了重要的理论依据。③反性别歧视与排斥的理论研究。如果说劳动力市场的性别歧视和社会性别排斥禁而不绝、延续存在的话，那么反对经济歧视和社会排斥的斗争及理论研究也从来没有停息过。比如，理论研究就包括古典自由主义的观点、女权主义等激进观点、保守主义观点、现代自由主义观点等。反歧视与排斥的研究换一个角度带来的启发与思考同样十分重要。

　　第五章"性别歧视与排斥结果的经济学分析"。这部分内容通过五个方面的论述，得出一个结论，即劳动力市场歧视是一个不经济的行为。①成本和收益的分析，论证了性别歧视行为对歧视与被歧视群体的成本与收益、市场效率与福利水平所产生的直接影响。歧视使歧视者与被歧视者同时受损，如果考虑惩罚性的付出，歧视者或许与被歧视者受到的损失相差无几。②效率与社会福利的研究，同样，任何种类的歧视都会造成福利损失，因为歧视使一部分社会成员得益，另一些社会成员受损。如果歧视受益者的所得不足以补偿受损者，则实行歧视的经济不会实现帕累托最优。歧视的作用是使歧视者与被歧视者双方的福利受损。③人力资本投资性别倾向性的恶乐，会造成性别人力资本差异与市场性别歧视的恶性循环。④社会性别角色引起劳动力市场性别分割，甚至性别歧视依然也是一个怪圈，其结果是女性的社会定位更加顽固，经济资源和社会机会的占有更加难以实现公平。⑤市场原则一般被认为离不开理性的选择，这其中每个人追求最大化利益和最好的感觉如果还有"合理的解释"的话，则政府无论如何应该是市场秩序和社会道义的维护者。应该说，政府的制度约束不够有力，同时制度的不健全、缺失甚至歧视都存在。比如，在对现行福利保障制度评述的基础上，我们可以更加清晰地了解劳动力市场性别歧视与社会性别排斥的严重后果。

第六章 "性别排斥的社会学分析"。这部分内容由三方面组成：①历史文化背景考释。任何经济和社会行为都有其深刻的社会文化基础，性别歧视有着深刻的历史文化渊源。两性中妇女一贯被视为弱势群体，她们的孱弱一部分出自生理特征，如高度、强度和力度，甚至是心理与生育功能等方面的特征；更主要的是由社会因素塑造而成的，如历史文化传统、社会习俗、教育以及法律等。漫长的文明给性别打上了深刻的烙印：男性和女性的气质、性格、在政治与经济活动中的作用截然不同。伴随着生产力的发展，两性间衍生出了主次、尊卑和贵贱等观念，产生了蔑视、欺凌和压迫等种种行为。②之所以形成以性别差异为"特征"的性别歧视与排斥，除了历史文化背景的因素外，国内外很多学者还从不同角度给予了很多的理论阐述，主要包括社会资本论、社会网络论、社会制度论等，这些是形成与解释性别歧视与排斥的社会原因。③为有效地保护女性劳动者的合法权益、实现男女平等就业、促进社会和谐，必须完善中国的反就业性别歧视政策体系。为此，这部分研究从欧盟、美国、英国三个政治体的两性平等就业政策的历史演进出发，总结对中国的有益经验，并在此基础上，对完善反就业性别歧视政策体系提出了一些建议。

第七章 "相关法律与法规评析"。从宪法及婚姻和财产方面的法规与政策、社会保障方面的法规与政策、劳动与人事方面的法规与政策、对法规与政策实施中的问题和评价等角度，对政府行为的影响进行了剖析。其结论是，政府在提倡性别平等的同时，自觉与不自觉地也进行了性别歧视，包括土地和财产制度、以税收制度为例的分配制度和社会保障制度在内，都存在不同程度的性别倾向甚至是性别歧视的内容。尽管中国与性别相关的政策比较完备，但是，因为公共政策囿于历史的局限，往往随着时代的推移需要进行调整和修正，而中国在这方面恰恰明显地滞后和缓慢。积极的干预政策使人的能力得到发挥、自主选择的权利增大。在中国，从政策制定到具体的实施，不同程度地均有"头重脚轻"的特点，尤其是中国性别平等对待政策更多地体现在某一政策领域的一般政策中，而较少体现在可操作性的具体政策中，性别平等政策模式在一般政策与具体政策之间缺乏广泛的衔接和逻辑联系。另外，中国性别平等的国策在执行过程中尚有偏差，这标志着国家政策在实施过程中乏力，以及传统的社会文化习俗和性别偏见的颠覆力量。原则与实际分离，原则不能有效地在操作层面上体现出来，这也是中国政策体系中的一个"软肋"。微观政策中的性别差异往往会被特别地强调，但是当政策从微观提升到宏观时，性别差异和性别问题却悄然隐遁。如果不能有效地解决这个问题，所谓反对性别歧视的政策就无法在中国的土地上扎根。中国劳动力市场的性别歧视具有明显的雇主主权意识，绝大多数企业并没有意识到这种以性别为主要特征的录用标准缺乏足够的科学根据及可度量性。然而，这种普遍的歧视行为，已经在很大程度上增加了社会的就业成本，降低了社会的总体福利水平。理性人对女性客观的认识、政府的立法是解决性别歧视的出路。

面对市场经济的深化，在弱势性别群体的遭遇面前，中国更多的问题依然是体制造成的制度化的不平等。妇女发展道路上的一个主要障碍就是某些体制造成了妇女就业缺少平等的机会和权利。面对性别歧视问题，一方面政府必须采取措施防止市场歧视的存在和恶化，提供公平对待每个人的政策保证；另一方面政府或个人必须重视对女性人力资本的投资，为提高女性劳动者的综合素质和竞争力作保证。当人们的观念难以动摇或理性有限时，寄予一个好的法律环境来培育和保护一种伦理关怀、一份市场效率和一方社会福利，也许是最好的选择。

第八章 "结论及评论"。首先，本书在三个方面得出结论：第一，经济学的研究结论。在劳动力市场上，被歧视群体因缺乏资源禀赋而无力抵抗以致深受其害，而强势的歧视群体掌握大量的 "资源禀赋"，受损甚微，并且偏好得到了极大的满足。被歧视群体与歧视群体所分担的歧视成本是不成比例的，前者负担的多，后者负担的少。市场中，一方获利，另一方却在受损，市场效率不优，福利流失。第二，社会学的研究结论。性别歧视是一种社会观念性的行为，观念强于利益，非竞争性因素的力量之大，能够使性别歧视延续下来并广为波及，最终潜移默化地形成对女性在各个方面的排斥。第三，中国现行制度的研究结论。国家各种法律、制度不健全，公共政策制定过程中缺乏性别视角，制度和法规可操作性不强，加之政府监督监管乏力，甚至政策落实中也存在性别歧视，所有这一切在一定程度上均造成了女性在劳动力市场中的不利地位，成为产生性别排斥的机制之一。其次，相关评论及建议。由经济学分析建议降低女性雇用成本，提高性别歧视成本。由社会学分析建议加强文化建设，鼓励性别互助网络建设，特别要重视公共政策性别意识的建设。

总之，应努力在各领域摒弃腐旧观念，建立新的伦理关怀。人类的幸福和发展不应以另一些人的痛苦和受压抑为代价去实现。只有借助自身社会制度的完善、世界交往及全球伦理的力量，在社会发展中坚持反对性别歧视，认识人类的共性，关怀特殊差异性，尊重每一个生灵的价值和权利，才能实现经济与社会的成长和成熟。

第二章　社会性别相关问题及其研究

社会性别并非简单的人们通过某些文化象征来识别男女的事情，而是一整套确定两性社会地位和社会角色的社会制度，它通过文化、政治和经济的作用，使女性处于社会中的从属地位。性别表现出的社会性建立在人的生物性别和社会性别不可分割的基础上，性别与社会性别相互嵌入、相互关联和相互作用。对这两个概念的使用有助于更有效地分析两性的不平等关系和不平等状况（佟新，2002）。性别意识形态也将两性劳动、工作和作用赋予不同的价值，男性被永久地安置在那些具有更多机会和更具优势的地位上，从事那些被认为更具有价值的公共劳动；而女性则被永久地安置在那些没有机会、被视为带有私人性的岗位上，即使女性参与公共事务，她们的角色也是私人的或家庭角色的延伸，即因为公共领域和私人领域等级式的划分使两性的劳动分工等级化了。社会变迁改变了劳动性别分工的状态和公私领域的边界，但没有从根本上改变性别意识形态，而成为性别关系不平等再生产的重要工具（佟新，龙彦，2002）。

第一节　性别差异

男女两性是否存在差异？其实质是什么？关于这类问题的回答是认识女性群体被歧视以至被排斥的起点。

一、性别的含义

什么是性别？英文分别使用 sex 和 gender 来回答。sex 是指生理性别，即从解剖学、生物学的角度区分男女两性，因染色体、荷尔蒙以及在生理构造上的不同而形成了两性的差别。gender 是指社会性别，即由社会文化制约中形成的两性差别，如男主外女主内的家庭分工，男强女弱、男尊女卑、男刚女柔、男主女次的角色定位和社会观念。生理上表现出来的差别显而易见，如高度、强度和力度的不同。但是，男女两性之间的差别是否完全是生理性的，或在多大程度上属于生理性的差别却难以确定。人们的性别观念是由文化来建构的，并非先天自然生成和决定的。社会性别的提出和反思从不同角度论证了人们以为"自然"的性别特征和性别角色分工并不一定是自然的（沈奕斐，2005）。社会性别为人们分析自然性别和性别意识间的不同以及两性间的差异提供了一个有益的视角，它在探讨女性地位低下的原因、不平等性别关系的构成以及推动妇女解放事业等方面发挥了重要作用。

性别对人的行为的影响极为普遍、持久和重要。从生命的孕育到父母对胎儿性别的厚望，再到根据性别而采取不同的抚养方式；从儿童和青少年在家庭和学校中接受暗含性别歧视的社会化过程，到成年人进入社会后，在求职和升职等发展过程中难以规避的性别歧视等。可见，性别问题融入生活之中，深刻地塑造和左右着人的行为。

二、生物学的两性差异

人类两大性别的存在是一个不争的事实，而生物学意义上的两性分化有四层递进的含义：第一，遗传造成的两性差异。科学已经证明，人类的性别是由遗传所致的第 23 对染色体决定的。第二，性激素与性的分化。除了染色体，在性激素的作用下，两性发展出特定的身体结构和功能，甚至发展出特定的行为。第三，中枢神经系统的性分化。试验表明，男性与女性的大脑有不同的工作方式，女性的大脑左侧发育得比男性快，男性的右脑发育比女性快，这也是女性的语言能力发育得好，而男性的空间、逻辑等能力发育得好的原因。第四，人体生理机能的两性差异。生理过程、生理易感性等进一步强化了性别的特点。

尽管生物学解释了性别的物质差异，但是现实中，作为具有思维能动性的男女差异是生物学因素和社会文化因素交叉作用的结果。中国男女的性别差异仍然十分突出，"在教育资源上，中国女性低于男性 18 个百分点，根据第五次人口普查，中国现有 8506 万文盲，女性占 71%，是男性文盲的 2 倍以上；在收入差距上，女性比男性低 47.6 个百分点，这个差距比起日本还要高出 14 个百分点"（李慧英，2002）。

三、心理与行为的两性差异

心理学用两个角度诠释性别差异：第一，表现为认知方式、言语能力、记忆力、思维方式的智能方面，两性具有明显的不同。女性一般显示有较明显的言语能力，思维属于形象型，而男性一般不善言辞，思维则具抽象特点；感知觉方面，女性要比男性敏感，知觉速度也比男性快，反应速度上则比男性更快一些。第二，人格和社会因素的影响形成两性差异。人格是构成一个人思想、情感及行为的特有组合模式，这个独特模式包含了一个人区别于他人的稳定而统一的心理品质。就此意义而言，两性在焦虑与恐惧、抑郁与控制、同情与社会交往、攻击性行为与动机、支配性与从众以及个人空间距离等方面均表现出明显的差异。

不可否认，与生俱来的两性生物学差异为两性心理与行为差异奠定了最初的基础。随着生命的成长，社会通过对男女两性不同的角色期待，愈发"重彩浓抹"了性别的差异。于是，对男性抑或对女性的性特征流于偏颇的渲染，形成了相应的性别不平等、性别歧视以至性别排斥。

第二节　性别不平等

社会性别是一个约定俗成的评价体系，它由政治、经济和文化的长期综合作用而形成，它既是一种历史现象，又是一个复杂的社会过程。比如，父权制就是以男尊女卑的意识形态确立和保护男性普遍优先权的性别关系秩序。性别不平等有着深刻的体制及历史文化烙印。

一、性别不平等的含义

性别不平等包括双重含义：首先是指两性在社会、政治、经济、法律等方面不享有相等的待遇；其次泛指两性地位的不相等。两性的不平等不但在今天是个不争的事实，而且源远流长，四海皆同。

男女在生理上的差别，在承担家庭生活的责任和劳务上的差别，以及积淀了几千年的男权主义文化对性别认同的取向，使女性在以经济效率为目标的市场面前自然比男性有更多的不利因素。她们不能平等利用经济机遇、平等应付风险或经济危机，是一个相对弱势的群体，比如，收入、权力、就业失业、家务劳动、职业隔离等在两性之间绝对不相等的待遇，最终形成了两性社会地位、经济地位、政治地位甚至法律地位的完全不平等。

作为一种社会文化的长期积淀，性别不平等使妇女从童年起就或多或少地缺少部分社会的、经济的和法律的权利。在同一个竞争环境里，实际上女性和男性人群处在不同的起点，因而有着不同的发展轨迹。纵观历史，妇女缺乏与男性同胞与生俱来的众多权利："她们不能在联邦选举中投票、不能执行武装战斗任务、被众多教育机构及职业拒之门外、不能在大多数教堂担任神职；如果已婚，她们以自己的名义拥有财产的权利受到限制。30年代的已婚妇女被禁止在公立学校任教……"（端木美等，2001）性别不平等被习以为常地视为正统，宗教、习俗与法律都认为男女不平等是公正合理、合乎道德规范的。大多数社会在男女生理差异中找到了性别不平等的核心依据，尤其是妇女的生育能力似乎不言而喻地证明了男女区别对待的合理性，在性道德方面更是如此。实际上，确认性差异常常导致性别不平等，而性别不平等又常常引发男性对女性的虐待、压迫和剥削。

二、性别不平等的社会代价

首先，性别不平等迫使男人、女人和儿童为健康和幸福付出昂贵的代价，影响其提高生活水平的能力。性别不平等付出的最大代价是人们的生命和生活质量，偏好男孩的社会传统导致女童的死亡率高于男童。由于阻碍家庭和劳动力市场人力资源的积累，并系统地排除两性对资源、公用事业和生产性活动的利用，性别不平等降低了人们发展和提高生活水平的经济能力。

其次，性别不平等会降低农业及企业的生产力和效率，影响经济发展及社会和谐。世界银行在世纪之交发表的一份研究报告，极具说服力地论证了性别平等与经济增长的联系。该报告引用亚非发展中国家最近 30 年的统计说明[①]，消除性别差距较快的国家取得了较高的经济增长。性别不平等程度较高的国家则都为性别歧视付出了沉重的代价，即经济增长缓慢。

再次，社会性别不平等还将削弱政府的管理职能，影响政策的效力。经济活动中的很多决定都是在家庭中作出的，家庭以社区为背景，其采取的方式反映出更广泛的制度和政策环境下建立诱因的影响。因为经济决定了人们提高生活水平的许多机会，所以经济政策和经济发展在影响社会性别不平等方面起着至关重要的作用。此外，经济发展对两性影响的精确衡量，还取决于能够进行哪些增加收入的活动，如何组织、如何回报付出的劳动和技能，以及两性是否能够平等参与。从公正和效率两方面来看，制定政策时如果不能认识到由于区分社会性别带来的束缚，就会影响政府的政策力度。

三、性别平等意识

两性平等意识是指追求实际生活中两性机会平等、实现理想层面的结果平等。两性机会平等包括：两性在法律、政治、经济等机会上的平等；两性在工作报酬上的平等和在获得人力资本及其他生产资源上的机会平等；两性在话语权上的平等，因为两性平等的话语权可以展示两性影响决策的能力和贡献的大小。结果平等是在承认基本差异之上的事实平等。追求两性机会平等的社会制度是实现两性结果平等的基础（佟新，2007）。

文艺复兴期间，"天赋人权"的思想震动了妇女界，追求社会进步的人们开

---

① 《1999/2000 年世界发展报告》编写组 .（世界银行）1999/2000 年世界发展报告 . 北京：中国财政经济出版社，2000。

始注意到占人类半数的妇女的社会地位，并提出男女平等的要求。

以美国为例，19世纪40年代，一小群妇女开始抗议性别不平等。到1900年，抗议其从属地位的妇女为数日增，并开始组织起来，争取妇女的选举权，这被称为第一次女权运动。1920年通过的宪法第十九条修正案，明确了妇女参与选举及担任公职的权利。1960年，第二次女权运动在全美各地迅速展开。20世纪80年代末期，美国妇女参与工作和政治的机会已得到极大拓展，在家庭中享有了更大的自由与独立。以立法形式确保男女完全平等的努力的失败并未抹杀妇女已经获取的诸多成功。

再以我国为例，1949年成立的新中国在妇女解放、男女平等上取得的成就曾受到世界的瞩目，这种解放和平等基本是由国家推动和实践的。妇女解放、男女平等的推进是摧毁封建旧制度、建立新制度政治目标的重要内容。同时，计划经济体制保证了所有的资源都集中到国家手里，这就使国家有能力通过资源分配来直接实践男女平等的政治目标。但是，随着历史时期的变化，尤其是以经济建设为中心的政治目标的提出，男女平等虽然仍是政府倡导的价值和实践的目标，但已不具备价值和目标实践的优先性。由于政府从经济和部分社会领域退出，大部分资源交给市场去配置，政府本身没有多少资源可以用来直接实践男女平等的目标。在市场经济社会里，政府对男女平等目标实现的影响只有通过完善的立法和有效的执法来实现。

第三节 性别歧视

除了因制度和文化等因素形成的社会性别不平等之外，两性群体在市场中所得到的对待和评价也极不相同。占有经济和社会资源多数的男性群体往往对相对劣势的女性群体主观上贬斥、客观上歧视。

一、性别歧视的含义

性别歧视是带有明显贬义的词汇，它意味着对待某种性别的个人或由个人组成的团体不仅是不公正的，而且是不公平的态度或评价。一种性别成员不公正且不公平地对待另一种性别成员，其根源是两性之间的不平等。

作为一种社会现象，性别歧视有其历史渊源。生产力的发展促使了私有制的产生，父权社会也最终形成。伴随着性别的不平等，所谓男尊女卑的性别歧视被延续下来。男子是世界的主宰，女人只是男子的附属品，她们的职能只是生育子女，她们甚至没有姓氏，只是作为男人的财产而存在。社会还用道德和法律等手段，来维护和支持歧视妇女的社会现象。

现实生活中，不少国家不仅存在着男女事实上的不平等，而且性别歧视也十分严重。美国社会传统地对妇女抱有偏见，致使妇女受教育的机会有限，在选择职业上也受到限制。妇女的平均收入不足男子收入的 70%，妇女失业率比男子失业率高 30% 以上（伊兰伯格，史密斯，1999）。在中国，尽管法律规定了男女权利平等，并对保障女性权益作了明文规定，但由于受封建习惯势力的影响，某些性别歧视现象仍然顽固地存在着。

根据 2004 年上海市妇联发展部与复旦大学社会学系联合发表的"2004 年上海市女性就业状况调查报告"显示，上海市女性就业岗位的层次相对偏低，女性所从事的往往是技术含量比较低的低层次工作。在受访者中，一般办事员占 26%，服务业人员占 25%，商业工作人员占 13%，三者相加占就业女性的六成，而专业技术人员和单位负责人分别仅占 13% 和 12%（朱晓芳，2005）。

二、性别歧视的市场表现

歧视是对待个人或由个人组成的某个团体不公正的态度或评价。一个人在劳动力市场上的价值取决于影响其边际劳动生产率的所有供给和需求因素。如果与生产率无关的因素在劳动力市场上取得了正的或负的价值，就可能导致歧视。歧视是指那些可以衡量的市场结果，如收入、工资、职业成就和就业水平等的差别。某个群体或某个人对另一个群体或个人抱有偏见，而这种偏见导致了不同的市场结果，就产生了歧视。

一项对雇主雇用行为的调查统计[①]表明，劳动力市场存在对女性的雇用歧视。对正在进行经营活动的企业进行如下调查：如果在劳动力市场上有男女两个候选人都符合应聘岗位的标准，不管是现在还是将来都能给单位带来完全相同的绩效和劳动效率，那么在经济的个人特征都相同的情况下，雇主会不会雇用女性呢？通过对 340 个有效样本作的频数统计，发现依次有 39 名、99 名、100 名、67 名和 35 名雇主选择了"一定会"、"比较会"、"有点会"、"不太会"和"不会"，分别占被调查总数的 11.5%、29.1%、29.4%、19.7% 和 10.3%。其中，有 30% 的雇用者"不会"或"不太会"选择女性。具体情况如图 2-1 所示。

统计数据显示，在两者之间，分别有 57.5% 和 42.5% 的雇主作出了是否雇用女性的鲜明选择。不过，不愿意选择女性的雇主比例要低一些。具体统计结果见表 2-1。

---

① 赵耀. 中国劳动力市场雇用歧视研究. 北京：首都经济贸易大学出版社，2007：77。

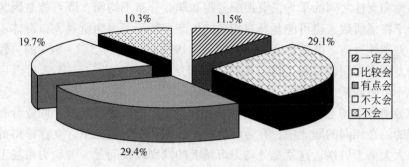

图 2-1　雇主是否选择女性结构图

表 2-1　雇主是否选择女性雇用行为统计情况

内容	被调查者总人数/人	占被调查者总人数的比例/%	被调查者占二者总数的比例/%
没有明显歧视倾向的雇用行为	138	40.6	57.5
具有明显歧视倾向的雇用行为	102	30.0	42.5
二者合计	240	70.6	100.0
介于二者之间的雇用行为	100	29.4	
合计	340	100	

由表 2-1 可见，歧视行为是存在的。

有些雇主坚持认为，其不会选择女性，这是因为女性有生育及大多要照顾家庭的原因，这将影响工作和加大支出成本。统计调查结果显示，对这种观点"很同意"、"比较同意"或"同意"的雇用者占被调查总数的 75.6%。部分雇主不选择女性，还因为对女性未来发展的适应性、工作内容和岗位变动的应变性表示担忧。对这类观点"同意"、"比较同意"或"很同意"的雇用者占被调查总数的 47.9%。另一些雇用者不选择女性，是认为女性先天能力低于男性。对这个观点"同意"、"比较同意"或"很同意"的雇用者，占被调查总数的 9.1%。

工资的性别差异还可以进行横向比较。各国不同性别雇员之间的工资报酬差距从高到低排列如表 2-2 所示。

表 2-2　20 世纪 80 年代中期欧美主要国家女性工资占男性工资的比例

国家	瑞典	奥地利	澳大利亚	挪威	德国	美国	瑞士	英国
比例	0.77	0.74	0.73	0.71	0.71	0.67	0.65	0.61

资料来源：伊兰伯格，史密斯. 1999. 现代劳动经济学. 潘功胜等译. 北京：中国人民大学出版社：392

男性和女性之间的平均工资报酬差距和职业分布不均衡，既可能是因为不同的生产率特征所致，也可能是具有相同的生产率特征但因为所属人口群体不同而受到了差别性对待。萨缪尔森和诺德豪斯（1999）认为："1/2 ~ 3/4 的男性和女性工资差别可以用教育和工作经验的差异来解释，剩下的 1/4 ~ 1/2 可以用歧视和其他不可测因素来解释。"

在劳动力市场上，女性和男性工资报酬差别中的一部分是由于职业分布的不同形成的。在相同的职业中，在劳动生产率特征相同的情况下，女性挣得的工资报酬也大大低于男性，这就是劳动力市场上的性别歧视问题。劳动力市场上的性别歧视主要表现为工资和职业歧视两个方面，它体现了雇主为既定生产率特征所支付的价格依据性别的不同而表现出来的系统差别，或者为既定生产率特征所区分的职业依据性别的不同而表现出来的系统差别。

尽管如此，不同性别的报酬差异本身并不能作为歧视的充分证明。因为，劳动力市场上的工资以及职业差别的缘由不仅只体现在性别上，而且决定生产率特征的还包括教育水平、年龄、工作经验和工时数量等很多因素，甚至还可能有来自男性和女性对从事市场或家务劳动的不同选择。对处于同一职业的男性和女性来说，对他们之间的工资差别影响最大而且可以被观察到的生产率特征是其在劳动力市场上的工作经验。与年龄、教育程度和职业相同的男性相比，女性的工作经验相对要少一些。除了性格局限等普遍性客观原因外，女性在养育孩子上一般都扮演主要角色。来自美国的研究报告也表明：1991 年时，在所有年龄为 30 岁的工作妇女中，做了母亲的女性比 30 岁的男性挣得的工资报酬要低 25%，而那些没有做母亲的女性则只比男性的工资报酬低 5%（伊兰伯格，史密斯，1999）。男性和女性之间的平均报酬差距和职业分布不均衡，既可能是由两性生产率特征不同所致，也可能是他（她）们虽具有相同的生产率特征，但所获报酬却大不相同，而后一种情形是劳动力市场的性别歧视。

根据中国 2000 年第五次人口普查的数据显示，目前中国总人口中，男性和女性的比例为 51.13% 和 48.87%。总的来说，男女人口比相差不大。但在就业上，各行各业出现女性就业比例逐年偏低的现象。女性和男性工资报酬差别中的某一部分是由职业分布的不同造成的，具体参见表 2-3（陈桂蓉等，2007）。

表 2-3　中国城镇单位就业人员的性别构成和劳动报酬

部门	年平均劳动报酬/元	男性比例/%	女性比例/%
农林牧渔业	6 314	62.89	37.11
批发和零售贸易及餐饮业	9 439	55.14	44.68
建筑业	10 212	82.92	17.08
采掘业	10 992	74.71	25.29

续表

部门	平均劳动报酬/元	男性比例/%	女性比例/%
冶金业	11 152	56.96	43.04
企业单位	11 901	62.91	37.09
地质勘察、水利管理业	12 226	73.01	26.99
事业单位	13 054	55.33	44.67
教育、文化艺术和广播电影电视业	13 073	54.45	45.55
国家机关、党政机关和社会团体	13 844	74.76	25.24
卫生体育与社会福利业	14 652	42.01	57.99
企业管理机构	14 934	64.61	35.39
房地产业	15 384	65.84	34.16
交通运输、仓储及邮电通信业	15 818	71.73	28.27
金融保险业	18 023	54.12	45.88
科学研究和综合技术服务事业	18 792	66.54	33.46
商业经济和代理业	30 845	60.14	39.86

资料来源：根据"第二期中国妇女社会调查"数据获得

即使在相同的职业中，女性的工资也远不如男性。以中国单位提供的福利待遇的性别差异为例，具体参见表2-4（陈桂蓉等，2007）。

表2-4　中国单位提供保险福利待遇的性别差异　　　　（单位:%）

保险福利待遇分类	男性享受比例	女性享受比例	女性与男性享受比例差
公费医疗或医疗保险	61.51	50.74	-10.77
退休金或养老保险	69.84	63.32	-6.52
失业保险	31.25	25.41	-5.84
工伤保险	42.99	30.99	-12.00
病假工资	61.85	53.06	-8.79
住房补贴/住房	44.12	36.64	-7.48
带薪休假	43.54	35.86	-7.68

资料来源：根据"第二期中国妇女社会地位调查"数据获得

在各职业内部，女性获得晋升的可能性也较小。美国女律师挣得的工资报酬最初比男律师大约低7%，但随着时间的推移，差距逐渐加大至比男律师低40%（伊兰伯格，史密斯，1999）。这种工资报酬差别中，一部分是与较少的工作时间联系在一起的，另外一部分则是与较少的工作经验积累联系在一起的。然而，在所有的可衡量因素的分析之后，仍有一些差别"无法解释"。工资报酬和待遇的差别由性别不同引致，毫无疑问的是，劳动力市场同时存在对性别的歧视性对待。

三、性别歧视的评价

劳动力市场性别歧视有其深刻的社会、经济、文化原因。人分为男女两性，生理差异是客观的、自然的，而建立在传统文化基础上的社会性别差异却被极端扩大了。男人的家庭角色和社会角色是统一的，而女人的家庭角色和社会角色是冲突的。

劳动力市场的需求者——厂商，其用人规则是以最小的投入获取最大的收益。尽管聘用女性未必是不经济的，但是对女性能力的偏见、对女性劳动成效的预期，却不可避免地影响到单位的用人策略，特别是在劳动力供大于求的情况下，这些评价会先入为主地成为市场首先排挤女性的借口。在"市场失灵"的情况下，政府要积极探索市场条件下促进女性就业的干预机制，要通过对相关法律、政策的制定和强制执行来切实保障女性的就业权利。要建立女性生育基金，由政府而不是个别企业或女性个人承担生育责任。要加快市场体系的建设和完善，发挥市场公平、平等竞争的优势，纠正由市场的不完全、不灵活和非道德性造成的市场扭曲。

第四节　社会性别排斥

社会排斥就广义而言是指一个特定社会群体被剥夺其享有经济、社会、政治及文化资源的权利；狭义而言是指基于工作及收入上的经济不平等（Roche，Berkel，1997）。社会性别排斥是女性成员被边缘化或隔离在市场及社会生活之外的系统性过程。其中，排斥主体是社会保障体制、劳动力市场、传统社会文化观念、家庭性别分工模式，而排斥客体是女性劳动者。

一、性别排斥

社会性别排斥客体亦称被排斥者，本书中被排斥者专指女性劳动者。劳动力市场上的性别排斥是对女性自由进入劳动力市场机会在一定程度上的剥夺。劳动力市场对女性的普遍排斥不胜枚举。仅从几个侧面来看：①就业稳定性指数。男性合同制工的比例高于女性5个百分点，女性临时工、试用工、学徒工的比例高于男性8个百分点。②工作质量指数。男性和女性的年平均收入分别是7434.10元和4552.73元，男性是女性的1.63倍。③福利和保障指数。男性平均享受各类福利待遇的比例是 44.58%，女性是 42.28%。④职业发展指数。男性处于领导地位的比例是 79%，女性是 21%（李军峰，2003）。

1994 年欧洲理事会将被排斥者定义为："部分或完全处于人权的有效实施范围之外的一个群体，被排斥者经济纬度的贫困问题退居于诸项权利的未能实现问题之后，公民只要不能够取得他们的社会权利，往往便陷于普遍而持续的不利状态，连其社会和职业的参与机会也在减少。"（Strobel，1997）作为劳动力市场被排斥的女性劳动者，其低下的福利水平是一个不争的事实。

社会性别排斥主体亦称排斥者，指的是国家、政府、社会制度、市场、社会网络、家庭及观念深重的个人。社会排斥是社会建构的结果。

制度和政策排斥是指由于中国劳动法对女性退休年龄的特殊规定引起的，其结果是使女性劳动者无法享受与男性劳动者同等的保障水平而遭到排斥。随着生产力水平的不断提高、产业结构的梯次升级，以往以力度、强度以及高度区分劳动生产效率的时代越来越发生着根本性的变化，第一产业的生产总值在国民生产总值中所占比重日益下降，而第三产业的作用日渐成为主流。在这样的时代，两性劳动力所使用的工具、面对的劳动强度和难度以及生产率水平渐趋于一致。该项制度以保护妇女为初衷，但时过境迁依然不改变则成为一种僵化的羁绊，甚至影响和排斥了女性劳动力的利益及贡献。制度排斥也是中国社会保障体制的缺失，女性劳动者的保障权利没有得到有效的保护。公民社会保障权利一般包括社会福利、社会保险及社会救济的权利。中国在建立劳动力市场过程中，由于劳动力市场分割成体制内和体制外两部分，而剥夺了部分女性劳动者（特别是下岗失业者）的就业权利和机会。另外，女性劳动者的性别属性特别保护或保障制度的不健全，也使得她们在劳动力市场中始终处于十分被动的地位。

二、排斥的内容

劳动力市场的排斥主要包括五个方面的内容。

一是劳动力市场的性别排斥。由于社会中宏观层面的劳动分工是性别化的，因此，妇女进入劳动力市场，主要是在边缘性劳动力市场中从事服务和一般性工作，充当劳动力市场的后备军。因此，女性要转移到主流劳动力市场，首先便面临着劳动力市场的性别排斥问题。

二是劳动力市场对低教育水平劳动力的排斥。从经济学角度来看，随着经济体制从计划经济向市场经济转轨，生产要素配置主要以效率准则为主。劳动力市场中，用人单位主要根据劳动力的人力资本存量决定是否录用。人力资本存量可以用劳动力受教育程度来表示（徐延辉，2005）。资料表明：就整体而言，中国妇女的受教育水平低于男性，因此在就业竞争中不具备人力资本的优势，只能从事一些报酬低廉、体力繁重或一般事务性的工作。

三是劳动力市场的内部排斥。研究发现，不稳定的就业状况也会导致人们被社会排斥，排斥的可能性随着就业不稳定的上升而增大。也就是说，从事不稳定的或缺少职业培训的边缘工作，并不能保证人们融入社会（曾群，魏雁滨，2004）。

四是社会网络排斥。社会性别排斥中更宽泛的网络内容对劳动力市场的反作用非常大，社会网络排斥是指女性劳动者个人、家庭、单位、社会的关系纽带断裂，从而疏离社会关系、失去社会地位的状况。社会网络是各种社会关系的集合，社会关系是一种资源，它提供信息和流动渠道。社会网络断裂不是指女性劳动者社会关系的解体，而是指其社会关系的疏离，具体表现为从家庭和社会关系中得到信息、机会、支持的途径减少或中止的状况（石彤，2006）。社会网络的存在是一种资源，女性劳动者可利用的这种资源不多。

五是社会文化排斥。传统社会文化观念的排斥是指由于传统社会文化的影响，女性在成长过程中所得到的资源远远少于家庭中的男性成员。教育是人的能力建设的主要手段，是改变人的价值观、行为态度以及技能的不可替代的要素。教育作为一种资源，它的分配过程深受家庭传统的"重男轻女"性别观念的影响。在资源有限的情况下，家庭的男性成员往往拥有优先受教育的机会。失去受教育的机会或受教育水平很低，使女性的发展受到极大的影响，导致其在劳动力市场等方面受到排斥。家庭内部性别分工模式排斥是指由于中国传统的"男主外女主内"的分工方式，女性除了从事经济生产活动外，还要承担起繁重的家务劳动，照顾家中老小。甚至在有的地区，由于传统的社会性别观念根深蒂固，男性几乎不从事家务劳动，女性负担的家务劳动比其他地区的妇女更多，家务劳动的时间更长。

三、歧视与排斥关系

劳动力市场性别歧视与社会性别排斥是一个互为因果、互为影响和互为加剧的恶性循环体系。在这个体系中，因传统文化和习俗形成了性别概念和观念，再到市场中女性劳动者遭受差别性甚至是歧视性对待、女性劳动者的经济收入和资源配置有限，资源的少数决定了能力的培养和运用，更决定了女性劳动者的社会参与程度和地位，使其在潜移默化中被社会排斥，从而处于经济和社会的边缘。而社会排斥反过来又使性别的社会角色定位更加巩固，女性劳动者进入市场愈发艰难。

社会制度排斥、劳动力市场排斥、传统社会文化观念排斥、家庭性别分工排斥并不是相互孤立的，它们之间的交互作用共同对女性劳动者施以经济歧视和社会排斥。性别歧视与社会排斥的关系如图 2-2 所示。

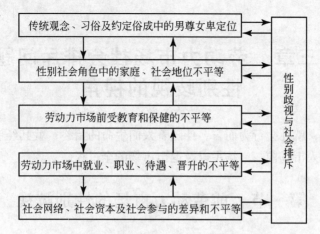

图 2-2　性别歧视与社会排斥关系图

　　总之，劳动力市场性别歧视和社会性别排斥作为一个不平等、不和谐的现象越来越被抗议，劳动者及研究者对其根源、经济或社会的影响的认识也越来越深刻。劳动力市场性别歧视、社会剥夺和性别边缘化等问题不但关乎女性劳动者的生存与发展，更是社会文明进程中应极力铲除的障碍。

第三章　劳动力市场社会排斥问题：
性别歧视的视角

性别歧视，就社会行为而言，伴随着人们生命的始终；就其经济性而言，贯穿于劳动者进入市场前、市场中以及退出市场的全过程。

第一节　前劳动力市场的性别歧视

劳动力市场歧视是指具有同等竞争能力的人受到不平等的对待，或具有不平等竞争能力的人受到同等的对待。仅就劳动者的不平等竞争能力而言，它的原因有两个方面：一是在前劳动力市场中产生收益的技能，如教育和身体健康状况等；二是由这些特征所生产的在劳动力市场上的报酬。前劳动力市场歧视剥夺的是劳动者与生俱有的能力和就业前所应当具备的能力。它可以有很多形式，比如，只能接受较少的教育或得到较差的健康照顾，父母把更多的求学机会让给男孩等。大多数家庭在财力稀缺与投资受约束的情况下，在教育投资方面，首先是选择让儿子而不是女儿上学。即使教育的直接投资是在政府支付的情况下，偏远地区女孩的受教育机会也有可能受到限制。世界上妇女受教育程度平均低于男性4个多学年，全世界文盲中2/3左右是女性，而非洲妇女文盲率高达65%以上（王美红，2004）。

一、家庭中的性别观念

父母的性别角色意识对孩子的影响不仅最早，而且最大。因为家庭是孩子社会化的最重要场所之一，父母是孩子的第一任老师，儿童早期活动时间最多的场所是在家庭，父母的行为对孩子起着潜移默化的作用，而且孩子最初的性别角色意识就是在父母对孩子的态度和行为中形成的。男女性别历来受到家庭的重视，父母对于子女的性别角色期待早在孩子出生前就开始了。父母在为孩子取名字，选择衣服、玩具等方面显示出不同的性别特征，并在对待孩子的行为和态度上进一步分化。在父母眼里，女孩子是柔弱、漂亮的，温柔而娇小，而男孩子则是结实、机警和强壮的。而医院的资料显示，男婴与女婴在身体和健康状况方面并没有什么区别（王瑞鸿，2002）。

父母对其子女的性别角色形成的影响，还表现在为子女选择的服装和玩具上。婴儿刚一出生，周围的人就对他们的性别作了区分，如根据他们的性别来选择衣服的颜色和式样。调查发现，红、白、绿是女孩衣服的主要颜色，多追求艳丽，导向"阴柔之美"；蓝、黄、黑是男孩衣服的主色，多追求质朴，导向"阳刚之美"。同时，男孩女孩的玩具也出现了分化，给女孩选择的玩具多为娃娃或各种毛绒玩具，以便于培养女孩照顾、服务他人的意识；而给男孩选择的则是枪、剑、飞机、坦克、汽车、变形金刚等各种机械型、智力型玩具，以培养男孩竞争、冒险、独立的意识。

作为最早的教育者，父母对孩子的要求因性别而异，教育方法也有区别。在讲故事时，不管父母是有意还是无意的，总喜欢给女孩讲些感情缠绵的内容，人物美丽，气氛舒缓，环境幽静；而给男孩往往讲些跌宕起伏的内容，充满惊险，气氛紧张。父母对男孩子的教育是期望型的，要求他们活泼、勇敢、坚强、有所成就；对女孩子的教育则是保护型的，希望她们顺从、温柔、长得漂亮。听从父母教育的孩子会受到表扬或赞赏，相反，不听从父母教育的孩子则会受到种种惩罚。

另外，孩子进入童年期以后，与伙伴交往的需求越来越强烈。这一时期，除了性格爱好之外，性别也成为划分伙伴群体的重要标志。研究人员发现，在小学，如果有同班同学所玩的玩具不符合其生理性别，不符合社会对性别定型的看法，就会遭到同学们非常强烈的反对。如果一个男孩玩女孩的玩具，他绝不会得到积极的反馈信息，也不会有同伴和他一起玩，他甚至将会被班里其他同学孤立。许多现象表明，儿童越是按照传统社会的性别角色行事，就越会被同伴们接受；反之，则可能被孤立。进入青春期之后，青少年越来越重视其同伴群体，随之也越来越多地出现服从于其同伴文化的价值观、习俗及风尚的现象。

二、社会环境中的性别印象

性别在医学界被看成是人的生理上的区别，而作为人，不论在生理上是怎样划分的，他同时还拥有广泛深刻的社会性。社会性别是指源于"传统和文化基础上对男女两性差异的理解，包括对属于女性或男性不同的群体特征、气质和行为方式的认识"（谭兢常，信春鹰，1995），直接反映了男女两性在经济、社会文化中的作用与机会的差异。社会学者断言，女性群体处于弱势或从属的地位，其女柔男刚、女主内男主外的角色概念，也不是由生理决定的，而是社会文化歧视的结果。在经济领域中，因为性别决定劳动分工、工作待遇甚至晋升，男性总是比女性得到更高的报酬、更多的机会和资源，这证实了社会性别存在着不平等甚至歧视。

　　传统的、社会上公认的男性特质如下：①鄙弃女人气；②掌舵顶梁者，受人尊敬，是家庭的支柱；③坚稳沉实，充满自信、力量和自主精神；④勇猛刚烈，具有攻击性并敢作敢为。而女性则温柔、娇小、富于同情心，是从属的，应承担操持家务的主要责任，很少会成为领导者和专家（钱铭怡等，1995）。有研究者在1983年采用与其他研究者在1974年完全相同的研究工具、研究方法和手段，所得到的研究结果几乎没有什么两样。在1974年的研究中共得到54项人们认为典型的男性与典型的女性不相同的特点，而1983年的再次研究得到的男女不同的特点共53项。从20世纪70～80年代起，人们对两性看法的唯一改变是"智力"，即不再认为两性在智力方面有区别，但在其他方面人们对两性的固定看法依旧与70年代之前完全相同（谭兢常，信春鹰，1995）。

　　随着社会的发展，性别角色的行为模式不会一成不变，它必将随着社会文化的进步和男女两性社会分工的变化而改变。在原始社会，男性从事狩猎和战斗，女性则进行采集和养育子女。在农业社会，则过着男耕女织的生活。在封建社会，妇女受到礼教的约束，其活动大多限制在家庭内，男性则有更多的社会交往自由，当时人们广为称道的是贤妻良母和"男儿志在四方"的行为模式。进入资本主义社会之后，妇女从封建家庭桎梏中解脱出来，参与较多的社会活动。但性别角色的传统观念仍然是男性应有事业心、进取心和独立性，行为粗犷豪爽，敢于竞争，即具有"男性气质"；女性则应富于同情心和敏感性，善于理家和哺育子女，对人温柔体贴，举止文雅娴静，即具有"女性气质"。凡其行为模式与社会所期望的性别角色一致，便会受到社会的接纳和赞许；否则，便会遭到周围人群的冷嘲热讽或排斥。

三、学校教育中的性别歧视

　　学校教育，即劳动经济学所指的早期人力资本投资。所谓人力资本，是人的天赋才能与后天投资的有机结合，这种投资包括教育、在岗培训、健康和营养等方面的支出。劳动者有男女之分，二者的人力资本各不相同。正如诺贝尔经济学奖获得者西奥多·W.舒尔茨（1990）所言："人力资本是对特定性别而言的。尽管女性也得到教育和其他花费，但是这似乎在人力资本的核算中毫无地位"（舒尔茨，1990）。不难看出，在人力资本投资中存在着明显的性别歧视。

（一）总量中的性别歧视

　　学校教育是人力资本投资的主要内容之一，而这种投资一般向男性倾斜，无论是发达国家还是发展中国家，女性的受教育水平都不如男性。就平均水平而言，女性接受教育的时间短、程度低。

13 个非洲国家在 1975～1985 年 10 年时间的数据表明，女性识字率每提高 10%，儿童死亡率就下降 10%，而男子识字率的提高却对此影响甚微。对 25 个发展中国家的人口和健康调查表明，若其他条件相同，母亲甚至只要多受 1～3 年的教育，就足以使儿童死亡率下降 6%（国家统计局，1992）。中国科学院、中国工程院共有院士 1263 人，其中女性院士 78 人，仅占总数的 6.2%（周庆行，谷诗卉，2004）。2001 年在高校担任副教授及以上的女教师为 69 907 人，占高校副教授及以上教师总数的 29.64%。鹿立教授的《妇女经济地位与妇女人力资本关系的实证研究》分析出中国女性人力资本职业结构分布为：农业劳动者人力资本含量占女性人力资本总量的 59.44%，工业劳动者为 17.22%，党政干部为 0.97%，即女性人力资本近 80% 依附在农业劳动和工业劳动这两大职业岗位上，附着在领导层工作岗位上的不足总量的 1%（鹿立，1997）。从中可以看出，大多数女性从事着社会地位低下、经济收入低、技术含量低的工作。

由于经济地位、历史传统观以及教育本身等方面的原因，中国女性的整体素质仍有待进一步提高。而要完全实现在现实生活中女性与男性一样接受教育，仍面临着严峻的挑战。新中国成立以来，中国政府采取了一系列行之有效的政策措施，使 1 亿多名女性摘掉了文盲的帽子，但是女性文盲仍较多，参见表 3-1。全国 15 岁以上文盲人口中，女性占 70%，其中约有一半分布在西部，且扫盲巩固率低，复盲率高。女童未入学的绝对人数很多，入学率也低于男童，辍学率则高于男童，12～18 岁大龄女童失学和辍学已成为一个应该引起高度关注的问题。

表 3-1　2004 年东部、西部 15 岁及上下文盲人口及分性别文盲率

地区	15 岁及以下文盲人口数/万人			15 岁以上文盲人口数/万人			文盲人口所占比重/%		
	合计	男	女	合计	男	女	合计	男	女
全国	101.1	50.7	50.4	10.4	2.9	7.5	10.32	5.79	14.86
东部	39.0	19.4	19.6	3.8	1.0	2.8	8.74	4.25	13.23
西部	28.3	14.2	14.1	3.6	1.1	2.5	16.21	10.63	21.79

资料来源：国家统计局．2005．中国统计年鉴 2005．北京：中国统计出版社．经计算获得

20 世纪 70 年代末期，中国女性大学毕业的人数仅占女性人数的 1.1%。1978 年对 1% 的人口抽样调查表明，在就业的女性人口中 86.35% 只受过小学或初中教育，而且她们从事的职业档次也比较低。从 20 世纪 90 年代的调查情况来看，女大学生中来自城市者占 3/4 以上，而来自农村的女生约占 1/4。此外，女童辍学、未入学的主要分布在农村，文盲也主要分布在农村。可见，城乡女孩获得教育机会的差别较大。由于经济、传统观念的影响，农村女孩受教育状况令人担忧。

就中西部而言，女性接受高等教育的比例最低，这从江苏省江阴市始于2000

年的 5 年教育规划可窥见一斑，即使到了 2005 年，高等教育女性入学率也仅为 25%，参见表 3-2。

表 3-2　江阴市 2001~2005 年妇女发展规划目标分解情况（教育）

年度指标目标名称		当年应达指标				
		2001 年	2002 年	2003 年	2004 年	2005 年
女性劳动者人均受教育年限/年	城镇	10	10.5	11	11.5	12
	农村	8.5	8.5	9	9	9
小学适龄女童入学率/%		100	100	100	100	100
小学女童辍学率/%		0	0	0	0	0
初中女生入学率/%		95	96	96.5	97	97.5
初中女生升学率/%		90	90	90	90	90
高中女生毕业率/%		95	95	96	96	97
高等教育女性人口入学率/%		20	21	22	23	25
主要传媒设置女性宣传栏目或专题节目/%		90	90	95	95	100

　　当然，在西部，特别是生产力发展水平低下的地区，生活贫困，温饱问题尚待解决，因此对教育的认识和需求自然不高；而在经济比较发达的地区，女生接受教育的机会相对多一些。

　　女性的社会地位、职业发展与她们的素质是分不开的，而学历与文凭又是提高文化素质的一般途径。高学历人群中的性别比例差距表明，社会对女性人力资本投资不足，而这又集中体现在城乡二元结构之中。由于户籍管理的限制，中国目前仍是典型的城乡二元社会，城市与乡村在社会形态及文化形态上还存在着许多差异，在农村出生的女孩在成长中会受到更多的限制。入学前的户籍所在地一般反映的是学生的出生地及进入大学之前的成长地。从表 3-3 中可以看到，来自大中城市的男女生大体相当，女生略多（51.7%），小城市的生源中男生优势开始出现（占 56.1%），而来自于镇与农村的男生明显多于女生，其中从农村考上大学的男生是女生的 3 倍（75.9%：24.1%）（王小波，2002）。

表 3-3　地区的性别比较　　　　（单位：%）

项目	大中城市	小城市	镇	农村	总体比例
总体	39.0	22.7	10.4	27.9	100
男生	31.4	21.2	12.2	35.2	100
	48.3	56.1	70.4	75.9	

续表

项目	大中城市	小城市	镇	农村	总体比例
女生	50.5	24.9	7.7	16.9	100
	51.7	43.9	29.6	24.1	
总体比例	100	100	100	100	

在大城市中，随着人们生活水平的提高以及 20 余年独生子女政策的影响，女孩的价值已经与男孩一样高，父母对女孩的投资不低于男孩；而在农村，男孩偏好与男孩价值仍在不少地区流行，这也是农村女孩上大学比例大大低于男孩、低于城市的根本原因。

（二）形式与内容中的性别歧视

学校教育为儿童开阔了视野，也为其今后的人生奠定了知识基础。孩子的价值观念、生活目标、人生理想都是在这一阶段形成的，因此学校教育对孩子人生道路的选择具有深刻的影响。

1. 教师的作用

教师对学生性别角色的形成具有至关重要的作用。在儿童最初走进校园的一刹那，教师便成为家长之外对其影响最大的第一个成年人。无论在哪个国家，大部分小学教师都由女性担任，这种现象跨越了文化差异而在全世界十分普遍地存在，而且持续的历史十分悠久，这可能与许多人认为小学教师可以部分地接替母亲角色有关。尤其是小学一年级的学生，刚离开自己的父母到一个陌生的环境中接受正规教育，难免从心理上、生活上不适应，需要他人的照顾。社会普遍认为，作为母亲替身的女教师更懂得体贴学生，不像男教师那样容易引起压力，认为女教师更可能帮助儿童顺利适应学校生活。这种情况的消极影响是，用女性的性别模式规范所有学生的行为。经常可以看到，教师在课堂上让女孩回答问题的次数远少于让男孩回答，对孩子的鼓励也多在男孩身上。受传统性别角色价值观的束缚，在教师的印象中，男孩聪明，具有创造性，求知欲和能力都比女孩强，能经受更多的挫折，能让他们完成最困难的任务；女孩则被认为学习刻苦、认真，教师更愿意表扬她们的品行和作业的整洁，得不到像对男孩那样更有个性化的教育，因此女孩在学习中的主动性往往被忽视。到高中时期，随着个人经历的增多和社会接触面的扩大，这种情况更加突出，女孩能够容忍和坦然接受最典型的性别偏差观点——"男子比女子强"。在女孩中间，总有一部分人认为容貌和服装比学习成绩更引人注目和讨人喜欢。因此以男女平等为基础的自爱和自强观念，难以在这种女孩的思想上确立起来。在小学，女教师虽占大多数，校长则一般是男性，国外也存在着这种现象。拥有权力的工作通常能得到较高的评价。在职业理想上，一般而言女孩多选择护士和秘书，从事服务性工作，而不是管理人员。要消除教育中的性别偏差，转变对女孩的教育方法和态度，才可能是最主要的。

2. 教材中的倾向

许多研究表明，教材中的性别歧视随处可见。在课本出现的人物中，科学家的性别分布极不平衡，而随着知识内容的加深，女性更少，甚至凤毛麟角。早在20世纪70年代，威茨曼就曾将美国几个杰出的作家在1967～1971年出版的学龄前儿童读物作抽样分析，结果是：书中以男生和女生为主角的相对比例是7:2；插图中男生图像为261张，女生只有23张，为11:1（罗慧兰，2002）；女性出现的场合，多数是从事服务性工作或扮演被救护与被帮助的角色，男性则常以领导人或救人解围的英雄角色等出现。事实表明，男女儿童尚未进入小学，这些读物所宣传的思想已在他们幼小的心灵上留下了深刻的烙印——男女有别，女不如男。

另一项研究对法国、西班牙、苏联、罗马尼亚、瑞典五国的小学课本中的故事进行分析，发现除瑞典的教材外，其他国家的教材都是男性多于女性，法国、西班牙、苏联、罗马尼亚的男性在教材中具有传统作用的比例是100%，瑞典男性为82%；而传统女性作用的比例，苏联为80%，罗马尼亚为90%，瑞典为75%（钱铭怡等，1995）。

中国有着两千多年的封建历史，传统的"男尊女卑"、"男强女弱"、"男刚女柔"、"男外女内"的思想根深蒂固，必然在各种文化载体中得以表现。这当然也是长期历史积淀的结果。在岁月的长河中，成大功者确实是男性居多，这反过来又产生了一种"路径依赖"的效应。在儿童的动画世界里，英雄几乎全是男性，是强者；女性往往等待英雄将其从恶魔身边解救出来，是弱者。无论是哪个年级，也无论是图画还是故事，男性主角都多于女性主角，而越到高年级这种情况越明显。而且男性从事的职业要比女性从事的职业多得多，分别为26种和15种。男性从事最多的五种职业依次为军人、领袖、农民、工人、科技人员，女性从事最多的五种职业依次为小学教师、农民、护士、服务人员、工人（罗慧兰，2002）。在学校的正规教材中，不同程度地存在着对女性忽略和忽视的倾向。

3. 教学中的反应

1991年美国一项对不同年龄中小学生的调查结果显示：9岁时，67%的女孩及60%的男孩"对自己满意"，但到了中学，只有46%的男生及29%的女生对自己满意（葛罗莉亚·斯坦能，1998）。女生在课堂中被忽视的现象甚至到了大学仍然如此。研究显示，大学女生较少被叫起来发言，得到的直接反应较少，且常被打断，而男生则从教授处得到较多的目光接触及较多非正式的指导。大学教师多为男性（在美国，90%为白人），可想而知，女生及有色男生与教授互动时会觉得疏远。男女教师都认为将时间与关心投资于男生较为值得。一项针对美国300所学校的20万名学生所作的研究显示，女生从入学到毕业，"自我批评"倾向大为加强；相反，男生的知性及人际自尊在大学期间得以维持或增强，即使他们的成绩比女生差。另一项历时10年的研究追踪了80名高中毕业生，其中34名为男性，46名为女性，他们的种族、经济背景各异，却都是班上的顶尖人物。进入大学后，女生的平均成绩稍优于男生。然而两年后，女生的知性自尊直线下跌。高中毕业时，23%的男生及21%的女生认为自己的智力"远超过平均水准"。到了大二，男生仍有22%维持原看法，女生却降到只有4%。到大学毕业时，25%的男生评价自己"远超过平均水准"，女生却无一人作此想（葛罗莉亚·斯坦能，1998）。

很多教育家认为男孩往往会抑制女孩在科学和技术上的发展，夺去了其许多表现的机会，因而主张分开教学。在美国，已经实行了男女分班制度，课本中以男性为主人翁的内容和以女性为主人翁的内容一样多，教材中还体现出提高女孩角色的地位和工作的重要性，女性中也有人是最高领导者，并支配男人的活动。在国内，许多教育机构也开始作出因性别施教的尝试。上海市第八中学在2001届新入学的高一年级中选择了四个班进行"构建按性别编班的办学模式，促进男女学生和谐发展的研究"课题试验，将学生分为一个男班、一个女班、两个混合班。这项研究试验试图构建一种男女同校而分班教学的组织形式，开设男女系列课程，实行按性别施教，研究高中按性别编班教育对男女生素质发展的影响（东方网文汇报，2001）。

第二节　劳动力市场中的性别歧视

劳动力市场中，"重男轻女"在某种程度上是企业追求利润最大化的经济理性起作用的结果，企业当然是"经济人"，对要素损益的权衡是合乎逻辑的选择。应该说，很少有企业能够超脱社会观念和习俗的影响。比如，在对待两性劳动力的态度和评价方面，几乎无一例外地臆断男性劳动者的劳动生产率水平高于女性，因此，除非不得已，一般情况下企业的选择结果会直接倾向于男性劳动者。不否认两性的生理及心理差别影响了他（她）们生产力水平的发挥程度，但是，更不能否认的是，企业普遍存在严重的重男轻女观念，甚至性别歧视的行为。

一、市场进入过程中的性别歧视

劳动力市场的需求方是各类厂商，在他们的眼里，男性劳动者具有力度、强度和高度等许多先天的优越条件，哪怕就业务的角度而言，有些男性的水平并不突出，而女性劳动者不论生产能力如何，一般都被厂商视为劣势重重。

在劳动力市场上和许多人的职业生活中，性别歧视已经变成了一种司空见惯的现象。女大学生、女研究生甚至女博士生就业难，表现在：用人单位在录用名额中明确规定男性多于女性的比例，大大小小的招聘会更是"理直气壮"地标明"男性优先"、"35 岁以下"，甚至"未婚"等条件；有的厂商虽然在招聘要求中不写明性别，但实际上拒绝女性，以更隐蔽的手段欺骗她们。因此，女大学生大都经历过因为性别而被拒绝的遭遇。

与许多国家相似，中国的宪法、劳动法、妇女权益保障法都明确规定男女平等，除国家规定不适合妇女的工种外，不得以性别为由拒绝录用妇女或提高对妇女的录用标准。但实践中这样的招聘要求随处可见，在针对应届大学生的招聘启事中也是经常出现，所以女大学生在踏入社会的那一刻就已受到不公平的对待。而在劳动合同中同样存在此种歧视，如要求女职工几年内不得生育，甚至合同期间都不能生育。① 这本身就是一种变相的就业性别歧视。劳动力市场中，女性员工就业的艰难，通过近几年媒体一直在报道的女大学生就业难问题充分反映出来。很多企业表面上说公平竞争，实际上却变相拒绝招收女职工。最典型的一个案例是某汽车制造厂新建一个机械加工分厂，但在招工考试划定录用分数时，规定男性录取分数为 260 分，女性录取分数为 320 分（满分为 400 分）。② 即使已就业的女工也面临许多问题，其中之一是职业危害严重。对 2001 年 1 月 1 日至 12 月 31 日《杭州日报》上的 689 条招聘信息的调查分析发现，指明只要男性的有 122 条，占有性别要求的招聘信息总数的 89.1%。

2003 年 8 月中国人民大学劳动人事学院进行的"用人单位对大学生需求行为调查"（唐矿，2003）的结果，充分说明了雇主偏见在性别歧视中的影响。在"支付同样的工资水平，用人单位愿招用男大学生还是女大学生"的调查中，选答"愿招用男大学生"与"愿招用女大学生"的比例为 16.33∶1。在"婚姻对男

---

① 在沈阳市《盖伦启蒙教育中心专职教师聘用合同》中，第 32 条规定："响应国家晚育号召，乙方（此处特指女性）自愿承诺在合同期内不怀孕生育。如有违反并影响工作，视为违约，按第 34 条处理。"同时，合同第 34 条规定："乙方应保证本合同约定的工作服务期限（含试用期和培训考察期），如中途提出解约或实际不能到岗工作，应一次性赔偿甲方违约金 3000 元，并向甲方返还已领取的爱岗敬业津贴。"并载于《参考消息》，2002 年 5 月 19 日。

② 工运参考资料，案例 31："企业不能变相拒绝收女职工就业"，1996 年 4 月。

大学生工作业绩的影响"的调查中，用人单位选答婚姻会导致女大学生业绩下降与上升的比例为 4.62:1，选答会导致男大学生业绩"下降"与"上升"的比例为 1:16.5。用人单位观念上认为男性在工作上比女性更有优势，因此更愿意雇用男性。

就女大学生而言，就业的艰难必然导致其追求更高学历以获得更多的就业机会。一方面，高学历女性的就业形势有时候甚至会更恶劣，因为年龄偏大，将比本科生更早面临结婚和生育的问题，有的外企就明确要求女职员在合同期间不能结婚。另一方面，继续求学可以缓解暂时的就业压力，但在推迟就业人群的性别构成中，女性比例以较高速度上升，高学历的性别失衡与招聘中的性别歧视将形成更加尖锐的矛盾。

参考一份来自天津的社会调查（王小波，2002）：

2002 年 5 月 22~28 日对天津南开大学 98 级本科毕业生及 99 级硕士研究生进行了抽样调查，调查对象的总体情况是，南开大学 98 级本科毕业生共 2110人，其中女生 855 人；99 级研究生 769 人，其中女生 319 人。首先是从总样本中将定向培养、继续读研或读博者及出国的人除外，其余为正常毕业并寻找过工作的人，然后按照不同专业各取 30% 抽样。共发放问卷 827 份，回收问卷 692 份，回收率为 83%，其中有效问卷 685 份，有效回收率为 99%。

反馈的信息如下：

其一，调查样本的性别及地区分布。在校男女大学生比例约为 6:4，样本中男女样本分别为：男生 412 人，占 60.1%；女生 273 人，占 39.9%。其中，本科生中女生 216 人，占本科生样本总数（563 人）的 38.4%，女研究生 57 人，占研究生样本总数（122 人）的 46.7%。毕业生比例，男女生比例相差 10 个百分点。

其二，男女生在校表现。大学女生在校期间的表现绝不低于男生。在各种类型的资格证书考试中，85% 的女生获得了国家英语四、六级证书，近 20% 的女生获得了托福或美国 GRE 考试成绩（男生比例为 10%），有 52% 的女生通过国家计算机资格考试（男生比例为 39.6%），男女生中都各有一半左右的人曾参加过研究生或博士生的考试。

其三，"择业中是否得到他人的帮助"。女生接受帮助的人数比例要多于男生（59.7%），而男生更多是依靠自己（46.3%）。女生多从家人、亲戚（25.3%）或同学、朋友（27.3%）那里获得帮助，男生从老师那里得到的帮助要比女生多（4.9%）。"获得经济支持"的男生略多于女生（15.7%:13%），而"获得精神鼓励"或"听取就业意见"的女生略高于男生。

其四，求职历程与市场歧视。根据结果作出图 3-1~图 3-3。

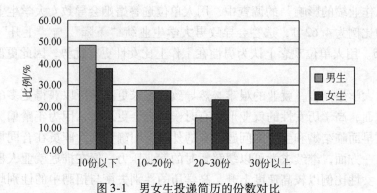

图3-1　男女生投递简历的份数对比

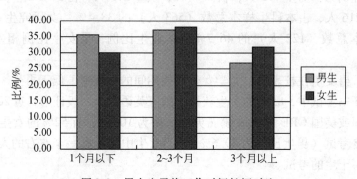

图3-2　男女生参加单位面试机会对比

图3-3　男女生寻找工作时间长短对比

　　从对比的比例可以看出，女生投递简历的份数多于男生（因为投递20份以上简历的女生多于男生11个百分点，而投递5份以下简历的男生多于女生11个百分点）；女生获得的面试机会却少于男生（因为虽然在获得5～10次面试机会的人中女生多于男生，但获得10次以上机会的男生多于女生）；而女生寻找工作的时间花费要多于男生（花1个月以下时间就找到工作的男生比女生多5.7个百分点，而花3个月以上时间找到工作的女生比男生多5个百分点）。从男女生签约意向个数上看，男生也略多于女生：男生平均为 3.03 个，女生平均为 2.96 个。寻找工作的时间成本与心理成本女生要高于男生，因为从农村地区入学的男生比例高于女生，但他们很少回到农村，最终大部分都留在了大、中城市。加之男生的求职期望高于女生，应该是男生求职比女生更困难，但实际情况正好相反，这一点只能用劳动力市场上对女性的歧视来解释，见表3-4。

表3-4　地区性别就业比较　　　　　　　（单位:%）

项目	大中城市	小城市	镇	农村	总体比例
总体	93.3	6.1	0.2	0.4	100
男　生	91.7	7.7	0.3	0.3	100
	58.2	75.0	100	50	
女　生	95.8	3.7		0.5	100
	41.8	25		50	
总体比例	100	100	100	100	

其五，在求职过程中，影响因素按重要性排序依次为专业、学位、工作经历与经验、资格证书、在校期间学习成绩、社会关系、性别、户籍、非专业特长。性别因素在求职中被排在 14 项选择中的第 7 位，说明在求职应聘过程中性别属于中等重要因素，并会起到一定的作用。性别的影响作用甚至超过了户籍的限制。

其六，关于性别歧视问题敏感度的性别比较，具体见表3-5。

表3-5　性别歧视问题敏感度的性别比较　　　　（单位:%）

项目	同意		不同意	
	女生	男生	女生	男生
"女研究生相当于男本科生"	15.3	19.5	59.3	49.1
如果就业形势不好，用人单位就可以将性别、年龄等作为限制录用的条件	41.5	47	44.8	33.8
"女大学生、女研究生就业难"	51.5	41.8	30.0	27.5
"既然单位有用人自主权，就可以在招聘中对性别、年龄、身高、容貌等自然特征作出规定，这种做法没什么不合法"	24.4	41.1	56.3	42.4
在招聘中对性别、身高、容貌等条件的限制侵犯了求职者平等就业的权利	50.6	50.0	21.6	28.6

第二期中国妇女社会地位抽样主要数据调查表明：中国男女两性社会地位的总体差距和分层差距仍然存在，主要表现为女性就业率降低，再就业困难。

统计结果表明，2000 年末，18～64 岁的城乡女性在业比例为 87.0%，比男性低 6.6 个百分点。与 1990 年相比，城镇男女两性的在业率均有下降，男性从 90%降至 81.5%，女性从 76.3%降至 63.7%。与男性相比，女性的下降幅度更大。城镇 18～49 岁的青年女性在业率为 72.0%，也比 1990 年降低了 16.2 个百分点。

另据资料显示，1996～2000 年，在全国总共 16 个经济领域中有 1470 万妇女失业。在这期间下岗人员中妇女占 57.5%，只有 38.8%的下岗女性能重新找到工作，而男性再就业比例比女性高 19%。

与就业难同样严重的是女性的失业问题。国有企业下岗女工中，72.4%的人下岗后没有从事过稳定的工作，其中 64.5%的人提出自己无法找到适合的工作，有 30.3%的国有企业下岗女工认为自己的劳动就业权益受到过侵害，还有 34.5%的人认为在过去的 5 年中有过在条件相同的人中先下岗的经历。企业下岗女工中许多人受教育程度偏低，劳动技能单一，技术水平低。有 87.3%的人没有获得过国家承认的职业资格证书或技术等级证书，有 46.7%的人觉得自己缺乏一技之长；而国有企业在岗女工只有 66.3%和 72.9%没有取得过正式的专业技术职称和获得过国家承认的职业资格证书或技术等级证书。这说明，在企业裁减人员的过程中，女职工下岗人数比男职工多，而再就业人员中女性则比男性少。

在厂商招聘和使用员工的过程中，性别歧视是一种常见的现象。在 1999～2000 年初的一项调查中发现，在属于招聘高级人才（如经理、工程师等）的 12 个岗位中，有 11 个明确要求只招男性，仅有 1 个岗位没有性别限制。而明确招收女性的岗位，大多都是服务员、保洁员之类较为低级的工作。在对上海市对外服务有限公司 3 万多名外在员工的调查中，女性所占比例已经达到了 45.6%。82%的外企女性觉得公司在薪水和晋升机会方面集中存在性别歧视。毋庸赘言，更多、更全面的统计和列举是一项浩大的工程。因此不妨从另一个侧面，借用一些已经结束的诉讼来管窥一下劳动力市场需求中的性别歧视：美国沃尔玛公司 72%的员工为女性，但管理阶层的女性人数却不到 1/3，90%的分店经理是男性。美国历史上曾多次发生有关性别歧视的集体诉讼案。2000 年 3 月 22 日，千余名妇女以"不录用女士，只提拔男性"、遭到性别歧视为由，告倒美国之音，获赔 5 亿多美元，创下美国民事赔偿的最高纪录（人民日报网络版，2000）；1995 年，加利福尼亚州的美国鸿运百货公司在一起性别歧视案中被判令向 1.4 万名员工赔偿 1.07 亿美元；因遭性别歧视而控告华盛顿大学的一名心脏医学专家得到了 75 万美元的赔偿（艾家静，2007）。

二、企业培训与晋升中的性别歧视

（一）职业培训中的性别歧视

获得社会与企业的职业培训的机会，男性远多于女性[①]，女性劳动力比男性劳动力在进入工作前所得到的培训要少一些，即便是参加了培训的女性劳动力，她们接受培训的时间也比男性劳动力要短一些。对女性雇员工作的预期直接影响着雇主们的培训计划。同样，女性劳动力也尽量规避那些必须达到较高培训水平才能充分实现生产率的工作。虽然社会上也有某些以女性为中心的培训项目，比如，提供女性的职业指导和职业咨询，提供子女照料的社会设施，帮助自信和有技能的劳动者进入劳动力市场等。但是，这些项目大多只是短期的、零碎的培训活动，主流的培训系统、稳定的培训费用以及对提高女性人力资本存量意义的认识依然是亿万女性劳动者心中的期盼。

就中国目前更为现实的情况而言，女性员工不仅在就业、失业以及再就业等方面处于劣势，而且在职业培训方面同样步履维艰。

上海市妇联的调查显示，上海青年女性失业比例呈上升趋势。2005 年对 1% 人口抽样调查的统计数据表明：在 20～34 岁年龄段的常住人口中，女性就业率明显低于男性。其中，20～24 岁，女性就业率比男性低 6.7 个百分点；25～29 岁，女性就业率比男性低 14.6 个百分点；30～34 岁，女性就业率比男性低 16 个百分点（仇逸，2007）。

（二）晋升中的性别歧视

上海的一家策划公司曾针对都市职业女性进行了一个调查，结果是：在公司的经理层中，男性占 57.9%，女性占 42.1%，基本平衡。但是在总经理的职位上，男性比例跃居 83.4%，而女性比例锐减为 16.6%。

自 20 世纪 80 年代以来，社会研究中即有"玻璃天花板"的理论出现。这个理论是说，由于性别等原因，妇女的职业选择和职务晋升被一层玻璃挡着，可望而不可即。

吉恩·N. 兰德勒姆在他的《改变世界的十三位女性》中提到，能够坐到高

[①] "对美国劳动力市场的一项调查发现，尽管 25 岁以下的青年男子只有 14% 接受过公司的正式培训，但是妇女的比例甚至更低，只有 8%。在英国的劳动力市场调查中发现，尤其是青年妇女接受雇主出资培训的机会比男子少得多。对印度尼西亚服装和食品加工业女工的个案研究发现，雇主仅向女工提供最低限度的培训，因为他仍认为不能从强化培训中获得任何可能的增产效益，他们也不向女工提供机会以开发可转移性的技能或者开发她们在本组织内未来职业发展的技能。许多雇主解释说，他们之所以没有向女雇员提供更多的培训，是因为妇女由于家庭责任而出现较高的工作间断率。"国际劳工局. 世界就业报告（1998～1999）. 北京：中国劳动与社会保障出版社，2000：128。

级位置的女性永远是凤毛麟角，这一切往往也需要超常的付出才能够获得。书中列举了诸如玛丽·凯·阿什、琳达·沃切纳等在各个领域获得超凡成就的女性，她们无不或忽略了自己的女性身份，或放弃了做母亲的权利，或牺牲了家庭时间，而成为一个狂热的工作爱好者。吉恩·N. 兰德勒姆得出的结论是：如果女人要想如男人那样有所成就，他们就必须具有男人般的性格，视事业目标高于一切，包括高于家庭。

另一份对京粤两地的几家猎头公司的调查（表3-6、表3-7）的结论是：中层女性晋升难，而最大的障碍来自于年龄。一个男性管理者在40岁时可以迎来事业的巅峰期，而一个女性的黄金时期为35～40岁，时间短暂而急迫。在对一组20个小学生的绘画测试中，能看出强大的社会惯性是怎样深入了幼小的心灵，绘画要求画出你心目中的老板形象，结果20张绘画无一例外，皆为男性。猎头公司提供的数据同时显示：女性往往能在财务、人力资源、行政、公共关系、销售等方面取得成功，女性的性别特点决定了她们能胜任此类工作。但在一个公司的最高领导者，如总经理的位置需求上，女性往往不被考虑。

表3-6　企业高级女性人才状况（广州）

类别	人力资源经理（总监）	财务经理（总监）	总经理	行政经理	销售经理（总监）	技术经理（总监）	其他部门经理	工厂厂长	生产经理	采购经理	物流经理
女性所占比例/%	80	60	0	90	40	2	40	0	10	30	20
月薪工资水平/元	8 000～20 000	8 000～25 000	30 000或以上	5 000～15 000	10 000以上	15 000以上	8 000以上	30 000以上	8 000以上	8 000以上	8 000以上

资料来源：无忧猎头广州公司

表3-7　企业高级女性人才状况（北京）

类别	人力资源经理（总监）	财务经理（总监）	市场营销经理（总监）	CEO	COO（首席运营官）	CTO	公关经理	建筑（总工、设计总监）	生产总监	金融投资
女性所占比例/%	60	30	22	10	20	2	50	15	10	15
月薪工资水平/元	8 000～30 000	8 000～40 000	10 000～50 000	20 000～60 000	10 000～25 000	12 000～30 000	6 000～15 000	15 000～35 000	10 000～20 000	12 000～40 000

资料来源：北京泰来猎头事务所

企业主要经营管理者往往认为：女性在职场上虽然认真、努力、有耐力，但是却难以胜任主管的工作，因为"女性通常是能够把个人的工作做得很好，但是带领团体就比较不行"，"女性虽然比较善体人意、反应灵敏"，"但是缺乏宏观的格局"（刘伯红，1995）。来自员工自己的反应是怎样的情况呢？除了无奈地接受性别歧视外，其自身的性别意识形态也在起作用。女性收入偏低肯定与受教育程度偏低有关，女性平均受教育年限仅为6年多。在第二期中国妇女社会地位调查中，对"男人以社会为主，女人以家庭为主"的传统性别分工模式，有53.9%的男性和50.4%的女性表示赞同，男性支持率比1990年还高了2.1个百分点。对近来社会上"干得好不如嫁得好"的说法，34%的人表示赞同。值得警觉的是，根据2000年第二期中国妇女社会地位调查的结果显示，传统性别意识形态赋予男性赚钱养家、女性照顾家庭以最高的价值，由此社会上形成了一系列有关性别行为的标准的刻板印象。例如，成功女人的家庭生活一定不幸福，女人的幸福建立在家庭幸福的基础之上。因此，很多女性自愿放弃竞争，或者进取之心锈钝。[①] 另外，可参考国外的一份资料：美国的一家公司（Catalyst）曾经执行过一项调查，询问3000名年龄在25~35岁的女性，什么是事业上更攀一层楼的阻碍，68%的女性认为个人和家庭责任，50%表示缺乏提拔者，46%表示缺乏经验是阻碍，只有45%认为对女性角色和能力的成见是阻碍她们晋升的因素（高小贤，1994）。

三、劳动力市场再进入中的性别歧视

劳动力市场的再进入是针对流动劳动力而言的，当个人的社会地位主要取决于职业地位时，不同社会群体职业流动的流速和流向就是衡量社会中群体地位现状与变迁的重要指标。

流动中劳动力的性别比例可以通过一份调查窥见一斑。2000年"江苏省妇女社会地位调查"关于职业流动的调查结果表明：在2112个有效样本中，48.2%的妇女在业者转换过工作，比男性高4.5个百分点。但是在有过职业流动经历的样本中，转换过两次和两次以上的女性流动者占在业者的19.6%，此比例男性为25.1%，而女性比男性低4.5个百分点。可见，江苏省劳动力人口中有过职业流动经历的女性比例高于男性，但女性样本中流动人口的流动强度低于男

---

① 华南师范大学博士生导师王宏维、博士研究生刘莉莉：在一次关于高科技行业的职业女性访谈中，也发现了类似的现象。在IT行业的高层，几乎很少有女性的影子。为什么会这样？我们开始以为是社会的因素阻碍了女性晋升，但在言谈中发现，有许多进入这个行业的女性似乎是自愿放弃的。（文章来源："为何女性的收入仍偏低？"南方日报.2002-04-24，转引自http://www.gmw.cn/01wzb/2002-03/07/01-E65D48BB07E50EDD48256B7500028712.htm。）

性。女性平均流动次数为0.76次，比男性少0.14次。女性参与职业流动的人数少于男性，流动的频率也比男性慢。从职业流动方向上看，女性的横向流动率比男性高，而向上流动的比例则比男性低。所谓的职业流动，包含城市和乡村的全部在业人口。如果将乡村人口职业流动单列出来，农村女性在向农业以外的职业转移的速度等方面更是远远不如农村男性。1986年转移出来的农村劳动力的男女比例是4∶1，而1994年这一比例提高到4.5∶1。在流动方向上，女性集中于收入和技术偏低的行业，继承性务农的比例高于男性，女性非农转移者逆向转移（进城后又回乡）的比例也高于男性。

在劳动力市场中，限制某些劳动力进入某一行业或地区，是常见的一种歧视现象。在中国最典型的表现是，发达地区对进城的贫穷外地劳动力的限制。而且，在城里寻找工作或被厂商作为裁减的对象，流动劳动力都自然成为其中的边际人，他们的就业状态朝不保夕，缺少应有的稳定性和保障性。流动劳动力所面临的一切，女性劳动者当然概莫能外。改革开放以来，中国中、东、西部区域经济的发展极为不均衡。统计资料显示，1986年东部地区城市居民人均收入分别是中、西部地区的1.24、1.13倍，东部地区农村居民人均收入分别是中、西部地区的1.35、1.49倍，而这个差距到了2007年分别变为1.50、1.53、1.48、1.69倍（国家统计局，2008）。在此种背景下，劳动力流动首先表现为从中西部欠发达地区向东部发达地区流动。劳动力市场歧视也首先表现为区域间歧视，即东部发达地区劳动力市场对中、西部欠发达地区劳动力的歧视。东部地区各城市对流动劳动力的称呼多为"外地务工者"、"外来人口"、"外来打工者"、"外来妹"等，一个"外"字，区域间的市场性别歧视尽含其中。

打工妹要面临很多重要问题。在劳动权益方面，她们主要集中在乡镇企业中，多分布在流水线旁从事简单重复、可计量的工作，难以进入有较高收入的管理层。与外出务工的农村男性比，她们的机会要少。总体而言，目前打工妹比较集中在"三资"企业和私营企业中，劳动关系还不是特别规范和完善，因此打工妹的劳动权益尚不能获得充分保障。与国有企业中的女职工相比，与城市从业女性相比，与外出打工的农村男性相比，农村打工妹的劳动权益更易受到侵犯。

第一，很多打工妹和用工单位之间没有签订劳动合同。劳动合同是劳动者与用人单位确立劳动关系、明确双方权利和义务的协议。《中华人民共和国劳动合同法》规定，建立劳动关系必须订立劳动合同。同时，法律具体规定了劳动合同的必备条款，包括劳动合同期限、工作内容、劳动保护和劳动条件、劳动报酬、劳动纪律、劳动合同终止的条件以及违反劳动合同的责任。订立劳动合同能消除诸多不稳定因素，对当事人双方的权益都是一种有效的保护。但是现实中，由于劳动力市场上普遍存在供大于求的现象，用工单位处于一定的优势。因此，许多用工单位不愿意与劳动者签订劳动合同，使劳动者的许多权益没有得到切实保障。打工妹基本上是从农村出来的，文化素质比较低，在这方面的权益更容易受到侵犯。福建的一份调查发现：从福州私营、外资企业回收的 97 份问卷中，有 66 人回答她们没有与单位签订劳动合同，占 68%。此外，即使签订了劳动合同，有些企业的劳动合同也没有体现企业与职工平等的原则，在签订合同时企业根本没有与职工协商。以笔者在福建的调查为例，在福州和厦门两地的私营企业和 "三资" 企业中共回收 267 份问卷，在回答 "签订合同前单位是否就有关条款与你协商" 时，有 100 位女职工回答 "有"，占 37.5%；有 103 人回答 "没有"，占 38.5%。同时，在回答 "你认为单位中出现的违反职工劳动权益保护规定的主要问题" 中，在 "不签订劳动合同"、"周工时超过 44 小时"、"没有按时足额缴纳社会保险费"、"没有提供必要的劳动保护条件" 和 "拖欠工资或不支付加班工资" 等选项中，依照问题的严重程度，把 "不签订劳动合同" 排在首位的人最多（杨大文，2001）。而即使签订了合同，由于用人单位占主动地位，它们往往把自己的意志强加给工人，严格规定职工应尽的义务和职责，甚至提出一些与法律规定不符的要求，同时模糊用人单位的义务和责任，有些法律规定的必备条款也没有包含在合同中。劳动合同的缺失、合同内容的不平等或不完备，导致了打工妹的劳动权益容易受到侵犯，也给解决纠纷增添了难度。

第二，打工妹就业中易受侵犯的权益。由于打工妹一般从事比较简单的劳动，就业中工资一般都比较低。但对于这些外出务工的农村女性来说，她们更不满意的是，用人单位拖欠或者随意克扣其工资。有关部门的调查显示，45% 的女性农民工有被拖欠过工资的经历，其中相当一部分人对追讨回被拖欠的工资失去信心。而能够享受养老、医疗和工伤保险等社会保险的女农民工的比率几乎接近于零，生育保险更无从谈起。此外，大部分用人单位不发放劳保用品，女工们甚至连个口罩都没有。相对于男性农民工来说，女性农民工是弱势群体中的弱势。为了节省开支，她们大部分以几个人合租的方式租房居住，一小部分女工靠用工单位或老板解决宿舍，还有一些借住在亲戚、朋友或同乡的家里；吃饭则尽可能自己做，省吃俭用，生活费用极低，过着极为清贫的生活。感情对于她们来说更像是一个遥远的梦，她们无法或不愿再回到农村去，可是在城市里却找不到属于自己的那一份情感。欠发达地区的女性劳动力，原本受到传统观念束缚最重、遭到的歧视最多，能够 "外出闯天下" 的，自然集中在男性劳动力方面。而发达地区对外地劳动力开放部分经济部门与行业，"把劳动力市场分成好的与差的两类"（阿瑟·刘易斯，1994），然后允许外地劳动力进入差的市场，好的市场限制或禁止外地劳动力进入。[①] 来自农村等相对落后地区的女性劳动力，因为受教

---

① 1998 年 2 月 8 日，《北京日报》刊登了北京市劳动局发布的《1998 年本市允许和限制使用外地人员的行业、工种（岗位）范围》的通知。在允许外地人员进入的 12 个行业、198 个工种中，基本上都是急、难、脏、险、重类型。

育少，所以其人力资本存量明显低。进城后的"打工妹"大多处在非正规就业状态，或者在非正规劳动部门打工。她们普遍面临技能低、收入低、就业不稳定、社会保障度不足、组织化程度低等问题，最普遍的问题是用工的不规范带来的劳动者的无保障。如据《中国劳动保障报》报道，当前约有50%的私营企业、雇工的个体工商户以及少数国有贸易公司、饮食服务业尚未与职工签订合同，特别是不与所招的下岗职工签订合同。大多数私企劳动者报酬很低，其中4.8%的人工资被拖欠，1.6%经常被拖欠，5.6%的雇工反映老板打骂工人，2.4%的人反映在企业中老板对女工有过性侮辱（戴建中，1996）。

第三，就业和择业方面，"打工妹"机会相对比较少。外出务工的农村女性到城市以后，大多数只能从事工厂一线工人、饭店服务员、保姆等工作，而用工者一般都只想雇用年轻的农村女性。根据全国妇联妇女研究所于1996年在广东的珠海和东莞、浙江的杭州和温州、湖北的武汉和仙桃、辽宁的沈阳和大连8个城市的36个非公有制企业中对女工生存和发展状况进行的调查（蒋永萍，张艳霞，1997），企业在招工时往往会设定一个年龄上限。在回答企业年龄上限的规定时，在544份有效问卷中，61.1%的被调查者回答为30岁以下，13%的回答为22岁以下。而笔者在2008年春节期间到深圳宝安调查时，也注意到很多三资、私营企业贴出来的招聘广告上都注明一个年龄上限，最大的是25岁，一般都在20岁左右。同时，上述全国妇联妇女研究所的调查也表明，企业在签订一年期劳动合同的女工比例高于男工25.3个百分点。企业往往通过限制招工年龄、不签订劳动合同或只签订短期劳动合同等手段确保企业能使用年轻女性，从而把处于结婚生育高峰期的女性和年长的妇女排斥出去。劳动力市场划分为本地劳动力、外来城镇人口、外来农民工。归属不同将导致就业机会、就业范围和工资待遇有着明显区别。而外出务工的农村女性可以说处于最低层次中的次级地位，即在就业和择业方面，外出打工农村女性面临着最多的歧视，处于最为被动的地位。

第四，"打工妹"劳动权益易受侵犯，这是由于"打工妹"本身文化水平低，法律意识淡薄。为促进男女平等，充分实现人权，中国政府对妇女在经济和社会生活中的各种权益，包括与男子平等的就业权，都在法律上作了规定。但是要让妇女在法律上平等的权利最终实现和获得，还有赖于女性自我保护意识的提高。许多"打工妹"文化素质比较低（表3-8），法律意识淡薄，不学法，不懂法，不懂得签订合同的重要性，权益受到侵犯后也不知道如何寻求帮助。不少"打工妹"被问及自己合法权益被侵害时怎么办时，她们的回答是"以忍为好"、"不想把关系搞僵"、"不知道怎么办"。① "外来妹"的身份使得她们无法享受与

---

① 转引自：北京大学法学院妇女法律研究与服务中心. 当代中国妇女权益保障的理论与实践：《消除对妇女一切形式歧视公约》在中国执行情况的调查研究. 北京：中国工人出版社，2001：137。

当地居民同样的待遇。

表3-8 农村劳动力文化素质及其转移的统计情况 （单位:%）

文化程度		文盲半文盲	小学	初中	高中
占转移总劳动	1986 年	17.3	41.7	28.9	11.7
力的比重	1994 年	6.6	30.2	49.5	13.7

资料来源：陈万明.1997.农村劳动力文化素质及其相关影响实证分析.农村经济问题,（7）

中国农村是以血缘、地缘关系组成的社区。在那里，尽管女性处于比较低的地位，但是面临困难时，她们可以得到来自家庭和亲友的保护。而在原来计划经济体制下，并不存在资方、劳方各自独立的主体地位，因此几乎不存在劳资矛盾，劳动者的权利，特别是针对女性的特殊保护，是由国家和企业代为行使的。然而，现在"打工妹"面临的状况则完全不同。她们离开了家乡，无法得到家庭亲友的保护；她们是农村女性，从来没有进入计划经济体制，因此无法获取该体制中女性所能享有的权利；作为外来打工者，她们也无法享受本地居民得到的来自地方的保护。她们无权参与该地区的选举，难以进入打工当地的主流社会，难以表达自己的意愿；虽然她们对当地经济作出了很大的贡献，却无法成为"本地人"，得不到当地社区的保护，相反很可能受到歧视。基层政府往往关心的只是当地社区建设和居民福利，同时政府和当地人也很清楚：虽然外来工与当地经济关系密切，但企业更与它们的利益息息相关。所以，当外来工与企业发生矛盾时，当地政府和当地人容易偏向企业。另外，与外出打工的男性相比，"打工妹"缺乏足够的反抗能力。所以说，她们确实是一个弱势群体。

执法状况不理想。中国已有许多法律、法规，从国家根本大法到基本法、部门法都对妇女就业作了相应规定，只要依法办事，一些问题不难得到解决。但由于对现行有关劳动立法的执行缺乏有效的检查和监督，违法的法律责任又未能有效追究，致使许多人有法不依、执法不严甚至知法犯法。此外，由于缺乏有效的监督管理机制，在中国，有关的一些劳动立法往往存在着"国营执行，集体参照，合资、私营企业管不着"的现象。30 年的改革增大了有关单位的自主权，同时由于制度的不完善、劳动力供大于求等因素的影响，较之其他案件，劳动案件的判决更难执行。另外，导致执法困难还有一个原因，即地方政府和执法机关对于地方利益的保护。在"打工妹"比较集中的"三资"企业中，女工权益屡屡受到侵犯，一些当地政府却以"怕影响投资环境"、"吓跑外商"为借口，只顾经济利益，不管外来工利益。执法不力导致"打工妹"群体的劳动权益难以得到充分保障。

除了受到厂商的工种或工资歧视以外，既定的社会各种制度，诸如户籍制度、婚姻制度、家庭中的劳动分工、教育体系等，也造成了劳动力市场预期和在生产率方面的不同人口群之间的差异，而歧视正是这种差异的反映。转轨时期的中国，劳动力资源的配置很大程度上摆脱不了政府的干预。比如，户籍制度使劳动力流动问题丛生；农村相对落后的教育体系、较浓厚的小农意识等又造成了农村劳动力素质与城市劳动力素质上的差别。因而，在他们进入现代部门的劳动力市场后，会因这种先天性差异而受到歧视。1986～1994 年，向城市转移的农村劳动力的文化程度呈明显提高的特点，而文化程度低的农村劳动力的转移由于受到歧视而受限制，转移出的劳动力总量的比例下降。

四、职业结构中的性别歧视

职业结构是指就业人口在各职业上的分布，是衡量妇女就业或经济参与水平的实质性尺度，它包括某一职业的性别比例和某一性别的职业构成两个方面。社会学家们认为，职业结构在很大程度上反映了人们的社会地位结构。女性劳动者无论在某一职业中所占的比例或在职业构成方面的情况，都体现出程度各异的不平等，都存在着深刻的性别歧视。

(一) 性别职业比例中的歧视

中国妇联和国家统计局联合对全国 30 个省（自治区、直辖市）404 个县、市、区的 48 192 个样本（人），实施了第二期妇女社会地位的调查。结果显示：1999 年城镇在业女性包括各种收入在内的年均收入为 7409.7 元，是男性收入的 70.1%，男女两性的收入差距比 1990 年扩大了 7.4 个百分点；以农、林、牧、渔业为主的女性 1999 年的年均收入为 2368.7 元，是男性收入的 59.6%，差距比 1990 年扩大了 19.4 个百分点（侯小伏，1997）。

在城镇，男女两性的收入差距与在业状况和职业层次直接相关。从收入分布看，低收入的女性比男性高 19.3%，中等以上收入的女性比男性低 6.6%。2000 年末，城镇 18～49 岁女性在业率为 72%，比 1990 年降低了 16.2%。女性较多地集中在收入偏低的职业，而在相同职业中，女性的职务级别又比男性偏低。尽管女性中各级负责人有所增加，各类专业技术人员比例还高于男性，但这两类职业中女性收入占同类男性收入的比例仅为 57.9%和 68.3%，仍低于平均水平（谭深，1994）。

女性在智力型职业中的比例小，在体力型职业中所占比例大。纺织、轻工、商业、服务行业中居于一线的（只需具有简单技术即可上岗）女职工几乎占了 50%以上（表3-9）。在智力型职业中，女性就业比例仅为男性的 50%；特别是在领导岗位上的女性仅占总数的 11.8%，男女比例将近 9∶1；在事业单位和管理部门中，男性占 77.3%，女性仅为 22.7%；从科研部门看，男性占 63%，女性占 37%，其中真正在科研岗位上的女性仅占 30%，从事技术的女性仅占 2%。在有的地区，甚至最抢手的女性职业是模特、秘书、公关（黄小英，2001）。20 世纪 80 年代中期以后，国有企业改革深化，女职工占下岗职工平均数的 22.2%，但再就业率仅为 10% 左右。女工中有近一半人感到再就业时受到年龄和性别歧视，而且市场忽视再就业中的妇女利益（中国社会科学院人口研究所，1994）。另一项调查表明：中国妇女在择业时，选择好的工作环境的有 88.8%，有81.1% 的妇女选择挣钱多的工作，只有 43.8% 的妇女选择风险大、有竞争力的工作；在已就业的女性中，由国家分配或双向选择获得工作的占 48.3%，"由自己创建的"占 22.9%；在"事业获得成功"和"建立一个温暖的小家庭"的选择中，25% 的女性选择前者，65% 的女性选择后者（中华全国妇女联合会妇女研究所，陕西省妇女联合会研究室，1991）。

表3-9　分行业女职工占全部职工的比重　　　　　（单位:%）

农林牧渔	37.1
采掘业	25.3
制造业	43.0
电力、煤气及水的生产和供应	31.6
建筑业	17.1
地质勘察、水利管理业	27.0
交通运输、仓储及邮电通信业	28.3
金融、保险业	45.9
房地产业	34.1
社会服务业	41.7
卫生、体育和社会福利业	58.0
教育、文化艺术和广播电影电视业	45.5
科学研究和综合技术服务业	33.4
国家机关正常机关和社会团体	25.2
批发和零售贸易、餐饮业	44.9
其他	36.2

资料来源：国家统计局人口和就业统计司，人力资源和社会保障部规划财务司.2008.中国劳动统计年鉴 2008.北京：中国统计出版社

来自发达国家的女性职业分布资料同样说明问题，整体上，女性处于政治之外。20 世纪初美国妇女才取得投票权，在 100 名参议员中，女性只占 2 位，在总统顾问团中只占 1 位，全国只有 1 个女州长。至美国第 96 届国会，女性只占参议员的 0.6%，占众议员的 0.9%，在律师和法官中只占 9%。法国国民议会和参

议院女议员只占4.7%（罗琼，1986）。妇女的劳动力市场参与，20世纪前主要是低收入家庭，60年代美国高校毕业从业女性为56%，70年代妇女占整个劳动力的39%。在欧共体中，1970~1982年男子失业人数增加1倍，而妇女增加7倍（陶春芳，1985）。女性职业分布与男性差异显著，妇女多就业于工时长、报酬低的纺织、印刷、服装和食品加工行业，或从事医护，妇女占登记护士的94.6%，占护理员的89.8%（天津师范大学妇女研究中心，1987）。从事初等教育的女性占84%，图书管理员占82%，服务业占55%，勤务工作占74%，家务劳动占96.5%，而担任经理的只占17%。抑或是男女以差不多的比例进入同一工作，其报酬问题中也难免暴露歧视的因素。近20年来，美国妇女平均工资为男职工的3/5，1970年女售货员工资为同行男性的43%，日本女工工资为男工的58%。在英国、爱尔兰、希腊、卢森堡，妇女工资为同行男性的2/3，法国女工工资是男工的3/4。妇女与贫困化相连，美国贫困户及儿童半数以上都出现在无丈夫或父亲家庭（谢尔曼，登马克，1987；富士谷笃子，1986）。

（二）性别职业构成中的歧视

女性经济参与缺乏深度和高度，一个男人或一个女人在社会上干什么、怎么干，往往是家庭共同决策的结果。受"男性养家糊口"意识的影响，男性的就业选择常常是高投入、高风险、高回报，而女性则倾向于低投入、高稳定。同时，在养育孩子和其他家务劳动的承担上，女性必然要投入更多的时间和精力，这自然会影响工作效率，这也是厂商深层顾虑和排斥女性的一般原因。来自广东的资料显示：女性的收入仅为男性的六成多一点，妇女就业主要还是分布在从事体力劳动的行业，这与妇女的科学技术水平尤其是文化程度低有关，因为经济收入高低取决于受教育程度高低。罗默1986年在"外部因素、收益递增和无限增长条件下的动态竞争均衡"一文中建立了"知识推动模型"，在对经济增长的相关论述中，除了保留资本和劳动力两个基本要素之外，同时还引入了第三要素——知识。他认为：①知识能够提高投资效益，从而能够说明增长率的非收敛性；②知识也是一种生产要素，在经济活动中必须像投入其他生产要素一样投入知识；③特殊的知识和专业化的人力资本不仅能自身形成递增的收益，而且使资本、劳动力等生产要素也产生递增的收益，从而使整个经济规模是递增的，并将保持经济增长的长期性。1988年，卢卡斯用人力资本来解释持续的经济增长率。他认为：①人力资本的生产比物质资本的生产更重要；②人力资本低下是欠发达国家经济增长速度较慢的主要原因所在；③拥有大量人力资本的国家会取得较快的经济增长速度。

中国总工会统计，1996年中国女性人力资本职业结构分布是：农业劳动者人力资本含量占女性人力资本总量的59.44%，工业劳动者为17.22%，党政干部工作者为 0.97%，办事人员、商业人员、服务人员分别为 2.01%、4.53%、3.66%。即女性人力资本近80%附着在农业和工业劳动这两大职业岗位上，而领导层工作岗位上的不足其总量的1%。①

就产业分布的情况而言，以山东省为例，从2007年全省分性别就业结构看，男性一、二、三产业就业比重分别为 50.64%、26.23% 和 23.13%，女性一、二、三产业就业比重分别为 64.19%、16.83%、18.98%（山东省统计局，2008）。女性在第一产业的在业人口高于男性13.55个百分点，在第二产业比男性低9.4个百分点，在第三产业的比例比男性低4.15个百分点。女性在高学历结构中所占比例还很低，各类高级人才有169.5万人，占女性总数的30.4%。大量的是未能接受高等教育的妇女，甚至还有文盲和半文盲的妇女存在（郑晓瑛，1995）。这表明，虽然社会经济结构变化是女性就业结构变化的前提，但相对于男性而言，女性产业结构变化依然滞后，从而说明了产业结构的变化不会自然而然地带来妇女就业结构的协调变化或优先调整。

就职业结构而言，在专业技术人员这一职业中，虽然 2000 年女性的就业比例达到51.7%，比 1990 年提高了 6.6 个百分点，但在科研技术人员中男性占66%多，女性却不到34%，且大多是从事辅助、后勤和低层次的管理工作。在国家机关、政党机关和社会团体中，女性仅占24.4%，而在通信、邮电和其他非权力部门当办事员的女性比例却占50%左右（国家统计局，2006）。在服务性工作人员和商业工作人员中，虽然女性从业人员的增长速度和比例高于男性，但这些行业还是使用低技能劳动者和以体力劳动为主的行业。在农、林、牧、渔业中，女性从业者的增长人数和比例均高于男性。总之，较之于男性，女性的职业分布更集中在体力劳动及声望较低的职业上。在职业地位较高的科技人员中，女性科技人员在全部在业人口中比例由1982年的1.94%增至1990年的2.40%，占本职业的比例由38.3%上升到45.3%，女性的增长速度超过男性（谭深，1994）。在另一个职业地位较高的领域——国家机关、党群组织和事业单位的职员中，女性的从业人数亦有所增长。在服务性工作人员和商业工作人员中，女性从业人员的增长速度和比例也明显高于男性。

就经济收入而言，1999 年城镇在业女性包括各种收入在内年均为7409.7元，以农、林、牧、渔业为主的女性的年均收入为2368.7元，远远高于经济体制改

---

① 上海市妇女学会，人民网，2002 年 3 月 4 日。另外，上海进行过两次关于妇女社会地位的调查。2000 年的调查数据表明，同 10 年前相比，25～49 岁的女性在业率下降了 24.8 个百分点，在业女性的收入仅为男性的70%。女性在参政议政方面有所进步，但是无论在观念上还是在实际操作中，存在不少困难和阻力。73.1%的人认为，"目前在各级领导岗位上的女性比例偏低"，究其原因，73.6%的人认为是"社会对女性有偏见"，66.1%的人认为是"培养选拔不力"。值得注意的是，对女性在领导层中比例偏低的原因，有30%的男性被调查者认为是"女性领导能力差"。同意这种说法的，在女性被调查者中也有近1/4。

革之前的收入水平，而且在最高的三个收入层级中，男女两性各自的比例呈旗鼓相当的态势。1983 年（城市经济体制改革前）北京、上海、成都、南京、广州、兰州、哈尔滨七城市家庭女性的月均收入是 70.16 元，而城市经济体制改革后的 1992 年，七城市家庭女性的月均收入达到 213.13 元，比 1983 年高出近 2 倍。尤其是上海的调查表明：35 岁以下的未婚女性月收入不仅远远高于已婚女性，而且高于未婚男性，因为她们进入"三资"企业的多，属白领阶层的多。可见，正是市场经济为城乡妇女特别是青年女性提供了参与和发展的机会（金一虹，1995）。

　　经济体制的改革引发了第三产业的发展，但在为女性提供大量新职位的同时，也加剧了女性就业结构的不合理。其一，中国现阶段第三产业的发展尚不是以金融、电子、信息、高技术为主的第三产业，而仍然主要是由商业、餐饮、旅游等服务性行业组成，它在改变着妇女在第一、二产业就业结构不合理的同时，又将妇女定型在另一种低就业结构上。尽管从业女性的经济收入较为可观，但它不需要高智力的劳动和较全面的技能，仍然是以体力劳动为主的就业层次。其二，现在的服务行业只接纳年轻和有一定文化知识的女性而不是接受全体女性。在这种市场选择下，中年女性的第二次就业将变得更加困难，从而使女性就业结构失调固定化。其三，性别职业将转移到城市或工业部门的农村妇女聚集在生产条件落后、技术等级差的职业领域，不但延续了农村妇女的低职业结构状况，而且对其他"女性职业"起了消极的平衡和稳定作用。其四，性别职业的出现将市场对性别的选择模式化、社会化，使众多有才能的女性无法进入所谓的男性职业就业并进而得到职业发展，由此导致的女性就业结构不合理即女性职业的性别隔离，将会导致女性职业地位的下降。

五、工作时间中的性别歧视

　　工作中的时间歧视问题，至少有两个角度的认识。

（一）纵向的年龄增长威胁

　　女性员工过了 35 岁以后，除非在其所在领域非常杰出，否则很难实现自由流动，更难想象放弃原有的职位。因为，"年龄 35 岁以下，男性优先"这样的招聘广告比比皆是，这反映出就业难、再就业难乎其难的现实。许多优秀的白领女性之所以在 30 岁以后宁愿选择放弃事业回归家庭，一方面是为了弥补之前为事业而付出的更多代价；另一方面则是因为年龄使她们进一步丧失了竞争力，提升的机会越来越少，而逐渐加大的压力让她们不堪重负。有一份来自日本的资料显示，18～19 岁女性与男性的工资差别最小，是男性的 91.5%，而女性年龄层越高与男性的工资差距越大，50～54 岁年龄层最低，仅为男性的 53.0%（日本劳动省妇女局，1998）。在能力发挥方面，回答"能发挥"的女性为25.5%，"能发挥一点"的为52.7%。在退职方面，结婚、怀孕、生育仍是主要原因的占36.3%（日本劳动省妇女局，1997）。

（二）横向的劳动时间不平等

对于中国公众劳动时间的调查结果显示，男性平均工作时间是每日8.68小时，每日工作时间为8小时的占49.7%，有16.2%的人工作时间在10小时以上，甚至有2.1%的人每日工作时间在12小时以上。与男性相比，女性的工作时间较短，女性的平均工作时间是每日7.84小时，也有13.4%的人每日工作时间在10小时以上，但与男性比较而言，比例要小得多（张锴，2000），见表3-10。

表3-10　两性的工作时间比较　　　　　（单位:%）

性别＼时间	6小时及以下	7小时	8小时	9小时	10小时	11小时	12小时及以上	合计
男性	8.6	16.2	49.7	9.3	11.6	2.5	2.1	100.0
女性	9.2	17.4	50.2	9.8	9.7	2.4	1.3	100.0

资料来源：张锴.2000-10-21.男人女人，永远的伙伴——全国公众性别意识调查报告.中国妇女报

女性的工作时间比男性短，并不意味着女性真正的劳作时间就比男性短、就比男性轻松。除工作之外，女性不得不承担许多家务劳动。调查主要考察了两性在家庭中五个方面的分工情况，具体参见表3-11。

表3-11　家庭中家务劳动主要承担者的比例　　　　　（单位:%）

性别＼分工	做饭	洗衣服	买日用品	看护小孩、老人	修理用具
男性	10.4	7.2	12.4	17.9	68.7
女性	89.6	92.8	87.6	82.1	31.3
合计	100.0	100.0	100.0	100.0	100.0

资料来源：张锴.2000-10-21.男人女人，永远的伙伴——全国公众性别意识调查报告.中国妇女报

另外，不同地域的家务分工不同，城市家庭的家务活男性分担要多一些。在农村，除修理用具以外，几乎所有的家务劳动都由女性来完成，男性几乎不做任何家务劳动。女性除了和男性一样承担着工作的艰辛以外，对大多数女性来说，下班仅仅意味着一种类型工作的结束。女性平均每天用于家务劳动的时间为4.2小时，女性一天劳作的时间之和为12.04小时，而男性一天的劳动之和为10.7小时，将工作时间与家务劳动时间合计，女性每天比男性多劳动1.34个小时（江流等，1997）。

全国妇联和国家统计局的抽样调查显示，传统的性别观念对社会成员的影响

仍不可忽视。85% 以上的家务劳动主要由女性承担，女性平均用于家务劳动的时间为 4.01 小时，比男性多 2.7 小时。两性家务劳动时间的差距仅比 1990 年缩短了 6 分钟。城镇在业女性每天的家务劳动时间平均为 2.9 小时，仍比男性多 1.6 小时（江流等，1997）。

第三节　劳动力市场后的性别歧视

所谓劳动力市场后，是指劳动者因年龄等原因退出职业工作领域的过程及之后的待遇安排，在这其中性别歧视依然存在，两性利益和权力的不平等伴随着生命的始终。

一、退出劳动力市场的制度安排

年长劳动者的退休包含两个单独的过程，第一个过程与退出经济活动有关，第二个过程是把生产性资源转移给年青一代。退休会为年轻人创造升迁的机会，从而可以提高劳动士气；技术工人被非技术工人或掌握新技术的工人取代；在工资和工作年数挂钩的地方，高薪的老年工人被比较便宜的年轻工人所取代。退休一方面可以促使失去效率的工人脱离企业，另一方面会防止有效率的工人离开企业。

退出劳动力市场一般有明确的来自政府的规定，按照国际惯例，女性退休年龄和男性一样。世界上很多国家将 60 岁确定为退休年龄，经济合作与发展组织国家则将退休年龄延长到 65 岁，而美国员工的退休年龄在 67 周岁左右。中国关于干部退休制度一直规定：男性 60 岁退休；女性 55 岁退休。1993 年颁布的《国家公务员条例》再次沿用了这一限定。同时，为充分发挥女性人才的作用，对国家公务员中担任县处级以上职务的女干部的退休年龄作了适当延长，规定凡担任县处级以上职务的女性公务员可以到 60 周岁退休。

除了年龄，退休还必须具备至少三个条件：其一，不再作为一个全职雇员在特定工作场所从事有酬劳动。其二，拥有固定的现金退休收入。公务员退休后的待遇，主要是以其退休时本人的工龄和工资为依据确定的。其中，工作满 35 年的，职务工资、级别工资两项之和按 88% 计发；工作满 30 年但不满 35 年的，职务工资、级别工资两项之和按 82% 计发；工作满 20 年但不满 30 年的，职务工资、级别工资两项之和按 75% 计发。其三，作为劳动工资的替代退休金使得退休者的生活能够维持在其置身于劳动力市场时的水平。

退休制度是以退休金能够替代市场工资为条件的。在这里，退休金的基本作用是使老年工人在退出劳动力市场后仍然有足够的收入维持不低于他们在劳动力市场中的生活水平。退休金还被作为延期支付的工资。把退休金看做是延期支付的工资的观点是建立在承认工人对退休金所有权的基础上的。退休金是工人个人所有的，利息也是在工人的名义下积累起来的。另外，国家税收政策一般会采用延期赋税等优惠政策来增加企业赞助的退休金计划的吸引力。因此，退休金构成了企业管理的、个人拥有的延期支付工资。中国和发达国家的退休制度有着本质上的相似，只是形式上不同而已。中国的退休制度是企业的完全保障责任，对个人具有强制性，集资渠道单一；而发达国家的退休制度往往包括公共项目和企业退休金计划等多种形式，基金来源多渠道，对个人具有自愿性。发达国家对退休制度的干预是通过立法和税收来实现的；中国对退休制度的干预则更多地通过行政手段和意识形态来实现。

二、劳动力市场后性别歧视的表象

中国公务员的现行退休政策是：男性年满 60 周岁、女性年满 55 周岁应当退休，尽管是高级知识分子，女性依然要比男性高级知识分子提前 5 年退休。男性、女性在同一时间接受教育、同一时间参加工作，但退休的年限却不同，这意味着两性对各自人生基本相同的投资后，所取得的回报（工作时间、退休待遇）却不同。事实上，女性退休后的生活待遇普遍低于男性，因为现行计算退休工资的政策是以工作年限为基础的。对于同一时间参加工作的男女来说，女性因比男性提前 5 年退休，自然无法领到与男性同等的退休金。就退休保障而言，女性人力资本投资越多、学历越高，回报率就越低。因为学历越高，受教育年限越长，在有退休年龄的限制下，参加工作的时间也就越短。工作时间的长短往往影响一个人一生所作的贡献和退休待遇。行政事业单位的女性员工更为关注这一问题，因为她们的退休工资直接与工作年限挂钩。

男女退休年龄不一致导致了女性在劳动力市场后系列权益的损失。浙江省台州市妇联用问卷形式，开展了以"退休年龄与女性权益"为主题的专题调查活动。调查共收回有效问卷 274 份，其中，女性和男性分别占 80% 和 20%，在职和退休人员分别占 83.6% 和 16.4%，从事行政、事业工作的（包括退休）分别占 68.9%、31.1%，科级以上干部占 76%。调查总结了三个方面的问题（浙江省台州市妇联，2002）。

1. 劳动力市场后女性收入降低

劳动力市场后的收入取决于退休金的多少，而退休金内容中，如住房基金补贴、其他福利费待遇等都取决于工龄长短和在职与否。从总体上看，女性比男性提前 5 年退休，工龄必然比男性短。目前在职的女干部中，凡具备大学学历的，工龄均不满 35 年。这就意味着根据人事部门的规定，同样接受高等教育，女性的退休金只能拿到基本工资的82%，而男性到60岁退休则能拿到88%的退休金。显然，女性每月少拿6%的退休金。住房基金补贴，根据规定可享受基本工资的85%。按目前工资水平计算，科级干部每月补贴80元以上，处级干部100元以上，退休后停止享受，这又意味着同期大学毕业的女性比男性少收入基本工资的8%。① 按照《国家公务员暂行条例》规定，年度考核合格的可增发一个月的基本工资，提前5年退休的女性，自然无法享受这一待遇。福利分配方面，由于利益分配的多元化，部门效益的不同，单位间福利差距也较大，年福利少则几千元，多则几万元。因提前5年退休，女性确实存在着很大的经济损失。另外，从调资情况看，每两年增加一级职务工资，每5年增加一级职别工资，而副处级以上退休干部每两年只能增加低于一个职务工资的退休金，又无法享受职别工资。调查问卷表明，90%以上的人认为，女性退休后经济待遇和保障水平比男性低，认为这是不合理的占85%。

2. 劳动力市场后女性权益减少

受提前5年退休的限制，女性与男性在接受同等教育、参加工作时间无区别的情况下，却会在工作岗位的选择、供职单位的流转、机构改革中的人员分流、干部提拔使用等诸多方面遇到与男性相差悬殊的待遇。就干部年轻化而言，女性与男性相比，就有不同的年龄要求。因为条件相同时，一旦使用女性就必然要考虑她们提前5年退休这一因素。按照规定，新提拔担任副职的女性一般年龄不超过45岁，而男性不超过50岁；新提拔担任正职的女性年龄不超过50岁，而男性不超过55岁。而事实表明，女性在45岁左右，正是精力旺盛、经验丰富的黄金工作时期。同样，在调动单位和调整岗位时，由于考虑到女性要比男性提前5年退休，女性就往往难以获得与男性同等的机遇。

3. 劳动力市场后女性人力资源流失

女性有两个黄金工作时期：一是参加工作至孕前。这一阶段，她们身体健康，年轻好学，进取心强，一心扑在事业上。二是在女性摆脱孩子依恋之后。这个阶段一般只有近10年的时间，她们为了弥补因生育和哺育孩子流逝的时光，

---

① 如一名女性按现行制度接受普通高等教育，毕业时一般在22岁以上，从一毕业参加工作到她55周岁退休，工龄最长也只有33年。这样，退休时就只能领取到职务工资、级别工资两项之和的82%，而同样接受了普通高等教育的男性到60周岁退休，工龄有38年，则可领取到同类工资之和的88%。目前在职女干部中，具有本科以上学历者，到退休年龄时，大多工龄均不满35年。按照《国家公务员考核暂行规定》，考核连续5年被确定为称职以上等次的，在本职务工资标准内晋升一个工资档次。也就是说，男性比女性晚5年退休，一般情况下，就会比女性多晋升一级工资和两个档次工资。个人住房公积金补贴也存在不合理现象。按现行住房公积金补贴政策规定，从业人员可享受住房公积金补贴，而退休后则不能享受。女性若早于男性5年退休，无形中就少了5年的住房公积金补贴。

发愤工作。而女性提前 5 年退休，这在客观上缩短了女性的就业时间，使女性人才过早退出了工作的舞台，抑制了女性人才的价值发挥，造成女性人才资源的浪费。实践表明：55～60 岁的 5 年仍是女性人生中的宝贵就业期。虽然女性与男性一起接受教育，一起参加工作，但发挥作用却少了 5 年，这必然会使女性发展的内在动力受到挫伤，致使高文化、高学历女性精英失去可持续发展的应有环境。

三、劳动力市场后性别歧视的争论

男女退休年龄不一致，既损害了女性群体的合法权益，也不利于充分调动和保护妇女参与市场经济活动的主动性、积极性。就传统观念和生理素质而言，妇女属于"弱势群体"，但在工作能力上，女性在耐心、细致和责任心等方面普遍比男性更有优势。法律上也规定男女平等，但是，事实却背道而驰。女性的自然寿命较男性长[①]，职业寿命却被人为截短，退休年龄差别性的规定是男女不平等、政府性别歧视的一个表现，是对女性就业权利的侵害。

《联合国消除对妇女一切形式歧视公约》第三条强调："缔约国应承担在所有领域，特别是在政治、社会、经济、文化领域，采取一切适当措施，包括制定法律，保证妇女得到充分发展和进步，以确保妇女在与男子平等的基础上，行使和享有人权和基本自由"。中国是这项国际公约的缔约国之一，理当遵守国际准则。

适当延长劳动年龄，其实是对人力资源的一种节约。劳动力成本本身是没有差异的。从性别比较的角度看，两性人力资源的投入相同，起始劳动时间也没有很大差异。现在法定的女性退休年龄应该适当推迟，不要让宝贵的人力资源白白浪费。从 20 世纪 50 年代起，中国就实行男性 60 周岁退休、女性 55 周岁或 50 周岁退休的规定，并在特定的历史阶段取得了积极效果。"但在全社会人口素质全面提高的今天，这个规定应该予以调整。"（李葵南，周芝石，2003）

《中国妇女报》曾进行过退休年龄不平等导致女性权益受损的讨论。2002 年 4 月以来，重庆市直属机关及主要城区的女干部不断到妇联上访，对女性比男性提前 5～10 年退休的规定反应强烈，认为男女退休年龄不平等，直接导致女性政治权利受到损害、女性经济待遇受到影响。女性上学、就业的时间与男性相同，工作贡献与男性没什么差别，而退休时间却比男性提早 5 年，这样既浪费了女性人才资源，也不利于女干部的成长，直接造成女干部学历高、工龄短、待遇低的不平等现象。呼吁男女公职人员在使用上应坚持公平聘任上岗。男女平等对女性而言，性别、年龄不应该成为她们的天然弱势，而应当给予她们平等、公平竞争

---

① 统计资料显示：1998 年中国女性人口的平均预期寿命达到 73.1 岁，比 1995 年提高了 0.5 年，高出男子平均预期寿命约 3.7 岁。http：//www.sina.com.cn，2000 年 3 月 7 日。

的机会（单士兵，2002）。同时，针对"为充分发挥女性人才的作用，对担任县处级及以上职务的女干部的年龄适当延长，凡担任县处级以上职务的女性干部可到 60 岁退休"、"只有行政级别待遇，不同级别官员享受相应的待遇"等差别性的规定提出异议，认为这是几千年封建历史的糟粕，无疑是官本位思想的反映，倡议提高人才的物质及精神待遇（魏文彪，2002）。

男女退休年龄不一致导致女性权益受损，的确是性别歧视研究领域一个不容忽视的问题。实际上，中国的经济转型给国家的养老体制造成了巨大的压力，国家不得不加大对退休金的补贴开支。近年来政府为推动社会保障体制改革采取了一些措施，如推动和建立个人养老保险账户等。但是，经济转型也影响着国家在意识形态方面的转变。比如，提出鼓励发展私人企业和鼓励国有企业人员提前退休的政策，使人们对退休的无奈和恐惧有所缓和。现在，退休已不再被看做是生产活动的终止。中国部分省市还采取了相应的补救措施，比如，山东省修改了相关规定，在法定原则前提下使分流期间提前退休的处级女干部享受与男性一样的优惠政策；湖北省女性退休生活补贴的发放比例是男性的 2 倍；广东省分别给予男女法定年龄退休人员增加相同档次的职务工资额补贴（姚鹏，2002）。

中国沿袭了几十年的退休政策的初衷是为了保护女性利益，因为新中国成立之初，经济相对落后，一些重体力劳动需要女性承担，不少女性也因此患上了疾病。另外，当时的多子政策也使女性承担很大的家庭责任。提前退休这项政策曾被认为是"进步观念"，得到大多数女性的赞成。但是，随着经济的发展，女性工作环境好转，生产劳动强度也大大降低，而且独生子女政策使女性摆脱了育儿的辛劳，加之各级政府一直重视女性的医疗保健工作，女性的身体健康得到了极大的保障。"妇女多工作几年，从生理上讲，完全是可以的。"（刘秋容，2003）就受教育程度而言，更多的女性受教育程度越来越提高，出类拔萃的女性也与日俱增，一批受过高等教育的女性在各个领域承担着重任。55 岁正是女性经验成熟、意志顽强的阶段，因此延迟退休年龄也是延迟女性人生的辉煌期。就经济学者的视角而言，无论国家还是个人对女性人力资本的投资，如果在其贡献期让其退休、退出劳动力市场，那么就会浪费人力资源和影响女性的收益。因此，提前退休的规定已经过时。

第四节　相关调研的结论

笔者曾在 2005 年 6～8 月先后对长三角、珠三角及东北老工业基地 33 个主要城镇的劳动力市场进行了调研，其数据及分析结论已经汇集成《就业与和谐社会发展》一书，由中国民主与法制出版社出版。2009 年 2 月 16～23 日，笔者再次组织研究生 9 人对辽宁省 26 个城市的劳动力市场进行实地考察，对现实中女性劳动者被歧视和排斥的状况有了更进一步的认识。

一、辽宁女性就业的基本情况

辽宁省 2008 年对 1‰的人口进行了抽样调查推算，2008 年年末辽宁全省常住人口为 4315 万人。其中，城镇人口 2592 万人，乡村人口 1723 万人。2008 年全年完成生产总值 13 461.6 亿元，按可比价格计算，比上年增长 13.1%。其中，第一产业增加值为 1302.0 亿元，增长 6.3%；第二产业增加值为 7512.1 亿元，增长 15.5%；第三产业增加值为 4647.5 亿元，增长 11.2%。人均生产总值为 31 259 元，按可比价格计算，比上年增长 12.5%。辽宁省近几年经济快速平稳发展，女性的劳动参与率明显增加。但是由于作为支柱产业的第二产业对劳动力体力的特殊需求，在整个辽宁省，女性就业相对于男性仍然处于劣势。

从用人单位对劳动者的需求看，80.03% 的用人需求对求职者的性别有明确要求。对男性的需求比重高于女性，其所占比重分别为 42.61% 和 37.42%。与上季度相比，对男性的用人需求下降了 1.49%，对女性的用人需求下降了 1.8%。与 2007 年同期相比，对男性的用人需求上升了 1.05%，对女性的用人需求下降了 1.9%。

从求职者的性别结构看，男性的求职人数也高于女性求职人数，其所占比重分别为 53.3% 和 46.7%。与上季度相比，男性求职者所占比重下降了 0.62%，女性求职者的比重上升了 0.62%。与 2007 年同期相比，男性求职者所占比重上升了 3.29%，女性求职者的比重下降了 3.29%。

从供求状况对比来看，男性的求人倍率和女性的求人倍率相同，都是 0.93。与上季度相比，男性求人倍率提高了 0.04，女性求人倍率提高了 0.01。与 2007 年同期相比，男性求人倍率提高了 0.06，女性求人倍率提高了 0.1，具体见（表 3-12、图 3-4）。

表 3-12　按性别分组的供求人数

性别	劳动力供求人数比较										
	需求人数/人	需求比重/%	与上季度相比需求变化/%	与2007年同期相比需求变化/%	求职人数/人	求职比重/%	与上季度相比求职变化/%	与2007年同期相比求职变化/%	求人倍率	与上季度相比供求变化	与2007年同期相比供求变化
男	187 798	42.61	−1.49	1.05	251 565	53.30	−0.62	3.29	0.93	0.04	0.06
女	164 914	37.42	−1.80	−1.90	220 454	46.70	0.62	−3.29	0.93	0.01	0.10
无要求	87 990	19.97	3.29	0.85	—	—	—	—	—	—	—
合计	440 702	100	—	—	472 019	100	—	—	—	—	—

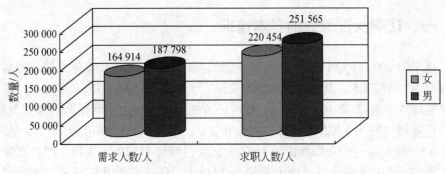

图 3-4 按性别分组的供求人数对比

二、辽宁省劳动力市场女性地区就业状况

据调查，居于沿海地区的大连东三市（瓦房店、普兰店、庄河），针对于女性企业用工没有显著的需求，近几年来一直处于平稳状态，而大连市区内企业对于女性用工需求相对较多。大连开发区企业用工以女性居首，而且工资较低，一般为 600～1000 元。居于辽宁内陆地区，劳动力市场女性就业需求明显减少，如鞍山、辽阳、营口等，而产生这种现象的原因主要是产业布局的影响。

因为靠近沿海地区，外资企业居多，所以为这里创造出更多的就业岗位，而且日本、韩国企业都是以生产精密仪器、医疗器械等类型为主，有 40% 的女性从事精密制造、化工、电子等工作；外资企业招收的女性多为 16 岁以上的初中毕业生和未婚女性。

1. 调研地点之一：锦州市劳动仲裁院

调研时间：2008 年 2 月 17 日。

调研对象：立法庭工作人员。

调研内容如下：

我们以受害者的身份进入锦州市仲裁厅，工作人员不关心受害人的请求是什么，只关心受害人来自什么地方，在什么地方引起了劳动争议。当我们答出是外来务工人员，不是在锦州市内的企业打工时，工作人员要我们去找当地的仲裁部门。由于时间的关系，我们没有到当地仲裁部门去核实是否可以在那里得到帮助。然而，这却在一个侧面反映出中国仲裁体制的不健全。当一个受害者找到仲裁部门时，各个部门之间却互相推诿，没有人切实地为劳动者的利益着想。

当我们询问如果大学生在应聘过程中感觉遭受了歧视，应该如何通过法律途径保护自己时，得到的答案是：因性别歧视而没有得到单位录用，不属于劳动争议，也不能申请劳动仲裁。对于用人单位的性别歧视规定，目前有章可循的规范是《中华人民共和国劳动法》中的相关规定："用人单位制定的劳动规章制度违反法律、法规规定的，由劳动行政部门给予警告，责令改正。"行政处罚有法可依，但对于女性求职者欲以此寻求索赔时，却没有相关的法律依据。即使女性求职者最终选择了起诉，但最大难题却摆在她们面前："歧视"证据如何保全。"缺乏证据，用人单位往往会找出各种各样的借口，掩盖其歧视本质。"

2. 调研地点之二：锦西石油化工分公司

调研时间：2008 年 2 月 19 日。

调研对象：新闻编辑部工作人员。

调研内容如下：

（1）锦西石油化工分公司自 1999 年开始重组改革。原有职工 1.2 万人，现有职工 5076 人。

（2）改制后的企业，不再接受国家分配的人员，而是与普通的企业单位一样，以利润最大化为目标。新闻编辑部工作人员称为了减低成本、提高效率，在招聘中存在女性被歧视现象。

（3）下岗职工的安置问题。企业在改制裁员时，首先考虑的是裁减女性员工，这使得女性下岗人数多。而男性再就业也比女性要容易，女性再就业相对男性更加困难。

3. 调研地点之三：大连市政府人力资源开发部

调研时间：2008 年 2 月 26 日。

调研对象：高晓庆处长。

调研内容如下：

女性就业方面的统计数据难以提供。

但是，近年来，大连旅游业蓬勃发展，市场的需要使大连女性的就业压力得到缓解。

4. 调研地点之四：盘锦市劳动就业局一楼主任办公室、盘锦市妇联、北方沥青股份有限公司

调研时间：2009 年 2 月 16 日。

调研访问对象：魏志诚（就业局主任）、柳虹（城乡协调处处长）、北方沥青股份有限公司党支部书记。

调研内容：女性劳动力供需状况。

5. 调研地点之五：锦州市妇联；锦州市劳动和社会保障局；锦州市人才
   市场

调研时间：2009 年 2 月 17 日。

调研访问对象：锦州市妇联权益部长、锦州市劳动和社会保障局就业处处长、劳动仲裁室庭长。

调研内容：女性劳动力的需求主要集中在业务代表、业务员、储备干部、文员、财会人员、语言类。对于工业技术方面的需求岗位，大部分都有"男性"的限制条件（表3-13）。

表 3-13　2009 年 1 月盘锦市按性别分组的供求人数情况

性别	劳动力供求人数比较				
	需求人数/人	所占比重/%	求职人数/人	所占比重/%	求人倍率
男	321	54	406	55	0.79
女	198	33	325	45	0.60
无要求	67	13	—	—	—
合计	586	100	731	100	0.80

6. 调研地点之六：盘锦市北方沥青股份有限公司

调研时间：2008 年 2 月 16 日。

调研对象：公司党委书记、随机抽取的女性职工。

盘锦市北方沥青股份有限公司是以生产销售道路石油沥青为主营业务的股份制企业。

调研内容：公司共有员工约 800 人，2008 年引进 20 名本科生，其中 18 名为男性，2 名女性。公司女性员工享受"四险一金"，孕产期的长短根据个人情况而定，每年免费享受一次公司定期的全面身体检查。参与调查的 3 名女性员工均认为，男女退休年龄不一致需要改革，因为过早的退休对女性的身心不利。

另外，朝阳市宏大机械有限公司，一线工人约有 90 人，其中女性 4 人；行政人员约 40 人，其中女性 11 人。工人全部实行"三险一金"，没有对女性特殊的保护保障政策。

阜新铁路站前宾馆属于集体企业，有员工 100 多人，女性员工占到 60%，只有集体合同，没有劳动合同，普通员工的工资平均约为 500 元，只有一险，即养老险，没有其他的保障保险措施。

需求大于求职缺口最大的 10 个职业分别是餐厅服务员、推销及展销人员、营业员、部门经理及管理人、促销员、保育家庭服务员、保洁员、保安员、厨师、幼儿教师。

7. 其他发现问题

（1）父母的职业对女性的影响极大。对于国有企业来说，如果招收新人会首先考虑招收企业职工子弟，接着是应届的本科毕业生。而私有企业会更多地考虑女性的年龄、婚姻、家庭状况。求职过程中，女性的比较优势在于其公关能力、亲和力等，比较劣势在于其生理弱势。

（2）大部分女性员工对《中华人民共和国妇女权益保障法》、《女职工劳动保护规定》有所了解，当认为自己的合法权益受到侵害时，会向工会、劳动仲裁局、妇联求助。但是，女性维权主要集中在家庭暴力、贫困救助等方面，其中大部分集中在贫困救助方面，很少有女性到妇联反映在求职或者工作中受到歧视或者不公正待遇。

在正式企业工作的女性员工都会有维护自己权利的愿望和行动，她们一般会先求助于工会然后请求劳动仲裁，严重的则求助于司法机关。劳动仲裁部门受理的劳动争议多集中在工资等方面，由于受到歧视而请求仲裁的很少但是很集中，一是试用期不签合同，二是女性"三期"期间被解雇。

（3）年龄、工作经验、长相对女性就业影响很大，工作经验一般要求两年以上，年龄为 18~35 岁；五官端正，形象好，气质佳，身高 160 厘米以上。

（4）关于男女退休年龄不一致，观点有三种：一是大部分女性认为男女退休年龄应该一致。二是认为应该视职业特点而定，不同的职业规定不同的退休年龄，不应该"一刀切"。三是认为不应该一致。首先，女性的体力随着年龄增长会比男性衰退更早；其次，即使女性生理方面与男性不会有太大的差异，更年期也就是心理变化也会使女性不适合留在工作岗位；再次，如果女性的退休年龄跟男性一样，就会增大就业压力。

要想改变女性受歧视的现状，最根本的是要转变观念，但是必须先从政策入手。这是源于市场经济条件下，各企事业单位实行独立核算、自负盈亏、追求效益优先的现实。"让单位承担女职工的生育保险责任必然会增加单位的成本，在相同条件下用人单位当然更愿意选择男性。"如果能够从完善社会保障制度入手，例如，将女职工生育保险责任由单位承担改为社会承担，那么对于增加女性的就业机会、创造男女公平竞争的就业环境能提供更好的保证。以利益导向机制来引导企业平等地录用女性员工，从而能够更好地消除生理差异因素给女性就业带来的负面影响。

第四章　理论研究与评述

性别歧视有广义和狭义两种解释：广义性别歧视是指在社会各领域，甚至在人们的理念中，对某一性别群体不公正或有差别地对待；狭义性别歧视是指在劳动力市场中，"当生产率相同的人得到不同的工资时，或者生产率不同的人得到相同的工资时，劳动力市场中就存在着歧视"（安塞尔·M. 夏普等，2000），即雇主为既定生产率特征所支付的价格、所区分的职业依据性别的不同而表现出来的系统差别。现实生活中，无论东西方都传统地对女性抱有偏见，女性受教育机会不足，选择职业也受到限制，平均收入不足男子收入的 70%，失业率比男子高 30% 以上（联合国，2000）。尽管很多国家的法律都明确规定了男女权利平等，并对保障女性权益正在作着相应的努力，但是，性别歧视，特别是劳动力市场中的性别歧视仍然顽固地存在着。

第一节　性别歧视的经济学解析

经济学对劳动力市场性别歧视行为研究的贡献表现在两个方面：其一，对性别差异与歧视的剥离；其二，对其成本和收益、效率和福利进行了剖析。如果生产率特征相同的员工仅因性别差异受到了不同的对待，就存在劳动力市场歧视。性别歧视表现在两个明显的方面：工资歧视和职业歧视。

一、工资性别歧视的界定

按照贝克尔的定义，"工资歧视是指在女性与男性工作一样、学历一样、经验一样的情况下，因为习俗或者公司政策而获得的收入却比男性少"（张翼轸，2002）。"如果有人因为偏见而自愿放弃利润，或工资和所得，那就构成了歧视行为"，对于这个定义，他解释为："如果某些人明明能为公司带来更多利润，但企业雇主却不雇用他们，反而去雇用别人的话，那这些人就受到雇主歧视了。如果有人在公司里能得到较高的薪水，但因为不想和某些人一起工作，就放弃了这个职务的话，那也算歧视行为。据此，如果某家公司不雇用某些人的原因，是因为别人的工资比较低，或生产率较高，能为公司带来更多利润，那就未必是歧视行为了"（加里·贝克，克蒂·贝克，2003）。

衡量工资性别歧视，首先要分别搜集与男性雇员和女性雇员有关的信息，理论上与工资报酬决定有关的所有人力资本特征和其他方面的一些特征都在搜集之列。然后，利用统计方法估计每一种特征对于女性工资报酬的贡献有多大。最后，计算出女性的假设平均工资报酬水平与男性的实际平均工资报酬水平，并对二者加以比较。

在劳动力市场中，雇主对雇员的人力资本特征所支付的"价格"因性别不同常常表现出差异，但是，仅此断定存在性别歧视还没有足够的论据。女性和男性在选择职业时有完全不同的倾向性，如果不受其他因素的影响，一般情况下，女性自愿选择的职业是其偏好或理性决策的结果。毋庸讳言，女性比较集中地将其人力资本投资于那种如果脱离劳动力市场一段时间也不会迅速贬值的技能方面，而这种投资往往是只能获得较低报酬预期的反映。另外，由于女性一般都负有更大的家庭责任，所以她们更倾向于选择离家较近的工作，并且承担出差等特殊工作的可能性小，而因家务琐事以及孩子的教育等问题旷工或请假的可能性更大。这些因素都会降低妇女的工资报酬，但是由于难以衡量，因此这些因素往往只是表现在对可观察生产率特征所应得报酬的削减上。在男性和女性的可观察生产率特征相同的情况下，仍然会存在工资差别。虽然如此，但也不能将所有这些差别都认定为是劳动力市场歧视的结果，其中有些差别实际上反映了劳动力市场供给方的一种自愿选择。来自美国的一项研究发现，如果女性的生产率特征（包括她们的职业）与男性是相同的，则她们每工作一小时的平均工资报酬占男性每工作一小时平均工资报酬的88%~90%。① 对同一职业中的男性和女性来说，工资差别影响最大而且可以被观察到的生产率特征是劳动力市场上的工作经验。在两性年龄、教育程度和职业大体相当的情况下，女性的工作经验相对少一些，不仅如此，女性总的工作经验每增加一年，为她们带来的报酬增加幅度也会低一些。通常情况下，女性有曾经脱离劳动力市场的经历，这种情况发生的频率和时间长度都会对工资造成影响。与这种非工作期间的发生频率及时间长度有关的数据难以统计，更难以准确获得。因此，女性员工因工作经验所获得的较低报酬中，至少有一部分是由某种不可衡量的生产率特征带来的。

工资是劳动生产率特征（人力资本存量）、企业的规模和劳动力市场价格等要素的函数，当与此无关的因素取得了正的或负的价值时，必定会产生歧视。劳动力市场的工资歧视是指雇主对可观察的相同生产率特征的雇员支付了不同的"价格"，或雇主为可观察的不同生产率特征的雇员支付了同样的"价格"。

---

① 研究所使用的资料是20世纪80年代中期的，其中包括劳动力的工作经验、职业准备以及企业规模等方面的一些非常详细的资料。研究试图通过运用相同的（假如没有发生改变）个人在工资和生产率特征方面出现的某些变化来考察一些不可观察的特征所带来的影响。

二、职业性别歧视的界定

当某一人口群体内部的职业分布与另外一种人口群体内部的职业分布极为不同时，就意味着职业隔离的存在。就性别而言，职业隔离直接反映了"女性"职业和"男性"职业这种现象。就宏观而言，女性和男性在各种职业中的分布的确极不均匀，女性在工资报酬较高职业中的分布不足，而在工资报酬较低职业中的分布比例过高。同样，职业隔离也并非必然是职业歧视的结果。

美国经济学家使用了一种"差异指数法"来衡量职业性别歧视，其含义是，假如某一性别的工人留在他们现在的工作岗位上，那么为了使得两种性别的工人在各种职业中的分布是相同的，另外一种性别的工人中有多少比例的人将不得不变换职业。如果所有的职业都是完全隔离的，这一指数将会等于100；而如果女性和男性在各种职业中的分布都是相同的，则这一指数为零。按这个标准，美国1988年时的性别职业差异指数为57%，比1970年的66%有所下降。职业隔离程度存在一种持续的下降趋势，而这种趋势在专业人员、管理人员以及销售人员和行政辅助人员中表现得尤为明显。

如果职业选择受到直接的限制，或者受到既定人力资本特征所获得报酬较低这一事实的影响，那么职业隔离就肯定反映了劳动力市场歧视的存在。如果选择只是反映了不同的偏好，或者不同的家庭责任（特别是与照看孩子有关的家庭责任），那么就会存在两个方面的意见：一种认为职业偏好，包括对家庭工作的偏好，是在个人生活经历中自然形成的，并且应当在市场经济中得到尊重。另外一种观点则认为，这些偏好本身就是前市场歧视的结果，即这种偏好在很大程度上是由于受到父母、学校和社会的不同对待而形成的，即在女孩子到达成人阶段和进入劳动力市场之前，她们就被引导去追求低工资报酬的职业（包括家庭劳动）。把生产率特征当成是既定的，按照每一种相同的生产率特征向来自不同人口群体的人支付报酬时所存在的"价格"差别，即偏好的不同肯定都是歧视性对待所带来的一种结果。

并非所有的性别职业隔离都是劳动力市场歧视的结果，至少某些职业隔离是由个人在进入劳动力市场之前所形成的偏好或者是进入劳动力市场之后在需要进行家庭决策的情况下所作出的选择结果。职业隔离的程度对妇女工资有巨大影响，但是，政府的力量可以缓解尖锐的矛盾。比如，与其他发达国家相比，美国妇女的职业隔离程度较低，这是因为美国是"基于规则"的社会（青木昌彦，1998），关于公平就业机会的立法在任何地方都是必须被执行的法律。

"职业隔离和工资歧视的共同作用可能将妇女的工资降低15%~20%"（崔凤垣，程深，1997），一方面，这种情况下的劳动力市场歧视会阻碍女性投资于某些对男性来说有吸引力的人力资本项目，从而影响妇女在劳动力市场中本应具有的生产率特征水平。另一方面，还不能完全区分工资与职业的差异是来自歧视的影响，抑或来自同性别相关联的，却不可衡量的因素的影响。甚至，在可衡量生产率特征相同的情况下，仍然存在15%～20%的工资差别。实际上，究竟是夸大了对妇女的歧视程度，还是隐藏了对妇女的歧视程度，这仍然值得研究和深思。

第二节　性别歧视原因的经济学分析

性别歧视作为人类社会的一个痼疾，有着深刻的历史文化渊源。在人类社会早期，由于母系血统在社会群体中的重要性，以及妇女在原始经济活动中的重要作用，女性曾受到过社会的推崇。私有制出现后，男性在经济上的地位显著上升，母系氏族制被父系氏族制取代，这固然是生产力发展的必然结果，但从此也形成了男主女次、男强女弱、男尊女卑的两性不平等的格局。三千多年的父系文明没有给两性提供过真正平等的竞争机会。文化对人的影响一般更有延续性和普遍性，而经济因素也同样是一个不可或缺的原因。

一、传统经济的观念

伴随着生产力的发展，也带着历史文化传统、社会习俗、教育教化等的深刻烙印，两性由分工而逐渐强弱分明，以至约定俗成为顽固的性别观念。虽然两性间存在着本质的生理差异，以至两性的气质、性格、在政治与经济活动中的作用截然不同，但是，女性历史与现实的孱弱以及被歧视的直接原因不是生理特征，而是父权文化长期干预的结果。"女人并不是生就的，而宁可说是逐渐形成的……决定女性气质的，是整个文明。"（西蒙娜·德·波伏娃，1998）

社会文化的约束对于妇女进一步解放与发展的负面影响尤为严重，因为它是潜在的、无形的，由世俗所支撑并且得到大众传媒的赞助。第二期中国妇女社会地位抽样调查主要数据显示：2000年，农村女性文化程度为初中以上的比例是42.3%，比男性低20.8个百分点；58.8%的女性只有小学以下文化程度，比男性高21.9个百分点；女性文盲率为13.6%，比男性高9.6个百分点。究其成因，主要是农村家庭对女性教育的期望值偏低所致。比如，在未能继续升学的女性中，父母不让上学的占36.8%，比男性高近9个百分点。这表明，男女之间所遭遇的不同的生活机遇和文化对待在乡村这个较为封闭和落后的交往环境中，只能继续产生并扩大着社会性别差异，并强化着被习俗认可的社会性别秩序。对于那些在人生旅程上刚刚启程的农村失学女童来说，若没有什么特别的因素能改变她们现有处境，她们只能重演上一代文盲、半文盲女性的老故事。

（一）对女性就业的偏见

两性中，"男主外，女主内"、"夫贵妻荣"、"贤妻良母"、"贤内助"等传统观念，逐渐形成了女性的理想角色定位。社会对女性家庭角色的期待大大高于对其社会角色的期待，妇女是家务劳动的主要承担者，社会对女性的这种家庭角色的强调在一定程度上帮助塑造了"女性属于家庭"等刻板印象。这一印象在一定程度上也削弱了女性的事业成就欲望和地位信心，使得女性对职业和成功的期望值降低，使相当多的妇女自觉或不自觉地成为附属于丈夫的"第二性"。调查资料显示：只有17.3%的女职工把自己的工作放在第一位，而54.2%的女职工把自己的工作放在丈夫的工作与孩子的升学和就业之后（李鸿泉，1990）。

社会的偏见首先来自对妇女生理价值的扭曲，生理差异的存在是客观的、自然的，性别的最大差异无疑是女性要经历孕育新生命的过程，在此期间女性存在阶段性的精力转移，但是，这并不足以造成对女性整个职业生涯的影响。因为在现代社会，生育数量的下降、脑力劳动等低体能劳动的增加以及育儿职能的社会化，已经使生育对女性的影响降到了很小的程度。就业性别歧视最根本的原因是建立在传统性别文化基础上的社会性别差异。男人的家庭角色和社会角色基本统一，他们在支撑家庭的同时强烈地要求事业成功，而女人的家庭角色和社会角色是冲突的。理论上，从就业市场比较，劳动就是在运用体能与智能，以换取生活所需的资源。生活的分工、谁来持家则是相对利益的选择。从两性间比较，体力强或智能高者，外出就业；相对地，体力弱或智能低者，负责持家（吴忠吉，林昭祯，1991）。许多单位不愿招收女工，甚至在招工广告上公然告知"一律要男"；有的单位即使招用了女工，也很不情愿对她们进行专业知识、业务技能等再培训，或不让其从事关键性岗位的工作，其根源在于把妇女生理价值的社会意义与单位经济效益的局部利益相对立。甚至，伴随着经济发展，还出现了"让女人回家去"的呼声。在调查的部分男性中，绝大多数都认为在经济条件许可的情况下，女人应该回到家庭中去相夫教子。广东省的调查显示：59.9%的广州男性和61.3%的广州女性认为应当"男主外，女主内"。而10年前，持该观点的人数比例比现在大约低14%（李培林，2002）。

（二）女性劳动者的整体素质

不可否认，传统上"男主外，女主内"的观念，也自有其经济上相对利益的分工原理。因体能与生理结构的不同，在传统的社会生活中，男性外出耕作、渔猎，女性则操持家务与育儿。男性从事户外活动的另一结果是：交际范畴扩大，同时亦因见多识广，使得男性权力升高，兼有家庭的经济权与政治权，从而形成以男性为主的社会生活形态。但是，主观上女性受教育的程度也普遍低于男性。据统计，20世纪90年代的中国，在15～54岁的多层次文化人口中，大学本科男性占72.3%，女性占27.7%；专科男性占58.8%，女性占41.2%；高中男性占62.5%，女性占37.5%；初中男性占60.6%，女性占39.4%；小学男性占52.4%，女性占47.6%；文盲男性占30%，女性占70%。特别是地处偏僻、落后的农村，女孩能够上学的不足50%，辍学率很高（郭戈，1995）。同时，依附性、自卑感、狭隘性、脆弱性是女性普遍存在的心理障碍，女人生来便没有男人强大，虽然女人在智慧、承受力、意志力甚至体力上都可能超过男人，她们在经济上、政治上都可以完全自立，但还仍然不能保证女性的尊严和解放，因为她们有一个致命的弱点——她们必须在心理上依赖一个男人，这样才感到生活有所依托，这是女人的悲剧之源。另外，社会存在对女性的刻板印象。现实社会有一种普遍的心理观点，认为女性生性脆弱、心胸狭窄、见识少、是非多、不求上进、工作得过且过，这种传统的刻板印象，使许多有能力从事社会工作的女性求职者徘徊在求职的大门外。

现代社会，女性一定程度上获得了与男性平等的社会权利，女性的劳动力市场参与率不断提高。但是，文化所具有的继承性往往使其滞后于社会的发展，植根于传统性别文化基础上的社会性别观念仍不同程度地存在于我们的社会中，影响着人们的生活和社会的运行机制，特别是在法律和规则不健全的经济市场化转变中，性别歧视观念与行为难以杜绝。

二、市场的选择

（一）性别的分工

人类社会早期，女性拥有受到社会尊重的经济基础，居于社会的主导地位，私有制出现后，母系氏族制被父系氏族制取代，从此开始了延续几千年的对女性的偏见与歧视。

中国历史的发展表明，夏、商、周三代是父系制逐步确立的阶段，两性分工在这一时期固定下来：男子从事包括"惟祀与戎"的"国之大事"、内治外交的政统之事、籍田以劝桑农之农事，这些领域被视为公事和外事；而"女不言外"（《礼记·内则》），女子被限定在"事中馈和务蚕织"的内事和私事方面。同样在公元前560年的古希腊，"妻子被称为oikurema，即用来照管家务的一种物件。在雅典人看来，妻子除生育子女以外，不过是一个婢女的头领而已。丈夫从事竞技运动和公共事业，而妻子不许参加"。"历史上出现的最初的阶级对立，是同个体婚制下的夫妻间的对抗的发展同时发生的，而最初的阶级压迫是同男性对女性的奴役同时发生的。"

恩格斯曾分析:"当生产力发展到了畜牧业、制造与使用金属、纺织乃至最后耕种农业出现的阶段,产品有了剩余,新的性别劳动分工便产生了。男人此时在生产中所扮演的角色使得他们相对控制了较多的资源。同时,私有财产出现了,男性将其财产传给与自己有血缘关系的子孙。伴随着这种私有制与父权制,便发生了世界范围内女性历史性地被击败。"

男女不平等首先来自于两性分工的基础。周礼对男女两性在"外"与"内"、"国"与"家"、"公"与"私"之间确立了分工。男性独擅祀(祭祀)、戎(军事)以及外交和内政的国家管理事务,女性承担家务和生活私事,如果女性在某种特殊情况下以母妻的身份介入"公事",便会被视为将出现"牝鸡司晨"般家国不宁的恶兆。从宋代开始,一方面更强调了贤妇在内相夫教子的作用,另一方面也认同了一部分女性在外以色性伎艺娱人的活动。从近代开始,妇女才逐步打破主内的传统格局,进入了社会职业领域。在中国,男女公私、内外的这种分工模式延续了近三千年,它从根本上否定了性别间的平等关系,更左右着关于性别的价值观和道德观。男性在社会和家庭中的绝对优势地位被理所当然地接受和延续,而女性的屈从与隐忍则使她们深陷用偏见与歧视织就的网络,不能自拔,同样也经久不绝。经济的发展使生产资料出现了剩余,更进一步引致了私有制、等级制的诞生,没有人能够否定女性在这一过程中的作用,但是一个不争的事实是:与经济文明推进的同时,女性也在被弱化、卑化甚至贱化。

物质资料的生产、分配、交换、消费等经济关系和经济活动,决定着妇女经济地位的高低。父系社会中,女性脱离了社会生产劳动,丧失了对生产资料的所有权,经济上处于男子的从属地位。在私有制产生的同时,一夫一妻制家庭形成,财产由父系继承,妻或女无权继承。女性丧失了家庭财产的所有权,只得借婚姻或血缘的关系,仰赖于男子。而女性的家务劳动是对丈夫养活自己的一种回报,只有使用价值而没有价值。从市场经济的角度来看,当妇女的家务劳动只被认为是家庭私事而不能领取相应报酬时,妇女在男人心目中就只是一个被供养者、一个单纯的消费者、一个"靠男人养活的人",她的地位就只能屈居于男人之下。经济上的附庸地位、法制上的"计丁授田"(刘宁元,1999)、观念上的女无私蓄、形式上的男耕女织,以至最无人性的买卖妇女等,使女性沦为男权社会的牺牲品。

(二)经济机制中女性的地位

经济机制是指"物质资料的生产、分配、交换和消费等经济关系和经济活动规律"(许涤新,1980),它不仅决定着女性经济地位的高低,也牵制着女性社会地位等其他指标的实现。

人类社会的发展"是由物质力量即生产力的发展所决定的"(许涤新,

1980）。历史证明，性别歧视是生产力发展到一定阶段的历史现象。当原始采集业过渡到种植业、狩猎过渡到畜牧业以后，才使得女性的劳动价值让位于男性，使得女性由社会退居到了家庭。女性的被压迫也是与财富有了剩余、私有制形成一同出现的。而女性的重新回归社会，又是在 19 世纪初期西方发生产业革命，资本主义生产方式取得统治地位之后开始的。这其中的实质在于：妇女是社会生产者还是单纯的消费者？是家庭的供养者还是被供养者？应该说女性有了立足于社会的独立职业，有了靠自己的工作劳动取得的独立收入，她才能成为社会劳动大军中的一员，成为与男性一样的家庭供养者，其社会地位自然也随之提高。"中国妇女社会地位调查"表明，职业女性的社会地位明显高于家庭女性，经济富裕地区女性的境遇也多数好于贫困地区，城市女性的参政意识和参政能力也基本高于农村地区。女性的社会地位离不开经济因素营造的宏观环境和微观条件。当社会分工出现性别差异、财富分配出现不均时，生产、交换和消费中的性别歧视就会自然而然地产生。

（三）成本的观点

人力资本投资更愿意向男性倾斜，多数家庭在财力稀缺的约束下首先会选择让儿子而不是女儿上学，这里有传统文化背景下的观念与偏见，也不乏经济人行为决策的结果。

人们一般认为两性教育的机会成本完全不同。"女性机会成本低"意味着男女即使接受同量的教育，女性的就业率和经济收入也低于男性（庄平，1996）。传统文化往往使父母、学校、社会甚至是女性本身形成了顽固的偏见，即男孩是自己家的，要传宗接代，能光宗耀祖，而女孩总归是别人的人，嫁出去的女人泼出去的水，在经济力量勉为其强的情况下，家庭的投资倾向当然不会在女孩身上，因为投资给男孩的机会成本要远远小于女孩，投资给男孩的预期收益不但能够大于女孩，更不会造成自家的人力资本投资而收益却是别家的所谓的浪费。在中国，父母对女儿的学校教育虽然关心，但希望其能上大学的占 58%，希望其读研究生的只占 7.1%（邓春黎，1996）。文化习俗还潜移默化地左右着女性对职业的选择，在女孩达到成人阶段和进入劳动力市场之前，有可能被引导去追求低工资报酬的职业包括家庭劳动，或者她们自己寻找的也是那些要求不苛刻、职业性别差异小的工作。反过来，一些技术性较强的专业，如工程、计算机科学、法律和医药等，一旦在未来的某一时期脱离了劳动力市场，其中的人力资本投资就有可能出现贬值。而对这一事实的关注同样会削弱女性在这些领域中进行人力资本投资的动力。

企业培训的机会成本。人力资本投资理论把企业培训划分为一般和特殊两种。经一般培训得到的技能具有普遍性，在劳动力市场中对多个雇主同样有用；

经特殊培训获得的技能仅对目前受雇的企业有用，而对其他企业的价值效应接近于零。与教育投资相似，企业的职业培训需要支出一定的成本，其收益率也是成本的函数。一般培训与特殊培训的收益与成本完全不同。一般职业培训的成本是员工而不是企业支付的，其原因在于通过培训提高的技能所创造的收益是由员工本人获得的，企业没有支付一般培训成本的动机。当员工需要自己支付培训成本时，对预期收益不乐观的女性员工完全可能对一般培训望而止步。由于特殊职培训所具有的性质，其成本是由企业而不是由个人承担。以特殊培训而生成的技能不具有可转移性，在其他任何企业的生产率几乎为零，员工自然没有强烈的投资动机。尽管员工的生产率随着培训可以逐步提高，然而并非每个企业或个人都认为职业培训是必要的投资，因为每个人的生命周期都是有限的，除了被提高的生产率外，培训后工作时间的长短也是一个不容忽视的问题，最起码得到收益的时期越长，其培训的收益就越大。男性员工的工作周期长，特殊技能带来的收益多，因此企业的特殊培训有着很强烈的男性倾向性。

由于市场经济迫使企业用效益第一的原则选择或培训劳动力，从企业长期用工的经验来看，女性员工与男性员工相比，成本高效率低。效率低主要是针对女性员工的误工、她们从事的专业范围和劳动特长的生理局限性。成本高有多方面的理由：其一，生育和抚养孩子将要耗费女性大量的时间和精力，在此期间，女性不能像男性一样全身心地扑在工作上，而必须将时间和精力在孩子、家庭和工作之间进行分割；其二，中国政策规定女性生育费用由所在单位报销，产假期间的工资和奖金照发；其三，女性比男性早退休 5~10 年，比男性领退休金的时间长。因此，多数企业不愿意投资于它们预期工作时间不长、不稳定、精力不集中甚至有约束条件的员工，企业往往认为对她们投资的成本，一部分要无声地流逝，其收益不但难以获得甚至根本不能弥补成本。

在人力资本投资中，女性最有可能被不平等地对待，这除了受传统文化的影响外，还有其深刻的经济原因。在学校教育、企业培训内成本相似的情况下，男女两性人力资本投资的回报率不同，成本与收益的核算绝对影响着个人、家庭以及社会对人力资本投资的决策。

（四）收益率的观点

就投资者的角度而言，预期收益直接影响投资者的核算。

首先，学校教育的预期收益。贝克尔（1987）认为："投资量是预期收益率的函数"，收益率越高，投资量就越大。明塞尔（2001）同样论述："如果我们承认各个人之间的人力资本分布会影响他们的挣得的分布，单个人对人力资本的投资规模从需求方面是由此种投资的生产力所决定的，从供给方面则是由它们的成本决定的。"男性学历普遍高于女性、女性文盲率普遍高于男性的现实，从一个角度可以认定男性的人力资本投资价值高于女性。① 因此，预期的收益越大，初始成本越小，回报期限越长或者贴现率越低，投资的可能性也就越大。

一般情况下，在进行人力资本投资的决策时，两性所受到的激励不同，女性的工作周期较短，因而可以收回人力资本投资成本的时间也较短。美国男性的平均有酬工作周期是 34 年，而女性只有 27 年（国际劳工组织，2001），而中国女性员工比男性员工要早退休 5～10 年。同样是利用教育的人力资本投资，总成本基本相同，而总收益男性多于女性，这不能不影响着两性群体人力资本投资的选择。另外，女性在养育孩子和从事家庭生产方面发挥着重要作用，特别是女性在生养孩子时期必须要退出劳动力市场一段时间，这种情况发生的频率和时间长度不仅会直接影响她们的工作经验、报酬的变动，还要不同程度地降低她们的工作总量和人力资本投资应该获取的收益。贝克尔在他的《人力资本》一书中还曾明确认为：许多女性在结婚后就退学了，而且女大学生更愿意与有教养而富有的男人结婚。这些人所共知的事实说明，部分女性上大学是为了增加与更理想的男人结婚的可能性。如果婚姻因素是重要的，那么女性从更多的正规学校教育所得到的全部货币收入也可能比以前的估算要高得多。

其次，企业培训中的预期收益。女性雇员比男性雇员所得到的在职培训要少一些，即便是参加了培训的女性雇员，她们接受培训的时间也比男性雇员要短一些。对女性雇员工作周期的预期直接影响着雇主们的培训计划，同样，女性雇员也尽量在规避那些必须达到较高培训水平才能充分实现生产率的工作。马克·布劳格说："男人或女人之所以对自己的时间和收入采取不同的分配方式，是因为他们不仅仅考虑到当前的就业，而且还为了将来能持续地就业以及获得更多的报酬。"（加里·S. 贝克尔，1987）由于男性的工作周期长，收益的预期更为实惠，他们愿意更长远地设计未来。较之女性，男性接受的平均正规教育也比较多，而正是那些在学校教育上投资较多的劳动者，最愿意推迟当前的消费以换取未来的收益，最有可能进行人力资本的投资。这是因为他们最终要选择高报酬的工作，这些理想都要求他们不断地学习，把能力推向极大化。换句话说，这种人也同样会得到雇主们的青睐，因为雇主们希望通过对男性员工的选择以及培训来创造企业利润的奇迹。

就劳动者的角度而言，收入报酬直接影响着两性对人力资本的投资，而投资的不同又决定了两性人力资本的存量以及收益率。男性的收入高于同等学力的女

① 这一判断的假设前提是"人力资本供给成本男女相等"。笔者基本认可这一假设，它在包括中国在内的世界绝大多数国家（除少数极端保守国家）是真实的。女性不能得到较多的人力投资主要是由于当前女性的投资价值低于男性，而不是因为在制度上和观念上存在性别歧视。相比较，"人力资本供给成本城乡居民相等"的假设在当下中国却是不真实的，制度障碍显而易见。

性，这在当今世界是一个长期的极为普遍的现象。国际劳工局报告说："从每一级的教育水平看，妇女仍然比男子得到的报酬要少，在整个经合组织国家中，无论是教育水平高还是低，妇女的收入都比男子低。"（国际劳动局，2000）表4-1显示的是1992年美国统计署的数据。

表4-1　美国女性工资占同学力男性工资的比例　　　　　（单位:%）

学历 年龄/岁	高中毕业	学士毕业	硕士毕业
25~34	77	77	77
35~44	61	68	67
45~54	64	63	66
55~64	53	66	77

资料来源：伊兰伯格，史密斯. 1999. 现代劳动经济学. 北京：中国人民大学出版社：392

美国还有一项调查表明，同一所法学院（University of Michigan Law School）毕业的律师，女律师收入最初比男律师少约7%；15年以后，女律师收入则比男律师少约40%（伊兰伯格，史密斯，1999）。中国的情况也是如此。诸建芳等（1999）的结论是："在同等学力、同等工作经历条件下，女性职工收入要比男性职工低10.8%，从绝对额看女性职工收入要比男性职工少341.6元。"鹿立（2001）对山东定陶县陈楼村、泰安市油坊村和胶州市太安村的调查表明：1999年末，三地劳均收入男性为6169元，女性为4414元。按受教育年限分层的1999年收入，除受教育三年者外，其他年限均呈女性收益低于男性的现象。"各受教育年限组女性收益普遍低于男性，是女性受教育程度较低、教育投入不足的一个重要原因。""各受教育年限组女性收益普遍低于男性"是因，"女性受教育程度较低"是果，参见表4-2。

表4-2　山东三地样本人口受教育年限与1999年经济收入

上学年 限/年	三地汇总均值/元		定陶均值/元		泰安均值/元		胶州均值/元	
	男	女	男	女	男	女	男	女
0	4 163	3 765	1 945	3 831	—	—	8 600	3 712
2	5 050	3 033	—	2 300	—	3 800	5 050	
3	3 417	3 867	2 333	2 175	—	—	4 500	5 220
4	3 550	3 400	2 900	3 400	—	—	6 800	
5	5 038	3 824	4 427	3 489	4 900	3 244	5 912	4 781
6	5 010	3 959	1 850	2 512	—	3 250	5 800	4 970
7	6 027	4 707	5 400	4 656	6 391	4 656	7 000	6 000

续表

上学年限/年	三地汇总均值/元		定陶均值/元		泰安均值/元		胶州均值/元	
	男	女	男	女	男	女	男	女
8	5 721	4 508	4 862	4 212	5 950	4 744	9 050	5 600
9	8 100	5 064	—	5 500	12 722	4 609	6 530	5 245
10	11 000	6 300		6 300	11 000	—	—	—
11	5 359	4 071	4 545	4 100	5 918	4 000	—	—
12	8 036	4 260	12 833	3 300	6 237	4 500	—	—
15	5 000	—	5 000		—	—	—	—
16	7 000	7 000					7 000	7 000

资料来源：鹿立. 2001. 山东农村女性教育收益实证研究. 市场与人口分析，（5）

（五）劳动参与率与折旧率的观点

男性的劳动参与率高于女性，即使接受同等的教育，男性的劳动参与率也高于女性。对于接受中等教育的人来说，相较于女性，男性失业的可能性要小（国际劳工局，2001）。有劳动参与才有经济回报，结婚以后退出劳动力市场的女性多于男性，非全日制劳动的女性也多于男性，女性的职业寿命低于男性，女性的就业竞争力也弱于男性。国际劳工局资料显示：同是接受过高等教育的男性的劳动参与率高于女性，说明对男性的人力资本投资风险更小、回报更高，对女性的教育投资低，回报或无回报的可能性较大。

明塞尔（2001）发现，女性人力资本的折旧速率高于男性，女性人力资本投资的边际收益率递减速率快于男性。女性"职业中断型"劳动力流动率高于男性，男性"职业连续型"劳动力流动率高于女性，参考表4-3～表4-6。

表4-3 1980年有关国家劳动者的职业构成 （单位:%）

国家 \ 类型	智力型	体力型
美国	44.2	55.8
瑞典	40.8	59.2
澳大利亚	37.5	62.5
挪威	34.7	65.3
西德	36.7	63.3
日本	31.8	68.2
中国*（1990年）	18.4	81.6

*香港、澳门、台湾资料暂未包括在内。

资料来源：郑林. 1992. 产业经济学. 郑州：河南人民出版社

表 4-4　1994 年男女两性在农业、工业、服务业中的劳动参与率　（单位：%）

项目	农业		工业		服务业	
	男	女	男	女	男	女
全世界	48	52	23	15	29	32
低收入国家	66	76	15	12	19	12
低收入和中等收入国家	56	62	20	15	23	23
中等收入国家	32	29	32	21	35	49
高收入国家	6	4	35	18	56	75

资料来源：世界银行.1999.1998 年世界发展指标.北京：中国财政经济出版社.72

表 4-5　女性劳动参与率在不断提高　（单位：%）

国家	女性 25～54 岁			
	1965 年	1973 年	1983 年	1993 年
加拿大	33.9	44.0	65.1	75.6
法国	42.8	54.1	67.0	76.0
德国	46.1	50.5	58.3	64.1
日本	—	53.0	59.5	65.2
瑞典	56.0	68.9	87.0	87.6
美国	45.1	52.0	67.1	74.7

资料来源：伊兰伯格，史密斯.1999.现代劳动经济学.潘功胜等译.北京：中国人民大学出版社.160

表 4-6　男性劳动参与率在不断下降（美国 1900～1994 年）（单位：%）

年份	分年龄劳动参与率					
	12～19 岁	16～19 岁	20～24 岁	25～44 岁	45～64 岁	65 岁以上
1900	61.1	—	91.7	96.3	93.3	68.3
1910	56.2	—	91.1	96.6	93.6	58.1
1920	52.6	—	90.9	97.1	93.8	60.1
1930	41.1	—	89.9	97.5	94.1	58.3
1940	34.4	—	88.0	95.0	88.7	41.5
1950	39.9	63.2	82.8	92.8	87.9	41.6
1960	38.1	56.1	86.1	95.2	89.0	30.6
1970	35.8	56.1	80.9	94.4	87.3	25.0
1980	—	60.5	85.9	95.4	82.2	19.1
1994	—	57.7	85.5	93.9	80.6	17.2

资料来源：伊兰伯格，史密斯.1999.现代劳动经济学.潘功胜等译.北京：中国人民大学出版社.159

（六）人力资本收益率的特征

就劳动工具环境而言，在以手工劳动工具为主的条件下，女性人力资本的实现值较低；在以机械化劳动工具为主的条件下，女性人力资本的实现值较高；在以自动化劳动工具为主的条件下，女性人力资本的实现值最高。对中国居民收入分配的一项研究表明："在非体力劳动职业中，女职工比男职工的收入少5.7%，而在体力劳动职业中，女职工比男职工的收入少9%。"（约翰·奈特，宋丽娜，1994）即使在全世界范围内男女收入差距很小、男女工资收入受市场经济影响很小的中国，也能看到不同职业中男女职工不同的收入差距。在主要从事简单劳动的农民与农民工之间，男女劳动收入的差距更大。根据李实等1996年的调查数据，男性年收入为3339元，女性为1677元，女性劳动收入占男性劳动收入的比例为50.2%（李实，2001）。

就劳动作业环境而言，劳动作业环境越危险恶劣（如高空、井下、有毒等），女性人力资本的实现值就越低；反之，劳动作业环境越具有"人性化"，女性人力资本的实现值就越高。劳动作业环境改善有赖于产品的转型、生产工艺的改进和"机器人"取代"肉体人"在恶劣作业环境中的工作。

就作业制度环境而言，劳动工时严格固定，对同步化连续性劳动的要求很高，女性人力资本的实现值就相对较低；反之，劳动制度宽松灵活，对同步化连续性劳动的要求很低，女性人力资本的实现值就相对较高。这是因为，女性有经期、孕期、产期和哺乳期，其同步化连续性劳动的"天赋才能"不如男性。但如果计算机联网，可以在家上班，自主工时，那么女性的"四期"就不再成为劳动的障碍。

就职业产业环境而言，在需要较多体力劳动的"蓝领"职业中，女性人力资本的投资价值较低；在需要较少体力劳动的"白领"职业中，女性人力资本的投资价值较高。在第一产业中，女性人力资本的实现值最低；在第二产业中，女性人力资本的实现值次低；在第三产业中，女性人力资本的实现值较高。所以，农村男女教育水平的差距大于城市，"全国的男女之间教育水平的平均差异是2.3年，而农村的这一差异（2.5年）大于城市（1.8年）"（约翰·奈特，李实，1994）。职业产业环境的不同使生理上不同的男女劳动力在各种职业间的配置上就有所不同，从而形成了所谓的"男性职业"和"女性职业"。即使男女得到相同的职业培训，不同的职业环境依然会限制其投资价值的实现。国际劳工局的报告认为："一批曾试图鼓励妇女进入非传统就业领域的国家的经验表明，仅仅依靠扩大培训机会并不足以导致劳动力市场形势的变化。例如，在20世纪70年代，统一前的东德曾致力于鼓励妇女进入非传统领域。接受非传统领域技能培训的妇女在培训后只有少数人留在这些职业，而在女性主导型领域接受培训的妇女绝大多数都留在了这些领域的生产线上。类似的试验也在西德的培训制度中进行，尽管规模不大，但结果完全一致。在男性主导型技能工种受培训的妇女比男性受培训者更容易被雇用为半技能工或非技能工，或者转向女性主导型领域就业。"（国际劳工局，1999）

就人口生产环境而言，家庭规模的大小、子女的多少、结婚生子社会压力的大小、家务劳动时间的多少、有无避孕技术、是自然母体生产还是人工母体生产，等等，这些都会在很大程度上强化或弱化男女的传统性别角色。人口生产环境偏于强化传统的女性角色，女性人力资本的投资价值就低；人口生产环境偏于弱化传统的女性角色，女性人力资本的实现值就高。

第三节　关于性别歧视原因的理论研究

性别歧视有着浓重的社会性特征，经济学研究极少涉及这个领域，贝克尔开创了人类社会一般行为经济学分析的先河[1]，他的研究是探讨劳动力市场性别歧视的重要依据。

一、早期的论述

19世纪中期，约翰·穆勒（1995）曾说："与毫无意义地叫喊要'完全平等'相比，更重要的是，最男性化的女人也比不上50%的男人，最终，只有由于她的特殊能力和其他有意义的事物才能使其男性化的部分让她获益。"前新古典时期，有关妇女处于劳动力市场中下层地位的问题的争论主要集中于工资差别上。早期的分析认为，妇女报酬低的原因在于习俗和公众的观点，相对于作为家庭收入主要提供者的丈夫而言，妇女在就业中处于从属地位，即使是在就业中，她们也缺乏工会的支持、生活标准较低、未受过良好的教育、可选择的就业机会少。

Edgeworth 和 Fawcett（1918）提出了拥挤的概念，认为职业隔离和收入差异之间的关系是由过度拥挤造成的。假定不论什么样的原因，可能是劳动力市场的歧视或是他们自己的选择，也可能是同样合格的男性与女性因职业而隔离开来，男性与女性工作的工资将由各自领域中劳动的供求状况决定。如果相对于妇女的劳动需求来说，她们的劳动供给比起对男性的职业需求更为充裕，那么担任男性工作的工人将会享受相对有利的工资收入。总之，由于妇女的人力投资较小，或

---

① 加里·S.贝克尔，美国芝加哥大学经济学系和社会学系教授，1992年诺贝尔经济学奖的获得者。主要著作：《歧视经济学》（1957年）、《人力资本》（1964年）、《罪与罚的经济学文集》（1974年）、《家庭论》（1981年）。

者是雇主不乐意对她们进行人力投资，会使得男女性工作之间存在着的差异扩大，而这种妇女就业的"拥挤"也能扩大这种差异。庇古（Pigou，1952）提出，"不讲道德或肆无忌惮的雇主能够向妇女支付低于她们应该得到的报酬是由于妇女们的软弱"。

二、新古典经济学

（一）比较优势论

劳动专业化可以用比较优势的观点来解释：男人来"养家糊口"，反映他们更具有市场性工作或挣钱的优势；女人是"贤妻良母"，说明她们在非市场性工作或家务劳动中具有较高的生产率优势。家务劳动的性别分工中，妇女负担照顾孩子的最基本任务，是最贴近现实的经济学假设，因为针对她们的比较优势都是有效率的。经济学家甚至认为，相应于这种安排所增加的产量，是结婚的最基本的利益之一。妇女进入劳动力市场的人数增加被看成是降低了妇女从结婚中得到的利益，也是离婚率上升、结婚率下降的原因之一（加里·S. 贝克尔，1998）。

女性家务生产的专业化、男性市场工作的专业化，都是有效率的和最适度的，这种性别概念化的后果，自然会使两性的收入产生差异。这是因为：其一，比较优势从根本上更倾向于男性。当丈夫与妻子之间有利害冲突，甚至有明显的偏好差异时，家庭效用函数这一概念本身就失去了意义。在市场经济的比较优势中，妇女主要倾向家务生产活动，这会使其在经济上依赖于丈夫，相对于丈夫在家庭中的决策地位，其家庭协议能力很自然减少了，并且还无形中加重了婚姻破裂时的消极的经济后果。不但偏好没有保障，实际上，新近上升的离婚率也表明"家务生产"这样的专业化更具有特别的风险（加里·S. 贝克尔，1998）。其二，妇女家务生产的比较优势在潜移默化中形成了早期儿童教育和爱好上的性别差异，也滋长了劳动市场中的歧视观念，从而形成顽固的性别角色思维定式。职业隔离以及收入性别差异甚至可能被视为不足为怪的现象。其三，如果女性以市场为定向的人力资本投资不断增长，那么她们家务工作的比较优势就会逐渐变弱。如果劳动市场对妇女开放的机会和质量继续改进，放弃报酬和失去事业上可能的进展而专注于家务生产专业化的机会成本就会极大地增加，而更多的妇女就会走向市场，家务生产将会受到贬低。即使妇女仍然保持一定程度的家务生产的比较优势，男女之间更多地分担家务会变得越来越普遍，家庭也会越来越远离效用最大化。

明塞尔认为，人们总要在市场工作、非市场工作和闲暇这三方面进行决策[1]，已婚妇女加入劳动力市场的数量增加，是由于她们实际工资的提高增加了非市场活动时间的机会成本，同时，妇女本身实际工资增加的替代效应高于收入效应，而男子的收入效应高于替代效应。[2] 明塞尔的解释是：妇女有负担非市场生产的义务和优势。贝克尔的"新家庭经济学"发展了时间配置、婚姻、离婚和生育率等问题的经济分析，认为所有非市场时间都用于家务生产，效用表现为所消费的市场商品量和非市场时间的函数，对市场商品与家务时间的相对偏好，取决于在消费与生产中以市场商品替代非市场时间的难易。在消费中的替代性取决于他们相对于"时间密集型"商品对"物品密集型"商品的偏好。[3] 在生产中的替代性取决于生产同一商品所能够得到的更为商品密集型生产技术的程度。对于家庭而言，儿童特别是他们小时候，可以看成是一个时间密集型"商品"，传统上母亲是最主要的护理者。此外，虽然有可能以市场商品和服务替代照看孩子的家务时间（如请人临时照看孩子、送日托等），这些替代性生产的技术成本往往更高，并且有时难以作出合适的替代性安排（如质量、程序和安排等）。因此，在这个时点上，可以料想到一位妇女加入到劳动力中的可能性与现有的小孩人数呈反向关系。在一段时期，妇女参与率的增加与婴儿出生率的减少，以及各种可能得到的正规或非正规的照顾儿童的设施的增加联系在了一起。社会准则的变化使得对双亲照顾幼小孩子所花时间的替代办法相对多了起来，也能为人接受。不过在这种或其他情况下，很难确定态度的改变先于或后于相应的行为改变的程度。潜在的市场工资影响妇女作出是否生育的决定，从而增强了参加劳动与生育率之间的联系。妇女的市场机会增大时，也就增加了生育孩子的机会成本（用他们的母亲投入的时间来表示），导致各个家庭少生育孩子。同样的道理，可供选择的照顾孩子的各项安排的需求越大（也是由于妇女市场时间价值的增加），将使得越多的生产者进入这个领域，从而有利可图。

（二）关于劳动力供给

新古典经济理论从理性效用最大化行为的角度解释妇女的经济从属性，其论述侧重于妇女的劳动供给、职业分布和相对报酬等狭隘的经济问题。劳动供给分析具体提出了一种个人在工作和闲暇之间如何分配时间的假设。首先，非市场活

---

① 雅各布·明塞尔，美国经济学家，1958 年发表了题为"人力资本投资与个人收入分配"的论文，首次创立了个人的收入与其接受培训量之间的相互关系的经济数学模型。

② 以市场时间（通过购买市场商品和劳务）取代家务工作时间的机会成本大于取代闲暇时间的机会成本。已婚妇女将大部分的非市场时间用于家务劳动，所以已婚妇女提高工资的替代效应大于男子。

③ 所谓时间密集型商品，是指那些在生产时与市场商品相比较，投入相对大量的非市场时间的商品；而物品密集型商品，是指那些在生产时与非市场时间相比较，投入相对大量的市场商品的商品。

动收入等变量代表了外生性爱好或比较利益，也必然要涉及与性别相关的话题。把某些行为倾向与性别等变量联系起来，是对有酬工作的歧视，或者反映了男女相对收入能力的历史性差异。其次，夫妇间作出工作、闲暇和家庭生产方面的决定是相互依赖的。贝克尔把家庭看做一个生产单位，认为家庭的消费决定受追求最大效用的趋向的支配。各种活动都可增加效用，而这些活动都需要时间和其他商品的投入。家庭中的各项决定，从日常琐事到是否要生育一定质量和数量的孩子，最终都是要获得最大效用。

新古典理论从妇女在家庭中的作用，延伸到她们经济上的成功、在劳动市场中的待遇，再延伸到投资于以市场导向的人力资本，解释了妇女的劳动供给、家庭内的性别分工、劳动市场报酬的男女性别差异。因此，在妇女事业的早期阶段，少量的歧视甚至能够大量增加对整个劳动生活的影响。但事实上，妇女在劳动市场上的机会逐渐增加，也逐渐产生了有力的刺激，减少了性别的家庭作用和劳动市场的行为差异。同时，由于家务技术和爱好的改变，妇女加入劳动力的情感加深，其生产率也在增加，从而直接提高了她们的报酬，客观上也减少了对她们统计性的歧视。正是由于更充分地了解到妇女在家庭中扮演的角色和她们在劳动市场上的地位的相互关系，才有助于了解经济成果上的性别不平等。

（三）搜寻成本的差异

在劳动力市场上不是所有的雇主都有"歧视偏好"的（加里・S. 贝克尔，1996）[1]，而正在寻找工作的女性劳动者并不知道哪一位雇主会接受她们或拒绝她们，即她们没有关于"雇主偏好"的信息。为了获得与不受歧视者同等的工作机会，女性不得不比不受歧视者进行更长时间和更为艰苦的工作搜寻。换句话说，只要存在某些歧视性的雇主，妇女的工作搜寻成本就不会减少，更不可能为零。

图4-1显示有两个具有相同生产率的工人群体——男性劳动力与女性劳动力群体，男性群体的工作搜寻成本低，而女性群体的工作搜寻成本高。由于男性群体的工作搜寻成本较低，所以只要他们所在的企业稍微减少一点工资，就必然导致这些工人离开这家企业，而稍微增加一点工资，就会从其他厂商那里吸引来许多求职者。因此，男性劳动力对雇主的劳动力供给曲线 $S_男$ 就相对扁平（供给弹性较大），同时劳动力边际成本费用（ME_L）$_男$ 也是相对扁平的，利润最大化雇主将在男性劳动力中雇用 $E_男$ 个工人，向他们支付 $W_男$ 的工资，这一工资（$W_男$）仅仅比 MRP_L^* 低一点。

女性员工虽然拥有与男性员工相同的生产率，但是她们的搜寻成本较高，劳

---

① 雇主的歧视偏好，源于他们偏向于不愿同某些特定人口群中的成员打交道，由此为既定生产率特征的雇员所支付的价格、所区分的职业依据某一特定群体的不同而表现出来的系统差别。

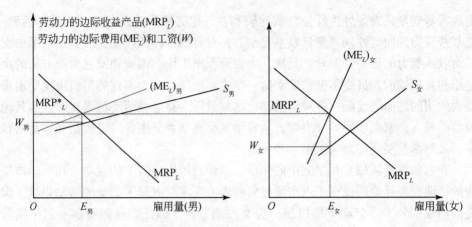

图 4-1　男女工作搜寻成本的差异

动力供给曲线 $S_女$、劳动力边际费用曲线 $(ME_L)_女$ 更为陡峭（两条曲线的弹性更小），女性员工中将有 $E_女$ 个工人被雇用，她们所得到的工资为 $W_女$，劳动力边际收益产品和工资之间存在着更大的差距，即 $W_女$ 与 MRP_L^* 之间有更大的距离。

不难看出，男性员工与女性员工这两大群体虽然生产率相同，但是具有较高工作搜寻成本的女性员工所得到的工资要低（$W_女 < W_男$）。如果两类工人同时被一家企业雇用，则具有较高工作搜寻成本的工人（如女性员工）很可能会被安排到工资率较低的工作职位上去。

（四）可比价值的解释

如果两种工作需要同等的技能水平，男女员工就应该获得同等的报酬；如果两种工作所需要的实际技能本身很不相同，但具有可比价值，那么二者也应当获得同等的报酬。简单地说，应根据工作的内在价值来支付工资。

经济意义上的价值往往更具有主观色彩，它取决于通过市场表示并归结为市场价格的消费者偏好。对于不同工作的可比性我们能够作出怎样的有效比较呢？最简单的标志就是工资，因为它像任何价格一样提供了对工作价值的主观评估。追求利润最大化的雇主如果对一种工作给付 10 元/小时的工资，经济学原理告诉我们，这就意味着 1 小时劳动所创造出的价值至少是 10 元。如果雇主对两种不同的工作给付同样的工资（10 元/小时），不管各自所必需的技能是什么，我们都可以推断二者创造的价值大致相等。

假设我们面对男女教师两大劳动力市场（图 4-2），两个市场初始的需求曲线和供给曲线分别是 $D_男$ 和 $S_男$ 以及 $D_女$ 和 $S_女$，初始工资率相同，均为 W_0，有 $N_男$ 位教师和 $N_女$ 位教师被雇用。假定这两大群体中的教师在质量上都是相同的，如都接受了相同数量的训练，都获得了同样的学位，从事的工作都是教学和科研。现在由于上男教师课的学生数量上升导致对男教师的需求上升到了 $D_{男1}$，上女教师课的学生数量下降导致对女教师的需求降到了 $D_{女1}$，那么，在原来的均衡工资率上，就会出现男教师的超额需求 $N_{男1} - N_{男}$ 和女教师的超额供给 $N_{女} - N_{女1}$。面对这种情况，学校可能有两种反应：

第一，随行就市，提高男教师的工资（从 W_0 到 W'），降低女教师的工资（从 W_0 到 W''）。男教师的就业人数上升到 $N_{男2}$，女教师的就业人数变为 $N_{女2}$。在这里，真正的可比价值，即对完成具有可比性工作且质量相同的教师支付相等的工资，就难以达到了。

第二，将两种教师的工资仍然保持在原来的工资率水平 W_0，降低男教师的雇用标准和提高女教师的雇用标准。标准的变动，将使得更多的男教师有机会进入（$N_{男1} - N_{男}$），而更多的女教师则被阻拦在这一领域的门槛之外（$N_{女} - N_{女1}$）。

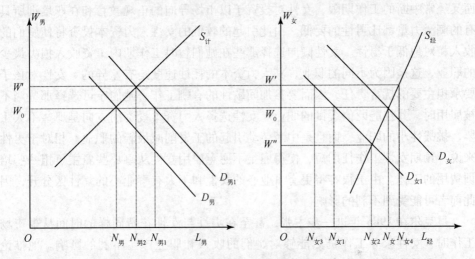

图 4-2 可比价值中的性别歧视

无论选择怎样的做法，可比价值的理论假设都将被破坏。这种差别性的结果体现出来的歧视，在生活中、市场中同样不乏存在。

三、人力资本理论

人力资本理论是由舒尔茨和贝克尔于 20 世纪 60 年代提出的，认为男性或女性之所以对自己的时间和收入采取不同的分配方式，是因为他们不仅要考虑到当前的就业，而且还要考虑将来能持续地就业以及获得更多的报酬（M. 布劳格，1976）。后来的学者在运用该理论解释男女在职业和收入方面的差异时，拓展了舒尔茨和贝克尔模型中的一个假定：男性和女性在生活方式上是不同的，这将会对他们在人力资本上的投资产生极大影响。由于妇女在家庭中的特殊作用（如生育等），她们在劳动市场上的就业和人力投资上是阶段性的。与此相反，男性在就业上总希望是不间断的，所以必须对自己进行持续的人力投资。生活方式的不同造成了男女人力资本投资量的差异。在劳动市场上，雇主也会对这种差异作出反应，他们更愿意选择男性劳动者，因为男性的人力投资量更高。这一理论并不能解释造成男女间工资差距的全部缘由，除此之外，在解释职业性别隔离现象时，这一理论更显得无能为力。

为什么女性选择某些职业而不选择另一些职业呢？这是由于前市场的歧视左右了女性的选择。有关职业和收入的性别差异的人力资本的解释，是明塞尔和波拉切克以及其他人发展的，是直接根据家庭分析得出的。它假定家庭的劳动分工导致妇女极端地强调男子在整个生命周期中，都负担着家庭的责任。预见到较短而又经常中断的工作期限，女性对投资于以市场导向的正规教育和在职培训所具有的刺激力量都比男性的要低。由此引起的较低的女性人力资本投资将使她们的收入相对地低于男性。女性倾向选择那些在她们暂时工作期内工资收入损失最少的职业，这是因为不同的职业，其人力资本的耗蚀速度是有差异的。女性对孩子要承担主要的抚育责任，因而要参加间歇性的有酬工作，她们宁可选择那些当不被雇用时，其技能贬值缓慢的职业。女性选择人力资本投资的方向是那些不太重要、挑战性小的职业，而且是中断劳动引起的工资削减最轻的职业。相对于男性来说，预期女性工作任期短，使得雇主不愿意雇用女性从事那些雇主负担一些培训费用的工作。由于很难将更有事业心的女性和不大有事业心的女性区分开，因此前者可能受到不利的影响。

贝克尔在 1985 年进一步主张，甚至在男性与女性花费同样的时间从事市场工作时，女性家务工作仍然能够对她们的收入和职业产生不利的影响。他推论出，特别是照顾儿童和家务工作，与闲暇和其他家庭活动相比较，需要集中更多的精力，因此对每一小时的市场工作，已婚女性花费的精力比已婚男子要少。其结果将是已婚女性的小时报酬较低，并且从这种意义上说，他们寻找的是不那么苛求、职业的性别差异小的工作。建立在传统的家庭内劳动性别分工基础之上的人力投资分析，对市场成果的性别差异提供了逻辑上前后一致的解释。

四、马克思主义理论

马克思主义理论包括以下两个部分。

（一）家长制的解释

家长制是指家长拥有统治权力的家庭制度（舒新城等，1981）。在家长制家庭里，家长握有经济大权，居于支配地位，掌握着全家人的命运。旧中国的家长制，在宗法纲常的要求下，以封建的法律、礼教和习惯来束缚家庭成员。性别分工是以自然为基础的人类最早的社会分工，这种为了生育子女而自发的分工，从一开始就"以缩影的形式包含了一切后来在社会及其国家中广泛发展起来的两性对立"（马克思，摩尔根，1965）。马克思和恩格斯认为，分工与私有制并无实质性区别，"一个是就活动而言，另一个是就活动的产品而言"。因此，他们将女性受歧视的根源归结为由分工推动而同时产生的父权制和私有制。后来，他们思想的原意被曲解，人们片面地强调了私有制这种单一因素对于性别关系的影响，而忽略了父权家长制意识残余的负面影响和作用。

恩格斯（2001）将女性的从属地位和资本主义的发展联系起来，并且认为，女性走出家庭、参加有酬劳动以及社会主义的到来，是她们获取自由所必需的，并相信走出家庭、更充分地参加就业就能产生解放效应。恩格斯曾正确地预见到，绝大多数先进的工业化国家，女性特别是已婚女性就业的增加，无疑会在许多方面既会改变男女性别之间的关系，又会改变社会的结构。但是，尽管女性就业在增加，仍然不能避免两性之间担任工作的种类以及所得报酬之间的显著差异。

家长制将男性的统治和女性的从属视为所有社会都长期存在的特征，并具有共同性。当家长制的权力关系保持不变时，具体的表现形式有其一定的强度，但都要随着经济和社会的发展而变化。在保持男子权威和控制的自主权的同时，家长关系和阶级社会的相互作用是一种存在形式。妇女在发达资本主义社会中的从属性并不能用占支配地位的生产方式来解释，而应用在整个家庭和政治体系中以及在社会生产关系中起作用的家长制权力关系来解释。资本主义可以从随着家长制而出现的工人阶级分工中受益，但是资本主义也必须适应于一定的性别等级制度。因此，妇女的就业条件主要由男子的统治地位决定，而资本必须适应按性别而区别的工资等级制度，这样男子在家庭和政治领域中的权力就不会与其在工作场所中的权力相抵触。尽管资本有削弱男子权力和建立一支同质的富竞争性劳动大军的要求，但这种对性别等级制度的适应依然存在。

同时，就大范围而言，非农转移迟缓中的农业女性化趋向，使许多留守农村的妇女的自身发展受到较大限制，城市的青春女性职业使市场对性别的选择模式化，成为女性家庭角色的社会延续。女性就业质量不高的事实，拉大了两性在社会和生活方面的差距，并对新型家庭生活关系的形成产生了负面影响。应该说，生产力的发展并不能自动地惠及妇女的解放与发展，后者更多地依赖于先进文化这一中介的作用。另外，受父权家长制深刻影响的现代科层制（张苙云，1986）①，也

---

① 科层制（bureaucracy）原指古代缺乏效率的官僚组织，社会学家马克斯·韦伯则用其表示现代社会里理性的、有效率的组织形式。又意理性在管理事务中的应用。

认同传统性别歧视意识是一种带有规律性的历史现象，两者的联手注定要将女性推向社会生活的边缘。性别分工与社会分层的严峻现实启迪女性：自身权利的获得不能指望别人的恩赐，它只能凭借女性自身艰苦卓绝的努力，在与偏见和不公正斗争的过程中去争取。如同恩格斯在论及人类从杂婚制向个体婚制的过渡时讲过的那样："这个进步绝不可能发生在男子方面，这完全是由于男子从来不会想到甚至今天也不会想到要放弃事实上的群婚的便利。"（中共中央马克思、恩格斯、列宁、斯大林著作编译局，1992）

总之，正如西方女性主义学者海迪·哈特曼所言："妇女在劳动力市场中的处境同性别分工是家长制与资本主义体制长期互相作用的结果。"（李银河，1997）

（二）马克思主义的后续研究①

马克思主义的后续研究是从批驳马克思主义关于因家长制社会关系的长期存在所造成女性的从属性说法的论战中发展起来的。起初它致力于把家庭的无酬工作与资本主义经济中的生产关系联系起来，以阐明前者在价值范畴的含义：家务劳动的争论（达拉·科斯塔，1991）。家务劳动应当如何列入价值计算范畴？这表明对马克思主义价值理论和对古典主义的劳动自然价格分析的挑战（希梅尔·韦特，1991）。分析女性在家庭再生产中的责任和她们在有酬劳动中所处地位之间的关系，考察女性是否构成了越过经济周期的一种缓冲的劳动后备军，或者女性被分隔在变动较小的部分和职业中是否就能在困难时期向她们提供相对的保护。或者，女性劳动力的廉价连同她们在许多新兴部门中人数上的优势，是否正使得女性周期性地和长期地替代男子。这些研究把女性在经济上的从属性均看做是社会再生产和生产之间相互作用的结果。

劳动力市场中女性的工作状况，其重要性都源于女性在家庭和工作场所之间劳动时间分配的变化。"妇女的解放只有在妇女可以大量地、社会规模地参加生产，而家务劳动只占她们极少工夫的时候才有可能"（中共中央马克思、恩格斯、列宁、斯大林著作编译局，1992），"如果我们把文明世界中的一个国家与另一个国家相比，或者把英国的某一部分与另一部分相比，或者把一种行业与另一种行业相比，我们就会发现，工人阶级的日益懒惰几乎是与妇女所干粗活的数量一起变化的"（马歇尔，1997）。这两种观点的重要启示是：那些从事更有兴趣和薪金较高工作、受过高等教育的妇女，才能雇用家庭助手和

① 所谓马克思主义后续研究，就是西方学者试图按照他们所理解的马克思主义理论对当代发达资本主义国家的现实作出新的理论解释。例如，所谓的新马克思主义经济学、新马克思主义政治学、新马克思主义社会学等。20世纪70年代以来，西方发达国家的社会科学盛行过许多思潮，其中影响最大的有三种，即新自由主义、新保守主义和新马克思主义. 释文转自俞可平. 中国青年报，2003-01-26。

获得高质量的幼儿照料，只有她们才会感到工作最丰富多彩。正如男性一样，女性的一个目标就是获得更有兴趣的工作。就男女必要劳动时间的分配而言，实现家庭责任的更平等分担是一个重要目标。

五、制度经济学

在一个竞争的劳动力市场和产品市场上，或在现实的高报酬职业中，女性的比例一直不高，抑或是在同一职业内部，女性员工的工资报酬、晋升机会都低于男性员工，反过来，她们被解雇的可能性却大大高于男性员工。面对生产率无差异的男性和女性劳动力供给者，当女性员工作为下级或处于辅助地位时，男性员工和她们一起工作感觉很惬意；当女性员工升为主管或与男性员工级别相等时，男性员工会感到不自在或不合适。在咖啡厅中，顾客喜欢看见穿着裙子的女性服务员，但在考究的饭店里，工作的大部分是男服务员。性别角色无形中分割了劳动力市场，女性劳动者被排斥在某个专属领域，并与男性劳动者的职业隔离开来。

20 世纪 60 年代末至 70 年代初，一批制度主义经济学家对传统的劳动力市场范式提出了挑战，创立了分层劳动力市场理论模型（Freedman，1976）。他们认为传统的理论无法解释劳动力市场的许多现实，如贫穷、歧视、与人力资本理论相悖的收入分配、失业等。理论和经验研究应该注重决定劳动力市场运行的职业结构的性质和制度因素的作用。这是因为：其一，劳动力市场不再是一个连续的统一体，它被分割为几个不同的市场，各市场均有自己分配劳动和决定工资的特点和方式；其二，各种劳动力市场是相对隔离的，这是集团势力的联合和制度因素约束的结果。

分层理论最重要的内容是二元劳动力市场[①]，其理论模型有三个假设前提：①劳动力市场分为两个部分，每个部分有着自己的特点和运行方式；②劳动力市场的分配机制中，起主导作用的是制度因素而非市场因素；③劳动力市场各部分之间的流动受到严格限制。在此基础上，将劳动力市场划分为主流和次流两个部分。次流劳动力市场往往工资和福利低、工作条件差、劳动力流动率高、晋升机会少、培训机会少；主流劳动力市场工资和福利待遇高、工作条件好、就业稳

---

① 这里的二元劳动力市场理论与发展经济学中的二元劳动力市场理论有着根本的不同，有关二元劳动力市场理论的文献请参见：Piore D. Internal labor markets and manpower analysis；Bluestone T B, Tripartite economy：labor markets and the workingpoor, poverty and human resource. July/August, 1970：15, 16；Harroon B. The theory of the dual economy. *In*：Silverm B, Yanowitch M. The Worker in the Postindustrial World. New York：Free Press, 1971。

定、有很多晋升机会和培训机会。主流市场以结构性的内部劳动力市场为主体①，次流劳动力市场是一个竞争性市场，工资倾向于处于劳动供给和需求决定的均衡水平。主流与次等市场之间的劳动力流动受到严格的控制，且流动性很低。尽管次流市场之中的某些人具有很高的素质，但因为统计性的歧视②，其依然难以进入主流市场。

两种市场之间的流动受到严格的限制，一个人首次进入的是主流或次流劳动力市场，都将对他的终生收入曲线有重要影响，如图 4-3 所示。

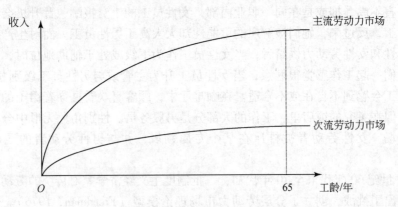

图 4-3　二元劳动力市场的收入差异曲线

二元劳动力市场理论在 20 世纪 70 年代曾引起了一场争议（Cain，1976；Piore，1980）。尽管如此，这个理论还是提出了一些有意义的问题和论点。比如，不能像传统理论那样将歧视、工会活动和其他的制度因素视为微不足道，因为它们对经济的运行起着极为重要的作用；劳动力市场的确存在着某些非竞争群体，某些职位水平之间的区分与社会分层有密切的关系。历史地看，大部分女性劳动者一般在二流劳动力市场或在从属部门工作，这导致了一种延续不绝的对她们的歧视。的确如此，女性劳动者的工作历来不稳定，进出劳动力市场的频率也非常高，结婚、做妈妈甚至是家庭需要都是她们的理由或者是不得不的选择。而这种工作经历的不稳定性本身又是他们无法进入主流劳动力市场的原因之一（伊兰伯格，史密斯，1999）。

---

　　① 内部劳动力市场是指企业组织的内部结构，在组织中保证企业活动，协调一定的合作关系的横向联系和按照服从决策、指挥、命令系统的责任与权限排列起来的纵向联系。组织与成员的结合受价格以外的技术的、组织的以及制度的等各种重要因素的影响，它们的关系被或明或暗的契约及规定制约着。人们一旦进入了组织，他们在很大程度上就不再是市场的"人"，而成为组织的人了。

　　② 统计性歧视是指将一个群体的典型特征视为该群体中每一个人所具有的特征，如果群体之中的某些人与这个群体的典型特征相异甚远，雇主在利用这个群体的典型特征作为雇用标准时，就会产生统计性歧视。

六、贝克尔的歧视理论

（一）贝克尔的论述

美国经济学家加里·S. 贝克尔是 1992 年诺贝尔经济学奖获得者，他对劳动市场歧视问题进行了开创性的研究，并创立了比较系统的劳动市场歧视理论。

贝克尔认为，在特定工作中，歧视女性的雇主将是效用最大化者，而不是利润最大化者。他们注视的是雇用女性的完全成本，不但包括她的工资，而且还包括一个歧视系数，反映由于她的存在而使他们遭受的负效用的金钱价值。因此，只有比男子的工资低，他们才会愿意雇用女性。如果男子是按其边际产品给予工资，雇主歧视的结果是女性得到的工资将低于她们的边际产品。

贝克尔的经济学分析模型是以假定雇主、消费者和雇员可能具有歧视性偏好为前提的。具有这些偏好的雇主只有在以下几种情形下才会雇用女性劳动者：第一，支付给女性劳动者的工资低到足以能抵消因雇用她们而产生的负效应，如因生理因素影响了工作效率；第二，付给女性劳动者的工资低到足以能抵消因歧视性消费者以较低的价格购买女性生产的产品所造成的利润损失；第三，女性愿意接受较低报酬，以获得与男性共事的机会。其模型的出发点是四个基本假设：假设一，两个群体的劳动者具有相等的或可能相等的生产力，比如，男性和女性的劳动无差异，在生产中完全可以替代；假设二，个体（包括雇主、雇员和顾客）抱有"歧视偏好"，他们偏向于不愿同某些特定人群中的成员打交道；假设三，劳动力市场、产品市场具有竞争性，这个市场中的单个厂商或个人被看成是价格（即工资）的接受者；假设四，雇主、顾客和雇员的歧视不同时存在，每个市场只有一种歧视性偏好行为。

贝氏理论是以负效用为基础的：个人可能宁愿承受成本，而不愿与某些群体的成员交往。负效用是由特殊偏好产生的，用贝克尔本人的话说，"如果一个人具有歧视的'偏好'，他就乐于以某一群体替代另一群体并愿意直接或间接（以收入减少的形式）地支付某种费用"（加里·S. 贝克尔，1955）。由此，雇主的性别歧视，其目标不是利润最大化的，$\max U = f(p, m)$，U 代表雇主的目标函数即效用，p 代表利润，m 代表企业雇员中男性的比例。歧视性雇主的目标函数是尽可能实现利润最大化，同时尽可能提高男员工的就业人数。

如歧视性雇主的均衡模型图 4-4 所示，在两种商品的空间中，凸向原点的无差异曲线表示利润和企业雇员中比例的组合。纵轴表示货币利润，横轴表示劳动力中的性别比例，IC 表示雇主的一条具有代表性的无差异曲线。

首先，从假设来看，图 4-4（a）是无歧视的状态，或 $d=0$ 时，水平的 IC 曲线意味着，这时只要给定初始利润水平，就业的性别比例就可以有无限多的组

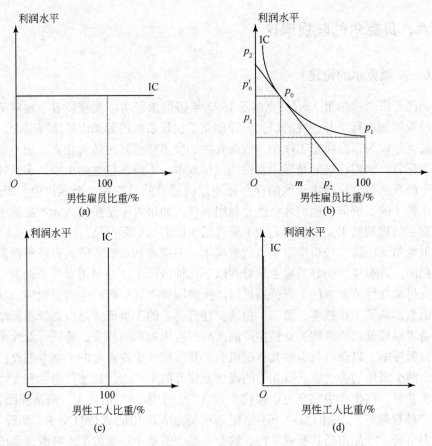

图 4-4　歧视系数

合。当 d 无穷大时，IC 甚至是垂直于横轴的，如图 4-4（c）所示，意味着极端的歧视。当 $d>0$ 时，IC 曲线凸向原点且向右下方倾斜，发生了雇主歧视，并且雇主越是不喜欢妇女，无差异曲线就越陡峭。根据假设，在生产中，女性与男性具有完全的替代性，并需支付同样的工资，总利润将由水平线 p_1p_1 给定。如果雇主对性别视而不见，IC 也将是一条水平线。如果是图中所画出的 IC 曲线，实行歧视的雇主将宁愿只雇男性。模型给出的解释是，由于这个雇主具有歧视的偏好，雇用女性会产生心理成本。尽管雇用女性的货币成本与雇用男性是相同的（即工资率 w），他的净成本却是 $w（1+d）$，其中，d（$d>0$）是由于雇员中出现女性而产生的负效用。贝克尔将 d 称作歧视系数。

d 值可以是从无穷小到无穷大的任何数值。d 为负数意味着裙带关系，而 d 为正值意味着歧视。当 d 为 0 时，在不同工人群体之间没有区别。wd 表示雇用女性时雇主的净成本偏离货币成本的程度，可以将由于雇用女性而产生的心理成本视为货币成本的等价物。贝克尔的歧视系数可以明确地将歧视行为（但未指出原因）纳入经济学模型，用一种连续的尺度来计量歧视，并研究其影响。

其次，从约束条件来看。设 W 为男性工资，W' 为女性工资，有两种可能出现的结果：第一，当 $W = W'$ 时，$d = 0$，无歧视状态，约束线水平；$d > 0$，约束线水平，但均衡点为一端点，所以女性员工比例随着 d 的上升而减少，即当 d 从零到大于零时，女性员工的比例从大于零到零开始了转变。第二，当 $W > W'$，$d > 0$ 时，如果 W' $(1 + d) > W$，则预算线斜率为负，其含义是女性员工比例随着 d 的上升而下降，如图 4-4（b）所示；如果 W' $(1 + d) = W$，则预算线与纵轴重合，如图 4-4（d）所示，即全部使用女工，男工的比例为零。因为，以 $W > W'$ 且 W' $(1 + d) > W$ 为例，预算约束线的斜率为

$$\frac{p_2 - p_1}{m} = \frac{(W - W') m}{m} = W - W'$$

因此，预算线斜率等于男性与女性员工的工资差。这个差额越大，斜率也越大，女性员工的比例也就越大；反之，男性员工的比例就越大。

如果男性与女性具有同样的工资率，实行歧视的雇主将通过只雇用男性来达到效用的最大值，因为只雇用男性的净成本恰好等于货币成本。实行歧视的雇主在 p_1 点上实现均衡。但是，如果女性的工资率低于男性（在生产中不同性别具有完全的可替代性的假设条件下），则雇员中男性的比例越高，利润水平越低。事实上，在企业的雇员全部是男性时，利润将变为负数（在前面所假设的完全竞争条件下）。这种关系是用新的利润曲线 $p_2 p_2$ 来表示的。在这种情况下，实行歧视的雇主的均衡点为 p_0，雇主损失的利润等于 $p_2 p_0'$。

从贝克尔的分析中可以得到一些预期：第一，歧视系数（d）越高，无差异曲线越是凸向原点，企业雇用男性的百分比越高。第二，歧视女性的工资差距越大，歧视女性的成本越高，从而女性在企业雇员中的百分比将会提高（尽管它仍小于不存在歧视时的比例）。第三，在生产中，女性与男性间的可替代性越小，女性占雇员的百分比就会越高（因为对最优性别比例的微小偏离会使利润大幅度降低，利润曲线将比 $p_2 p_2$ 更为陡峭）。当雇主们歧视偏好不一样时，市场范围的歧视系数将在现行工资下的女性劳动供求相等的水平上确定下来。因此，男女工资差别的大小，取决于寻求工作的女性人数以及实行歧视的雇主人数和他们歧视系数的大小。就长期而言，歧视性雇主将会被非歧视雇主驱逐出市场，因为后者的目标函数是货币成本最小化。就短期而言，在"适者生存"的结果出现之前，两性间的工资和就业都将存在一定的差距。如果某些雇主具有歧视偏好，在短期，除了工资差别还会出现性别隔离；在长期，非歧视的雇主会将歧视性雇主逐出市场。

尽管贝克尔模型使歧视变成了可以用一个连续的尺度加以测量的变量，甚至更重要的贡献是将 d 纳入一个可以使用标准化程序的经济学模型。但是，贝克尔纯粹经济理论的假设条件与现实相差太远，也缺乏广义的社会背景，从而影响其

理论的解释力。

（二）贝克尔理论的扩展

在对贝克尔模型了解之后，一些经济学家怀疑劳动市场歧视是否是完全或部分造成经济报酬性别不平等的根源。那么歧视持续存在的原因到底应如何解答呢？

贝克尔理论没有解释歧视性工资差别长期存在的原因，阿罗（Arrow，1972a）通过纳入调整成本消除了这种不一致。如果存在雇用和解雇成本，像完全竞争模型所说的快速改变雇员构成就不是最能节约成本的做法了。通过自然淘汰或新企业的出现消除歧视性工资差别，需要经过相当长的时间。阿罗的扩展显示，工资趋向均等和雇员整合的过程是缓慢的，但仍没有解释差别为什么会持续存在下去。现实中，经济结果也不是完全地取决于市场力量。很多事情是由作为中央和地方政府组成部分的行政机构决定的。对于这些行动者来说，不存在使其变为货币成本最小化者的压力，因为他们职位的获得和维持不取决于经济绩效，而是由法规来保障的。

贝克尔认为，私人垄断者的歧视性政策会逐渐减少，不实行歧视者更可能成为垄断者，但垄断者或其他市场结构中的企业追求的是否是利润最大化？阿尔钦和克塞尔（Alchian，Kessel，1962）认为垄断者不是这样，因为这种行为会引起其他企业的进入或政府保护竞争政策的干预，从而，对于具有垄断地位的雇主来说，不实行歧视的利润并不会比实行歧视多。因此，多数群体与少数群体在雇用中相互分隔的现象和工资差别会持续存在下去，尽管在长期中不会如此。

贝克尔模型一直假设劳动力供给固定于充分就业水平上。吉尔曼（Gilman，1965）将这一分析加以扩展，纳入了失业的影响。如果存在工资刚性，则可能在各个部门出现过剩供给或需求。如果不允许实行工资歧视或由于反歧视法或最低工资规定，歧视的货币成本将为零，并存在失业。

此外，里斯金和鲁斯还提出了"排队理论"。他们运用"劳工排队"和"职业排队"两个概念将微观层面上求职者的选择与宏观层面上的职业性别构成联系起来。由于雇主认为男性职工比女性职工更有价值，故"劳工排队"转变成"性别排队"，女性较多地从事一些报酬低、所谓不需要很多技术的职业，从而使得一些职业更多地被女性所从事，另一些职业则成为男性的专利，形成职业性别隔离。该理论可看成是歧视理论的一支。在存在歧视的部门中，排队求职会使实行歧视的雇主有可能在这些部门中只支付较低的工资，被歧视群体将被迫在受保护最少的部门中寻找工作，此时工资差别将不存在于部门之内，而是存在于部门之间，而且分隔仍然持续存在。

英国有关由于传统和习俗而歧视性地支付报酬的早期争论中提出了这样一个

问题，"一种生产要素何以普遍而持久地只得到低于其实际价值的报酬"？用一个具体的模型回答这个问题还需要时间。为什么企业应坚守既定的传统，而不是通过更多地雇用廉价的要素来实现利润最大化？阿克洛夫指出，只要个人意识到不遵守社会规则意味着被排斥于他们所属的并与其成员具有共同利益的群体之外，作为一种社会习俗的歧视就会与稳定的经济行为规则和谐共存。这里重要的是，雇主与工人间、雇主与其他雇主间的两种交易是相互依存的。贝克尔忽视了这种相互依存性。在普遍存在歧视的世界中，不实行歧视是有成本的，这种破坏规则的行为可能会受到"惩罚"。不守规则者可能在经济上得益，但其总体利益却可能受损。

作为一个群体，女性在劳动力市场上平均工资低于男性群体，一般受雇时还要受到种种限制，主要原因是被"统计性"地认为素质较低。因为企业不能确切地了解一个特定工人的生产率，于是，性别等特征就成为企业在决定是否雇用时所采用的廉价筛选指标。抑或是当经历一定时期后，个别雇主有机会评价她们的个人生产率，并从中发现少数群体中的单个成员不具有多数群体成员所具有的特征，也依然无力改变市场上众多的雇主早已形成的思维定式。

费尔普斯（Phelps，1972）等认为在"统计性"信息不完全的环境中，雇主歧视与利润最大化是相容的。当雇主相信在其他所有情况不变时，一般来说女性与男性相比是生产力较低或者是较不稳定的工作者。普遍的感觉是女性与男性相比更有可能放弃工作。雇主宁愿雇用男性工人，只有在工资打了折扣的情况下，才愿意雇用女性，可见男女工人不是完全的替代品。同时，既然把女性看成是不够稳定的工作者，男性与女性担任的工作将会有巨大的差别。以厂商技术为约束，从"主要领域"中将女性排斥出去，她们就必然会在"次要领域"中寻求职业。主要领域相对高的工资、可靠的提升机会，次要领域的低工资、缺少晋升的可能等，当然会使两性的福利状况产生差异。

另外，要判断将女性在家庭中的作用与市场成果的性别差别联系起来而形成的统计性歧视，关键是看雇主的认识与实际是否对称。如果信息对称，那么传统定义的劳动市场歧视就并不存在，女性工资低是由于她们的生产率低；如果信息不对称，雇主免不了对女性不公平对待，这就构成了歧视。基于雇主信息不对称产生的性别差异对待与基于雇主歧视偏好引起的性别差异相比较，在长期中，甚至很可能持续下去。然而，在性别角色迅速变化的时期，雇主的认识可能非常滞后。当雇员歧视或顾客歧视比雇主相信的强度要小或者比他们相信的更易于变化时，雇主错误的看法也能够加强这种歧视。这时，反馈效应的模型（如阿罗的感性平衡模型）对统计歧视可能起着更为有力的作用。在这种情况下，假定男性和女性在生产中可能是完全替代的，而雇主则相信，女性是不太稳定的工作者，因此他们分配女性担任补缺成本最小的工作，而女性表现出符合雇主预期的不稳定的行为。虽然雇主的估计在事后证明是正确的，但实际上这是由于他们自己的歧视行动造成的。这个均衡是稳定的，即使可能得到另一个均衡，在其中雇用女性担任的工作也有着足够的报酬来抑制不稳定性。更为一般的是，任何形式的通过降低女性的人力资本投资与加入劳动力的感情报酬的歧视，都会产生不利于这些行为的影响。

最后，出现了另一类理论，强调企业或劳动力市场的整体运作方式。这些与皮奥里、莱茨和罗默尔等相联系的"替代性的"理论是沿着所谓的分而治之的思路发展出来的（Cain，1976）：企业中的雇员越具有同质性，雇员们的讨价还价能力就越大。因此，企业决定优化其雇员的构成，以减少劳动纠纷。

七、现代其他理论

（一）行为经济学

20世纪90年代，行为经济学在美国起步。[①] 心理学的经验结果发现，在一些情况下，人的决策与经济学的理性假定有系统性偏差。这一理论吸收了现代心理学中的经验证据，修改了经济学中某些有关人的理性的基本假定，并研究在一般心理支配下理性人的经济行为。因为心理分析的注入，使得由此得出很多与已有理论不同的结论，并解释了一些令人困惑的经济现象。行为经济学认为，半个世纪以来，主流经济学一直将其理论建立在一种死板的假设基础上，即人的行为准则是理性的、不动感情的自我利益。现在，经济学正式承认，人也有生性活泼的另一面，即人性中也有情感的、非理性的、观念导引的成分。行为经济学论者认为，从李嘉图、马克思到凯恩斯，几乎所有伟大的经济学家都把复杂的心理学纳入自己的思维之中。传统的主流经济理论把"维护自身利益"置于理论考察的中心，但人类的生活经验和社会实践却表明：利他主义、社会意识、公正追求等品质和观念也是广泛存在的。经济学研究依赖于一种基本的假设，即人们受自我利益驱动，有能力作出理性的判断和决策，然而经济学又是一种难以实验的科学，因此，经济学家得出的结论往往遭到攻击，被认为缺乏科学性与现实性。然而，当前越来越多的研究人员开始尝试用实验的方法研究经济学，使经济学的研究越来越多地依赖于实验和各种数据的搜集，从而变得更加可信。这种研究植根于两个相辅相成的领域：一个是用认知心理学分析法研究人类的判断和决策行为的领

---

① 行为经济学（behavioral economics）是一门运用行为科学的理论和方法研究个人或群体的经济行为规律的科学。从20世纪50年代起，行为经济学的研究工作在美国等西方国家迅速地开展起来。行为经济学对人的因素的研究特别突出，它要分析经济活动的心理前景，研究有关经济决策的动机、态度和期望等。代表人：加州大学伯克利分校经济学家拉宾，2002年度克拉克奖获得者。

域，另一个是通过实验室实验来测试根据经济学理论所作出的预测的领域。行为经济学正是在这样的领域里取得了可喜的成绩。

主流经济学假设人类的行为都是合理且自私的，因此会导致个人与社会整体福利水平的最大化。行为经济学认为，人类行为不只是自私的，它还会受到社会价值观的制约而作出不会导致利益最大化的行为。拉宾指出，追求公平性的心理已在很多市场中发生作用，特别是在劳动力市场中。性别歧视行为的浓重传统文化背景、社会约定俗成等特点，决定了其经济利益上即使是非理性的选择，在实际市场中也难以规避，并且源远流长。

（二）理姬薇互动理论

斯坦福大学的理姬薇教授在解释两性职业和报酬不平等的问题上有其独到的角度。在日常生活中人们认为理所当然的互动交往中，男女在"互动过程"中本应该是平等的。

人们在求职、应聘、面试、职业安置、评估业绩、升职，以及与客户、同事、上司、下属相处时都会有直接和间接互动（如审核履历表）发生。在互动交往中，人们自动地识别出对方的性别并以此作为交往的前提条件。受性别刻板化印象的影响，人们对不同的性别具有不同的行为期望，从而造成了制度化的不平等。互动过程造成了两性间的显著差异，形成了男性和女性不同的地位信心。人们普遍认为男性优于女性，更能胜任工作。受此观念的影响，在自我实现的预言效应下，女性也承认男性更有能力，从而造成具有同等能力的男性和女性对报酬的期望值不同；同时，男性为了维护他们的优势，利用占据权威位置的机会，故意忽视或消除对他们不利的信息以维护他们的利益，从而使得女性很难改变这种状况。由于潜意识的性别成见，人们通常选择同性别的参照群体，较少选择异性参照群体，由此在评价职业报酬时，更多地采用与同等任职资历的、同样性别的人相比较的方法。这种同性参照群体的选择，导致社会网络的同性化和职业性别隔离。女性报酬低的一个重要原因是参照群体报酬的信息影响她们的期望值，期望值反过来又影响她们对目前报酬的接受意愿，从而使男性和女性以不同的标准来衡量职业和职业报酬（余红，刘欣，2000）。

（三）提利综合理论

美国加州大学的提利教授从结构的角度考察了男女不平等现象。提利将重点放在两种互相联系的不平等形式上：第一种是基于人口统计和社会差异基础上的绝对不平等，如由于不同性别、种族和宗教造成的不平等；第二种是生活机遇和生活福利的不平等。在研究了大量不同形式不平等的共性后，提利提出了他的不平等的综合理论，认为造成以及维持绝对不平等的主要原因在于体制（体制的含义很广，包括"界限分明的社会关系簇"，如公司、家庭、社区等），而减少生活机遇和福利不平等的唯一出路是组织体制的彻底变革，而不是通过个体态度的缓慢改变以及人力资本的积累。提利对不平等的结构式分析借鉴了韦伯的"社会封锁"和马克思的"剥削"概念。他指出，造成和维持绝对不平等的四种途径：第一是剥削——"有权势的人互相勾结，通过控制资源，以折扣劳动报酬的方式获利"；第二是机会囤积——"所属同一种类的网络成员，掌握了支持其网络活动的手段和方法，并靠此方法使网络权力得到巩固和加强"；第三是仿效——仿效是指将已经确立的体制模式复制或移植到一个新的环境，该过程强化了不平等；第四是适应——适应的过程使得由仿效引进的不平等制度化，通过发展和编纂基于目前体制上的规章制度，更加剧了二极之间的距离，使得不平等持续地再生和维持。

　　造成两性就业和报酬不平等的原因是复杂的，而如何减少以至消灭这种不平等现象则需要多角度、多层次的理论分析。两性角色一个至关重要的区别是事实上女性承担了生育并抚养照顾后代、管理家庭的主要责任，由于两性在此阶段的经历不同，造成对两性生命历程显著的不同影响。生育和抚养孩子对男女社交网络有着直接的影响，女性因承担着抚养和看护年幼孩子的主要责任，社交网络显著缩小，而男性几乎不受影响，养育孩子使得女性在社会结构网络中的信息流和物质流的获取方面处于不利地位，同样也造成了两性的不平等（余红，刘欣，2000）。

（四）统计性的观点

　　统计性歧视是指因为某种观念定势、传统、文化、约定俗成等因素而不自觉地产生的一种"偏好倾向"。人们不乏这样的常识性体验：可观察的个人特征或书面信息资料与其本人的实际劳动生产率常常不对称。企业在作出雇用决策时，如果以求职者个人的资料和他（她）所属群体的群体资料作为依据的话，可能会引起劳动力市场歧视。它的重要经济含义是：同一群体中每一成员之间的相似性越差，运用群体信息作为甄选依据所带来的成本就越高。使用不正确甄选的企业会比使用正确甄选的企业所获得的利润要少，甚至要少得多。

　　统计性歧视主要来源于劳动力市场信息的不对称，不一定来自歧视偏好。特别是在雇主不大了解各个部分人的平均特征情况，而这些特征又在迅速地变化，以至信息要经过相当长的滞后才能作出调整时，统计性歧视尤为多见，并发挥着相当大的作用。

　　在劳动力市场上，雇主因统计性歧视而错误地甄选是十分常见的现象。例如，雇主在已婚女性和男性求职者中进行选择时，往往选择男性求职者，因为已婚女性很可能有较重的家庭负担，所以比男性员工更有可能在工作后经常请假或轻易辞职。同样，在城市高中生和农村高中生中进行选择时，尽管其他特征如年龄、经历、偏好等都一样，雇主还是会倾向选择城市高中生，因为雇主认为，在一般情况下，农村青年接受教育的质量往往低于城市青年。实际上，从总体特征上进行比较，已婚女性工作后又辞职退出劳动力市场的比率要高于男性，而农村青年受教育的质量也低于城市青年。但是，这是平均水平，是总体特征，而总体特征中也存在着个体差异，由个体特征组成的总体特征并不等于单个个体特征。在这里，犯统计性歧视错误的雇主把每一个已婚女性的就业行为等同于一般的已婚女性的就业行为；同样，把每一个农村青年受教育的质量看做与一般的农村青年受教育的质量一样，那些不愿有孩子或虽有孩子也不愿辞职的已婚女性和那些受过较高质量教育的农村青年将遭到歧视。一些女性在劳动力市场上受到歧视的现象，同时也导致越来越多的女性不愿退出劳动力队伍去抚养子女，继续从事全日制工作，并在工作中努力创造与男性相同的绩效。倘若雇主用性别作为劳动力筛选的指标，犯错误的代价就会很高。他们会拒绝很多能够长期为企业工作的女性申请者，而接受也许绩效不如女性的男性求职者。可见，群体中个体差别越大，利用群体资料作为甄别手段的代价就越高。

还有一些学者如凯恩、阿罗、菲尔普斯和阿尔格勒运用"统计歧视"概念来分析长期存在歧视的原因，他们提出，雇主本着利润最大化的原则，需要聘用工资效率高和责任心强的雇员。雇主可能假定女性的生产力平均低于男性，因而雇用她们的工资较低。如果雇主的假设是错误的，这一错误显然是因为歧视产生的；即便雇主的假设是正确的，由于他们不是根据个体的实际能力来确定其待遇的高低，因而亦有歧视的嫌疑。一切正如经济学家所推论，在市场经济的竞争压力下，男女不平等正在缓慢地消失，但在实际中，新的不平等又不停地再生。由于家庭的劳务分工、宗教、文化习俗甚至社会和经济制度的控制，以及更宽泛的女性社会角色的定位，女性劳动者不仅得不到正确的评价，反而还被主流性别群体排斥在更多的机会和权利之外。

第四节　社会性别排斥理论

社会排斥是一个多元概念，是指那些个人、家庭或社会群体因缺乏机会参与一些社会普遍认同的社会活动而被边缘化的系统过程，这个过程涉及经济、政治、文化等诸多方面。它直接导致歧视、贫困及社会的不和谐。排斥包含经济、社会和政治三方面的内容，其核心是经济问题。在实践中，排斥更偏倚社会关系问题，特别对能否利用社会服务、能否进入劳动力市场及社会参与程度等问题予以关注。社会排斥的形式多种多样，有劳动力市场排斥、与性别有关的排斥、健康排斥等。阿马蒂亚·森（Sen，1987）认为，社会排斥是个人或团体被部分或整体地排除在充分的社会参与之外，强调社会排斥这个概念尤其关注可行能力剥夺中的关系特征。

一、社会性别不平等

性别角色的理论本质带有功能主义色彩，男性与女性不仅有着不同的特征，而且还承担着不同的角色，事实上，社会对于这些角色还给予了不平等的评价和对待。在性别角色的形成过程中，不平等潜移默化地加之于女性的身心之中。性别不平等如同种族、民族不平等一样，是社会分层的一个重要维度。这种不平等并不意味着所有男人有意压迫女性，而是从总体上说，男性比女性拥有更多的财富、权力和声望。以功能论的观点来看，大多数社会的性别角色模式都是十分稳定的，性别角色与早期社会的劳动分工是协调的。在早期社会中，性别角色的劳动分工往往是在家庭之中实现的，女性由于生理的原因在家生育和照料孩子、操劳家务，而男性体格强壮，所以承担狩猎、保卫家庭或部落不受侵袭等工作。这样的性别分工与家庭生产、生活相连，对整个社会起到了整合作用。帕森斯与贝尔斯认为，即使是现代家庭也仍然需要两个专门扮演特殊角色的成年人，父亲扮演"工具性"的角色，负责家庭与外界的联系；而母亲扮演"表意性"的角色，负责家庭内部的关系。他们始终认为，由母亲哺育和抚养孩子是角色分化与合作的基础，母子之间的亲密关系也滥觞于此（戴维·波普诺，1999）。

功能主义理论认为，社会中性别角色的分化是早期社会所有的，也就是由男性和女性各自的生理特性决定的。而事实上，性别分工与生物学的观点很难取得一致。古德通过对多个社会的比较发现，尽管照料庄稼需要耐力与体力，但男性或女性似乎都能干这类工作。而制作乐器与礼仪用品既不需要耐力，也不需要体力，却都由男性来做。事实证明：男性可以干女性所干的一切活，但他们却不干；而那些纯属男性干的活，也并非一定要由男性去干。但总的来说，男性的工作多数都被看做高贵的工作（马克·赫特尔，1988）。也就是说，即使是在早期社会，男性与女性之间的分工也不是完全由生理因素决定的，相反，男性的工作通常会得到较高的评价，有着较高的声望，体现了一种文化意义上的"男性统治"。

冲突主义理论的视角进一步指出，传统性别角色在长期的历史进程中体现了男性对女性统治的权力关系，这种权力关系的背后是所强调的经济关系。冲突论认为，男女不平等的根本原因是男女在经济上的不平等。跨文化研究发现，大多数采集和狩猎群体中，男性往往从事狩猎，但是难得成功，而妇女采集植物性的食物，这样妇女提供的食物占食物消耗总量的35%～50%。因而，男女两性之间是相互协作的，也就是相对平等的（古德，1986）。而在后来的农业社会中，男性由于直接从事比较繁重的生产活动或者军事掠夺而作出了主要的经济贡献，从而在家庭中占据了统治地位，也就形成了父系制的家庭。从这个意义上来说，家庭正是男性统治女性的工具。到了早期工业社会，家庭的生产功能被剥离，女性原来从事的一些生产劳动也不存在了；而且随着生育模式的转变，女性的平均生育人口数急速下降，也使得女性的生育价值不断降低。女性的角色变得越来越窄，最后就只剩下家庭妇女、母亲、妻子三个角色。但伴随着女性生育的减少，女性也逐步可能进入劳动力市场，并且种种经济、社会和技术的障碍也在消除，男女形式上的不平等正在消失。不过，实质上的不平等依然存在，各个国家工作的女性在报酬和地位上还是明显低于男性。女性的职业局限性较大，并且往往是辅助男性的职业，如秘书、护士、服务员、空中小姐、社会工作者等职业。在同一个工作场所中，通常也是男性处于支配地位。女性的晋升异常艰难。即使接受了同样的教育和培训，在同一职位上女性的平均收入仍然比男性的平均收入低得多。另外很重要的是，若个别女性通过自身努力获得了与男性一样的成功，她很有可能就被作为杰出妇女的代表而装点门面，以体现社会性别歧视的减弱。事实上，这种装点门面的过程就将"女强人"与普通女性隔离开来，而类同于一个男性角色，进一步强化了原有的男女两性之间不平等的权力关系。按照这个思路，可以肯定，如果称一位很有能力的职业女性为女强人，并且如果这位很有能力的职业女性认同这种"女强人"身份的话，那她也就首先替其他女性承认了女性是这个社会的弱者。

性别社会化过程通常又是与政治社会化等过程相互联系的。在性别角色的形成过程中，女性逐步远离了政治的职业。研究表明，美国的女性与男性持有相似的政治观点，并且参与选举的比例还要高于男性，为 58.3%：56.4%。女性与男性一样是各种运动的积极参与者，但却是男性而不是女性以绝对优势控制着政府机构（戴维·波普诺，1999）。可见，女性即使具备了较高的政治参与热情，也没有同等的机会从事政治职业。

另外，即使女性参加了就业，但女性在家庭婚姻关系中通常仍是受到支配的。相当多的女性回家后还要从事家务、照看孩子，家庭中传统的性别角色的持续使女性承受了社会、家庭的双重工作重压。女性基本上仍然是将自己的利益置于丈夫和家庭的利益之下。许多就业的女性还会因为没有为家庭尽到职责、不能在家照顾孩子而自责。可见，传统的性别角色的观念对于女性的统治是根深蒂固的。社会体系基本保持着原有的性别分化，大多数男性与女性对各自的性别角色保持认同。性别不平等、性别歧视与性别排斥以不同的形式植根于社会之中。

二、社会排斥及其分类

自法国学者拉诺提出社会排斥概念至今，社会排斥已经成为在社会学领域里广为认识和重视的理论。社会排斥的概念主要有三种不同的表述：社会分化和社会整合；参与和参与不足；中心与边缘。

社会排斥有五个方面的分类。

(1) 社会排斥是建构性和工具性的。[①] 首先，有理由不被排除在社会关系之外，在这个意义上，社会排斥直接是剥夺的建构性部分。斯密认为，不能自在地参与社区生活或与他人自由交往，无论会不会进一步产生其他剥夺形式，其本身就是一种重要的剥夺。其次，被排除在社会关系之外可能导致其他类型的剥夺，借此将进一步限制一部分人的生活机会。斯密在《国富论》中对一些特殊社会排斥的工具性后果进行了分析，他认为，被拒之于就业机会之外或无法获得必要的知识、信息可能导致经济贫穷，随之还可能导致其他类型的剥夺，如营养不足或无家可归。

(2) 社会排斥有积极与消极之分。社会排斥的积极和消极与否可以从原因分析和政策反映中寻得。积极的社会排斥是一种有意识促成的剥夺形态：政府或其他主体"通过有针对的政策将部分人排除在某些社会机会之外"(Sen, 2000)。相形之下，一旦排斥通过社会过程发生，期间没有伴随任何主体的故意企图，那么这就是一种消极的社会排斥。

(3) 社会排斥有直接和间接之分。直接的社会排斥是指通过明确的制度、政策、法律、习俗的规定，将一部分人排除于享受正常的社会权利之外，如美国的种族歧视政策、中国城乡居民的不同国民待遇。间接的社会排斥是指在一些看似平等的游戏规则之下，却因为文化上、偏见上、习惯上或游戏规则执行过程中裁判者的原因而造成的实际的不公正，如就业及政治生活中的女性，在一律平等的表面下，她们往往会以能力问题为借口被拒绝。阿马蒂亚·森 (2005) 认为，积极排斥就是指制度、政策等因素所引起的人为排斥，而消极排斥是指社会发展过程中产生的排斥，如经济萧条导致的贫困和隔离。

(4) 社会排斥有结构性和功能性之分。结构性的社会排斥是指因为社会结构的不合理而造成的社会排斥，社会结构包括通过制度确定下来的社会等级构成以及社会发展过程中自发形成的一种结构和分层。功能性的社会排斥是指被排斥的个体、群体或组织因为自身功能上的欠缺而处于一种被排斥状态。例如，一些残疾人、文化程度低的人、退休者或女性等社会弱势群体。

(5) 社会排斥有不同层面之分。按照内容不同，社会排斥可以划分为经济、

---

① 阿马蒂亚·森认为社会排斥对人的发展有两种影响：建构性影响和工具性影响。建构性影响也就是直接影响，例如，无法与别人交往或参与社会生活会直接导致一个人的穷困潦倒。这对受排斥人而言，遭受剥夺本身就是一种损失。工具性影响也就是间接影响，这种剥夺不会直接给受剥夺人造成损失，但会间接导致其他一些严重的后果。例如，一个人如果没有机会利用信贷市场进行融资，那么他所遭受的这种机会剥夺会通过各种因果关系导致其他形式的剥夺，如收入低、无法抓住有利机会等。

政治与文化层面的社会排斥。其中，经济层面的社会排斥是指个人、家庭和地方社区未能有效参与生产、交换和消费等经济活动。排斥出劳动力市场又有几种具体的表现形式：没有指望的长期失业；临时的或不安全的就业；劳动力市场内部的排挤，即虽然有工作可做，但所从事的不是"好"工作，而是"差"工作（Littlewood，Herkommer，1999）。另外，还有福利制度排斥。在一些国家和地区，社会保险制度只能保障失业者在一定时期内有基本保障，长期失业者将被排斥出社会保险制度；而从未工作过或缴纳过社会保险金的人也同样会被排斥出社会保险制度，经济排斥的最直接后果就是造成贫困。

社会排斥是一个动态过程，还表现在其各维度之间的互相影响上。目前，欧美国家的相关文献在这方面的讨论有两个显著特点：第一，由于社会排斥被认为主要是失业或排斥出劳动力市场，许多有关社会排斥维度之间关系的研究常常以排斥出劳动力市场为自变量或关系的一端；第二，研究多注重以下两组关系，一是失业或劳动力市场排斥与贫穷之间的关系，二是失业或劳动力市场排斥与社会关系排斥之间的关系。如果仅将社会视为市场经济系统，而不存在国家福利制度及家庭和社会关系系统，则经济排斥内部是一种简单的线性关系：由于失业或从事不稳定的职业（边缘工作）而导致收入减少，由此陷入贫穷状态。不平等与贫困、劳动力市场上的排斥、与性别相关的社会排斥等形成一个链条，循环不已。

三、社会排斥理论研究简述

社会排斥是对人们享有基本的生活水准、参与社交与分享工作机会的权利的剥夺。其关注的焦点大多集中在社会分配及社会关系的议题，即不平等资源的分配和不足够的社会参与、缺乏社会整合和社会权力上。由此而导致的相对贫困，正如斯密所指出的那样，会造成绝对的能力贫困。

为什么两性劳动会产生价值的分化？为什么男性养家糊口的劳动比女性料理家务的劳动更有价值？为什么女性的角色总是被有意识地、历史性地划归为"辅助性"的？是谁或哪些利益群体在这种劳动性别分工中获益？社会学理论的解释有以下几个方面。

（一）社会分工二元理论

20世纪70年代末，美国经济学家海迪·哈特曼提出"二元制理论"，该理论主要论述了父权制与资本主义制度之间的内在联系。在他看来，资本主义制度利用了父权制，而父权制也借助资本主义存在，并使劳动性别分工得以产生不平等的两性关系。他进一步认为，父权制作为一种独立的、先于资本主义存在的支配体系，一直影响着家庭内以及工薪劳动中的性别分工。这表明，家庭是如何作为控制之地的，男性是如何从女性在有酬劳动和无酬劳作中获得好处的。现代资本主义的性别分工是父权制和资本主义体制之间长期互动的结果，它们既是具体的关系制度，又是意识形态和心理结构。女性迈向平等之路，要求既反对父权制又反对资本主义制度。依照性别的劳动分工是人类历史上的普遍现象，但资本主义社会的劳动性别分工具有等级制的特点。在等级制中，男性在社会上层，女性在社会底层。父权制和资本主义共同控制女性的劳动，阻止女性接近生产资料（海迪·哈特曼，1997）。

哈特曼认为，按性别分工是资本主义社会的基本机制，它维护男性对女性的优势。资本主义利用父权制从四个方面使女性处于从属地位：第一，资本主义的劳动力市场。按照经济学的解释，资本主义制度建立起自由劳动力市场的新制度，在市场上所有的人都是平等的，女性同男性一样具有同等的市场地位。但事实并非如此。父权制使女性在劳动力市场中处于劣势地位，劳动过程存在明显的性别分化。第二，劳动报酬制度。女性在劳动力市场的劣势地位直接表现为低工资，低工资使女性依赖男性。因为低薪迫使女性结婚，女性通过婚姻得到自己无力承担的物品和生活方式。第三，商品交换。为了生存，妻子要为丈夫料理家务。女性在劳动力市场的劣势地位加剧了她们在家庭中的从属地位，男性从工资和家庭分工中得到好处。第四，资本主义和父权制的结合不断加强了女性的从属地位。女性的家务劳动在资本主义制度中合法化，使女性只能从事半日工作或不工作，这加剧了女性在劳动力市场中的不利地位，由此等级制家庭分工被劳动力市场永久化。这一过程是资本主义和父权制两种制度长期互相影响的结果，而且它使女性的从属地位不断地被再生产出来。

（二）父权制资本主义的理论

父权制资本主义的理论非常尖锐地指出，资本主义本身就是父权制。美国学者扬认为，对女性从属地位的认识，关键问题是要清楚地说明父权制的运作规律及其内在动力，以及它与资本主义之间的内在联系。该理论认为，资本主义制度是导致女性边缘化的重要原因，资本主义压迫女性是它的一个基本属性，应当把劳动的性别分工范畴提高到与阶级范畴同样重要的地位。劳动的性别分工作为分析范畴比阶级范畴更具体、更宽泛，是分析劳动活动以及从这些活动中产生出来的社会关系必不可少的工具。在扬看来，重点应当分析资本主义制度本身是怎样依赖性别原则确立起来的。把女性推向边缘并使其起次要劳动力作用的是资本主义的本质和基本特征。在整个资本主义的历史发展过程中，女性起了马克思所描述的劳动力后备军的阶级作用。资本主义并不是利用父权制来产生等级关系，而是从一开始就建立在规定男性主要、女性次要的性别等级关系之上（艾里斯·扬，1997）。

爱森斯坦认为，资本主义支持了父权制或男性霸权的意识形态，强化了对女性的压迫。这种压迫表现为两种形式：一方面，父权制意识形态强调男女在生育功能上的差异，以此迫使女性从事无报酬的家务劳动；另一方面，女性对家庭的责任又进一步导致了劳动力市场中的性别不平等（Eisenstein，1979）。男性工人阶级既从女性的家务劳动中受益，获得妻子为丈夫提供的免费的家庭服务和顺从，还从劳动力市场受益，因为女性没有加入到劳动力市场的竞争，从而使男性获得高报酬的工作。妻子对丈夫经济收入的依赖加强了男人与工作的联系，弱化了男性工人阶级对资本主义体系的反抗意识。

资本主义建构出将女性封闭在日常性劳动中的办法，使她们无法进入更高的层次，由此形成了一个限制女性流动的"缓冲区"，这种缓冲区的作用还在于它防止了男性继续向下流动。资本主义经济制度在本质上规定了劳动力在市场中是非均等的，并不是所有潜在的生产者都可能被雇用。依照性别划分主次劳动成为"最自然"的标准。当然，资本主义也同样利用了种族标准。性别劳动分工使女性成为资本主义的储备劳动力，女性普遍的低工资为资本家提供了额外的剩余价值，因此女性作为家庭消费管理人员的角色适合于资本主义消费主义的目的。

（三）"社会性成人"的统治技术

在恩格斯《家庭、私有制和国家的起源》一书中，阐述了私有制如何产生，并促成了作为经济单位出现的家庭，从而导致了财产权的不平等，出现了阶级压迫的社会。美国女权主义学者萨克斯进一步论述了现代社会随着女性工作性质的改变，家庭这个主要经济单位的发展遭受破坏。她看到阶级社会在家庭和公众领域间造成了鲜明的对立，家庭中的权力不会演变成社会的权力或地位。由此她提出了"社会性成人"（social adults）的概念，强调阶级社会中女性的从属地位在很大程度上不是由家庭财产关系造成的，而是由于女性没有社会性成人的地位造成的。公众性劳动是社会性成人的物质基础。社会必须把女性排斥在社会劳动以外，或者千方百计贬低女性所作出的社会劳动的价值，从而达到否定她们是社会性成人的目的。

萨克斯（1998）指出，第一，阶级社会的性质是剥削，即多数人为少数人的利益工作。剥削阶级喜欢把剥削强度高的社会生产作为男性的工作，把女性的工作家庭化。因此就产生了否认女性的社会性成人的物质基础，统治阶级把女性限定为男性的被监护人。统治阶级乐于选择男性为其生产，因为男性的工作流动性强，他们不哺养子女。这样的性别划分成为统治阶级分而治之的性别统治政策的组织基础。国家法律系统和统治阶级的目的是把男女之间在生产中的分工转变成不同价值，男性通过劳动成为社会性成人，女性则成为家庭里的受赡养者。统治者为了补偿男性已经失去的经济自主性，会给予男性以社会性成人的地位和对女性的占有权。因此，即使女性拥有财产，国家也要限制她们的财产在公众领域内的作用，同时把家庭作为社会的附属物。第二，国家把贫困的无产阶级女性纳入社会生产，用制度化的同工不同酬维持男女不平等。这些女性虽然与男性一样都是社会性成人，可是经济政策决定了他们事实上是不平等的。家庭中的权力被社会性成人的身份限定。同时，这种状况阻碍了工人阶级意识的发展，加强了资本家的统治。

（四）资源交换理论

资源交换理论是将社会交换理论应用于对家庭劳动性别分工的分析。这一理论从霍曼斯的交换理论出发，强调人是理性行动者，个体间的交往以利益最大化为原则。因此，夫妻关系是一种交换关系，各自占有一定的资源以满足对方的需求。丈夫因为掌握着更多的经济资源，所以妻子不得不承担较多家务以补偿丈夫提供的经济利益，并认为这样的分工公平合理（Lennon，Rosenfield，1994）。该理论认为，在一个既定的性别不平等的社会制度下，男性能够从家庭之外获得更多的资源，而女性只能够从家庭内部或通过婚姻和家庭获得资源。这样，妻子的交换方式只能是通过对丈夫的顺从和尊重获得经济支持和外部资源，其结果就是丈夫获得了一个可观的、自我强化的、优于妻子的权力，妻子对丈夫的义务是扩散型的、无限有效的。

美国社会学家帕森斯用结构功能主义的观点指出，家庭在满足社会的基本需要和维持社会秩序方面有重要功能。核心家庭内的劳动分工或角色的专门化有利于工业社会的需求。丈夫承担养家糊口的工具性角色，而妻子在家承担情感性的角色。帕森斯的理论假设之一是：母亲与孩子的关系是第一位的；理论假设之二是：男人无须承担生物功能，因此承担工具性功能。家庭形式是重要的社会组织的方式：父亲充当工具性角色，母亲充当表达性角色，完成人的社会化和社会的延续（Parsons，Bales，1956）。美国学者弗里丹在《女性的奥秘》一书中指出，家庭事务与公共事务的分离和妇女被局限于家庭的现象是妇女经济边缘化和社会依附化的根源。功能主义理论将两性的家庭内部劳动分工看做是正常的、没有问题的，这种看法是值得批判的。因为这意味着非核心家庭模式是不正常的、有问题的，那些由单亲组成的家庭，无论男女皆承担起工具性角色和情感性角色。事实上，家庭成员的工具性角色和情感性角色常常不可分割。有意地将家庭劳动分工延续到公共领域和私人领域，导致人们相信两性的社会不平等是合情合理的。弗里丹对美国白人中产阶级的家庭主妇进行访谈，描述了那些觉得陷入抚养孩子和做家务等无休止劳动的家庭主妇的孤寂与枯燥生活。在书中第一节，她以"无名的问题"为主题展示出这样的声音，"'除了我的丈夫、我的孩子和我的家庭之外，我还有所企求'，对妇女们发自内心的这种呼声，我们再也不能漠然不顾了"（贝蒂·弗里丹，1988）。她揭示了看似安适、充满爱的家，而对于女性来说常常是充满了焦虑的，甚至是"令人窒息的"。这表明，如果夫妻之间是一种资源交换关系的话，那么女性对家庭、孩子和丈夫的关爱是她们的付出，她们要忍受生活的枯燥和无休止的家务劳动。

女权主义学者米切尔1971年出版了《妇女的财产》一书，用结构主义的观点分析了资本主义社会中女性在生产、生育、性和子女社会化四个因素作用下的境况和从属地位的由来。她认为，家庭是女性从属地位的核心领域，"妇女被排除出生产，……她们被局限在家庭这个统一体中，这个由各项功能凝聚而成的单一整体里。并且这个统一体恰恰是在每种功能的自然部分统一起来的，这就是当代的社会界定视妇女为自然存在的根本原因"（马尔科姆·沃特斯，2000）。

家庭并不是一个基于共同利益和相互挟持的合作单位，夫妻间的交换关系也是不平等交换，家庭中的男性成员要比女性成员获益更多。夫妻交换上的不平等导致了他们在家庭权力上的不平等。有学者认为，只有妻子有了经济实力，她们"讨价还价"的能力才会提高，才可以通过与丈夫谈判获得平等。因此，随着女性参与社会生产劳动，她们获得有酬劳动的机会增加，男性的资源优势和配偶间的交换关系也会发生变化。但是，女性作为一个男性"服务者"的社会角色似乎没有本质变化，或者说这种改变还是太过缓慢。

（五）符号化的情感劳动理论

传统理性选择理论强调人们的理性行为，其核心概念是制度性约束、机会成本以及个人偏好。有学者用"制度性约束、机会成本和偏好"三个变量来思考两性劳动分工、家庭和国家之间的关系。在制度性约束、机会成本以及偏好的概念框架下，初婚年龄、生育年龄、生育数量和是否参与有酬劳动等都成了女性的选择问题。传统理性选择理论在"偏好"的概念下，女性劳动被简化为"情感劳动"。所谓情感劳动是指那些含有取悦他人目的的劳动。在传统理性选择理论的分析下，女性的"情感劳动"是其爱好或利他性偏好。而一些女权主义者将理性选择理论和符号互动理论相结合，指出正是由于女性被赋予了一个自愿付出的形象，才使女性"理性地"选择了其低下的客体化地位，而"情感劳动"并非女性自然的、不求回报的自愿付出。这种情感劳动还有向社会蔓延的趋势。加利福尼亚大学社会学教授阿丽·霍赫希尔德在《可控心灵》一书中讨论了情感劳动。她指出，情感劳动是一种需要人们设法调动自己的情绪、创造一种大家能够察觉并被接受的面部表情和身体语言的劳动，即人们的服务对象或公司不仅有权要求一个人付出体力劳动，同时还有权要求你付出情感，如在工作期间，他们拥有你的微笑。霍赫希尔德参与了亚特兰大戴利特航空公司的空姐培训，这些训练就包括"微笑服务"。当前，社会经济越来越强调第三产业或服务型经济，这些经济主要以女性为主，工作的情感风格成为工作中的一部分。她发现，服务业的工人，像体力劳动者一样，常常对他们自己在工作中出卖的一些东西存在异化。体力劳动者可能会觉得自己的手臂像是机器的一部分或某个零件，而服务业工人则觉得自己与自己的情况有异化。这意味着，我们通常认为情感是发自内心的，是个人私有的东西，也会成为要求被贡献出来的东西。所以对此进行更为广泛的研究是一个很有意思的课题。

（六）关于社会排斥原因的理论

社会排斥的原因：①自我责任论。经济学家阿马蒂亚·森就是把社会排斥纳入到能力－福利经济学的框架中来，并尝试以能力剥夺的角度研究社会排斥。②社会结构生成论。社会排斥是由于社会结构的不平等造成的。脆弱群体所面对的困境并非他们自身不够努力、自暴自弃的结果，而是由于社会结构有意无意地将其排斥于正常的社会生活之外而导致的。③社会政策创造论。社会排斥往往发生于不同的社会政策层，当社会政策系统化地拒绝向某些社会群体提供资源，使之不能完全参与社会生活时，就会导致社会排斥。

（七）其他排斥理论研究

第一，目前欧美国家的社会排斥文献大多集中在劳动力市场的排斥问题上。劳动力市场排斥分为失业（排斥出劳动力市场）和不稳定就业（劳动力市场内部排斥）。不仅失业，而且不稳定的就业状况也会导致人们被社会排斥，排斥的可能性随着就业不稳定性的上升而增大（李保平，2008）。阿特金森（2005）也指出，从事不稳定的或缺少职业培训和保护的边缘工作，并不能保证人们融入社会，并且这种排斥同样可以引发其他维度的社会排斥。

第二，理论的扩展。布查德特等（Burchardt et al., 1999）学者将社会排斥定义为个人生活居住在一个社会中，但没有以这个社会的公民身份参与正常生活的状态。如果根据能力划分，社会排斥被分成了五个方面的内容：低水平生活，即低消费；保障的缺失；缺乏参与由他人赋予价值的社会活动；决策权力的缺失；社会支持的缺失（石彤，2003）。

第三，分类研究。吉登斯（2002）认为，社会排斥是指个体可能割断全面参与更广泛的社会的过程。被排斥的人很可能没有社会上大多数人拥有的自我改善的机会。吉登斯强调了排斥的过程特点以及排斥的机制，并且区分了三种类型的排斥，即经济排斥、政治排斥和社会排斥，由此形成了三个基本研究框架，成为后人经验分析的固定理论架构。

近年来，国内学者对社会排斥的研究也日益增多，很多学者将西方的排斥理论运用到各类社会问题分析当中，发展了社会排斥的理论。如彭华民对西方社会排斥早期理论进行的梳理，为其他各学科研究者提供了清晰的理论框架；李斌运用社会排斥概念研究社会弱势群体如何在劳动力市场以及社会保障体系中受到主流社会的排挤而日益成为孤独、无援的群体，并且这种排挤如何通过社会的"再造"而累积与传递；周林刚在分析残疾人问题时，从社会学的独特视野出发，认为社会排斥是指社会脆弱群体由于自身生理心理因素、社会政策及制度安排等原因而被推至社会结构的边缘地位的机制和过程。可见，社会排斥既是一种既定的社会机制，又是一个排斥与被排斥的动态过程，它是造成脆弱群体社会支持丧失的根源（薛在兴，2005）。石彤在总结西方社会排斥理论和借鉴港台地区女性主义者对女性劳动力研究成果的基础上，通过对下岗女工问题的分析，提出了女性排斥的视角，认为女性排斥是指某些个人、家庭或社群缺乏机会参与一些社会普遍认同的社会活动，从而被边缘化或隔离的系统性过程（曾群，魏雁滨，2004）。在总结社会排斥理论时，中国学者都赞同社会排斥的类型包括自我责任、社会结构和社会制度三个方面。根据这三种分类，学者大多将社会排斥理论用于分析一系列诸如失业、农民工子女的教育、流浪儿童、住房改制等社会问题。

四、社会性别排斥理论

女性与劳动市场的关系是1960年以来西方女性主义思想家高度关注的新兴核心议题。1950年以来，已婚女性开始进入劳动市场，起先她们主要从事服务和体力性工作，工资水平普遍低于男性，这种状态与女性贫困化现象密切相关。同时，女性往往要在家庭劳动和市场工作中处于两难境地，进退两难。女性学者认为，市场机制是把双刃剑，一方面为女性提供参与社会和实现经济独立的机会；另一方面由于市场选择和制度又是性别取向的，这不仅无助于妇女解放和男女平等，而且会恶化女性在家庭和社会中的状况（刘继同，2003）。

"社会性别"的概念是女性主义者在分析男女地位不平等的过程中创立的。这一概念认为，男女两性各自承担的性别角色并非由生理决定，而主要是在社会文化的制约中形成的，也是随着社会文化的变化而变化的。人作为一种生物，处处都打上了社会文化的烙印，生理的性别并不是性别的社会分工的主要决定因素：相对于女性劳动供给的劳动需求；生产劳动与再生产义务的可比性；她们的劳动在多大程度上被认为是重要的；女性控制专业技术技能的程度；离开男性的监控，女性可以自主工作的程度；女性工作群体的组织规模与组织水平；女性在多大程度上可以在追求自身利益的目标下组织起来；女性在多大程度上可以避免与其他来源的劳动力竞争（Turner，2001）。

对经济权力的控制，也就是对生产手段和对生产成果的分配，是影响女性在社会分层体系中的关键条件。因此，女性要想获得这种经济权力，就不仅仅要有经济参与，还要使这种经济参与转化为对自己的生产活动和对这一生产活动成果的分配的控制，这样就需要女性的劳动是策略性的或不可缺失的。

查菲茨区分了三种类型的性别定义：①关于男女本质在基本生物学意义上差异的性别意识形态或信念；②关于恰当与合适的男女行为方式的性别规范；③关于男女在情境中一般方式差异的性别刻板效应或强调（Turner，2001）。对性别角色的期待和评价（男高女低、男优女劣等）更是社会的产物，而且又反过来通过宗教、教育、法律、社会机制等进一步发挥和巩固，在国家参与运作下被规范化、制度化、体制化、两极化（男女二元对立）、社会期待模式化。社会性别不是简单的男人、女人的角色，它是一种社会关系，是一种社会结构，是表示权力关系的一种途径。

总而言之，有两类力量维持着性别不平等体系：一类是个体的强制性行为，这是根本性的，它与社会宏观层面的劳动分工有关。如果这一分工是性别化的，男性会明显地获得比女性更多的资源，这种资源优势将会转化为男女之间在微观的、社会关系层面的权力差异，甚至男性会将这种权力运用到家庭当中。这种状况使女性在家庭之外的工作领域，在与男性的资源竞争方面越来越困难，这种状况反过来又维持了宏观性别的分工。另一类力量是个体的自愿行为，这也是客观存在的。劳动的经济分工程度越高，占据精英地位的人所分配的资源越多，社会文化的定义越是表现出性别偏见，成年人群体就越有可能在他们的工作与家庭生活中表现出性别差异。结果，成年人成为下一代在行为方式、对未来的期望和对真假对错的判断等方面性别生成过程中的榜样与社会化中的主动方，即在性别文化定义下（Turner，2001），人们按照家庭及社会化性别形成的不同，而不自觉地维持宏观的劳动分工与男女差异的社会判断，同时在男女遭遇的微观层面再造性别差异。

五、与性别相关的排斥和不平等

与世界其他地方相比，亚洲的男女不平等问题尤为突出。男女不平等问题的表现之一就是不同性别婴儿的死亡率有差异，而在所估计的全世界"失踪的妇女"总数中，亚洲占了其中的大多数。实证研究也表明，对女性利益的漠视很大程度上导致了女性在就业机会、基础教育和土地所有权等方面遭到排斥。当然，诸如此类的排斥具有重要的工具性影响。事实上，与性别不平等相关的一些排斥兼具建构性与工具性意义。在国际比较研究以及对大国内部进行的区域性比较研究均已表明，提高女性的教育水平与就业机会不但能够大大降低由性别偏见所导致的死亡率，而且对控制生育率也有显著影响。对上述结果的分析和对降低生育率的研究也表明，如果年轻女性在家庭决策中能享有更大的发言权，那么上述积极影响会由此产生。因为：年轻女性大都为生育与养育子女所累；年轻女性的教育、经济独立与社会地位的提升也会赋予她们在家中更大的决策权。在家庭里，实现男女平等以及使女性参与家庭的决策等，都会对女性及社会产生（除了能降低生育率之外）直接的影响。因此，应该积极看待女童的教育与女性的就业在推动家庭内部的社会变革方面所起到的作用（消除那些影响女性切身利益的不公正排斥）。

凯贝尔在探讨社会排斥和资源再分配问题时，认为性别可被看做是具有经济－政治特征的，在分配工作、财富和社会的其他资源时，这是一个关键的原则。在许多社会中存在着土地和财产分配的不公平，女性没有接受财产的权利，而且比家庭中的男性成员拥有的权利少了许多。这也影响到劳动力市场，因为在劳动力市场中，男性被分配给高收入和正规工作以及管理职位，而女性被分配给低收入和临时工作（石彤，2004）。

在阶级社会中，男性从事用于交换目的的社会劳动，女性则主要从事家务劳动。社会再经由国家的法律制度把男女之间的这种分工转变成不同价值，从而使得男性通过劳动成为社会强人，而女性则成为家庭中的被赡养者。在此基础上形成了不平等的社会性别规范，社会性别规范又反过来影响着对女性劳动的价值判断。最为典型的莫过于那些参与公共领域劳动的女性，体现在她们身上的是制度化的同工不同酬。

女性的从属地位主要是根源于包含着人类再生产活动各方面的一套社会性别的观念和制度。这个观念和制度是导致男女不平等的第一位原因，而对女性的经济压迫则是派生的第二位原因。以男性为中心的社会性别制度把以生理为依据的社会分工模式化、固定化，使得社会分工模式由家庭扩大到社会生产活动中，导致职业上的性别隔离，形成社会性别差异评价，即认为男性承担的工作是重要的、关键的，而女性承担的工作是次要的、附属的。

在差别评价的基础上，社会通过一定的制度安排，造成男女同工不同酬的客观现实，从而导致了男女两性在家庭和社会各个方面事实上的不平等。韦伯把群体界限，即地位看做是潜在地独立于社会阶级的一个统治来源。其地位理论假定，社会行动是由物质和精神利益、结构和文化、压制和自主等驱动的。地位是权力关系的一个体现，它要求社会荣誉和自尊，并拥有自己的意识、消费模式和生活方式。物质、法律和其他形式的垄断维持着地位的排他性。

总之，社会排斥作为一个概念越来越被经常使用，同时人们倾向于从社会排斥的角度来探讨一些经济或社会问题的根源。它既丰富和深化了诸如社会剥夺、边缘化、劳动力市场歧视等概念，也提供了一个研究经济和社会问题的新视角及新方法。

第五节　反性别歧视与排斥的理论

伴随着对劳动力市场性别歧视和社会性别排斥的研究，不可忽视的是反性别歧视与排斥的斗争和理论的论证。反歧视和排斥主要表现在对平等权益的追求和理论解释。

一、古典自由主义的观点

早期古典自由主义者的理论是以所有人都平等地自主追求自身利益的观念为核心的，因此未曾分析性别角色。今天的古典自由主义者认为，消除法律和政治障碍会使两性得到公平的对待，具有选择自由和机会均等的市场经济是使女性的努力和才能得到公平报酬的最好保证。古典自由主义不否认男女之间存在的自然差别会使他们在市场中的成就有所不同，并认为，男女角色和工资的差别主要是由追求私利的个人理性选择造成的，所有的人，无论男女，都是根据自己的偏好来选择社会角色的。由于担负着生育和抚养孩子的责任，那些从事家庭外工作的女性会选择零售、秘书等允许间断性就业、所需要的技能不会很快过时的工作。这种工作通常工资较低、升迁机会较少，并且使女性的经历和资历不如其男性同事。统计分析表明，性别工资差异在相当大程度上是由于女性集中于这类职业。而古典自由主义者认为，这种职业隔离及其所造成的工资差异是由女性的偏好引起的，她们愿意在低工资职位上工作，因为她们愿意将较多的时间用于家庭。

古典自由主义者坚持认为，随着市场作出针对女性劳动力供给增加的调整，并将其引导到适合于她们才能和偏好的职业，女性集中于低收入职业的现象会得到缓解。更具生产率的女性将得到较高的工资，提升到较好的职位。古典自由主义者指出，青年女性的性别工资差异大大小于老年女性。这一事实表明，市场正在进行这种调整。

古典自由主义者认为，政府为保护或支持女性而采取的措施会产生不良影响，因为他们认为，女性的能力不如男性。事实上，这种政策常常是男性为保护自己的特权而采取的策略。通过意在限制女性工作机会的安全法案，男性可以有效地抑制女性对其职位的竞争，从而将女性挤入"女性职业"，并压低这些职位的工资。所有政府对竞争的限制都具有分配效应，使一些群体得益，同时使另一些群体受损。

古典自由主义者认为，通过建立自由的市场可以消除对女性的歧视。实际上，应该废除所有的政府干预，应该清除法律和公共政策中所有有关性别的条款，使公共生活变成"性盲"，认为只有市场才能决定一种工作的价值。

古典自由主义者建议，最有效地限制人口增长的途径是建立一个生育权市场。这种政策可以保留个人选择家庭的自由。

二、激进主义的观点

一些早期女权主义者谋求更平等的权利，认为只有通过婚姻、家庭制度和宗教的根本性变革，才能使妇女免受压迫。只有当妇女拥有平等的权利并且不再在金钱上依赖于男性时，她们才能有真正的自由。20 世纪 60 年代，出现了三种激进的女权主义：马克思主义的女权主义、激进主义的女权主义和社会主义的女权主义。

马克思和恩格斯认为，男性和女性的社会角色都受社会生产过程的制约。由于技术进步而产生了剩余，进而出现了私有财产，也开始进入了男性支配女性的时代，女性在本质上成为男性的财产。在资本主义早期阶段，劳动的性别分工和核心家庭有所强化，女性承担着抚养孩子和家务等不付费的工作，还提供支持性的家庭生活，使其丈夫为下一天的工厂工作做好体力和精神上的准备，从而间接地帮助了雇主。女性受压迫的根源在于资本主义制度。

西方女权运动作为一种社会运动是和女性主义的研究密切相关的。早在 1792 年，英国女作家玛丽·沃斯通克拉夫特就撰写了《女权的辩护》一书。此后，英国政治学家、经济学家和哲学家约翰·斯图尔特·穆勒于 1869 年出版了《对妇女的征服》，强烈抨击了丈夫对妻子合法的奴役现象，他把家庭看做家务奴隶制度的中心，而妻子就是家庭中的一个奴隶。女权思想逐步得到孕育，而与之相随的是英美妇女为争取选举权而进行的长期的妇女运动，直到 20 世纪 20 年代，美国宪法的平等权利修正案才得到通过。女权运动的真正兴起是在 20 世纪 60 年代。1963 年贝蒂·弗里丹出版了《女性的奥秘》一书，探讨女性的身份定位问题，指出女性的身份只能以与男性的关系来被确定，而没有自己的独立身份。这几乎是每一个父权制社会所共同遗留的问题。以该书为导火索，女权主义运动迎来了新的高潮。这场运动的宗旨就是要破除性别歧视与性别不平等的种种现状，提高女性的社会地位，进而建立一种崭新的社会机制，使得男女双方能在公共领域和家庭生活中都和谐相处。支持与参与女权运动的成员大都是受过高等教育的白人中产阶级女性。通过种种女性组织，她们不仅形成了一个内部交流的共同体，而且通过开会、讨论、上街游行、出版书籍杂志等方式来宣传自己的主张，扩大自己的影响。总的来说，女性研究从来就是与女权运动相连的，带有较强的伦理道德的诉求，而不是一个较独立的学术领域。直至今日，女权运动方兴未艾，女性研究蓬勃发展，并且已经影响到世界其他国家和地区，对原有的社会秩序构成了冲击。

　　激进主义的女权主义认为，女性受压迫的根源不是经济因素，而是生物学因素，男性是粗暴的，具有侵略性，并且总是想压迫女性，同时由于女性承担着生育孩子的职能，她们依赖于男性，因而很容易受压迫。父权制或男性统治是根本性的问题，资本主义不过是伴随着父权制的各种经济制度的最高发展形式。男性不是为谋取利润而是为追求自我满足和权力感而统治女性。推翻父权制是正义的，这不仅是由于男性侵略性地压迫女性，还由于女性的教养、合作、情感等价值观优越于父权制社会所强调的价值观。女性作为个人所经受的磨难是由社会造成的，因而需要在政治上加以解决。父系权力不仅体现为对女性施加的暴力和工作歧视，而且体现为对女性自我意识的微妙限制，因为在父权制社会中，女性总是扮演着被压迫的社会角色。

　　社会主义的女权主义者认为，资本主义和父权制是相互强化的，从而必然会使女性处于被压迫地位。将家庭的再生产视为社会生产过程的一个内在组成部分，是对马克思理论的一个补充和发展。女性在家中进行的生产虽然没有直接的工薪，但却对赢利和资本积累具有重大意义。家庭还是意识形态和行为方式再生产的场所。抚养孩子的过程具有使孩子适应于资本主义的作用。按照传统，工人阶级家庭的妇女和儿童被告诫要服从男性权威人物的命令，而上层阶级的父母则更可能强调孩子们的创造性和自主性。从而，各个阶级的孩子被社会化为未来将要在资本主义生产的等级系统中承担的角色。

　　马克思主义的女权主义者相信，只有消灭资本主义，实现社会主义，才能消除女性所受的压迫。只有当女性和男性在社会中拥有同样的经济地位时，才能终结男性统治。女性可以通过与男性一道参加推翻资本主义的工人运动，从而有效地推动社会变革。激进主义的女权主义者认为，要实现女性解放，唯一可行的策略是建立隔离性的、排斥父权制文化和男性统治的、"以妇女为核心"的组织和共同体。社会主义的女权主义者对在资本主义社会内部实行改革的可能性持怀疑态度，认为不仅政府成了统治阶级手中的工具，而且法律改革也不能有效地终结塑造女性角色的制度化性别歧视。资本主义正在自掘坟墓，因为女性进入劳动力市场后，异化的工作条件和她们通常所承担的"双重责任"（承担家务劳动和挣工资的劳动）会使她们觉醒起来。女性对自己在资本主义社会中扮演的角色感到不满，这将增进其对社会主义的支持。一些社会主义的女权主义者主张为家务工作支付工资，以承认人们在正式劳动力市场之外所进行的生产性活动。这种工资可以由配偶、政府或配偶的雇主支付。社会主义的女权主义者支持的其他一些与性别有关的改革，包括建立公共托儿所、医疗卫生社会化、增加公共住宅、实行比较价值法以保证报酬平等、政府采取措施增加妇女的就业机会等。

三、保守主义的观点

保守主义在界定女性于社会等级体系中的地位时，首先强调她们是"他人取向"，是通过满足他人的要求来实现自我的。这种敏感性使得女性很适合于需要关照、抚慰、调解冲突能力的角色（如抚养孩子、做家务、教育、看护）。女性能够将男性的侵略性和潜在的暴力倾向引导到生产性的工作和为人之父的责任上来。其次，认为女性的超我较弱，这使她们不能客观而冷静地进行推理，因而不适合担任负责的权威职位。女性的非理性是内在的、无法通过发展教育或增加就业机会来加以改变的。再次，认为女性体力弱，并且由于具有不同的荷尔蒙，因此比男性更具被动性。她们的进取心低，不适合承担那些需要强壮的体力和意志的社会任务。

正是由于男性和女性的性情和能力不同，产生了不同的性别角色，社会也需要不同的性别角色以保证其健康发展。女性最适合于"表现性"的角色，而男性则更具有"工具性"角色的才能。要保证社会的和谐，需要女性充当妻子、母亲、"帮助性职业者"的角色，而男性则应从事控制外部世界的体力或智力性工作。性别差异是自然互补的：男性身体强壮、有进取心，倾向于理性分析，而女性则善于抚慰和情感表达。男性需要女性抚养孩子，提供完满的家庭生活；女性需要男性提供权威和经济支持。只要男性和女性接受另一方的相对优点和弱点，就可以保持和谐。事实上，正是男性和女性的不同能力构成了性吸引的基础，也是人类自身再生产的关键。

保守主义者认为，政府制造的通货膨胀、高税收以及外国的竞争，压低了男性的工资，迫使女性进入劳动力市场。他们还担心市场竞争的腐蚀性、分裂性作用会对家庭造成不利影响。按照保守主义者的观点，家庭和市场是按照完全相反的原则运行的。市场纵容个人追求物质上的私利，而家庭依赖于合作、牺牲、集体的目的感和身份感。在分裂的、竞争的、个人主义的社会中，家庭应该为人们提供一个安全港和一种支持。

保守主义者还认为，女权主义损害了男性作为家庭供养者、保护者和权威人物的身份。面对女权主义的挑战，男性失去了自信心和生活的目的感。因为当女性积极地进入劳动力市场时，就会减少对男性的工作压力。女性不仅将她们的收入带入家庭，而且她们的就业弱化了男性作为唯一的收入来源时那种对工作的依恋。并且，由于失去了在自己家中的权威，男性会感到不应该再坚持自己在企业界工作的特权。在女权主义运动造成离婚的情况下，男性便解脱了对家庭的责任，进一步弱化了其作为供养者的地位，从而降低了他们在工作中的生产率。妇女解放运动必然降低自愿做家庭主妇和母亲者的地位，使性别角色模糊化。真正的女性权利保护者，应该致力于保护她们担负其传统角色的地位和特权。

保守主义者呼吁政府有目的地强化传统的价值观和性别角色。例如，他们支持通过《家庭保护法》，对妻子不外出工作的家庭实行税收减免，以减少女性到家外工作的压力；减少为单身母亲提供的福利，为抚养孩子提供公共资助。

保守主义者对性别角色和家庭的未来通常是悲观的。经济越来越不能为男性工人提供一份"家庭工资"，从而导致了家庭的破裂；而家庭的破裂又会产生以自我为中心的、没有很好地社会化的儿童，使之不适合于有效率的工作，不能承担成年人的责任，从而反过来损害经济。

四、现代自由主义的观点

现代自由主义者有关性别问题的理论可分为三个不同的历史阶段。在女权主义运动的早期阶段，一些领导者对是否应该平等地对待男性和女性尚有疑虑。女性内在地比男性缺乏进取心，个人主义的考虑较少。女性的这些属性可以促进非暴力、合作、礼貌等美德，从而使社会更为文明。由于女性占据了一个"隔离性的领域"，因此，政府应保护女性价值，使其免受市场竞争力量的破坏。早期现代自由主义的女权主义者支持对女性的工作时间和女性进入某些职业加以法律限制。

到女权主义运动的第二阶段，即20世纪60年代，研究者认为保护性法律迫使雇主有区别地对待女性，从而导致职业隔离的永久化，他们谋求废除所有歧视性法律，破除女性只适合从事护理和家务工作的成见。女性工资和地位低下的原因在于性别成见和无知。他们相信，雇主应该欢迎给女性以平等的权利，因为性别歧视使占全部人口一半以上的人没有充分的机会在经济活动中发挥作用。但为防止不明智的雇主继续实行歧视，现代自由主义者赞成通过新的法律和政府管制使资本主义更有效、更公正。

到20世纪70年代的第三阶段，学者普遍认为对平等权利和平等待遇的承诺给女性施加了出乎意料的负担。重新引入了两性之间存在差别的观念：女性重视各种社会关系、义务和责任；而男性则认为社会是由孤立的个人构成的，这些个人在规则和权利的基础上进行交往。女性如果追求职业成就，就需要采纳男性的竞争性个人主义观念，她们要冒失去自己有价值的素质的风险。男性与女性身份的差别是在童年时期形成的。男孩子由于必须将自己与其母亲区别开来，从而形成了更为"严格的自我边界"；而女孩子则与其母亲属于同一性别，因而形成了一种强调人际间的联系、考虑到他人需要的不很固定的自我观。结果，女孩子做好了做母亲的准备，而具有分立和独立意识的男孩子则做好了从事非人格化工作的准备。

竞争性市场力量造成了将妇女纳入劳动大军的压力，而歧视是对市场力量的限制，这是因为：①社会条件限定偏好。例如，教育"途径"会将女孩导向那些适合于传统女性角色的课程内容。更具普遍意义的是，将某些职业视为"男性工作"，同时贬低那些谋求这类职业的妇女的观念。②不完全竞争。工会、公司和政府的干预制造了各种阻碍进入某些职业的障碍，造成了市场的不完全性。一些企业按照非正式规则只雇用"老伙伴"的做法就是这种"结构性歧视"的一个例子。现代自由主义者则相信，市场竞争是相当不完全的，可以使歧视和陈规得以维持。隐含于市场行为背后的自我实现动机也会促使男性为女性竞争者制造正式和非正式的障碍。③家庭内的责任。家庭内部的劳动分工通常主要由女性来承担抚养孩子和做家务的责任，这种职责影响了她们对职业的选择。由于同时考虑家庭和事业，她们通常挤在那些时间上具有灵活性、只需用部分时间工作、容易进入和退出、技能不易过时的职位。这种拥挤压低了工资，减少了事业发展的机会。女性的职业隔离不仅仅是由于她们的生产率较低或她们的个人偏好与男性不同，而且是由于男性不合作，并且缺少政府资助的日托服务而将家务负担压给女性的社会环境造成的。④性别歧视的观念。在性别歧视普遍存在的情况下，所有雇主都可能会歧视女性。社会规范具有限制经济行为的心理影响。违背规范雇用妇女执行"男性工作"的雇主会在社会中受到孤立，或由于自己为追求利润而剥削了女性产生负罪感。歧视可能被伪装为保护女性的尊严和美德，这种观念可能强烈得足以抵消市场竞争力量。雇主们还可能出于对男性工人道德上的考虑而不愿雇用女性。如果雇用女性工人会降低男性工人的生产率，则雇用女性工人就是没有吸引力的。⑤统计上的歧视。即使雇主承诺要为每一职位选雇最好的候选人，也可能由于缺乏每个申请者的生产率的信息，而只能依靠有关女性整体情况的以往经验来作出选择。例如，一个雇主可能相信，女性雇员可能会由于结婚或怀孕而离职，从而断然拒绝所有女性申请者。这样做可能会排除掉一些高素质的妇女，但如果收集有关申请人信息的成本超过了雇用具有较高生产率的工人所带来的收益，则从雇主的角度说，这种"统计上的歧视"就会符合效率原则。

总之，现代自由主义者认为，非市场力量和市场的不完全足以抵消市场压力，从而使性别歧视持续存在下去。即使女性较低的工资反映了她们较低的生产率或不能持久地坚守一种工作岗位，这些特点本身也是由于社会的制度结构和价值观念造成的。女性的选择反映了机会和激励较少。古典自由主义者认为女性的工资低是由于其生产率低，而现代自由主义者则更倾向于把这种因果关系颠倒过来，认为低生产率是职业结构和工资水平的结果。

现代自由主义者认为，有一种方法有利于女性的经济独立，即增强她们的自信心和权力。由于向女性支付的工资高于市场决定的工资，社会不仅承认了传统工资结构的不公平，还承认了女性在家中对生产的贡献。因为女性抚养孩子的活动具有正外部性，抚养过程所产生的社会收益超过了孩子个人或家庭的私人收益。在教养较好的家庭成长起来的成年人更有可能具有较高的生产率、明智地参加选举、为改善社会作出贡献。当一种活动具有正外部性时，市场向这种活动配置的资源就会偏少，从而降低效率。为矫正这种市场失效，政府应该通过使女性的工资高于供求决定的水平来补偿女性在家中的生产性贡献。

　　建议实行婚内财产权改革，保证每个结婚的人对所有婚内财产拥有一半的法律权利，即使只有一方有工资收入。这种法律是对家务劳动者所作出的生产性贡献的认可。另一种建议是推动社会保障和失业补贴的改革，使在劳动力市场之外从事没有工资收入的工作者像受雇用的工人一样，也有资格受益。还有一种建议是呼吁政府改善医疗卫生、社会服务、日托所、为青少年和老年人提供服务的设施等"社会基础设施"。目前，这些领域滞留了大量不付酬的女性劳动力。最后，一些现代自由主义者希望，雇主们能提供更多的在时间上具有灵活性的工作，向因怀孕而旷工者支付工资，增加部分时间工作的工资，提供由两人或两人以上分担的工作。

第五章 性别歧视与排斥结果的经济学分析

　　劳动力市场性别歧视与社会性别排斥是一个"陈规陋习"，虽屡遭社会学家、各方进步的思想家及理论研究者的诟病，国家、政府及民间各类团体种种法律、政策和规则的制约，均不能有所改变，更难寄希望彻底铲除。什么是其存在的理由？其看似必然的存在又说明了什么问题？利用经济学对此进行分析是一个独特的视角。

第一节　成本与收益的分析

　　市场中为什么存在性别歧视？歧视者与被歧视者的总收入因此会受到什么影响？性别歧视为什么会延续不绝？

一、雇主性别歧视

　　就业性别歧视通常有三个来源：个体偏见，比如，雇主的表现就是不喜欢与某些特定人群中的成员打交道而产生的歧视；统计性的甄选，雇主将某种先入为主的群体特征强加在个体身上而产生的歧视；非竞争性的劳动力市场力量，由某种制度、约定俗成而产生的歧视。关于雇主歧视的经济学分析有三个基本假设：①个体雇主抱有歧视性偏好，他们偏向于不愿同某个特定人口群体的成员打交道；②劳动力市场和产品市场具有竞争性，单个厂商均被看成是价格（工资）的接受者；③劳动力是匀质的（劳动生产率相同）。另外，关于歧视的表现：要么更多地雇用某个群体的员工；要么给某个群体员工更多的工资。根据假设，在一个竞争的劳动力市场和产品市场上，雇主对生产率无差异的男性和女性劳动力供给者进行了差别的甚至是不公正的对待，参见图 5-1。
　　图 5-1 隐喻了五个含义。
　　第一，当雇主均没有歧视偏好时，男性和女性员工的工资应该始终相等，对女性员工的需求曲线是 D_1，相对工资等于 1；如果雇主更偏好男性员工，则女性员工的均衡工资必然低，录用的人数也必然少，对女性员工的需求曲线则为 D_2，相对工资为 0.3。如果女性员工要求与男性员工的工资相同，则无人愿意雇用她们。只有相对工资为 3/4、1/2、1/4 或 1/10 时，雇主也许才会雇用她们，这取

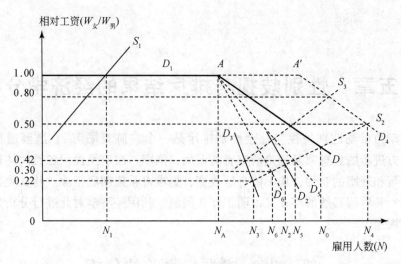

图 5-1　劳动力市场雇主歧视偏好

决于雇主本身歧视偏好的程度。雇主的歧视偏好越强，需求曲线的位置就越低，如 D_3，相对工资为 0.2，于是劳动力市场上女性员工的总需求曲线形状将发生变化，每个企业的需求加总将得到 D（粗线部分）。相对工资为 1 时的水平线段，即需求曲线 D_1 部分，表示对女性员工无偏见的那些企业的总合需求；下倾部分则包括了所有歧视偏好的企业对女性员工的有限需求，曲线上部说明雇主的歧视偏好相对较弱，曲线下部意味着雇主的歧视偏好相对较强。

第二，在需求给定的情况下，如果女员工供给较少，为 S_1 时，她们将会全部被非歧视性的雇主所雇用；如果女性员工的供给较多，为 S_2 时，那么她们就不得不到一些歧视性雇主那里去工作，不得不接受低于男性员工的工资。

第三，在供给不变的情况下，非歧视性雇主增加，表现为需求曲线的水平部分向 A' 点延伸，需求曲线变成 $D_1 + D_4$，从而使相对工资有所上涨，变成 0.5。大量非歧视性雇主的涌入比过去吸收了更多的女性员工就业，只有很少的人到歧视性雇主那里去寻求工作，并且，她们也可能避开那些歧视性程度最高的雇主，到歧视性偏好不很强烈的雇主那里去工作。

第四，雇主的歧视偏好程度是有差异的。有的雇主在相对工资稍低一点时就能够雇用女性员工，有的雇主则一定要等到这种工资差距足够大的时候才愿意雇用女性员工。有时也可能雇主的数量不变，但歧视性偏好有所增加，表现为需求曲线的向下弯曲部分变得更加陡峭，如 D_5，相对工资较低，为 0.34；反之，当雇主降低其歧视性偏好时，相对工资高 0.34。

第五，相对工资与供给弹性负相关，与需求弹性正相关。供给弹性越小，供给曲线越陡峭，如 S_3，相对工资越大，为 0.9；供给弹性越大，供给曲线越平缓，如 S_2，相对工资越小，为 0.42。需求弹性越小，需求曲线越陡峭，如 D_6，相对工资也越少，为 0.27；需求弹性越大，需求曲线越平缓，如 D_5 或 D_4，相对工资较大，为 0.34 或 0.5。在现实的劳动力市场中，的确普遍存在这样的现象：技术或知识附加含量越低的工作，劳动力供给弹性就越大，遭受差别性对待的可能性越多，相对工资越小；反之，则相反。

劳动力市场性别歧视体现在雇主要么雇用更多的男员工或更少地雇用女员工；要么给男员工更多的工资或给女员工更少的工资。根据假设，男、女员工具有相同的劳动生产率，如图 5-2 所示。

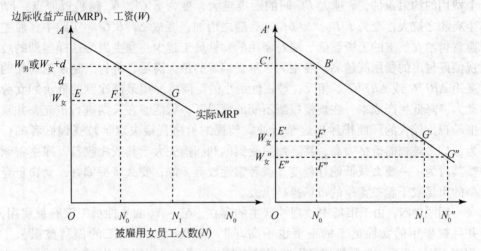

图 5-2　歧视性雇主的成本与收益

MRP 代表在某一劳动力市场上所有工人的实际边际收益生产率，d 代表女员工的生产率被雇主从主观上进行贬值的程度（雇主的歧视）。在这种情况下，只有当男员工的工资率（$W_男$）等于 MRP 时，他们的市场均衡才能达到，然而就女员工而言，只有当工资率（$W_女$）等于她们对于企业的主观价值时，市场的均衡才能达到，即 MRP $- d = W_女$ 或者 MRP $= W_女 + d$。由于我们假设女员工的实际边际收益率与男员工相等，也就是说，MRP $= W_男 = W_女 + d$。显然，$W_女$ 绝对小于 $W_男$。

图 5-2 说明了四个问题：

问题之一，一位有性别歧视偏好的雇主在 $W_男 = W_女 + d$ 时愿意雇用 N_0 的女员工，并且只愿意付给 $W_女$ 的工资。然而我们知道，对于追求利润最大化目标的雇主来说，他们应当雇用 N_1 位女员工，就是说直到 MRP $= W_女$ 时才停止雇用。

歧视性雇主的利润等于总收益减去歧视性雇主支付的工资总额，即 $\Delta AEFB = \Delta OABN_0 - \Delta OEFN_0$；非歧视性雇主的利润等于总收益减去非歧视性雇主支付的工资总额，即 $\Delta AEG = \Delta AON_1 G - \Delta EON_1 G$。为了坚持歧视偏好，或者为了取得歧视偏好的效用，歧视性雇主不得不放弃一部分利润，$\Delta FBG = \Delta AEG - \Delta AEFB$。

ΔFBG 正是贝克尔所说的 "要维持歧视，或者说要购买歧视，歧视者应该支付相应的费用"（加里·S. 贝克尔，1955）。

问题之二，$\Delta CEBF$ 是由于雇主歧视偏好 d 获得的收益，这个收益是歧视偏好的效用。从图形上看，雇主的歧视偏好效用大于他损失的利润 ΔBFG，即因歧视偏好以及相应的行为带给厂商的满足超过了他所付出的成本，市场上歧视的存在就很难遏止或在程度上减弱。

问题之三，ΔFBG 是雇主为了歧视偏好而承担的利润损失，换句话说，是雇主为实现歧视效用而支付的费用（或歧视的价格）。歧视偏好程度 d 的大小是这个费用的约束条件，d 越大 EC 间的距离越大，变为 $E'C'$，N_0 越趋近原点，FB 距离随之拉大，变为 $F'B'$，ΔFBG 自然随之增加，变成 $\Delta F'B'G'$。实践中，雇主愿意付给女员工的工资越低、愿意雇用的女性员工越少，雇主因为这样强烈的歧视偏好付出的费用就越高。雇主为了享受偏好的最大满足，将付出越来越高昂的费用 $\Delta BF'G'$ 或 $\Delta BF''G''$。相反，歧视性最小的厂商将雇用最高比例的低价妇女劳动力，降低生产成本，在规模报酬不变的情况下，就能够在长期进行扩充，并且把歧视性较大的厂商排斥出这个行业。歧视的价格直接决定了歧视偏好者的行为，如果歧视的价格太高，甚至雇主受到的利润损失大于其效用收益，雇主将调整其行为——要么减低偏好程度 d 或者索性放弃偏好；要么坚持偏好，受罚于竞争的市场或干脆被竞争的市场排挤出去。

问题之四，由于市场中歧视性雇主的存在，$N_1 - N_0$ 的女性员工没有被雇用，并且被雇用的女性员工的工资也不高（$W_女$），所以女性员工的福利被损失了 $\Delta FN_0 GN_1$。当雇主的歧视偏好程度相对较弱时，雇主可以雇用 N_0 的女性员工，工资虽然要低于男性员工，但也可以拿到 $W_女$，女性员工的福利损失相对较少；当雇主的歧视偏好很强烈时，雇主将减少 $N'_1 - N_0$ 甚至 $N''_1 - N_0$ 的女性员工的雇用，给付女性员工的工资将由 $W_女$ 降到 $W'_女$ 或 $W''_女$，因此女性员工的福利损失也就越大。

歧视性雇主追求的是效用最大化而不是利润最大化。在竞争的产品市场和劳动力市场中，企业的理性选择是最大化的利润。模型分析显示，利润最大化企业（如非歧视性企业）比歧视性企业获得了更多的收益。竞争的力量将会惩罚那些歧视性的雇主，迫使他们降低偏好程度或干脆放弃歧视，除非雇主愿意接受低于市场收益的利润水平或者正在受到某种强大力量的保护，没有被挤出市场的威胁。比如，"美国之音"因为劳动力市场性别歧视而面对的利润损失以及巨额的惩罚成本，由美国政府进行支付，而杜绝这种歧视的可能性不但小，甚至对其诉讼也要经过几十年的漫长岁月。

二、顾客和雇员性别歧视

顾客性别歧视，是指消费者具有某种歧视偏好，他们针对的是直接进行销售和服务的工人。这种歧视在短期内会出现工资和雇用量的差别，长期的结果将导致相互隔离工作场所的产生，如男性或女性不同的工作领域，男性或女性职业的相互划分等。一个一般性的结论是，来自多数群体的工人会由于较高的工资而有所得，而少数群体的成员则有所失。对单个雇主而言，利润当然会有影响，但是，在一个存在这种歧视偏好的经济中，与工资相比，全部利润的份额会受何种因素影响则是难以预料的。可以肯定的一点是：工资率的差别不必然增加雇主的利润，只有当这种差别是由于来自垄断势力的价格歧视，而不是由于歧视偏好而产生时，才会使利润增加。顾客歧视能降低与男雇员相比较的女雇员的生产率，在他们看来，女雇员提供的商品或服务降低了效用水平。为了满足顾客的偏好，在给定的价格条件下，只有不雇用女员工或只付给较少的工资，才能规避收益的风险。根据歧视偏好建立的模型和职业隔离是相容的，如果工资容易变动，这种歧视的结果可能是妇女的工资较低，但很少或根本没有职业隔离。而在传统的男性职业中，无论是雇主、雇员还是顾客，如果歧视女性的偏好既强烈又普遍，女性就可能被排斥在这个领域之外。即使发生了这种隔离，它可能会也可能不会和性别收入差异联系在一起。若在女性领域里有了充分的就业机会，同样合格的女性挣得的收入就也许不少于男性员工。

有一点是肯定的，如果企业要迎合歧视性顾客的偏好，就必须雇用男性员工，向他们支付较高的工资，同时也必须向顾客收取更高的价格以弥补成本损失。可以预见，歧视性顾客会被较高的价格驱使从而改变自己的行为，但也有可能这样的高价只不过是他们总体消费支出的很小一部分，还不足以动摇他们对偏好效用的追求，只要他们愿意，就永远无法阻止他们继续这样做。

雇员性别歧视，来源于劳动力市场的供给方面。雇员歧视发生时，生产中的两个群体是不能完全替代的，或者他们是相互补充的，并且在短期和长期中都会存在工资差别。有歧视偏好的雇员不愿与某类员工一起工作。假设男性员工不愿意与女性员工一起工作，可能出现两种局面：一方面，男性员工辞去或者干脆不做这份工作，如果希望留住或聘用到这些男性员工，企业必须迎合他们的偏好，支付给他们一定程度的补偿性工资，这将导致雇主难以实现经济利润的最大化；另一方面，企业改变雇用取向，这同样将蒙受利润损失的风险。因为企业减少雇用或者干脆不雇用女性员工的行为本身就隐含着不定量的机会成本，不愿意承担风险的企业，会尽力去适应一部分员工的歧视性偏好，因为一部分员工歧视的存在对雇主来说虽然成本可能很高，但是要想摆脱它们，成本也同样很高。最为关键的是，追逐利润最大化的厂商会把这个成本转嫁到产品上，当然也就转嫁到了消费者身上。在消费者的行列中，有谁能够肯定抱有歧视偏好的雇员不在其中？因此，雇员性别歧视最无情的经济结果就是雇员本身的福利受到损害。"如果某个人（雇主、顾客、雇员）具有歧视的偏好，那么他就必须为此支付某种费用，当把问题简化为以这种方式来看待时，我们才触及到了偏见与歧视的精髓。"
（加里·S. 贝克尔，1996）

具有歧视女性偏好的雇员，如果和女性一起工作，他们需要得到较高的工资，形成补偿性的工资级差，只有这样，他们才会同意和女性一起被雇用。阿罗（Arrow，1973）注意到，那些以招聘、雇用或培训等费用形式对其男性雇员进行人事投资的雇主，可能发现，辞退所有男性雇员并以女性顶替他们，甚至在后者能以较低的工资雇用到时也不是有利可图的。这说明，必须对男员工发放因人事投资而增加的生产率的补贴，其结果将导致工资差异。这种情况下，雇主可能不乐意雇用女性担任传统上由男性来担任的工作，担心女性员工会对现有的男性员工的士气和生产率产生不利的影响。同时，雇员歧视也可能直接降低与男员工相比较的妇女生产率。例如，由于许多在职培训都是不正规的，或对两性而言是有差别的，如果管理者或男员工拒绝及忽视教给女员工某些工作技巧，那么女性的生产率将比男性低。类似的情况还存在于传统的男性职业中，把女性排除在非正式联系和师徒关系之外，不但减少了她们利用技术经验的机会，甚至减少了为做好工作所必须接触的信息流量的机会。

追求偏好效用的最大化是劳动力市场性别歧视的根源；偏好的商品性特点体现了劳动力市场歧视的性质；歧视不仅降低了被歧视者的福利，同时也降低了歧视者的收益水平，甚至歧视者还要为此付出被高额惩罚的代价（张抗私，2001），因为歧视的成本很高。理论上可以推测，经过长期的经济发展以及各方面的努力，越来越多无歧视偏好的个体将取代有歧视偏好的个体，歧视性的工资差别、就业差别、职业差别将在竞争中逐步消失。

理性的个体在享受歧视偏好满足时，当然不会无视可能为此付出的成本，理性的被歧视者，也会进行生产率特征差异与市场歧视的恰当判断。遭受歧视的劳动者因歧视者为"购买歧视"支付了昂贵的费用可以得到一丝抚慰，然而，更为健康的选择是不断地提高自己的"禀赋值"，让歧视者购买不起对你的歧视，或者让歧视者因为对你歧视的消费付出沉痛的代价。

第二节　福利与效率的分析

歧视使一部分社会成员得益，另一部分社会成员受损。如果由于歧视而受益者的所得不足以补偿受损者，歧视行为就会使帕累托效率难以实现。

福利的分析有四个基本假设：假设男女两性生产率相同，分别被两个同类的产业所雇用；假设要素供给相等，且是完全无弹性的；假设市场是竞争的，且不存在调整成本；假设两种职业间不存在倾向性差别，且工资水平相同，如图5-3中的工资率 W^*。

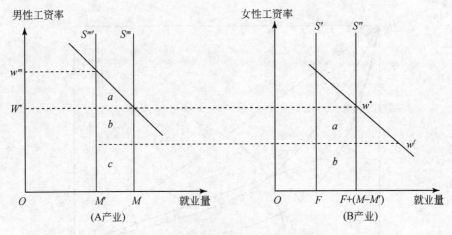

图 5-3　歧视的福利损失：局部均衡

一、被歧视员工的福利损失

如果任意地加入一种工资差别 $w^m - W^*$，或在一个产业中人为地禁止全部雇用男性，由 M 到 M'，则产业 A 中被取代的男性工人会在原来只雇用女性的产业即产业 B 中寻找工作。这将使女性群体的工资下降到 w^f。留在男性产业的工人将得到 $w^m - W^*$ 的好处，而被取代的男性工人和所有女性工人的工资将减少 $W^* - w^f$。劳动力市场就会出现工资差别，不受歧视的群体有所得，被歧视群体有所失，并存在部分的分离。

这一分析没有涉及部门的损益问题：实行歧视的经济会由潜在的帕累托最优境况移动到较差的位置。在图 5-3 中，产业 A 由于就业量减少而减少的产量为不规则四边形 $a + b + c$ 的面积。由于挤入的新增就业量，产业 B 增加的产量只是 $a + b$ 的面积。由于男性工人的工资提高了，而女性工人的工资降低了，就会存在其数量由产业 A 中矩形 c 的面积所表示的福利净损失。至于雇主利润的变化，则可用一般均衡分析来说明。

二、雇主利润的变化

用一般均衡来分析雇主的利润变化。图 5-4 显示了两个产业，一个生产资本密集型产品 G，另一个生产劳动力密集型产品 H，两个产业分别投入三种生产要素：资本 K、男性劳动力 L^M 和女性劳动力 L^F。在这个埃吉沃斯箱形中，纵轴表示总的资本存量，横轴表示劳动力存量。

有两个必要的假设条件：假设一，劳动力不是随机地分布于两个产业，而是

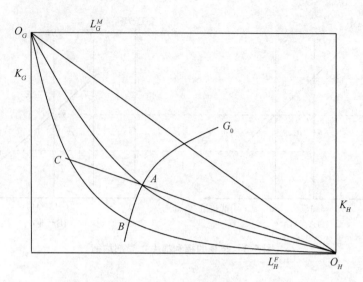

图 5-4　歧视对工资和利润的影响：一般均衡

在开始时，所有的男员工就业于产业 G，所有的女员工就业于产业 H，初始的均衡点为帕累托契约曲线上的 A 点。男员工和女员工所得到的工资为其边际产量的价值，而且两个产业中的这个值是相同的，资本所有者（雇主）得到正常利润。两个部门的工资不能降低到低于其相应的边际产量的水平（这是由瓦尔拉斯定律所规定的），两个部门就业量也不能减少。假设二，女员工的报酬不低于她们的"价值"（她们的边际产量），她们的报酬较低是由于歧视所造成的低效率。

将歧视引入模型，有两种情况：其一，将产业 H 中的工资降低到低于其最初边际产量的水平；其二，限制产业 G 的就业量。前一种歧视，将男性产业 G 的产量保持在原有水平上，达到均衡点 B。B 点处于产业 G 原来的等产量曲线 G_0 上，也在新的契约曲线上，且更加凸向左下方。此时，生产是低效率的。因为在 B 点，对于女性员工而言，资本与劳动力之比下降，女性的境况有所恶化；对男性员工而言，资本－劳动力之比提高，他们的境况得到了改善；对于雇主而言，其境况可能改善也可能恶化，这取决于他们消费的产品 G 和产品 H 的数量，因为此时，产品 H 与产品 G 的相对价格发生了变化。

B 点是唯一的临时均衡点。由于产业 H 中工资和价格的变化引起了收入价格的这种变化，产品 G 的产量将会下降，而产品 H 的产量可能增加也可能下降，这决定于收入效应和替代效应相对作用的大小。另外，经济理论已经证明，任何一种工资差别都会造成效率的降低和总产量的减少，因此，G 的产量下降不一定意味着 H 的产量增加。从而，将在 B 点的左上方出现一个新的均衡点，在这一点上，男人和女人的工资都将高于 B 点（男人的报酬将总是高于 A 点）的水平。雇主的境况一般会有所改善，除非最终的均衡点远离 B 点的距离足够大。C 点说明，如果均衡点进一步向 C 点的左侧移动，女性部门的资本－劳动力之比也将高于 A 点的水平。在这种情况下，女性的后歧视工资将高于 A 点的水平（男性的工资将更高）。显然，两个产业间的要素配置以及生产和消费的配置将是低效率的，这个经济将蒙受一种净损失。

工资和就业越来越具有竞争性，市场中也同时普遍存在具有深厚历史渊源的工资和就业差别。经济理论要想清楚地解释歧视行为，单靠假设是远远不够的。除了根植于文化的观念难以动摇外，在劳动力市场上，被歧视者作为经济意义上的少数（资源禀赋不足）而深受其害，歧视者作为经济意义上的多数（富有资源禀赋）而得到了极大的偏好满足，即使利润有不同程度的损失，与被歧视者相比其代价也微乎其微。市场虽然没有实现效率的最大化，无论是雇主、雇员还是顾客，只要他们的歧视偏好存在，就必然会有不同程度的福利损失。而对于弱势群体而言，强势群体的福利流失只占其总消费支出很少的一部分。因此，由强势群体主导的市场形势与方向，自然使歧视这种"劣根性"的行为难以杜绝。无论在东西方，人类知识中的一半都存在于女性的大脑之中，而女性对计入统计中的产出的贡献还不到 1/3，这是个惊人的浪费，更是个不应再不被重视、不被制止的现象。

第三节　人力资本投资倾向性分析

劳动力市场中就业性别歧视与人力资本投资的性别倾向同时存在，这种现象不仅使女性劳动力苦不堪言，同时使市场与社会的效率和福利水平大受影响。国内外不乏关于就业性别歧视或人力资本投资性别取向的研究，但对两者之间的关联及相互作用的研究还不多见。本书由此出发，分析就业性别歧视与人力资本投资倾向相互逆向激励所带来的危害。女性长期被排斥在主流劳动力市场之外、女性人力资本投资不足，都将使社会进步和经济发展受到阻碍，因此，本书还将对微观企业或个人提出理性的忠告，对宏观政府的政策或措施提出改进的建议。

现代人力资本理论认为，人力资本是通过投资所形成的凝结在人体内的知识、能力和健康，较高的人力资本存量和质量可以提高个人乃至社会的福利。然而，劳动力市场存在的社会性别排斥直接影响了人力资本投资的倾向。比如，典型的就业性别歧视既降低了女性人力资本投资的效率，又反过来进一步加剧了社会性别排斥的程度。如此的恶性循环，无论是个人还是社会，都为此付出了沉重的代价。本书以中国劳动力市场为视角，分析就业性别歧视与人力资本投资倾向的交互作用及其影响，为市场供需双方的理性思考及决策者政策或措施的制定提供理论依据。

一、劳动力市场中的就业性别歧视

新中国成立以来，女性的就业权利得到了很大的提升。为保障女性的就业权利，《中华人民共和国宪法》、《中华人民共和国妇女权益保障法》、《中华人民共和国劳动法》、《中华人民共和国就业促进法》等法律中都明确了女性就业的平等地位及相应权利。然而，不可否认的是，中国劳动力市场中仍存在各种性别歧视现象。尽管有些做法是因企业为了追求利润最大化，符合效率原则，但更多的却是企业和社会戴着"有色眼镜"筛选的结果。这既不利于经济效率的提升，还会损害女性劳动者的权益，破坏劳动力市场秩序，百害而无一益。

（一）就业性别歧视的主要表现

就业性别歧视在中国劳动力市场大量存在，仅以就业门槛、收入差距和职业分布归类为例，就可以窥见一斑。

（1）女性就业门槛高于男性。现实生活中，女性在求职的过程中遭遇了比男性更加苛刻的要求：①上海市一份高校调查结果显示（谭琳，2006），63.7%的女生和47.6%的男生认为用人单位存在歧视女生的现象；②原劳动和社会保障部对全国62个定点城市的调查结果表明（成南，2005），67%的用人单位在招聘过程中提出了性别限制，或明文规定女性在聘用期不得怀孕生育；③厦门大学对2002年1000多名本科毕业生的调查显示（孙承斌等，2003），在相同条件下，女生就业机会只有男生的87%；④截至2004年底，全部女性就业人员中，具有大专以上高等教育学历者的比重为24.8%，比男性高出了0.6个百分点。而在2000年的第五次人口普查中，中国在业人口受教育程度大专以上者，男性比重却高于女性1.51个百分点（金璞，2006）。

（2）男女收入差距日益加大。女性不但就业难，且与男性相比收入低。调查显示，1999年中国城镇在业女性包括各种收入在内的年均收入为7409.7元，是男性收入的70.1%，男女两性的收入差距比1990年扩大了7.4个百分点。上海市的有关数据显示（上海市妇女儿童工作委员会，2006），该市2005年男女收入之比为1:0.65，而在2000年，这一比值为1:0.73。

换个角度再来对比一下相同职业男女两性的收入。表5-1列出了根据中国第二期妇女社会地位调查数据计算的各职业内男女收入对比的数据。由此可以看出，不论是男性相对集中的机械设备维修、中西餐烹饪等职业，还是女性相对集中的批发零售、餐饮业和社会服务业，女性收入都明显低于男性，最高也仅占男性的70%多。而实证研究表明（王美艳，2005），中国男女在同一行业内工资差异的93.35%源自歧视等不可解释的因素。

表 5-1　不同职业非正式工平均年收入的性别比较

职业	男性平均年收入/元	女性平均年收入/元	女性收入占男性收入/%
制造业	11 265.81	5 460.05	48.47
批发零售及餐饮业	9 391.91	6 592.19	74.02
社会服务业	9 122.82	5 509.26	60.39
机械设备修理人员	9 208.11	6 833.33	74.21
商品采购销售人员	13 269.78	7 523.88	56.70
中西餐烹饪人员	7 160.00	5 133.04	71.41
餐厅服务人员	8 997.06	4 848.19	53.89
裁剪、缝纫和制衣人员	11 710.00	4 256.65	36.35

资料来源：谭琳，李军锋. 2003. 中国非正规就业的性别特征分析. 人口研究，(9)

（3）男女职业隔离及"玻璃天花板"[①]现象明显。中国第二期妇女社会状况调查显示，尽管部分中国女性在企业中的职位已经得到了一定程度的提升，但大多数女性劳动者仍然停留在较低的工作层次。例如，2004 年的一项调查显示（张恩超，2002），总经理层级，男性占 83.4%，而女性只占 16.6%。

图 5-5　1982～2005 年中国女性在业人口分职业大类的性别比

历史地看，图 5-5[②] 给出了按照职业大类计算的 1982 年、1990 年、2000 年和 2005 年在业人口的性别比。不难发现，尽管近 30 年来中国男女劳动力在不同

[①]　"玻璃天花板"是对女性在就业发展中因性别而遇到阻力的形象比喻。莫里森等把"玻璃天花板"定义为"一个透明的障碍，使女性在公司里无法升迁到某一水平之上……它适用于仅仅因为是女人便不能进一步高升的女性群体"。沈奕斐. 被建构的女性当代社会性别理论. 上海：上海人民出版社，2005：24。

[②]　七大类职业分别是：A. 国家机关、党群组织、企业、事业单位负责人；B. 专业技术人员；C. 办事人员和有关人员；D. 商业、服务业人员；E. 农、林、牧、渔、水利业生产人员；F. 生产、运输设备操作人员及有关人员；G. 不便分类的其他从业人员。1982 年和 1990 年职业大类分类不同，为便于比较，这里作了适当的调整。姜向群. 就业中的性别歧视：一个需要正视和化解的难题. 人口研究，2007，(3)。

职业内的人数对比总体上是趋于平等的，但在一些较高层次的岗位上，女性依然处于劣势。比如，在"国家机关、党群组织、企事业单位负责人"当中，1982~2005年男女性别比[①]由8.63下降为3.62，但男女两性人数对比依然悬殊，女性的弱势地位依旧非常明显。在专业技术人员、办事人员和有关人员等被公认为较高层次的职业中，女性也始终处于劣势地位。只有在商业、服务业、农、林、牧、副、渔业这些职业中，男女比例才比较平均，甚至女性比例略高。

（二）就业性别歧视的原因

1. 经济效率原因

经济学借助效率因素[②]对就业性别歧视进行了解释：

（1）比较优势是劳动分工的思想基础（张抗私，2004）。通常，男性在市场生产中的专业化程度更强，女性的优势则体现在家务劳动方面，尤其是女性负担照顾孩子效率更高，而这种分工完全来自两性不同的比较优势。

（2）生育及相关成本。女性面临结婚、生育和哺乳等问题，用人单位需要为此付出直接成本和间接成本。《中华人民共和国劳动法》第51条规定，女职工按规定享受的产假期间，工资照发。用人单位必须支付女性雇员产假期间的工资奖金，承担岗位空缺，填补成本，这是用人单位不愿录用女性的最直接原因。另外，生育问题使女职工通常需要退出劳动力市场一段时间，即便不考虑人力资本折旧因素，也会降低其实际生产能力，这又给用人单位造成了间接成本负担。

（3）补偿性工资差别。在较差的工作条件下，为吸引雇员，必须支付一定的额外工资。基于女性的生理特征，她们对于工作条件的要求更高，如工作流动性不能太大、不适宜远距离出差、人身安全问题等，因此需要得到企业更多的关怀和照顾。相比之下，男性适应性较强，对补偿性工资的要求较低，因此对企业而言雇用男性成本更低。

2. 非经济效率原因

如果说效率原因导致的性别歧视尚可"合理解释"，那么非经济效率原因就完全有失公允了。这些因素主要包括以下几点：

（1）文化、习俗和个人偏见。由于文化传统、社会习俗等的深刻烙印，两

---

① 即男性人数与女性人数的比值。

② 需要指出的是，性别歧视是指生产率相同的人得到不同的工资，或者生产率不同的人得到相同的工资，而这里的效率因素并不能直接反映男女的实际生产率差异，因此，仅根据这些效率因素决定录用或提拔员工仍构成性别歧视。

性间在中国历史上就产生了"男主外、女主内"的家庭分工，形成了男强女弱、男主女次的角色定位和社会观念，以至于女性在就业机会、收入等方面处于绝对的弱势地位。尽管新中国成立以来，在多部法律中都涉及提高女性地位的法律法规，但约定俗成的角色概念仍是就业性别歧视行为的最根本的社会原因。不仅如此，研究还发现，雇主、客户以及雇员的偏见都可能影响到用人单位的选择，进而引发性别歧视行为。以雇主偏见为例，有些情况下，有偏见的雇主宁愿承担一定成本损失，也不愿意与某个群体（如女性）打交道。

（2）统计性歧视。常有这样的情况，求职者可观察的个人特征与本人的实际劳动生产率不对称。类似地，企业在作出录用决策时，如果以求职者个人的资料和他所属群体的资料作为依据的话，就将引起劳动力市场歧视。其重要的经济含义为：同一群体中的个体之间相似性越差，运用群体信息作为甄选依据所带来的成本就越高，甄选不正确的企业会比甄选正确的企业获利更少。因为传统或以偏概全等原因，女性劳动者在求职或晋升的过程中经常会遭受统计性歧视。

（3）制度。尽管为保护女性权益，国家颁布了许多法律、法规，但有些规定却恰恰成为性别歧视的原因。一个非常典型的例子就是对法定退休年龄的规定。按照现行法律，中国男性法定退休年龄统一为 60 岁，女干部的退休年龄为 55 岁，女职工的退休年龄则为 50 岁。这样一来，对企业而言，如果雇用女性，至少要比男性少 5 年的收入。在利润目标驱使下，女性显然更容易遭到歧视。

尽管总体而言，上述两大类原因造成了中国的就业性别歧视现象，但实际上，非经济效率原因造成的歧视现象更多，危害也更严重。因为一方面，从工作能力本身来说，除了个别对体力要求较高的职业之外，大多数情况下，男女劳动能力没有显著差异。特别是随着劳动工具和作业环境朝着自动化、袖珍化、人性化方向发展，女性在劳动能力方面日益显示出不亚于男性的特征。另一方面，即便考虑到女性生育、生理特征等因素，通过调整收入等经济办法进行适当调节，也是合乎情理的。除此之外，其他歧视性行为基本都应尽量制止。

二、人力资本投资的性别倾向

数据显示，1978 年全国财政性教育经费为 94.2 亿元，2007 年增至 8280.2 亿元，增长了 86 倍，占 GDP 的比重从 2.6% 升至 3.3%；全国卫生总费用 1978 年为 110.2 亿元，2007 年增至 11 289.5 亿元，增长了 101 倍，占 GDP 的比重从 3% 升至 4.5%；财政性科技经费 1978 年为 52.9 亿元，2007 年增至 2113.5 亿元，增长了 39 倍，占 GDP 的比重从 1.5% 升至 1.7%。在改善女性人力资本投资的地位方面，1978 年全国女童入学率为 48%，2007 年上升至 99.2%，甚至高出男童 0.06 个百分点（莫文秀，2008）；1982 年全国女性平均受教育年限为 4.2 年，

2007 年则升至 7.7 年，与男性的差距由 2 年缩短为 1 年；1981 年女性期望寿命为 69.3 岁，男性为 66.3 岁，2005 年女性升至 75.3 岁，男性则为 70.8 岁，男女差距越来越大；改革开放 30 年来，孕产妇死亡率下降了 60%。毫无疑问，这些都说明中国在改善人力资本水平，特别是在女性人力资本状况方面取得了可喜的成绩。然而，同样不可否认的是，中国人力资本性别差距依然存在，人力资本投资过程中的性别倾向仍亟待改善。

（一）人力资本投资性别倾向表现

中国人力资本投资的性别倾向性在教育、在职培训、医疗等方面都有不同程度的表现。

1. 教育投资

这方面首先值得关注的性别倾向来自农村。第二期中国妇女社会地位调查数据显示，农村女性中初中以上文化程度的仅为 41.2%，不仅低于农村男性 21.9个百分点，比全国平均值还低 9.5 个百分点。全国 3700 万青壮年文盲中，女性占 70%，其中农村女性占了绝大多数。其次，尽管从儿童入学率方面看，女性已经不低于男性，但从各阶段教育人数看，女性依然处于明显的劣势。表 5-2 给出了 2006 年中国各教育阶段学生总数及女生人数情况。从表中可以看出一个基本趋势，教育层次越高，女性人数比例越低。到了博士阶段，女性人数仅为男性的 1/2 左右。在全国男女比例基本平衡的情况下，表 5-2 还能反映出女性在教育方面的弱势。再次，如前所述，从受教育年限来看，相比于男性，女性依然存在比较明显的差距。

表 5-2　各教育阶段女生人数情况（2006 年）

教育阶段	总计/万人	女生	
		人数/万人	占学生总数的比重/%
博士	20.80	7.05	33.87
硕士	89.66	41.77	46.36
本科	943.34	436.96	46.32
普通高中	2 514.50	1 177.60	46.83
普通初中	5 937.38	2 806.78	47.27
小学	10 711.53	4 998.17	46.66

资料来源：中华人民共和国教育部网站，http：//www.moe.edu.cn/

2. 在职培训

第二期中国妇女社会地位抽样调查的统计数据显示，全国城乡仅 13.5% 的女性参加了各类培训或进修，40 岁以下城镇女性参加培训的比例为 26.1%。在城镇参加培训或进修的女性中，由单位资助的占 46.2%，自己出资的占 41.6%，而男性的相应比例则分别为 51.4% 和 36.9%。根据张李玺和张丽琍（2005）的计算，中国城市就业人口中，除文盲半文盲的女性接受在职培训的比例比男性高以外，其余各类文化程度上的女性接受在职培训的比例都比男性低，尤其是高学历女性接受在职培训的比例远远低于高学历男性。大专文化程度的女性接受在职培训的比例只相当于男性的一半左右，本科及以上文化程度的女性接受在职培训的比例还不到男性的 1/3。表 5-3 直观地反映了这一点。

表 5-3　城市按文化程度划分的男性和女性接受在职培训情况（单位：%）

文化程度 性别	合计	文盲半文盲	小学	初中	高中	中专	大专	本科及以上
男性	37.05	0.16	1.35	8.65	8.42	6.45	8.25	3.76
女性	25.69	0.31	0.78	5.58	7.03	6.01	4.87	1.11

资料来源：张李玺，张丽琍.2005.中国女性人才资源开发与利用的现状与对策.中华女子学院学报，(6)

3. 健康保健投资

尽管女性平均寿命比男性长，但由于她们在生命周期中患病时间和伤残比例都高于男性，所以妇女的生命质量并不比男性高。从男女两性的健康状况看，中国女性健康人口的比例为 86.72%，而男性为 89.27%，可见，女性低于男性。女性患病人口和残疾人口的比例都高于男性，在 25 岁至 64 岁之间，女性患病率比男性高 2~5 个百分点。女婴死亡率明显高于男婴，7~14 岁的女童营养状况也明显低于男童，且随着年龄的增大，差别也有增大的趋势（国家统计局人口和社会科技统计司，1999）。在许多地区，妇女受妇科疾病困扰的比例高达 85%。在日常生活中，妇女的营养也常常被习惯性地忽略了。许多家庭的支出有限，食品、保健品总会首先满足男性的需要，女性的生活质量被降低到很低的水平。

（二）人力资本投资倾向的成因

一些现实中的经济考虑导致无论是企业还是家庭，均更偏好将人力资本投资面向男性，其原因如下。

1. 预期收益问题

女性人力资本的预期市场收益率低于男性。现实中，中国劳动力市场中女性结婚后退出劳动力市场的数量绝对高于男性，非全日制职工中女性的数量高于男性，女性的职业期限低于男性，女性的职业层次低于男性，这势必意味着女性劳动力在市场中所能创造的价值受到影响，因而预期收入要比男性低。

2. 劳动参与问题

男性的劳动参与率高于女性。一直以来，中国男性的劳动参与率都高于女性。根据国家统计局 1988～2002 年城市住户调查的数据估计，1988 年中国城镇女性劳动参与率为 91.37%，2002 年为 83.33%，而同期男性劳动参与率则分别为 96.41% 和 94.11%。有劳动参与才有经济回报，男性的劳动参与率高于女性，说明对男性的人力资本投资风险更小、回报更高，对女性的教育投资低回报或无回报的可能性较大。

3. 资本折旧率问题

女性人力资本折旧率高于男性。明塞尔认为（张抗私，2001），由于社会文化的影响以及社会性别角色的历史定位，女性"职业中断型"劳动力流动率高于男性，男性"职业连续型"劳动力流动率高于女性，而且当女性由于生育、照料孩子等原因退出劳动力市场后，原有的人力资本会因为"生锈"而减少甚至失去作用，所以这两个因素导致女性人力资本折旧速率高于男性。

4. 投资意愿问题

女性人力资本增值潜力低于男性，这一点主要与职业流动有关。工作经验和职业变换是人力资本增值的主要途径。而现实情况是，女性职业流动和变换的机会明显少于男性，并且女性选择工作的范围比较狭窄，这样，人力资本增值的途径就受到限制。不仅如此，研究还发现（宋月萍，2007），在进入劳动力市场时，女性的职业地位就低于男性，并且在流动过程中，职业地位上升的幅度也明显小于男性，这同样制约了女性人力资本增值的机会，从而使得投资女性人力资本的意愿下降。

5. 机会成本问题

机会成本差异在教育投资方面体现得更为明显。传统文化使得父母、学校、社会甚至是女性本身形成了顽固的偏见，认为男孩是自己家的，可以传递香火或光宗耀祖，而女孩不同，"嫁出去的女人泼出去的水"。因此，在经济力量有限的情况下，家庭投资有明显的倾向，普遍认为投资给男孩的机会成本要远小于女孩，而预期收益不但多于女孩，更不会造成自家投资、别家收益的"浪费"。

然而，实际上，仔细分析上述原因可以发现，除了"女性人力资本折旧率高于男性"真正符合经济学原理之外，其他几方面都有不同程度的假象。而这种假象的出现，无不与就业性别歧视存在着密切的联系。

从人力资本的预期收益率来看，正是因为性别歧视，尤其是非经济效率原因引起的性别歧视的大量存在，才导致女性工作稳定性、职业寿命、职业层次低于男性（非全日制），并进而影响到女性人力资本的市场收益率。实际上，相比于男性，女性人力资本有着更强的社会价值。女性的学识和教养直接使家庭和孩子受益，间接为社会创造和谐的环境。女性技能水平的提高，使有限的要素资源可以得到更有效的使用，对经济和社会发展更是有益，女性的人力资本投资对下一代发展及国民经济发展有着无可比拟的作用。但无论是企业还是家庭，在量化人力资本的预期收益率时，这些因素通常并没有被考虑在内。

从男女两性的劳动参与率看，尽管女性因为生育的原因通常会退出劳动力市场一段时间，但实际上，在长达30多年的职业生涯中，这部分的影响并不大，真正起关键作用的是就业性别歧视等不合理原因出现的就业难。

从人力资本增值潜力看，之所以女性职业流动机会和职业地位低于男性，主要不是因为女性不能流动、没有能力晋升，而是因为不合理的就业歧视。企业和社会为女性提供的择业范围非常有限，晋职机会的不平等极大地压抑了女性人力资本价值的实现。从人力资本投资的收益率看，杰密森等计算得到的结果为男性4.5%，女性5.5%；邹至庄等的计算结果为男性2.78%，女性3.46%（李忠民，1999）；李实和李文彬（1994）的计算结果为男性2.5%，女性3.7%；赖德胜（1998）的计算结果为男性5.14%，女性5.99%。这些都证实了贝克尔、明塞尔等的观点：女性的人力资本投资收益率不低于男性。

已经无须过多地解释机会成本差异造成的影响，"嫁出去的女人泼出去的水"早已是落后文化传统的代表，由此带来的偏见是典型的性别歧视，更应该尽早摒弃。

三、就业性别歧视与人力资本投资倾向

由以上分析不难发现，就业性别歧视才是人力资本投资出现性别倾向的主要原因，由此带来的结果必然是人力资本投资的低效率。既然女性人力资本投资的收益率不低于男性，那么现实中无论是企业、家庭还是社会，选择向女性投资过少显然不利于女性资本价值的优化。尤其是对家庭和社会来说，女性人力资本价值的度量通常还忽略了两个重要内容：女性在家务管理中的作用及其在养育子女过程中不可替代的地位。因此，实际上被低估了的女性人力资本价值，以及以预期市场收益率作为女性人力资本投资决策的选择，均不利于实现家庭内部的福利最大化，也影响了社会福利最大化的实现。

不仅如此，人力资本投资性别的倾向很自然地又会"激励"性别歧视。这主要体现在两个方面：其一，人力资本投资性别倾向的直接结果是女性人力资本

积累不及男性。在已存在性别歧视的情况下，女性就业难度尤为加大，被招聘以至被晋升难乎其难。表面上看这种被排斥"合乎情理"，因为效率的"天平"在市场中始终向资本属性更强的一方倾斜，而较弱的一方，如女性，在就业中被歧视也就"毋庸置疑"了。劳动力市场中，女性这个被歧视群体因缺乏资源禀赋而无力抵抗以致深受其害。其二，人力资本投资性别倾向的间接结果是女性社会角色地位的巩固。生产力的发展使两性间衍生出了主次、尊卑和贵贱等观念，有别于产品和资本市场，劳动力市场深受这些社会观念的影响。在这里，人们对性别差异的认识远超过了生理和心理的局限，更多的是来自社会刻板的性别概念，如男强女弱的定位。文化和约定俗成等因素决定了人们的观念，这个观念又直接作用于人力资本投资的性别倾向，而这个倾向愈发"重彩浓抹"了性别差异。在雇用过程中，经验的思维从一开始就将女性置于十分不利的地位，使她们长期受到压抑和歧视。人力资本投资性别倾向作为观念的"帮凶"，使社会性别定位和性别就业歧视循环成了一个怪圈，虽然效率和福利水平不高，但又难以纠正或得到改变。

就业性别歧视使得女性人力资本投资不及男性，人力资本投资的性别倾向又影响女性能力的提高，进一步加剧就业性别歧视……这种恶性循环所带来的经济成本和社会成本都很昂贵。就经济成本而言，本来投资收益率更高的女性得不到或仅得到相对较少的投资（尤其是对社会而言），自然会降低其人力资本投资效率。换个角度，由于中国女性人力资本存量低于男性，在投资的边际收益递减规律的作用下，投资女性人力资本的边际收益递减更少，因而更符合经济学的基本原理。舒尔茨的研究发现，劳动者每提高一年教育水平所带来的工资增长率，女性高于男性。由于工资是生产要素价值的体现，因此，这也意味着，增加投资女性教育会实现更多的企业收益。这样，女性人力资本投资过少显然与经济学原理难以相容。

而从社会成本看，两种现象的交织，首先，会显著影响女性在家庭和社会中地位的提高。从家庭内部看，就业难、职位低、能力差，不仅会引起女性的挫折感、失落感，还很容易造成男性的优越感，家庭内部摩擦通常都会增加，甚至演变为家庭暴力。实际上，这方面的案例不在少数。从社会看，女性就业地位的边缘化和能力难以提高，也很容易引起她们在政治、社会领域的边缘化，成为永远的弱势群体。显然，这从长期看与社会进步相悖，从短期看极不利于和谐社会的构建。其次，两种现象交融，还会影响到未来人口质量的提高。正如前述，女性的教育水平与子女的身体健康息息相关，而实际上，女性总体素质的高低对子女的影响应该还远不止于此，子女的智力发育、受教育质量也是重要方面。从这个意义上来看，女性人力资本投资不足对整个社会的进步都是非常不利的。

四、相关建议和评价

针对中国就业性别歧视与人力资本投资性别倾向互相作用、恶性循环的现实，建议从以下几个方面进行政策和措施的调整。

1. 法律监督和保障体系

虽然中国在多部法律中均规定男女平等就业，但是仍缺乏可操作性，尤其是没有具体的责任承担规定。因此，应尽快颁布禁止就业性别歧视的专门法律，对包括性别歧视的概念、类型、判断标准、抗辩事由等事项作出明确规定，并规定对相应的违法行为应追究的法律责任。加大对违法者的惩罚力度和对造成的损害给予赔偿，同时还应规定对受到歧视者给予援助的办法。此外，女性在人类的再生产劳动上较男性付出更多，同时客观上造成了企业成本的增加，因此应当改革原有的生育保障制度，设立生育基金，并由社会承担生育成本、产假补贴等人类再生产成本。

2. 企业与女性人力资本投资

由于企业通常都是以其内部利润最大化为目标，而女性人力资本的价值不仅体现在工作中，还体现在家务和养育子女中，从这个意义上说，具有一定的外部性，在这种情况下，单靠市场决定投资势必会出现一定的偏差。为此，着眼于社会福利最大化的政府应该创造有利于企业进行女性人力资本投资的环境。例如，通过补贴形式提高选择女性投资的企业的收益，或者通过税收减免方式来降低选择女性投资的企业成本，使企业不会感受到因为投资对象的性别选择不同而影响回报的高低。这不仅有利于改善女性人力资本投资状况，也有利于从根本上实现男女两性公平的就业环境。

3. 性别平等观念

改变中国几千年来重男轻女的传统观念不可能一蹴而就，需要长期坚持在全社会营造尊重女性、重视女性发展、促进男女权利平等的文化和政策环境，还要摒弃落后文化传统对女性的不利影响，为改善女性就业和人力资本投资环境创造良好的社会氛围。

对女性个人而言，尽管其在养育子女、关爱家人方面承担着更多的责任，但这并不意味着她们应当放弃事业乃至社会责任。家政服务的社会化、专业化已经使女性能够从家务劳动中解放出来，更应该引导女性从根本上摆脱"男强女弱，天经地义"的思维定式，合理安排时间，妥善处理好家庭与事业的关系，积极接受继续教育和参加必要的社会活动，提高文化素养、职业能力，增加人力资本和社会资本，从而获得更好的职业发展机会。女性综合素质的不断提高，无论对孩子的教育，还是处理婚姻家庭关系都具有重要意义，而且对构建和谐社会也会发挥良好的推动作用。

第四节　劳动力市场性别分割分析

劳动力市场因其社会性与制度性因素至少被分割成主要和次要两个层次，较之主要市场，次要市场的就业条件差、待遇低和发展机会少。女性劳动者因其社会性别角色的定位，往往被排斥在次要劳动力市场，就业困难且频遭歧视。社会性别排斥是劳动力市场分割的"借口"，而分割的劳动力市场又强化了社会性别的排斥程度，如果没有相关的约束，这个恶性循环机制将难以规避。正如商品和资本市场，在劳动力市场，一方改进的代价是另一方的受损，无论如何效率和福利都没有实现最优，存在着改进的必要。

劳动力市场的排斥，"既包括从一般劳动力市场中被排斥，也包括从有安全保障的就业体制中被排斥"（Somerville，1998）。这种解释和劳动力市场的分割有关，它强调参与劳动力市场对于进入"社会"的重要性。

一、市场表现

劳动力市场运行机制由市场性因素、社会性因素及制度性因素组成，这个系统的两个主体都是主观能动性极强的理性人，因而显得尤为复杂，其中诸多问题仅用传统的新古典经济理论无法得以解释，如贫穷、歧视、劳动者收入差距不断扩大、人力资本悖论、工资的边际生产率决定悖论等诸多问题。对这些问题的反思直接孕育了 20 世纪 60 年代末[①]劳动力市场分割理论的产生。萨洛和卢卡斯（Thurow，Lucas，1972）、雷克（Reich，1973）、多林格（Doringer，1971）、皮奥里等在继承古典经济理论中劳动力市场部分思想的基础上，着重探讨了制度性和社会性因素对劳动报酬及就业的影响。尽管因为关注的角度不同，劳动力市场分割理论有"职业竞争理论"、"激进理论"、"二元劳动力市场理论"等不同分支，在每个分支的不同阶段，研究重点也有所差异，但他们无一例外地都在试图从影响劳动力市场供需双方的制度和社会性因素出发，探讨劳动力市场中许多不同寻常现象的内在原因。其中，多林格（Doringer，1971）皮奥

---

① 当然，严格来说，劳动力市场分割理论的源头可以追溯到约翰·穆勒（J. S. Mill）和凯恩斯（J. E. Caimes）等，这里所指的劳动力市场分割理论是专指 20 世纪 60 年代末以来兴起的现代劳动力市场分割理论（labour market segmentation，即 SLM 理论）。

里提出的二元劳动力市场理论最为著名。尽管希格尔（Siegel，1971）、夏皮罗和斯蒂格利茨（Shapiro，Stiglitz，1984）、林德贝克和斯诺沃（Lindbeck，Snower，1986）后来分别从不同角度进行了深化和扩展，但均在以此为基本的框架下进行。

二元劳动力市场理论认为①，劳动力市场远非竞争和统一这么简单，有些看似约定俗成因素的存在使得该市场被分割成两大部分，即主要市场和次要市场，每一部分的劳动力配置和工资决定都各有其特点。主要劳动力市场的工资福利待遇高、工作条件好、就业稳定、有很多晋升和培训机会；次要劳动力市场正好相反，工资福利低、工作条件差、劳动力流动率高、要求苛刻、晋升机会少。主要劳动力市场通常有一套指导雇用决策的详细规则和程序，这些规则和程序甚至代替了劳动力市场供给和需求的力量，使得市场性因素基本不发挥作用。次要劳动力市场正如新古典经济理论所描述的，企业按照劳动的边际收益与边际成本的比较及时增减劳动雇用量，并按照劳动的边际收益或市场工资支付报酬，不存在游离于市场之外的任何规则或程序。除非极其特殊的原因，否则两个市场之间难以流动。社会的、职业的以及空间的转移障碍，使工人们在劳动力市场间的流动非常困难，甚至是完全不可能的。特别是技能低下的手工劳动者及其子女，由于缺乏提高工作技能的机会，只能长期"蜷曲"在低收入就业领域（Mill，1985）。

二元劳动力市场分割的原因有许多，既有产品需求、技术因素，又包括组织、制度、习俗以及社会排斥性因素。其中，劳动力市场社会排斥的典型表现，即所谓就业性别歧视，直接造成了长期以来男女两性的职业隔离，使得女性在就业过程中始终处于不利地位，逐渐被边缘化。而这种职业隔离无论是对女性劳动者的心理、行为，还是人力资本投资激励等都是至深的伤害，其负效应的集中反映是进一步加剧了性别歧视乃至社会性别排斥。所有这些都背离了市场效率和福利最优的目标，都不利于社会的和谐与稳定。因此，要打破两性职业隔离，实现男女真正的平等就业，必须采取有效措施，防范就业性别歧视。本书以中国劳动力市场就业性别歧视为例，剖析社会排斥与劳动力市场分割间的相互关系，并结合中国实际，对构建和谐的劳动力市场秩序提出建议。

二、性别职业隔离

经济学家认为，如果具有相同生产率特征的劳动者，仅仅因为其属于不同的

---

① 随着劳动力市场分割理论的发展，一些学者又将这种分割从二元扩展到三元、四元甚至更多，但基本逻辑是一致的。

人群而受到不同的对待，就可以认定劳动力市场上存在歧视。而在劳动力市场的种种歧视现象中，性别歧视是人们讨论最多的一种。新中国成立以来，尤其是改革开放 30 年来，为消除就业性别歧视、保障女性就业权利，国家法律明确规定了女性就业的平等地位及相应的权利。然而，现实市场中性别歧视现象依然没有得到有效的管制。无论是在招聘、晋升还是培训过程中，女性依然处于明显的弱势地位。即便实现就业，男女两性职业隔离也是中国劳动力市场存在的普遍现象。这其中尽管有些看似"合理的解释"，但性别歧视作为主要原因仍是不争的事实。

（一）两性职业隔离的直接表现

劳动力市场分割理论认为，雇主可能因为偏见会歧视那些有明显外在生理特征（如性别、肤色等）的劳动者，而倾向于雇用某种特定的劳动者，从而会产生以这种生理特征为标志的劳动力市场分割。在中国的劳动力市场上，由于世俗的偏见或由来已久的习惯，女性仍较难获得与男性相同的职位。她们在劳动力市场上缺乏竞争力，或者被迫从事"适合女性的工作"，从而出现两性职业隔离。具体来说，这种因性别歧视原因产生的职业隔离表现在两个方面：横向职业隔离和纵向职业隔离。

1. 横向职业隔离

因性别歧视而导致的横向职业隔离是指男女劳动者在行业间的分布存在明显差异。表 5-4 给出了 2006 年中国城镇女性在一些代表性行业中的人数比例。从该表中不难发现，男女劳动者在许多行业的分布都呈现出比较明显的性别差异。例如，在煤炭开采和洗选业、房屋和土木工程建筑业、交通运输、仓储和邮政业这些行业中，因为对体力要求比较高，因此男性比例非常高，最高的甚至达到 85% 以上（房屋和土木工程建筑业）。这部分差异是合理的，因为它是男女工作能力与行业特征协调搭配的结果，不属于性别歧视范围。同样，在纺织服装、鞋帽制造、零售、住宿和餐饮、纺织业这样一些女性具有比较优势的产业中，女性人数比例明显超过了男性，像纺织服装、鞋帽制造业，女性人数比例达到了 71.2%，这也是合情合理的。但在其他一些行业中，如房地产开发经营、居民服务、公共管理和社会组织，行业本身对男女工作能力并没有特殊要求，男女比例应当比较接近，但实际情况却并非如此，男性明显比女性占有优势。例如，在房地产开发经营业中，男性比例是女性的 2 倍多，这里的房地产开发经营并不包含建筑部分，而主要是包括可行性研究、市场开拓、效益评定等内容，工作本身对性别并无特殊要求。公共管理和社会组织同样如此，行业本身并不能反映男女差异。因此，男女比例出现明显"失调"，男性占绝对多数的现实就值得反思了。

而这些男女比例存在明显差异的行业，恰恰又多是那些收入高、比较体面的"白领"行业。女性人数比例低，既然不是工作能力、效率因素，就只能缘于传统、习俗、歧视等因素了。

表5-4　城镇女性就业人员占总就业人员的比例　　　（单位：%）

行业	男性比例	女性比例
煤炭开采和洗选业	80.9	19.1
房屋和土木工程建筑业	86.6	13.4
交通运输、仓储和邮政业	73.1	26.9
纺织服装、鞋帽制造业	28.8	71.2
纺织业	34.8	65.2
零售业	47.3	52.7
住宿和餐饮业	45.9	54.1
房地产开发经营业	68.6	31.4
居民服务和其他服务业	61.3	38.7
公共管理和社会组织	72.5	27.5

资料来源：国家统计局．2007．中国劳动统计年鉴2007．北京：中国统计出版社

2. 纵向职业隔离

与横向职业隔离相对应，纵向职业隔离是指男女劳动者在同样的行业和企业中职位分布存在的差异。尽管随着女性就业保障政策的实施，部分中国女性在企业中的职位已经得到了一定程度的提升，但总体来说，大多数女性劳动者仍然停留在较低的工作层次。例如，资料显示，科技行业里的女性，61.2%在初级岗位上，只有为数甚少的女性能够升至类似于 CEO 这样的高层职位。2004年的有关抽样调查表明，中国企业在总经理层级，男性占据了83.4%，而女性只占16.6%。表5-5列出了更详细的对中国企业内部职位状况分布的抽样调查数据。由该表可以很明显地发现，同一企业内，职位越低，女性比例越高，男性比例越少；职位越高，女性比例越少，男性比例越高。到了高层管理人员层次，女性已不及男性的1/4。这说明存在着明显的"玻璃天花板"现象。而研究表明，除个别职业外，在包括管理岗位在内的大多数职业中，两性劳动生产率没有显著差异。"玻璃天花板"现象的存在只有一个解释，即性别歧视使然，这也与汉默维茨和谢尔哈德（Hymowitz, Schellhardt, 1986）提出该理论的初衷是一致的。

表5-5 企业内部职位状况的性别比较 （单位:%）

职位	男性比例	女性比例
高层管理人员	81.99	18.01
中层管理人员	66.21	33.79
基层管理人员	51.71	48.29
普通职员	43.69	56.31
其他	40.91	59.09

资料来源：根据第二期中国妇女社会地位调查数据计算，转引自李军峰.2003.就业质量的性别比较分析.市场与人口分析，(6)

（二）两性收入悬殊

不仅是职业分布可以反映职业隔离状况，同等劳动不能获得同等报酬，由此而引起劳动报酬上的显著差别，也是劳动力市场分割的具体表现。从中国的情况看，男女收入差距大的现实主要反映在两个方面：首先，前面已经提到过，女性主要分布在轻纺工业、零售、娱乐服务等行业，这些基本属于低技能、低附加值的行业，收入自然比较低。2006年中国零售、住宿和餐饮业工人年平均工资为9300元左右，纺织业则不到9000元。而从男性主要分布的行业看，表5-1所列行业中，2006年房屋和土木工程建筑业职工平均工资最低，也达到了10 300元左右，而像交通运输、房地产、公共管理和社会组织等行业都在13 000元以上，交通运输业甚至达到了16 000多元。尽管像房屋和土木工程建筑、交通运输这样的行业包含了某些对男性体力劳动的补偿，但其他行业显然就不是用这一点就可以解释的。因性别歧视造成的行业隔离，是男女职工收入差距的主要原因。其次，从行业内部看，表5-3列出了根据第二期中国妇女社会地位调查数据计算的各职业下男女收入对比数据。从表5-3中不难发现，即便是在同一行业内，女性收入也明显低于男性。从几个代表性行业看，女性收入最高的也仅占男性的70%多。而根据王美艳（2005）的实证研究，中国男女在同一行业内工资差异的93.35%是由歧视等不可解释的因素造成的。这其中，因性别歧视而造成女性处于行业内的低层次岗位显然是一个非常重要的方面。因为性别歧视造成的"玻璃天花板现象"，使晋升对女性来说普遍是可望而不可即的，她们大都只能做普通工人，而高层次岗位被男性主导，金字塔顶端群体的收入当然比底端要高得多。

（三）性别职业隔离的经济分析

从经济的角度来看，职业性别隔离的原因有主观和客观两个方面。主观上，劳动力市场存在非竞争群体，某些职位水平区分与社会分层密切相关。客观上，职业性别隔离是劳动者因性别不同而约定俗成地从事不同种类的工作，因而领取不同的劳动报酬。而主次市场之间的劳动力流动性很低，尽管次要市场之中的某些人具有很高的素质，但因为统计性的歧视①，依然难以进入主流市场。

换言之，女性劳动者之所以领取较低的劳动报酬，并不仅因为其劳动生产率低，而是由于她们无法进入可以领取较高劳动报酬的那部分劳动力市场，失去了在其中谋职的机会，出现劳动生产率和劳动报酬不相对称的情况。正如金一虹 (1998) 所言：在分配稀缺的就业资源时，存在一个这样的梯级格局，即男性总是首先占据最好的位置，而女性只能永远处于男性的后面。性别分工的变化是随着经济结构的变化而进行性别调整的。性别分工并不是连续不变的，而是充满弹性的，而这弹性的后面是利益调整的弹性，是比较利益驱动后男性在调整与女性的分工，男性获益总是大于女性，这成为调整性别分工的准则。无论两性在分工过程中承担什么样的劳动内容，利益总是向男性倾斜。

性别职业隔离对微观个体及市场的作用都非常大。

首先，对女性收入的影响。如果说主次两个市场之间的流动受到严格限制，那么一个人首次进入的市场，不论是什么层次，对于他（她）的终生收入曲线都有着重要影响，如图 5-6 所示。

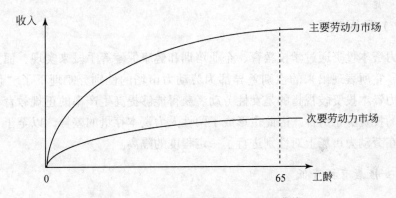

图 5-6　分割的劳动力市场收入差异曲线

这种隔离直接显示出对女性收入的负面影响：女性在劳动力市场没有受到与男性同等的重视，因此，"女性工作"通常报酬更低。"女性工作"价值低、威望低，所有这些都强化了职业隔离的恶性循环，而终身收入当然决定了两性不同的生活质量。

其次，对市场效率的影响。性别职业隔离影响到整体劳动力市场的效率，因为劳动力市场需要有一定的灵活性，而传统的男女两性分工的定型偏见阻碍了劳

---

① 统计性歧视是指将一个群体的典型特征视为该群体中每一个所具有的特征，如果群体之中的某些人与这个群体的典型特征相异甚远，雇主在利用这个群体的典型特征作为雇用标准时，就产生统计性歧视。

动资源的最优配置。此外，许多妇女由于纵向隔离而碰上"玻璃天花板"，占人口总数一半的女性劳动力无法为国家经济贡献全部力量。在经济危机和失业率高的背景下，劳动力时常由于职业隔离而缺乏灵活度，这可能加重经济危机、高失业、负面影响和趋势。例如，男性失业可能带来更严重的问题，因为男性不愿意从事低收入或低威望的"女性"工作。

三、性别职业隔离的原因及影响

此前的分析可以发现，无论是在行业间还是行业内，因为性别歧视，中国劳动力市场中都存在着两性职业隔离现象。男性无论是在行业还是职位上，都比女性占有优势，这也使得他们的收入明显高于女性。这时通过增加女性人力资本投资，提高其技能积累，至少在一定程度上可以提高她们向高收入、高层次行业和岗位流动的机会。但现实状况是，正因为性别的歧视，这一路径也被阻碍了。更有甚者，女性人力资本投资不但不高于男性，而且更低，这就进一步加剧了中国劳动力市场的性别分割。

（一）原因分析

人力资本投资通过学校教育、企业培训和健康保健等手段来实现，而无论哪种投资，它所表现出来的性别差异都为劳动力市场的性别分割埋下了"伏笔"。性别人力资本投资歧视指的是女性劳动者获得能够提高生产率的正规教育、培训等方面的投资少于男性。因此也形成了两性人力资本存量的差异，以至于主观加客观地在劳动力市场上对性别进行了一定程度的隔离。

1. 女性教育投资低

中国教育的性别缺失可以通过各种数据资料得到充分的证明，目前中国每年新增的 100 万失学与辍学儿童中，女童占 2/3；全国文盲半文盲中，女性占 70%。从业女性受教育的年限平均为 5.73 年，男性则为 6.98 年；学历越高女性越少，研究层次越高女性越少。女性是人力资源中没有获得开发或没有获得深度开发的主要群体（田梅英，2005）。全国妇联 2000 年第二期中国妇女地位调查结果显示：与 1990 年进行的第一次妇女地位调查结果相比，虽然男女两性的受教育差别在缩小，当年农村妇女受教育水平与男子相比差距仍然很大。58.8% 的农村妇女只有小学以下的文化程度，低文化程度的女性与男性相比高出 21.9 个百分点，而初中文化程度以上的女性又比男性低 20.8 个百分点，女性文盲率为 13.6%，比男性高 9.6 个百分点（李慧英，2002）。2001 年全国 15 岁以上女性人口中文盲比例占 14%，同期男性为 5%，所有 15 岁及以上女性人口中，女性的文盲比例为73%。根据国家统计局农村社会经济调查总队对2002年全国贫困县的调查表明：不同文化程度劳动力的性别构成中，男性的文化程度普遍高于女性，其中劳动力文盲率男性为8.4%，女性为23.0%，性别差异达15.6个百分点，劳动力文盲率性别差异指数①为273.8（晏月平，2008）。

除此以外，女性专业技术人才缺乏。整体科技人员群体中，女性的比例偏低，中、高级技术人员的女性比例分别为37.2%和21.1%。而对比各部委、省区市政府拨款的公立高等教育机构中，女性所占的比例较低，2000年高考女生比例仅为34%，两性间的受益差别十分明显（晏月平，2008）。

2. 女性在职培训机会少

在职培训与企业密切相关，女性在获得在职培训方面的投资依然小于男性。特别是目前，中国农村没有正规的、规模化的和定期的技术培训，即使政府偶尔推广农业技术活动，获得这样机会的也基本为男性劳动力，而大多把女性排除在外。根据国家统计局对农村社会经济的调查显示，2002年在外务工的劳动力中，男性占71.5%，女性占28.5%。在参加培训的人员中，仅有5.2%的女性劳动力参加过各类职业培训，有12.5%的男性劳动力接受过各类职业培训；在教育培训方面，妇女获得的技能培训与其现实需要存在一定差距。

3. 女性流动率不高

中华全国妇联副主席顾秀莲2001年8月在亚太经合组织妇女领导人会议期间披露，2001年在全国3.2亿从事农业生产的劳动力中，女性劳动力已占到总劳动力的65.6%（刘晓玲，2001）。另根据《中国劳动统计年鉴》的统计数据显示，2005年女性从事农业劳动的比例达62.6%，比2004年高出2.5个百分点，比男性高近10个百分点。2006年全国妇联对中国东、中、西部10个省（自治区、直辖市）50个县100个村进行的万名农村女性调查结果显示，从事农业劳动的女性占73.4%。由此可见，伴随着市场经济的发展，农村青壮年劳动力大规模转移，农村劳动力结构正出现女性劳作的趋势（晏月平，2008），这也恰从反面说明了女性劳动力的流动性显然不如男性。

众所周知，由于历史、文化传统等原因，中国女性人力资本存量本来就低于男性，因此，很显然，女性人力资本投资又低于男性的现实只能造成男女间人力资本存量差距越拉越大。在两性职业隔离，女性本来就处于次要、边缘部门的背景下，市场优胜劣汰作用的结果只能使女性的弱势地位逐渐固化，两性职业隔离不但不能缓和，相反还会越来越严重。

---

① 性别指数是以男性为100，计算出女性相应指标的比率。

（二）逆向激励与影响

性别歧视引发两性职业隔离，但二者的关系还不仅仅是单向的，两性职业隔离的长期存在又会反过来强化性别歧视，这种影响主要是通过两条途径来实现的。

1. 对女性人力资本投资的逆向激励

首先，两性职业隔离降低了女性人力资本的投资收益。由上述分析可知，总体而言中国女性就业大部分是在次要劳动力市场上实现的，因此，即使学历、工作经验完全相同，男性收入依然高于女性，次要劳动力市场较低的人力资本投资回报率势必打击女性投资人力资本的积极性。双重因素的作用使得女性就业限制在非常狭窄的范围之内，长期持续的结果很容易形成惯性，女性越来越被边缘化。很明显，这不仅对女性个人是损失，对社会也会造成巨大的浪费，毕竟中国本来就是一个人力资本稀缺的发展中国家。

其次，两性职业隔离增加了女性人力资本投资的风险。人力资本投资，特别是专业性的技能投资能提高劳动者的生产力，但是这种投资是和一定的社会分工联系在一起的。专用性一旦形成，就很难改作他用。劳动力市场的深度和广度可以减少人力资本投资的风险，因为人力资本拥有者容易在流动性大的劳动力市场上找到相似的工作，但是在两性职业隔离的背景下，劳动力市场的深度和广度大大降低，女性劳动者的自由流动受到很大限制，专业技能投资风险自然大大增强。

再次，两性职业隔离也不利于激励男性进行人力资本投资。性别歧视使得男性主导了行业间乃至行业内部的主要劳动力市场，使主要劳动力市场的内部竞争以男性劳动者之间的竞争为主。相比于男女劳动者同时参与竞争，显然其被逐出的可能性是较小的，以致他们不需要作出更多的努力，就可以保留现在这个职位。如此的反差本身就是性别歧视的重要表现，而随着其动态发展，女性人力资本投资激励自然容易越来越低。这又会强化用人单位招聘和晋升过程中对女性进一步的歧视与边缘化，就业性别歧视必将愈演愈烈。

2. 对社会心理和行为的反作用

性别歧视和两性职业隔离的交互作用，还会对女性劳动者的心理和行为带来严重影响。长期遭受到的人格歧视、同工不同酬、就业地位差、收入低，自然引起了女性的挫折感和失落感，对未来失去信心和进取心，还很容易滋生男性的优越感，使得家庭内部摩擦增加。从社会的角度来看，女性就业地位的边缘化和能力不能得到提高，很容易使她们在社会领域被边缘化。这显然是与社会进步相悖的，并且极不利于和谐社会的构建。

四、评价及建议

性别差异是客观存在的事实，实现两性平等、消除职业隔离是市场平等、社会平等和人权平等的重要内容，中国正在构建和谐社会，而性别和谐是其重要表现方式之一。构建和谐平等的社会、实现男女平等是全体社会成员共同的理想。和谐社会的建立需要有社会成员对女性劳动者群体的正确认识，需要长久以来的社会性别的观念与时俱进地更新，更需要有公平的性别政策的积极激励和引导。

因此，特别建议政府：

首先，加大对女性人力资本的投资。对农村女性提供免费的农业技术培训、对城镇女性劳动者提供就业培训的特别关照，比如，减免学费或对更多接受女性培训的企业给予适当的政策优惠等。

其次，保护女性人力资本。在女性职业生涯中，女性劳动力因生育、照料子女等原因需要阶段性地退出劳动力市场。这种由于生理差异而造成的女性人力资本价值的贬值，进一步成为劳动力市场性别歧视和社会性别排斥的"依据"。因此，政府制定相应的政策，采取法律法规等手段保护女性劳动者的孕期、哺乳期的合法权益十分必要。

再次，鼓励发展中小企业和第三产业。中小企业和第三产业的发展和壮大，将极大地提高劳动力的需求，特别是心灵手巧的女性参与劳动的机会越来越多，这也是女性得到发展和改善经济地位最好的舞台。应该说，中国的中小企业和第三产业的发展壮大，还需要政府进一步的大力支持和激励。

总之，职业性别隔离难以回避，它直接关系到女性参与社会公共事务能力的实现、男女两性收入的平衡、女性社会地位的提高，以及和谐劳动力市场建设等大问题。职业性别隔离所导致的就业歧视等问题的解决，需要诸多方面的积极努力，其中，观念的拓进、两性公平竞争的市场及社会机制的建立等都十分重要。

第五节　社会保障与性别排斥

社会保障，从最广泛的意义上来说，"是指一个社会通过正式的和非正式的制度为其成员提供的安全保障"（李珍，2001）。然而，现代社会保障制度，依然建立在父权制社会基础之上，应该说，延续了几千年的性别差异和男女不平等不可避免地要对其产生负面影响。比如，以男性为主的社会决策者总是不重视甚至排斥一些有利于女性的社会保障项目的设立和发展等（徐文丽，2005）。

女性社会保障是整个社会福利制度的重要组成部分，女性发展水平也是衡量一个国家文明程度的重要指标。尽管新中国成立以来，中国在改善女性社会保障方面作出了不懈努力，使女性福利得到了很大提高，但截至目前，中国妇女享受的社会保障、职工福利程度总体上仍低于男性。数据显示（全国维护妇女儿童权益协调组办公室，2002），在女性社会福利保障中，尽管退休金或养老保险、公费医疗或医疗保险的普及率较高，分别达到75.4%和62.2%，但仍比男性低2.1和5.7个百分点，而失业保险、住房补贴、住房以及工伤保险的普及率则均低于50%，分别比男性低5.9、8.5和9.2个百分点。在更能体现女性特点的生育保险；经期、孕期、哺乳期保护等方面，现有对女性的保障也还存在明显不足。生育保险方面，受保女性仅达到35.5%；经期、孕期、哺乳期特殊保护方面，受益女性也仅分别为21.5%、59.9%和74.4%。即便是得到参保机会，从数量上说，与男性相比，女性也处于比较明显的劣势地位。以养老保险为例，抽样调查显示①，2007年全国60岁以上（含60岁）人口的主要生活来源情况，男性的主要生活来源为劳动收入、离退休金和养老金、最低生活保障金、家庭其他成员供养的分别占44.1%、27.3%、1.9%和24.7%，而女性的对应数据分别为28.2%、16.9%、2.1%和50.6%。以现行就业政策与养老保险管理办法，基本养老金显著的性别差异使女性的养老金总体水平不到男性的82%（王立剑，刘佳，2008）。这不仅说明相比于男性，女性在就业方面的弱势地位，同时也在一定程度上说明女性养老金数额较低，在大多数情况下还不足以成为其生活的主要来源。劳动力市场性别歧视、社会资源分配不均以及保障政策的缺失，使女性在劳动力市场上的竞争力低，这一劣势还将随着市场经济和劳动力市场化的发展而进一步加剧。女性的弱势地位和较高的贫困概率会使女性对男性的经济依赖性增强，反过来又会进一步深化男女地位的不平等，形成恶性循环。

人类社会文明进步的标志之一是妇女获得了就业和发展的权利，而妇女就业是妇女获得经济独立并参与发展的基本保障，也是妇女参与社会发展的基本形式之一（齐小玉，2001）。这个发展过程需要正视性别之间的差异和深层的机会不平等，采取有利于处于弱势的女性群体增进机会和选择权利的倾向性措施和政策。只有这样，才能真正有效地促进不同性别之间的平等和发展，才能真正有利于女性的发展。

一、概念及研究范围

女性社会保障制度是以女性为主要对象的社会保障制度及涉及两性利益差

① 根据《中国人口和就业统计年鉴（2008）》计算。

别的制度规定。社会保障制度是对人的生命安全与职业安全的保障。由于女人和男人的生理结构和生存状态有所不同，因此一种社会保障制度也常常关系到两性的利益差别。比如，养老保险制度中对男女退休年龄及退休金计发标准的不同规定等，直接影响了男女两性的利益分配。中国女性社会保障制度主要有以下七个方面的内容（郑功成，2002）：①生育保险制度；②女工劳动保护制度；③女性福利制度；④女性与就业保障；⑤女性与养老保障；⑥女性与医疗保险；⑦农村女性社会保障。

在中国的劳动者社会保障中，无论是哪项制度及其实施，也无论是在经济发达的东部地区或欠发达的西部，都存在着十分明显的性别差异，男性劳动者的社会保障都要优于女性。表5-6（蒋永平，2003）中的数据显示了两性在社会保障措施享有度上的差距。更令人深思的是，各个地区之间的性别差距没有与其社会经济发展水平正相关。东部发达地区男女两性的差距最大，这从反面证实了一个问题，即社会经济发展并不必然缩小两性之间存在的差距和不平等。女性除了在参与社会和经济生活中受到排斥外，在分享社会发展带来的成果时，所得份额也难以与男性平等；而在分担社会变革所带来的损失和伤害时，女性则往往承担了更多的利益损失。这种差距的确应该引起全社会和政府的关注，并力图积极寻找和采取弥补或缩小这种差距的措施和政策。

表5-6　分区域分性别各项社会保障覆盖率比较　　（单位:%）

项目	性别	全国	东部	中部	西部
公费医疗或 医疗保险	男	60.2	59.9	58.8	64.5
	女	52.3	52.0	49.3	61.7
	差值	7.9	7.9	9.5	2.8
失业保险	男	48.3	48.0	45.7	55.2
	女	41.8	41.0	40.3	49.4
	差值	6.5	7.0	5.4	5.8
退休金或 养老保险	男	65.9	66.2	64.9	67.6
	女	60.5	58.9	59.6	69.4
	差值	5.4	7.3	5.3	-1.8
工伤保险	男	57.3	56.6	56.0	62.6
	女	46.8	44.7	47.1	54.2
	差值	10.5	11.9	8.9	8.4
病假工资	男	62.1	62.6	61.4	62.3
	女	55.1	54.4	53.4	61.6
	差值	7.0	8.0	8.0	0.7

续表

项目	性别	全国	东部	中部	西部
产假/孕期保健工资	男	71.3	72.3	69.7	72.1
	女	63.3	62.4	61.5	71.8
	差值	8.0	9.9	8.2	0.3
住房补贴/住房	男	50.9	51.1	48.7	55.5
	女	44.2	41.8	44.6	55.5
	差值	6.7	9.3	4.1	3.1
带薪休假	男	50.3	49.6	49.3	54.6
	女	42.9	41.8	41.8	50.2
	差值	7.4	7.8	7.5	4.4

本书正是以此为宗旨，以生育保险制度、养老及就业保障三个典型问题为例，在深刻分析三方面保障体系中的性别排斥等问题的基础上，提出积极的改良建议。

二、中国养老保障中性别排斥问题分析

有关养老保障领域的性别排斥问题，国内外已有一些学者和机构进行了研究。国际劳工局认为，男女在养老金覆盖面上存在较大的差距，而且这种差距对养老金整体性别差距的影响很大，指出要加强社会保护与性别排斥问题之间的联系，强制性扩大社会保障的覆盖面至妇女占多数的特殊就业类别，特别是非全日制工作和家务劳动等。潘锦棠（2002）指出，中国《国务院关于完善企业职工基本养老保险制度的决定》中对灵活就业者的参保门槛设置过高，这对于以灵活就业为主的中国女性来说，是极为不利的。朱冬梅（2005）针对女性在自由职业者中就业率比较高的情况，提出要直接改变女性养老保险参保率和领取率低的现状，就应该扩大自由职业者的保险覆盖面。徐文丽（2005）认为社会保障制度的改革和发展并不必然有利于女性的发展，要使社会保障制度能够切实保护女性权益和促进女性发展，就必须在社会保障制度中采取倾向于女性的积极差别对待政策，这种积极差别对待政策在社会保障各项目的具体实施和完善过程中都应有所体现，并以这一政策为指导推进社会保障制度改革。吴可昊（2002）指出，中国现行的养老保险制度没有充分体现性别差异，特别是对养老保障与性别关系没有进行足够的研究，使妇女的养老保障很不充分。因此，要实现男女养老保障的真正公平，在设计养老保险制度时就必须考虑性别差异问题。经济能力对老年妇女福利也至关重要。李玉子（2003）认为，中

国农村老年妇女的经济来源（国家准予使用的土地使用权，以及在土地上的耕作所取得的收入、非农业劳动所得）的实际利用可能性较少，应根据中国老龄化社会的特征，按照政府救济和社会互助相结合的原则，探索和构筑多层次、多元化的，由政府、社会、家庭和个人相结合的养老保障体系和制度化、多元化的财政投入机制。

可见，国内外学者已经意识到了现存女性养老保障制度本身存在着不完善的地方，即存在制度本身的社会排斥问题。同时，部分学者更进一步意识到，性别差异应该被纳入到福利政策的制定中来。但是，他们都没有从性别排斥角度进一步探讨问题的根源。本书出于这样一种思考，从养老福利保障的视角入手，对保障制度中的性别排斥问题进行分析，探求性别排斥的根源以及这种排斥所带来的对个人、社会和经济的影响，从而提出一些对改进中国女性福利有益的建议和对策。

（一）中国养老保障中存在的性别排斥问题

尽管在养老保障方面，中国出台了许多条例和办法，如《企业养老保险条例》、《公务员条例》及各地方的《事业单位养老保险暂行办法》、《农民养老保险条例》，但到目前为止，仍没有一部完整的养老保险立法。从这些零散的条例性规定看，中国养老保障体系在对待性别差异层面存在以下几个方面的问题：

第一，中国社会保障的覆盖面以男性为主，女性老年人大多处于社会安全网之外。有关中国城乡老年人口状况的一次性抽样调查显示（李娟，2007），城市男性老年人口中离退休人员占88.6%，女性老年人口中离退休人员占54.7%；农村男性老年人口中离退休人员占9.0%，女性仅为2.2%。无论城乡，男女之间在养老金的覆盖面上都存在较大的差距，男性和女性各自内部的城乡差距大，而农村的两性差距比城市更为严重。

第二，现行养老保障体系中，改革最大的一块是企业养老保险，其中首要问题是建立个人账户，扩大养老保险的覆盖面。然而，企业养老保险条例没有提到性别差异问题，更没有提到保障女性的养老保险权利。因此，如果女性未能就业，那么就无法得到养老保险的机会。而现实中，因为性别歧视的存在，女性就业率明显低于男性，即便女性实现就业，也以非正式就业、临时就业为大多数，因此参与养老保险的机会相对男性大大降低。不仅如此，在很多企业存在"同工不同酬"的情况，在这种情况下依据个人工资额缴费的养老保险个人账户，在未来的积累中更加不平等，导致女性和男性在退休后的养老金存在较大差异，从而直接影响女性晚年的生活水平。

第三，随着女性地位的提高，知识女性及农村大量的女性劳动力向城市的转移，使得越来越多的女性劳动力加入到城市的劳动大军中。然而，中国现行的养老保险制度未能充分考虑女性的工作、生活特点，她们的家务劳动、生育、照顾子女等劳动和服务贡献也未能进入制度设计的视野。实际上，这些负担的存在恰恰是就业性别歧视、职业隔离等的重要原因，并导致妇女在劳动力市场上处于非常不利的地位。

从养老保障政策的实际执行结果看，表5-7[①]和表5-8分别是根据中国城乡老年人口状况一次性抽样调查计算的城市和农村分性别老年人月收入状况。由此二表不难发现，无论城市还是农村，男女老年人月收入均存在较大差距，其中，城市老年妇女的收入甚至仅为男性的一半左右，农村老年妇女的收入也不及男性的70%。这种差距使得城市和农村老年妇女月平均收入水平低于贫困线的人口数量分别为男性的3.25倍和1.3倍（徐勤，2003）。尤为重要的是，从收入结构看，城市老年人收入最主要的组成部分之一是退休金，而老年妇女可领数额平均仅相当于男性的47%左右，两性差距甚至比总收入差距还要大。农村人口虽然并非以退休金为主要收入来源，但退休金却是代表农村养老保障水平的最重要指标。土地收入、家庭支持虽然是农村人口更重要的收入来源，但却不属于养老保障政策体系范围。从农村人口退休金数额看，女性更是少得可怜，平均不及男性的1/10。而从保险、救助收入看，男性也大多明显高于女性。

表5-7　城市分性别老年人的月收入状况

收入分类	水平/元			构成/%	
	男	女	女性收入/男性收入/%	男	女
总收入	947.11	490.04	51.74	100	100
退休金	636.73	300.5	47.19	67.23	61.32
家庭支持	43.38	63.98	147.48	4.58	13.06
保险	78.74	42.86	54.43	8.31	8.75
经济活动	153.34	60.72	39.59	16.19	12.39
救助	1.8	3.34	185.55	0.19	0.68
其他	32.86	18.49	56.26	3.47	3.77

---

① 家庭支持包括子女、孙子女和亲属支持；保险包括社会保险、商业保险和企业补贴；经济活动包括就业收入、生意收入、分红、利息和其他经济活动收入；救助包括社会救助和集体救助。资料来源：佟新. 我国的老龄化、性别和养老政策. 华中科技大学学报（社会科学版），2008，（2）：85。

表5-8 农村分性别老年人的月收入状况

收入分类	水平/元			构成/%	
	男	女	女性收入/男性收入/%	男	女
总收入	181.52	123.95	68.28	100	100
退休金	29.36	2.44	8.31	16.17	1.97
土地收入	50.42	46.58	92.38	27.78	37.58
家庭支持	40.25	38.45	95.52	22.17	31.01
保险	1.05	0.35	33.33	0.58	0.29
经济活动	35.76	25.18	70.41	19.70	20.32
救助	2.83	1.49	52.65	1.56	1.21
其他	22.09	9.54	43.18	12.17	7.69

尽管2005年《国务院关于完善企业职工基本养老保险制度的决定》进一步对养老保险制度进行了改革,使得与1997年《国务院关于建立统一的企业职工基本养老保险制度的决定》相比,男女两性养老金利益都有所改善,但是相比于改革之前,女性在养老金月收入、总收益、终生净收益等几个方面的增长速度均低于男性,性别间的养老金收入差距有扩大之势。

第四,退休性别年龄的差异影响两性养老保障。在中国,宪法规定男女就业权是平等的,但法律规定,从事企业体力劳动的女性满50岁、男性满55岁退休,从事单位脑力劳动的女性满55岁、男性满60岁退休。退休金积累依据是工作年限,这就造成了退休金男高女低的不平等结果。中国退休金是与就业收入相关联的养老金制。关于退休年龄,中国曾实行了不同的政策,直到1997年,《国务院关于建立统一的企业职工基本养老保险制度的决定》发布,开始实行"社会统筹与个人账户相结合"的现代养老社会保险制度,男女退休年龄依然不变,只是养老金不再与工龄挂钩,开始与缴费年限挂钩。"个人账户"中男女平均余寿都是10年。关于退休金支付,中国现行的计发标准对"工人"和"干部"有所不同。对于男女"工人",工龄满20年的,都可得到工资替代率为75%的退休金;对于男女"干部",工龄满35年的,都可得到相当于规定工资88%~90%的退休金。显然,在现行养老保险政策下,女性的提前退休,使较多女性实际上无法得到满额退休金,因此她们的养老金水平显然低于男性,从而造成了男女就业结果的不平等。

首先,养老金男女水平不同,且养老金工资替代率在下降,这就意味着女职工在提前退休后生活水平下降,低于男性。退休早意味着工资低,中国养老金支付与工资高度相关，这对于工资低的女性不利。退休晚工资高，抽样调查资料表明，中国男女工资水平的差距随年龄的提高而增大（表5-9）（郑功成，2002）。其结果是，同一年龄段的男女退休职工，即使按同一工资替代率计发养老金，退休女职工养老金也仅为退休男职工的71.4%。[①]

表5-9　分年龄组女职工与男职工工资对比（男＝100）

项目	1978 年	1986 年	1988 年
30 岁以下	100.03	97.2	96.4
30～39 岁	95.2	94.9	91.5
40～49 岁	91.4	93.07	92.9
50 岁以上	80.6	83.7	81.6

其次，现行的退休年龄影响了女性素质和竞争力的提高。按现行规定，女性满35年工龄才能得到工资替代率为88%～90%的满额退休金，如果女性约在20岁时开始工作，则意味着她们接受教育的数量和质量都十分有限，而较低的人力资本必将削弱其在市场中的竞争力，被排斥的可能性大大高于男性。如果女性继续接受高等教育，在25岁时参加工作，就意味着她无法得到满额的退休金，高额的人力资本投资却带来较低的回报。而且，工作较晚的高学历女性劳动者工作时间太短，造成人才资源的浪费。无论怎样选择，这两种可预期的结果都是女性在市场竞争和社会生活中处于弱势或被排斥的状态。

再次，退休年龄的性别差异，在发展机会方面对女性产生了负面影响。随着人才竞争的加剧，年轻化首当其冲成为竞争的焦点。有的地区规定，在选择提升新干部时，女性一般不得超过45岁。这种规定使女性更早地被排斥出竞争市场。更何况，在国企改革深入之际，出现了35岁现象，越来越多的女性在35～45岁就被淘汰下岗、内退，其选择和发展的机会受到了侵犯。

总之，退休年龄的差别，以及按中国现行"工龄长短与养老金高低挂钩"等规定，较早退休意味着绝对收入（既包括工资收入，也包括"福利"收入）的减少。这种以"保护女性"为理由的政策事实上降低了女性的福利（潘锦棠，2002）。

（二）女性养老保障中性别排斥的原因

1. 影响中国养老保障性别排斥的制度因素

第一，中国没有《反就业歧视法》，对就业性别排斥的限制不足使得女性不

---

① 中华人民共和国劳动部，联合国开发计划署，中国国际经济技术交流中心和国际劳工组织北京局．国际合作组．中国社会保险制度改革与立法．1996：395。

能获得与男性平等的就业机会。在养老保障政策总体为中性的情况下,女性获得养老保障的机会显然就更少。从国外经验看,像美国、欧盟等发达国家都颁布了旨在实现男女同工同酬的专门法律,并且很多国家实行的是社会保险缴税。在同工同酬的条件下,缴纳的社会保险税相对平等,从而在养老金的领取上也趋于平等。而与之相比,中国这方面的规定还非常欠缺,这势必导致即便能够被养老保障计划覆盖,中国女性的养老金收入也不及男性。在国外,还有一个很重要的社会保障法律是《遗属保险法》,遗属保险制度是参保职工死亡后的家属(符合条件的配偶、未成年子女和父母,优先考虑没有养老金的配偶)享有津贴的一种附加性的社会保险制度,可以有效地减少女性老年贫困,但是目前中国还没有此项制度。据调查,在中国大多数城市,老年女性要多于老年男性,尤其是丧偶后又没有生活来源的老年女性。在农村地区,农村妇女没有固定收入,极易陷入贫困,是一个非常脆弱的群体,因此制定这一制度可以有助于解决老年贫困女性的养老问题。

第二,现行的企业养老保险条例没有明确界定"职工"这一概念的内涵与外延,许多女性劳动者没有与企业签订严格意义上的劳动合同,仅与企业有委托代理关系(如个人保险代理人)或非正式的雇佣关系(如非正规就业、弹性就业),加之惩罚监督不力,雇主违法成本比较低,因此不少企业雇主"敢于"并"持续"违反劳动法和劳动合同法,不签订劳动合同,只给付工资,不给缴纳包括养老保险在内的五项保险。① 不少企业,特别是中小私营企业,为降低养老保障等福利成本而频频换人,这在一定程度上损害了劳动者的利益,特别是女性劳动者的利益。

第三,户籍制度的限制使农村妇女在就业时缺乏社会保险。即使女性能够及时就业,由于原有的城乡户籍制度差异的存在,城市居民社会保障基本与户籍身份挂钩,而农村流动妇女因受国家法律规定的先天社会出身的限制,处于城市户籍制度之外而遭受歧视,不能平等地享受城镇的市民待遇。在城乡分割的户籍制度下,女农民工在养老保险等方面基本没有资格参与和享受。

2. 影响中国养老保障性别排斥的经济因素

在微观层面,政策的执行者主要是具体落实福利政策的企业,包括国有企业、私营企业、外商企业等用人单位。从这一层面考察,仍能得出养老保障性别排斥的原因所在。

第一,劳动力市场中的养老保障性别排斥。如前所述,中国劳动力市场中很多女性未与雇主签订劳动合同,或者即使签订劳动合同,雇主也不给缴纳社会保

---

① 五项保险是养老保险、医疗保险、失业保险、工伤保险和生育保险。

险费，因此女性被排斥在社会保险之外。主要原因可分为内、外两个方面：

内因。生理特点的不同使得女性一生要经历生育期、哺乳期以及月经周期，这些使女性在体力上必然不如男性，所以有些需要大体力的工种，男性确实比女性更加适合。另外，生理上的特征（如孕育生命）使得女性在工作中不得不离开工作岗位一段时间，而再返回工作岗位时，可能已经有人替代了其原来的工作，这时候女性要么重新找份新工作，从零开始，要么换一个职位。即使无人替代其工作岗位，长时间脱离工作岗位，再回来时也难免有些生疏，需要一段过渡期，而这种种对于女性职业生涯的发展必定是有一些影响的，进而也会对女性养老保障的机会和数额产生不利影响。不仅如此，总体而言，女性具有教育程度低、非全日工作时间长、行业技能低等劳动力市场特征，这些特征使她们在养老保险的覆盖面上与男性相比，处于一定的劣势。

外因。《中华人民共和国劳动法》规定，企业不能以女性生育作为辞退的理由，在女性生育期间还要照发基本工资。但是，女性在这一段时间里是不能为企业创造价值的，企业从利益最大化的角度考虑，在录用女性时就会把这一点作为考虑因素，常常要求应聘女性必须满足 25 岁以下或者已经生育过，从而造成对女性的性别歧视。在市场经济的大趋势下，我们责怪企业追求利益是没有任何意义的。与其责怪企业唯利是图，不如说是国家社会保障体系的缺失。所以，国家保障体系的缺失也是造成女性就业时受到性别歧视的外因之一。另外，由于养老保险资金财政要负担一部分，财政资金来源的有限性使得社会保险的覆盖面还未普及到各个行业和企业，尤其是农村。加上企业用工成本的加大，短时期内让所有的企业包括中小企业全部缴纳社会保险还有一定困难。

其次，劳动力市场再进入引发的养老保障性别排斥。有两类女性群体容易受到就业再进入的排斥：一是下岗女性。主要是国有企业富余人员的下岗女性职工，由于不能适应新的产业结构调整，加上这部分女性年龄普遍偏大、技能偏低，因此一旦从企业中分离出来，再就业的困难程度会加大。二是从农村来城市务工的女性，被称为"打工者"。由于没有城市户口，她们普遍没有文化和技能，这部分人一旦下岗，实现再就业的机会将大大减少。这些势必导致女性参与养老保险的机会和数量都受到严重影响。

再次，劳动力市场后的养老保障性别排斥。人口老龄化社会，人口寿命延长，到了退休年龄仍精力旺盛的大有人在，但是在重新就业上，男性比女性更容易就业。很多 60 岁和 55 岁以上的高级职称男性会被返聘回原单位。即使是那些不具备职称的男性，也常常会得到返聘的机会。而高级职称的女性却很难再被任用，而没有任何职务和职称的女性再就业更是极为少见。

这些因素的存在直接导致女性的养老保障明显不足。对女性个人和家庭来说，这无疑大大加重了其自身的养老负担，容易造成老年贫困现象，影响老年女性的生活质量。在中国女性平均寿命明显高于男性的情况下，两性福利水平的差距自然会更加明显。对政府和社会而言，尽管可能在短期内降低养老保险缴费负担，但从长期看，由于没有积累，女性在真正需要养老保障支持时，将面临更大的压力，因而通常是得不偿失。

3. 政策建议

针对女性养老保障体系中存在的问题，建议政府从以下两方面进行改善：

（1）颁布《中华人民共和国社会保险法》，增加养老保险的保护范围。一方面，建立健全养老保障体系，不仅仅是要建立针对生育期、哺乳期女职工的保障体系，还要建立非正规就业中的女性养老保障体系；另一方面，长期以来，中国实施的是城乡有别的二元养老保障制度，在制度安排上存在严重的市民偏向，在运行机制上是由企事业单位直接负责、国家财政保底的保障制度。另外，对于生育期内女性养老保障计划的安排，国家应该承担起更多的责任，这既是为了转移企业的负担，减少由企业造成的性别歧视，也有利于女性更好地抚养、教育下一代。

（2）取消户籍制度，打破二元分割，建立城乡统一的就业机制。目前的城乡户籍制度是就业和养老的一大障碍。基于户籍制度的城乡二元分割体制，形成了城市和农村的划分，不利于农村剩余劳动力的流动，同时也不能保证女性劳动力的顺利流动和就业。另外，与户籍制度挂钩的养老保障也是就业中的一大难题。因此，如果取消户籍制度，真正使城市和农村制度一体化，实行居民就业保障制度和居民养老保障制度，将会形成一个统一的劳动力市场。

三、生育和就业保障制度问题分析

中国政府在生育和就业保障制度中都特别规定了对女性的保护条款，但实施过程中因其条款不完备或执法不力等问题，并没有从根本上改善女性就业歧视及社会性别排斥的窘境，其由好意出发却难以实现愿望的不对称，令人深思。

（一）关于生育保障制度

目前，中国的社会保障中除了生育保险是专门服务于女性劳动者的制度以外，其他规定都是以不分性别的全体社会成员为对象的。现在，中国劳动力市场日渐成熟，劳动雇用已经引入竞争机制，这个时期，妇女的生育行为影响了其就业机会的选择，妇女生育的负担成为企业竞争的沉重"压力"，这一"压力"自然成为企业拒绝招收或辞退女工的理由。推行生育保险改革，体现了对妇女生育的社会价值的承认，也调整了企业生育费用的负担。但是，大量问题的存在不能不引人深思。

1. 生育保险中的问题

自新中国成立之初，我国就已经建立了生育保险制度。1994年，为了规范各地的生育保障制度改革和指导改革在全国范围内推行，政府颁布了《企业职工生育保险试行办法》，规定：生育保险按属地原则组织，费用实行社会统筹，按"以支定收，收支平衡"的原则筹集。企业按照女职工工资总额的0.6%~1%比例向社保经办机构缴纳生育保险费，建立生育保险基金，职工个人不缴费。女职工生育费用与津贴由生育保险基金支付。但该办法规定生育保险的对象是城镇已婚女职工。

应该说，《企业职工生育保险试行办法》是以适应经济转型为方向，以确认和补偿女性生育价值以及纠正劳动力市场上的性别歧视为目标的，是有利于女性发展的。而尤为最重要的是，这项规定改变了过去由用人单位为女职工提供各种生育待遇的方法，而实行生育保险社会统筹，即由社会保险机构统一收缴、管理和支付生育保险基金，从而实现了生育成本的支付转移。那些女职工多的单位因此减轻了负担，提高了经济效益，从而基本上能够与男性职工多的企业进行公平竞争。因而在一定程度上缓解了女性在劳动力市场上受到的不公平待遇，改善了女性的就业情况。

但其中也存在一定问题：①该项社会生育保险制度进展缓慢，直至2001年底，新制度所覆盖的职工才为3455万人，仅占生育保险制度内职工的30%，仍有70%左右的职工接受的依旧是老制度（潘锦棠，2003）。这远没有实现国务院《中国妇女发展纲要（1995~2000）》在生育保险目标上的承诺，该纲要的目标是：20世纪末"在全国城市基本实现女职工生育费用的社会统筹"（郑功成，2002）。②生育保险制度的覆盖面太窄，忽视了广大农村女性和非正规就业女性的生育权益。1999年参保人全国覆盖率仅为28%（郑功成，2002）。劳动和社会保障部与国家统计局联合发布的《2006年度劳动和社会保障事业发展统计公报》显示：2006年末全国就业人数76 400万人，全国参加生育保险人数为6459万人，比上年末增加1051万人。全年共有108万人次享受了生育保险待遇，比上年增加46万人次。尽管参保率有上升的趋势，但是仍然是少数，生育保险覆盖率仅为全国就业人员的8%（刘明辉，2008）。千千万万的农村女性以及城镇女性劳动者，因为在非正规部门或以非正规方式就业，而处于生育保险的覆盖面之外，而无法得到这一保障。这部分女性占总数的比例较大，在中国当前的市场经济环境下，在非正规部门实现就业的女性最多，特别是私营、个体经济和中小企业，吸纳的女性劳动力占城镇就业增量的80%左右（国务院新闻办公室，2004），而绝大部分的女性劳动者处于就业竞争的劣势。此外，即便用人单位不为女职工的生育承担直接成本，因为企业缴纳生育保险金的数额与女职工的数量并无直接联系，而产假工资是由生育保险金支付的，女职工享受产假期间，由于用人单位不得不寻找合适的人代替生育的女职工，这势必会对工作造成一定的影响。对于用人单位来说，这也是一种间接的预期成本，势必成为企业拒绝招收或辞退女工的理由，劳动力市场中的性别倾斜态度以致排斥就自然会蔓延开来。

2. 问题的分析

生育保险只针对女职工产假期间雇用女性的企业。由于生育保险体系的不健全，许多企业拒绝接受育龄妇女，女性背负着本应由社会承担的生育费用，择业起点较男子低，且发展滞后。中国生育保险统筹覆盖面比较低，生育保险没有实现社会统筹而由雇用女性的企业承担，企业显然不愿承担这笔额外费用，女性就业困难的问题没有得到根本解决。

（1）制度弊端。从政策的倾斜性来看，中国是世界上最早推行对妇女实行倾斜性政策的国家之一，尽管如此，也不能回避"平等对待政策"的局限性。

中国的性别倾斜政策可以分为三类：一是恰当保护的政策。正视性别之间的差异和深层的机会不平等，采取有利于弱势群体增进机会和选择权利的措施和政策，从而有效地促进性别平等和发展。二是过度保护性政策。这类政策将女性视为能力差和易受伤害的对象，政府及决策部门与女性的关系是强者保护弱者的关系，对女性的行为进行保护性限制。这类保护性政策有两个缺陷：①将女性定位于能力差的弱者；②忽视了女性的选择权和能力的发展。三是保护不当的政策。即针对性别之间的某种差异采取的措施是必要的，但是措施不当，未能产生积极的效果，反而使女性处于更为不利的境遇（万敏，2007）。况且，往往现实中还存在着立法不普及或有法不依的情况，甚至和其他制度规则间还存在着由于互不兼容而引起的负作用，比如，户籍制度歧视①更进一步排斥了女性劳动者的经济与社会参与以及福利与保障的获得。

（2）实施不畅。尽管现行的福利制度试图做到男女平等，但不管是在政策制定中还是具体实施中，相对于男性，女性在福利制度中获益较少。对女性不适宜从事的劳动的等级不严格遵守等，例如，妇女"四期"（经期、怀孕期、产期、哺乳期）保护不充分，很多企业不能保证90天的假期，而且对于流产、小产的法定假期很多单位都没有执行。职业福利分配中也存在对女性的不公平。另

---

① 例如，北京市2005年7月1日起实施的《北京市企业职工生育保险规定》（北京市人民政府令［2004］第154号）第二条规定："本规定适用于本市行政区域内的城镇各类企业和与之形成劳动关系的具有本市常住户口的职工。"在附则第二十八条规定："本市行政区域内的民办非企业单位、实行企业化管理的事业单位和与业单位、企业、社会团体、民办非企之形成劳动关系且具有本市常住户口的职工参照本规定执行。"将外地来京工作的人员排除在外。上海也有相同的法规。

外，很多企业对女性生育保险责任的逃避、"四期"保护的忽视，其实就是对女性生育行为社会价值的否定。从全国总工会等单位和个人的多项调查报告来看，中国当前生育保险不到位的情况相当普遍，主要问题有：有些老企业取消了生育保险、有些新企业不建立生育保险、对生育女职工放长假、生育保险金的不到足额支付等（郑功成，2002）。

（3）覆盖面局限（郑功成，2002）。目前中国实行的是职工生育保险制度，还不是全民生育保险制度。职工生育保险制度的作用之一是鼓励妇女就业，只有就业才能得到生育保险，否则只能自己负担生育费用。而在全民生育保险制度下，无论就业与否都有生育保险。而中国原有的生育保险主要针对国有企业，对其他类型企业的覆盖不够。特别是随着经济体制改革的深入，当多种企业形式并存时，生育保险制度的覆盖面尤显狭窄。

进一步扩大生育保险社会统筹的范围，使生育费用实现社会共担，减少雇用女性的企业的生产成本。对于女性在业期间由于生育对企业造成的损失，国家的相关补贴十分必要。比如，可以通过现金补助或者减少税收，降低雇用女性的企业的成本，降低女性就业的门槛。有了就业，就有了基本的经济保障，以至有了参与社会活动的可能，那种被排斥在边缘的境况才有机会得以改善。

总之，如果生育保险进一步纵深发展，并且加强实施过程中的监督力度，那么这项制度就不仅仅是政府出于对女性劳动者特别保护的倾斜，同时也是对企业的一个激励。在竞争的市场中，企业因此而获得雇用女性劳动者的一个"补偿"，企业不必担心女性劳动者因生育的临时退出以及经济补偿造成的损失，将在一定程度上减少对女性性别差别性的态度和评价。女性劳动者也不必担心因生育而遭到雇主的拒绝，进而减少失去收入的风险。在生育保险的条件下，企业就能更准确地评价男女雇员的劳动能力，男女就业机会更加平等，女性劳动者的权益被切实保护，无论如何都是社会文明进步的体现。

（二）关于就业保障制度

新中国成立以来，不乏种种法律法规赋予妇女参与社会经济发展的权利，明确规定男女就业平等。然而，毋庸讳言的是，中国性别平等就业政策并没有改变女性就业不平等甚至被排斥的事实。一直以来，社会各方也在积极努力推进男女就业平等，但是社会福利及就业政策中仍存在差别，如严重歧视女性等。所有这些，形成了潜在的社会性别排斥，使女性的生活水平不高、生存境况堪忧。

中国的失业保险制度起源于1986年，当时国有企业进行用工制度改革，在保持固定工的条件下，开始试行合同制用工制度，合同工合同期满后可能存在失业的威胁，因此要有相应的制度安排。国务院颁布《国营企业工人待业保险暂行规定》，开始建立中国的失业保险制度。从 20 世纪 90 年代中期开始，为加快国有企业体制改革，出现了大批员工下岗的情况，使原来的综合性保障在制度上出现了分化，就业保障分离出来。1999 年 1 月 22 日，国务院发布实施《失业保险条例》，中国的失业保险制度基本成型。[①] 应该说，该项制度使中国女性劳动者的权益得到了一定程度的保护，但是，现实中依然不断发生女性劳动者性别歧视、社会排斥等权益受损的现象。所有这一切，都对女性劳动者的身心发展十分不利。

1. 问题的现状

中国社会保险制度政策层面上隐藏着的性别差异造成了男女两性在社会保险总收益水平的不平等（朱冬梅，2005）。其问题集中表现在以下几个方面：

第一，就业差距造成社会保险性别差异。女性就业率低，造成女性总参保率低于男性，而女性失业人数多于男性，女性断保和退保比例高于男性。

第二，收入差距造成社会保险性别差异。女性基本工资低于男性，造成女性参保者社会保险缴费基数低于男性，而女性社会保险缴费基数低于男性，又造成退休后领取的基本养老金低于男性。这两个方面的因素结合起来，导致女性被社会保险覆盖的人数以及给付水平都远不如男性。

第三，非正规就业女性没有社会保险制度保障。由于生理上和社会上的各种原因，女性比男性更多地参与非全日制工作等非正规就业形式，即在无法享受社会保险的非正规就业者中，女性占大多数。而且，由于中国非正规就业中存在着比较严重的职业性别隔离，女性非正规就业者一般只能从事待遇较低的工作，而她们偏低的收入水平又进一步限制了其自我保障能力。

第四，实施障碍。中国女性劳动者的社会保障水平和福利享有水平确实有一定的提高，但是性别差距巨大也是一个不争的事实，而且妇女享有的社会保障和福利水平仍然处在较低水平上。据全国妇联 2003 年的调查（涉及 10 个省、自治区、直辖市，$N = 6000$），被调查妇女（占总调查人数的 41%）所在单位中未提供退休金或养老保险的占 25.6%，未支付产假工资的占 30.4%，未提供公费医疗或医疗保险的占 37.8%，未提供失业保险的占 57%，未提供工伤保险的占 60.8%，未提供法定假期以外的带薪休假的占 70.6%（王金玲，2006）。由此可见，中国女性就业的福利保障水平明显低于男性，虽然在新中国成立以后，作为"半边天"的女性是劳动力的重要组成部分，但在劳动力市场竞争激烈的形势下，她们正在被进一步边缘化。

---

① 《制度转型过程中的社会排挤和边缘化：以中国大陆的下岗工人为例》，《华人社会中的社会排挤与边缘性》，香港理工大学应用社会科学系政策研究中心，2003 年。

社会保障制度是女性就业权和发展权的基本前提，目前，随着就业体制的变革，需要建立一套相对较为完善的社会保障制度来保证男女公平就业的实现。然而，在性别平等的就业政策下却产生和存在着男女职业不平等的就业结果。因此，国家有责任进一步完善社会保障制度以保障妇女的就业权利和全面发展的权利（齐小玉，2001）。建立和实行市场经济条件下的就业机制，必须有相应的社会保障制度与之配套，尤其需要建立有利于女性就业的失业保险、生育保险和养老保险等社会保障制度与其配套协调进行（熊道庚，1996）。中国人民大学教授潘锦棠在调查中发现，正是由于企业独自承担女工劳动保护费用，从而影响了女性就业（潘锦棠，2005）。他还提出养老社会保险制度中有性别利益问题，即养老金在两性间的分配和男女劳动者的就业权利问题（潘锦棠，2002）。

2. 问题研究

制度和现实为什么不对称？政策实施为什么不畅？其原因和影响是什么？

1）原因分析

其一，意识根源。女性就业的福利劣势的最根本原因是政策中缺乏性别意识。性别平等政策，如宪法规定妇女在政治、经济、文化、社会和家庭生活等方面享有与男子平等的权利，这种政策本意是要给予男女两性同样的待遇，但这种政策很容易把权利平等发展成结果平均，并且忽略或者漠视女性的特殊情况和特殊需要。

性别平等概念很少在权利、机会的层面为人们所意识，而常常在结果平均的层面来理解，缺乏性别权利平等的意识是性别平等难以推行的思想障碍。实际上，这种中性政策有可能把原来就处于弱势地位的女性排除在社会发展的进程之外，加剧了女性和社会之间的分离（沈奕斐，2005）。改革开放后进一步出台的一系列劳动力市场雇用政策，依然都是基于男女平等的理想状态而制定的，政策中缺乏性别视角，忽视了现实中男女由于社会历史原因所造成的差别和不平等的事实。这使看似男女平等的就业政策，由于男女在社会现实中的起点不一致以及差别的存在，而无法真正产生男女平等就业的效果。

同时，另一个根本意识原因是传统性别角色概念及性别分工体系的影响力。性别偏见和性别歧视依然为大多数人认同，乃至为多数决策者认同。对于传统的性别角色定型和婚嫁制度，许多人视为是天经地义和不可质疑的，加之男性群体利益的需要，就会在具体的分配措施上向强势群体倾斜，而损害弱势群体利益。受其影响，在政治、教育等领域，女性的获益也相对少于男性，这对女性的福利也具有间接的影响。而且，众多领域相互作用，在共同受到社会性别偏见的条件下，形成了一个女性福利劣势的恶性循环。福利制度在提高全民生活质量的同时把更多的资源分配给了男性，而这种差别的根源就是社会性别的不平等。这种不平等虽然体现在不同的层次上，体现在不同的领域中，但对女性而言却产生了同样的伤害（万敏，2007）。

其二，实施问题。国家的法律、法规和政策，都旨在保护妇女的劳动就业权利，但事实上这种保护在现实中并不都很到位，女性就业权利被侵犯的现象仍在不断发生。因此，需要审视一下现行法律、法规、政策在保护女性就业权利方面的有效性。只有规定，而没有相关具体的司法诉讼程序，使对妇女劳动权益的保护无法落实到实处。一项法规出台之后，不仅要规定拥有什么权利，更重要的是要建立反歧视的规则。一旦侵犯了合法权利，可以有地方起诉，法院依照法律可以惩处和制裁。中国的性别平等立法缺乏反歧视条款，更像宣言和声明，依靠决策者的意识起作用，不具有强制性和法律的权威性。

对于就业中存在的侵权行为，国家没有及时出台相应的措施进行限制，缺乏惩处和补偿的条款细则，使这类案件得不到有效的处理。在实际生活中，性别歧视的行为没有可以诉讼的渠道和机构。在中国，大多数法院把性别歧视案件视为小事一桩，不予受理，这也使得许多受到性别歧视的人士无从申诉。同时，也没有建立起与此相适应的保障机制，缺乏有组织的、职责权限明确的、行之有效的对就业中歧视妇女的行为进行监督查处的管理办法和管理机构。可操作性的欠缺给一些歧视女性的行为以可乘之机，终使女性在平等的政策下得不到平等就业的机会。

其三，覆盖率问题。在中国社会的转型时期，社会保障体制缺失，即社会保障体制在从"单位保障"向"社会保障"过渡中，旧的单位保障体制在弱化，而新的社会保障体制不完善，由此给部分女性劳动者的权益带来了不利的影响。性别排斥过程中的体制因素是指，由于社会保障体制的缺失，女性劳动者的保障权利未被有效保护的状况（石彤，2006）。

其四，监督问题。由于中国城市企业所有制的差异，以及由此差异所带来的利益分配中的矛盾，也由于政府在社会保险的建立和执行过程中一直没有采取应有的强制性手段，这使得许多经济效益好的企业不愿意参加城市社会保险体系，经济效益不好的企业又常常无力缴纳社会保险金（关信平，1999）。经济效益不好的国有企业下岗女工多，由于企业拖欠社会保险金，她们就不能享受社会保障权利，而她们是最需要也最渴望得到社会保障的。是否有社会保障成为国有企业下岗女工选择是否到体制外就业的重要因素（石彤，2006）。由于国家制度、法规及公共政策实施中可操作性不强，政府监督监管又不足，在一定程度上造成了女性在就业中的不利地位，成为性别社会排斥的重要原因之一。

2）影响分析

中国的社会保障体系很不完善，并且存在许多制度缺漏，导致社会排斥，使一些群体沦落为边缘群体。由于保障不利，女性在就业中遭到排斥的影响十分严重。

第一，直接影响。女性在就业中遭受社会排斥的直接结果就是造成她们的经济贫困、社会地位低下，从而产生个人无意义感、无用感和孤独感，不利于她们的身心健康发展。由于劳动宏观上分为有酬和无酬两种，女性的劳动时间以无酬的家务劳动为主，而主流的社会福利却只在有酬劳动者之间分配，那么女性在就业中受到排斥，同时意味着被排斥于社会福利之外，严重损害了她们的经济利益。经济独立是人格独立的前提，就业中的性别排斥造成男女两性不同的成功条件与机会，使女性在社会竞争中处于劣势地位，严重压抑了她们的才能和智慧的发挥。而这种现象长期存在，不能不使女性滋生自卑心理，对未来的事业发展不再有过多的期望，较安于现状，最终降低了其社会成就的动机，认同并固化了已有的性别社会角色及社会性别制度。

第二，间接影响。经济排斥是社会排斥的一个重要表现，而劳动力市场排斥又是经济排斥的重要内容之一。劳动力市场排斥有两种情况：失业或排斥于劳动力市场；不稳定就业或排斥于内部劳动力市场。无论哪种形式的排斥都不可避免地引起其他维度的社会排斥。比如，①失业会导致收入贫穷和消费市场排斥。在现代社会中，多数人的收入来自工作，失业意味着没有收入或收入减少。②失业可能导致政治排斥，一方面失业会使失业者对政治冷淡，另一方面失业也可能导致政治偏激。③失业者可能处于社会关系排斥之中。在家庭关系方面，失业可能导致青年与父母关系紧张或引发潜在家庭矛盾。此外，失业还可能导致个人与家庭以外的社会关系疏离。同时，因为社会交往的质的方面，由于社会分割或社会孤立的原因，失业者获得的有效社会支持不多。④失业可能使失业者遭受文化排斥。⑤失业者可能排斥于国家福利制度（曾群，2006）。

3）反思及政策建议

第一，关于反思。有一种观点认为①：劳动者在失业后享有社业保险和其他社会保障待遇，这是他的社会权利。但这种权利并不仅指在单纯的社会保障体系中获得经济补偿和救济，更重要的是在制度的帮助下劳动者能够融入社会，积极地参与社会活动，承担自己的社会角色和责任。制度或政策的价值所在不仅是使失业者在经济上获得保险金的保障，更进一步是防止发生"社会排斥"，即由于失业尤其是长期失业而被排斥于主要社会生活或工作环境之外所形成的社会问题。可以说，就业就是最好的社会政策，能够促进失业者再就业的制度是最好的失业保障制度。政府对失业者和其他弱势群体采取事业保险制度，是一种基于差别对待原则产生的政策，政府有责任和义务使公民权益得到保护，这是人类社会

---

①　所谓失业等社会保障的价值观：失业保障制度发展与变革的价值基础是马歇尔的公民权利学说。马歇尔提出的现代社会公民权利包括三部分内容：契约权利、政治权利和社会权利。从社会政策视角来看，在当今社会，公民工作并且有一份与他的工作相匹配的收入，这是他在劳动力市场上行使自己的契约权利，而失业后享有社会保险和其他社会保障待遇，这是他的社会权利。转引自郑功成．中国社会保障制度变迁与评估：北京：中国人民大学出版社，2002：184。

的基本和道德基础，是政府发挥作用对市场缺陷的补救，也是现代社会保障制度存在的基本前提（郑功成，2002）。当今中国在改革开放30余年的短暂历程中尝试着建立起来的包括就业在内的各项保障制度，虽然有各种问题，但不容否定的是，它们确实保障了劳动者的一些权益，一定程度上维持了市场经济的秩序和社会生活的稳定。

第二，改良的思路。女性劳动力是推动经济发展与社会进步不可或缺的力量，她们不仅要求获得基本的经济独立及男女两性地位的平等，还对社会保障提出了新的需求，比如，目标的高层次发展，即不仅要解决女性社会成员的基本生活保障问题，而且要不断改善和提高生活质量；希望社会保障制度与政府政策的实施有机结合以确保权益，实质上消除就业中的性别歧视等。

从社会性别的特殊需求分析，一方面，由于女性与男性的生理差异，女性承担着人类社会再生产的重要职能，为人类发展作出了重要贡献，因此女性应该是社会保障的重点受保者；另一面，女性作为与男性同属于为社会发展作出贡献的主力军，也是社会保障基金的贡献者。因此，既要重视性别差异性保障，又要重视性别发展性保障。由于社会保障水平具有刚性增长的特点，必须坚持受保人权利与义务的对等性。忽略了后一方面，社会保障制度就不能持续发展，因此，必须推进性别平等主流化。但数千年历史沉积所形成的性别不平等，不是在短期内就能够消除的。特别是在当前市场化过程中，不仅女性劳动者就业时遭受歧视，更受到男性群体的广泛排斥，这种性别排斥对经济和社会各方面产生了消极影响。

鉴于此，建议如下：

第一，在社会保障制度改革的目标中强化性别平等的理念。在各项保障制度改革中，以性别平等为基本准则，用以规范社会保障制度的真正宗旨。世界银行的一份报告曾指出，政府的任务及其政策问题应为：采取有效的行动支持市场的有效运转，鼓励生产性投资，对受到歧视或处于不利地位的劳动者给予帮助。因而，以实现社会公平为目标的政府，完全有责任将性别意识纳入决策过程中，不仅使政策在制定、执行过程中不因性别意识的缺失而产生性别歧视，还要制定向女性倾斜的政策。同时，通过就业制度、社会保障制度等制度改革与创新，从根本上保障并实现中国妇女的公平就业权利，并为此创造经济、社会、法律的制度环境。

第二，充分发挥社会保障的调节功能以消除社会不公平现象。社会保障制度可以通过调节国民收入的分配与再分配，将保障基金通过税收或转移性支付再分配给受保障者或有需要者，以保障社会成员之间的公平。如生育保险的实施，将女性生育"负担"社会化分担，以消除就业中的性别歧视现象。国家应采取积极的干预态度，承担起主导的社会保障职责，如应制定统一的生育保险条例，建立统一的社会统筹生育保险模式，管理并监督生育保险的运行过程。政府还应出面组织社会保障供款及其全面工作，以保证社会保障制度的公平性。

第三，加大政府监督执法力度。继续完善《中华人民共和国劳动合同法》和《中华人民共和国社会保险法（草案）》对于违法的惩罚和监督，具体的条款应该加入并且细化。另外，政府有关劳动部门应该明确各自职责，加大监督力度，保障企业用工的有序性和合法性，尤其是对女性工人的招聘和用工，更是监督和检查的重要方面。

第六章　性别排斥的社会学分析

马克斯·韦伯认为，任何社会行动的背后，都隐藏着某种主观精神的东西，而且这种主观精神的东西的形成有着深刻的社会文化基础。因此，要研究某种经济行为，必须研究文化价值观和精神与这个行为的关系，以及这种价值、精神与更为广泛的文化基础之间的关系。[①]

第一节　性别歧视的历史文化背景

性别歧视是一个亘古的世界性的陈腐观念，一经在人们的头脑里扎根，就很难彻底地转变。迄今为止，各种文明进程的涤荡、心智的启蒙、理论的佐证以及法律的约束，都已经在极大程度上修正了这种观念和做法。但是，历史的惯性依然延宕不绝，其"不眠不休"的原因令人深思。

一、经济因素

在人类社会早期的母系氏族制社会，女性受到社会的尊重，居于主导地位，而以父系氏族制为代表的私有制出现后，逐渐形成了对女性的偏见和歧视，并且延续了几千年。"性别"一词在英语中就有两个含义：一是指生理上的两性差别（称"sex"）；二是指由社会造成的两性差异（称"gender"）。在决定两性性别特征的生理和社会因素两个方面，历史文化关注的无疑是一种社会性别关系。

1. 两性的分工

中国历史表明，夏商周三代是父系制逐步确立的阶段，两性分工亦在这一时期固定了下来：男子从事包括"惟祀与戎"的"国之大事"、内治外交的政统之

---

① 在《新教伦理与资本主义精神》中写道："我们承认经济因素的基本意义，因此每作一种解释，都必须首先考虑经济状况。但同时，相反的相互关系也不能置之不顾。因为，尽管经济合理主义的发展，部分地依赖合理的技术和法律，但是它同时也取决于人类适应某些实际合理行为的能力和气质。如这类合理行为受到精神上的阻碍，则合理经济行为的发展也会遇到严重的内部阻力。神秘的宗教力量，以及以此为基础的伦理上的责任观念，过去始终是影响行为的最重要的构成因素。"马克斯·韦伯. 新教伦理与资本主义精神. 成都：四川人民出版社，1986：26。

事、籍田以劝桑农之农事，这些领域被视为公事和外事；而"女不言外"（《礼记·内则》），女子被限定在"事中馈和务蚕织"的内事和私事方面。同样在公元前560年的古希腊，"妻子被称为oikurema，即用来照管家务的一种物件，在雅典人看来，妻子除生育子女以外，不过是一个婢女的头领而已。丈夫从事竞技运动和公共事业，而妻子不许参加"[①]。"历史上出现的最初的阶级对立，是同个体婚制下的夫妻间的对抗的发展同时发生的，而最初的阶级压迫是同男性对女性的奴役同时发生的。"[②]

恩格斯曾分析："当生产力发展到了畜牧业、制造与使用金属、纺织乃至最后耕种农业出现的阶段，产品有了剩余，新的性别劳动分工便产生了。男人此时在生产中所扮演的角色使得他们相对控制了较多的资源。同时，私有财产出现了，男性将其财产传给与自己有血缘关系的子孙。伴随着这种私有制与父权制，便发生了世界范围内女性历史性地被击败"[③]。

男女不平等首先来自于两性分工的基础，周礼对男女两性在"外"与"内"、"国"与"家"、"公"与"私"之间确立了分工。男性独擅祀（祭祀）、戎（军事）、还有外交和内政的国家管理事务，女性承担家务和生活私事，如果女性在某种特殊情况下以母妻的身份介入"公事"，被视为将会出现"牝鸡司晨"般家国不宁的恶兆。从宋代开始，一方面更强调了贤妇在内相夫教子的作用，另一方面也认同了一部分女人在外以色性伎艺娱人的活动。近代开始，妇女才逐步打破主内的传统格局，进入了社会职业领域。在中国，男女公私、内外的这种分工模式延续了近3000年，它从根本上否定了性别间的平等关系，更左右着关于性别的价值观和道德观。男性在社会和家庭里的绝对优势地位被理所当然地接受和延续，而女性的屈从与隐忍则使她们深陷用偏见与歧视织就的网络，不能自拔，同样也经久不绝。

2. 经济发展进程中女性的地位

经济上的附庸地位、法制上的"计丁授田"（刘宁元，1999）、观念上的女无私蓄、形式上的男耕女织、金屋藏娇以至最无人性的买卖妇女等，使女性沦为家庭的奴隶、男权社会的牺牲品。

中国两宋时期，发达的手工业和商业贸易加速了城市与集镇的商业化，饮食业的作用凸显出来。这其中，由于卖酒的利润大，酒的生产与经营由国家垄断（"榷酒"）[④]。为了增加销售量，商家不惜大量使用娼妓去引诱人喝酒。两宋的政

① ［德］恩格斯.家庭、私有制和国家的起源.中央编译局.北京：中国社会出版社，2001：51。
② ［德］恩格斯.家庭、私有制和国家的起源.中央编译局.北京：中国社会出版社，2001：51。
③ ［德］恩格斯.家庭、私有制和国家的起源.中央编译局.北京：中国社会出版社，2001：39。
④ 《宋史》（卷185）之《食货志·酒》，北京：中华书局，2004。

治、经济、文化中心汴梁和临安，酒食与色情业是最为兴盛的行业。那时，体现市民生活方式、价值取向、思想观念、社会心理、生活情趣等的市井文化也成长起来。比如，宋词的兴起。《全宋词》的女作者中，大约1/3是妓女，宋代妇女为时代文化作出了巨大的贡献。在商业、城市和市井文化三者的互动中，妇女功不可没。尽管妇女是市井文化的创造者和传播者，但是，她们的贡献拘泥于其地位和处境，与其苦难和牺牲紧密相连。妇女们的才华还远不能纳入以儒学为主导的正统文化，更不能摆脱她们卑贱的社会地位。

西方把色相妇女称为商业性工作者，这种使色情行业合法化的词汇，使妇女的人格尊严受到了更加公开和直接的践踏，并且是比妓女的称谓更严重的性别歧视。此外，把女性当作装饰品和商品广告等有损女性尊严的"商业行为"，也体现了赤裸裸的性别商品化倾向。

二、制度与宗法礼仪

奴隶制以降，为巩固和强化男性的支配地位，东西方都制造出了并且日益完备了一系列正式制度和宗法伦理的信条，它们既规范了社会，更桎梏了女性的个人发展。

（一）制度的作用

首先，婚姻家庭制度。妇女没有婚姻自由权，包办婚姻使妇女成为可以买卖的商品；男性可以借"七出"的任何一个理由遗弃妻子①，而妻子在丈夫死后，却不能再嫁；妇女要为丈夫甚至是未婚夫殉节。妇女没有人身自由权，没有财产权、继承权，没有受教育的权利，被要求在家从父、出嫁从夫、夫死从子，一生要服从男人的管制。妇女也不能成为诉讼的主体，《明令》规定，"凡妇人一应婚姻、田土、家财等事不许出官"，只有在无夫无子的情况下，妇女才能进行有限的诉讼（张晓玲，1998）。夫妻同罪，罚治不同。夫殴伤妻，减凡人二等；而妻殴伤夫，加凡人三等。汉律规定，夫与人通奸，处三年徒刑；妻与人通奸，则要处以极刑。南宋时，法律规定，"诸妻犯奸，许从夫捕"。妻子通奸，丈夫拥有刑罚的权利。在元、明时期，丈夫杀死犯奸的妻子，法律不予追究（张晓玲，1998）。

---

① 男性的休弃妻权利，《大戴礼记·本命》称"七去"，曰："妇有七去：不顺父母，去；无子，去；淫，去；妒，去；有恶疾，去；多言，去；窃盗，去。"唐代称"七出"，《唐律疏议·婚律》言："七出者，依令，一无子，二淫佚，三不事舅姑，四口舌，五盗窃，六嫉妒，七恶疾。"在此后历朝法律中，都能见到这一规定。为了防止丈夫任意休弃妻子，唐以来的法律中也有酌情保护妇女不被休弃的规定："有所去无所归投，不去；守翁婆三年孝服满，不去；先贫贱后富贵，不去。"

以家族兴旺为根本的社会，两性为此所承担的责任大不相同。就妻子而言，第一，她必须能够生育；第二，她要能生儿子；第三，她要教子成才。"婚姻是社会为孩子确定父母的手段。"（费孝通，1998）对中国女性来说，孩子成为她接受（忍受）婚姻的原因。中国有尊老的传统，养儿为了防老，但是，对于女性，儿子的意义不仅在于防老，更重要的是她能否成为贤妻良母，能否获得在夫家、在社会上的地位，这些是能否体现她的价值的根本手段。以男性为中心的婚俗，比如，重男轻女、"无后为大"的陈腐意识，在离婚、再婚和贞操问题上的传统偏见，以及种种生育习俗、生育禁忌和命名文化，都表现出了浓重的性别歧视。

《家庭论》的著者、诺贝尔经济学奖得主贝克尔曾总结过婚姻市场的规律：男人在婚姻市场上的资源是财富与地位，女人在婚姻市场上的资源是青春与美貌；男人的资源随着年龄的递增而递增，女人的资源随着年龄的递增而递减。一旦进入中年以后，男女双方的资源失去平衡，男人往往成为"有效率的寻觅者"，女人则成为婚姻市场中"没有效率的寻觅者"，拥有更多资源的男方大多开始见异思迁。而这类事情越来越少受到社会的指责，慢慢地被视作理所当然之事而加以接受。

其次，统治者在教化表彰方面的政令法规。在宗法男权统治下，女性卑下的地位逐渐被制度化、法律化、典章化。汉代在"周礼"的基础上将家庭伦理"纲纪化"，比如，将孔子的"君君、臣臣、父父、子子"和孟子的"五伦"（君臣、父子、夫妇、长幼、朋友）上升为"三纲六纪"（班固《白虎通义》）；宋代，由宋神宗下令公主下嫁必须向舅姑行拜见礼；元代由国家倡导理学，强调"臣死君，妻死夫，义也"，对殉烈妇女的表彰成为规制；明代，通过国家的提倡，表彰殉烈风行全国；清代，最高统治者从社会利益出发，开始提倡寡妇守节、抚孤；现代的新制度文明，由政党和国家倡导男女平等，并通过立法，使婚姻自主、同工同酬等蔚然成风。

意识形态的形成无不铸有国家的烙印，历代统治阶级对性别关系的制度规范和道德引导，其作用之强、影响之深，无以述喻。制度本身以及学者的诠释，都成功地完成了一件大事：锁定性别不平等的格局，实现"合理的"性别歧视。

（二）宗法礼仪的影响

乾坤正位，阳主阴从是中国最传统且无所不包的伦理哲学体系，性别观自然概莫能外。《易·说卦》言："乾，天也，故称乎父；坤，地也，故称乎母。"后汉班昭《女诫·夫妇》再言："故曰夫者，天也。天固不可逃，夫固不可违也……故事夫如事天。与孝子事父、忠臣事君同也。"其后，歧视与压迫女性的礼教"三从四德"、"男尊女卑"、"三纲六纪"、"七去"等相继产生。"三从"

指"未嫁从父，既嫁从夫，夫死从子"（《易礼·丧服·传》）；"四德"指"妇德、妇言、妇容、妇功"（《周礼·天官·九嫔》）。班昭在《女诫》中对此作了详细的注解："幽闲贞静，守节整齐，行已有耻，动静有法，是谓妇德。择辞而说，不道恶语，时然后言，不厌于人，是谓妇言。盥浣尘秽，服饰鲜洁，沐浴以时，身不垢辱，是谓妇容。专心纺线，不好戏笑，洁齐酒食，以奉宾客，是谓妇功。此四者，女人之大德，而不可乏之者也。"

三从，为女子立身之本；四德，则为妇之标准，亦即"为妇之道"。后世对此不断发挥，愈演愈烈。"男女有别，男尊女卑"（《列子·天瑞》）；"阴阳殊性，男女异行。阳以刚为德，阴以柔为用；男以强为贵，女以弱为美。"（班昭《女诫·卑弱》）；"三纲者，谓君臣、父子、夫妇也。君为臣纲，父为子纲，夫为妻纲。"（董仲舒《白虎通·三纲六纪》）。纲，本为提网之绳，引申为主体、领导。所谓夫为妻纲，就是说妻之对夫，犹如臣之对君，子之对父，必须绝对顺从。"阴卑不得自专，就阳而成之。"女性无人格，必依附于男子方成其人格。女性生命之价值全在于"服于人、事于人、伏于人"（《白虎通·嫁娶》），妇人无名，只能系男子之姓以为名；妇人无谥，只能因夫、子之爵以为谥；妇人不得蓄私财；妇人无继承权。所谓"七去"，实则为丈夫休弃妻子的七种理由，"妇有七去：不顺父母去；无子去；淫去；妒去；有恶疾去；多言去；窃盗去。"（《大戴礼记·本命》）；①"妇人贞洁，从一而终也"（《易·恒》），"夫有再娶之义，妇无二适之文"（班昭《女诫》），男子再娶天然合理，而女子要从一而终，甚至形成了妇孺皆知的"忠臣不事二主，烈女不更二夫"的俗谚。

约定俗成的道德标准潜移默化地制约着人们的思想和行为。"尊母"和"厌女"是东西方都存在的二元对立的性别文化传统，"理想的模范的妇女"和"令人厌恶的坏女人"是人们对两性双重道德和价值标准的裁判。所谓贤母、孝妇、顺妻、贞女是理想的、备受推崇和敬重的女性，比如，"孟母"、"周室三母"（太姜、太任、大拟女）、"岳母"等均为世俗所弘倡。同时，文士们也有"美女情结"和"才女情结"。

西方文化习惯于把人区分为不同的身份团体，对各种身份的权利和义务予以清晰严格的界定。妇女便是这种划分的牺牲品。在传统西方社会里，妇女在整体上是低于男人的等级。她们在经济生活、司法事务和家庭生活中，普遍受到歧视。她们没有独立的人格，没有法律行为能力，不能对自己的行为负责。对妇女的歧视从语言中就有最明显的体现：法语中，人和男人都用"l'homme"这一个词来表示；英语中都用"man"，那时的法律把人仅仅看做男人。罗马法也是如

---

① 西蒙娜·德·波伏娃. 第二性. 陶铁柱译. 北京：中国书籍出版社，1998. 参考其中关于男性休弃妻的权利。

此，在古罗马，只有罗马公民和罗马公民的妻子，而没有女公民（奥古斯特·倍倍尔，1995）。与这种状况相对应，她们也没有任何政治权利。占统治地位的观念认为，妇女属于家庭动物，附属于男人（父亲或丈夫），没有独立的政治地位。她们愚昧和低能，不能参与政治生活。这种观念根深蒂固，很少有人对此提出怀疑和挑战，连妇女本身也很少对此提出异议。

面对这些规范和塑造，女性或屈从并认同强大的主流制度和规范，或抵抗这种规范，或在认同主流规范的前提下，寻找父权制性别制度和生存的空间，最大限度地发挥能动性，或使自己在不利条件下有一个好的生存条件，或能在男性中心的制度中有所作为，或能以各种方式表达自己的声音，甚至对自身性别的认同，女性也不逊于男性。

男人在经济生活中的特权位置、他们的社会效益、婚姻中的威望以及男性在观念与习俗中的价值，这一切都让女人热衷于取悦男人。女人在看待自己和作出选择时，不是根据自身的真实本性，而是根据男人对她的规定、要求和欲望。另外，男性的绝对优势，还使得大多数女性无法与其争高论长，在父权文化的压力下，女性的"竞争"一定程度上变成了她们"内部的战争"。女性挟持女性往往更严格挑剔，因为她们自己经历过这个痛苦的蜕变过程，知道该如何防范"越轨"的女性。"多年的媳妇熬成婆"之后，就希望以施虐补偿自己早年的被虐，从而变成一代压抑一代的恶性循环（欧阳洁，2000）。来自广东省的一份调查显示，即使是在今天，仍有59.9%的广州男性和61.3%的广州女性认为应当"男主外、女主内"（欧阳洁，2000）。因此，有的思想家这样慨叹："女人的最大的不幸之一，即童年时期被操纵在女人手里"（西蒙娜·德·波伏娃，1998），"妇女的卑劣是由于给她们以卑劣的教育与培养造成的"（玛丽·沃斯通克莱夫特，1995）。只是到了近代，一部分妇女觉醒，投入到自我解放的运动当中，从反缠足到办教育，从革命性的运动到建设生产，从文学到艺术创作，终于开始表现出了她们应有的主动和能动。

三、典籍文化

（一）宗教的理念

千百年以来，三大宗教的教规、教义无不在体现性别差异的同时，贬低女性的羸弱。基督教文化对女性有两个重大的负面评价：第一个是将女人列为万恶之源，《圣经》的"创世纪"写道：人类最初的堕落是因为夏娃偷吃禁果所致，她是使人类被逐出伊甸园的罪魁祸首。"当夏娃偷吃了伊甸园树上的禁果后，上帝就用18件东西惩罚妇女……"第二个是将女人评价为男人的附庸，她的存在的最初理由就是给男人做伴，因为上帝之所以造女人，仅仅是因为那个男人"独居不好"，于是上帝用男人的一条肋骨做成了女人。因此，《新约》有这样的记载："女人要沉静学道，一味地顺服。我不许女人讲道，也不许她管辖男人，只要沉静，因为先造的是亚当，后造的是夏娃，且不是亚当被引诱，乃是女人被引诱，陷在罪里。"（欧阳洁，2000）伊斯兰教的《古兰经》告诉男人："你们的妻子好比是你们的田地，你们可以随意耕种。"（欧阳洁，2000）阿拉伯国家的宗教戒条规定："妇女外出时必须蒙面纱，全身必须裹严；不得参加社交活动……如有违反，轻则受鞭挞，重则用石头砸死。"（欧阳洁，2000）佛教同样视女人为"祸水"，它的经典之一《本生经》曾心悸地描述了女子挑逗男人的四十种方式，不贞的二十五种手段，（欧阳洁，2000）而作为他的信徒——出家者，必须接受的"十戒"当中，女色是最世俗、不洁和最有危害的，因此要远离女人，做不到"无欲"，则不能皈依。

宗教在形成社会价值体系和行为规范的过程中发挥着不可低估的作用，绝大多数宗教都崇尚家庭，强调妇女在家庭中作为妻子和母亲的角色，主张妇女应驯从和服务于丈夫，不同的宗教从各自的角度均肯定妇女次于男性的地位。

基督教认为：妇女比较懦弱，应被置于男人的保护之下，在家庭中隶属于男性。基督教神学更认为：女性一方面是不完整、不完美的人，但另一方面母亲的形象是圣洁的。女性应该结婚，在家庭中尽妻道、做家务、做母亲。牧师告诫人们，丈夫养家糊口、妻子相夫教子的角色分工是符合神意的。

印度教和伊斯兰教都认为妇女就是比男人低一等，男女在家庭中的地位是不平等的。印度教主张女孩早婚，甚至可以在青春期前就结婚。伊斯兰教也认为人人都应结婚，但要严格遵守家庭中两性的角色分配。妻子必须服从丈夫，丈夫有权教训妻子，男性的姓氏得到继承，穆斯林妇女的婚姻局限于本民族或本教派之中，妇女绝少涉足社会公共事务。

《古兰经》虽然有平等权利等进步内容，但是它确立了穆斯林妇女"贤淑与温顺"的道德准则："贤淑、温顺的妇女应服从丈夫，不随意与陌生男人交往，不显耀自己，不淫荡，永保贞操。"阿拔斯王朝以来，伊斯兰世界普遍盛行深闺制度与戴面纱的习俗，将妇女禁锢于家中。中国回族的妇女，一方面坚持《古兰经》中的"贤淑、温顺"，另一方面又加以发挥，杂糅汉族传统妇女观，提出了类似"三从四德"的主张。比如，"言必遵夫；取与必命；不私出；不外出；不违夫所愿"、"男女之别，礼之大端也。男女不杂坐，不同巾栉，不亲授受，嫂叔不通问……女子虽才，不务外政"。

尽管佛教把佛看成是善良和平等的化身，但它也认为男人比女人要高一等。在泰国这个佛教盛行的国度里，即使是在对佛的信仰方面，男女也处于不平等的地位，妇女只可以通过儿子显示自己对佛的虔诚和贡献，并从中获得成就感。佛教更有"女祸"的逻辑，佛教经典曾详细描述了女子挑逗男人的方式，以及不贞的手段，对于出家者，必须求受十戒，其中最重要的是抵抗女子的诱惑。

在不同的文化环境下，人们对各自宗教规范的理解和解释不同。就男女不平等的教义而言，通过宗教活动和宗教信仰，深深融入了各个社会的文化之中，其影响在人们的行为、社会活动以及家庭生活中无所不在。实际上，妇女本身也在不自觉中传播了这种宗教文化，她们往往是宗教活动的热衷者，一定程度上培养了家庭成员的宗教兴趣，并且在育儿教子的过程中，潜移默化地渗透着宗教的文化规范。宗教文化除了直接影响妇女在家庭中的地位以外，还通过影响国家有关家庭和婚姻的法律及习俗间接地影响着妇女的家庭生活。许多国家的婚姻法、堕胎法、财产继承法都受到宗教的影响。现实社会中那些针对离婚妇女、被强暴的少女、丈夫外出后的独居妇女等的性别歧视，一定程度上也与宗教有密切关系。随着物质文明的空前进步，面对妇女解放的社会现实，各种宗教也在重新诠释各自关于性别及家庭角色分工的说教，朝着男女平等的方向转变。但是，宗教的基本教义不可能彻底转变，它对家庭领域的性别不平等产生的消极影响更不可能消失。

（二）圣人的言辞

除了礼教，更有圣人们的思想和言辞，由于他们的文化权威和备受推崇的圣贤地位，其言论自成一股无形的、强大的力量，深刻地左右了人们观念的取向。

圣人们时常带有"女人是蛇，是祸水"、"最毒莫过妇人心"这样的判断。中国的孔子曾断言："唯女子与小人难养也。近之则不逊，远之则怨。"（孔子，1980）孟子补充道："（女子）不得父母之命，媒妁之言。钻穴隙相窥、逾墙相从，则父母国人皆贱之。"（欧阳洁，2000）司马光的《训子孙》细论："夫天也，妻地也；夫日也，妻月也；夫阳也；妻阴也；天尊而处上，地卑而处下；日无盈亏，月有圆缺；阳唱而生物，阴和而成物；故妇专以柔顺为德，不以强辩为美也。"甚至在"文明"昭彰的20世纪初，学贯中西的辜鸿明还在力图证明"一夫多妻"制胜过西方的"一夫一妻"制。他说："一个妇人的荣誉——在中国，一个真正的妇人，不仅要爱着并忠实于她的丈夫，而且要绝对无我地为丈夫活着，这才是淑女或贤妻之道。"（欧阳洁，2000）

中国的"精英"文化诸如儒、道、法、阴阳等学派，宗教文化中的释、道等各种教派都在不同时期不同背景下以多种方式影响了性别秩序和观念形态的建构。从"五经"（诗、书、礼、易、春秋）的先儒们开始，就为男尊女卑设立依据，汉儒又从阴阳五行论证了"三纲六纪"、"阳主阴从"的合理性；宋代理学家用"太极"说明"灭人欲"以"存天理"的必要性。

董仲舒正是融合了儒、阴阳、法等各家思想的代表。到了封建帝国后期，儒释道合流，多重文化"众口铄金"地把性别制度的不平等论证成天经地义的永恒真理。贤哲们以其知识和智慧成为制度的解释者、传播者、实践者甚至是推动者，他们思想的神圣力量，广泛且深远地影响了历代男女的生活和思想观念。

欧洲的柏拉图认为："女人、奴隶和下等人都不应该为高等人所模仿，懦弱的或者不义的人，在来生要变成女人"。他感谢众神赐予的八种幸福，其中，第一种幸福是生为自由人而不是奴隶；第二种幸福是生为男人而不是女人（欧阳洁，2000）。亚里士多德把女性比之于下等人，认为："女人是残缺不全的男人"、"女人是一种自然的残缺，正常的人类胚胎在正常条件下都发育成男人；只有那些遭受病理或其他因素侵袭而残缺不全的胚胎，最后才变成女人"、"女人在本性上比较软弱，比较冷淡。我们必须把女人的性格看成是一种自然的缺陷"（牧原，1995）。毕达哥拉斯则说："世上善的法则创造了秩序、光明和男人，而恶的法则创造了混乱、黑暗和女人。"（李银河，1997）在弥尔顿的《失乐园》中，借亚当对夏娃的对话，也表达了对女性的轻视："上帝是你的法则，而你是我的法则。"（李银河，1997）卢梭说："一般女人对任何艺术都没有真正的热爱，也没有真正的理解，同时她们对艺术也没有一点天才。"他认为：女性生来就应服从男性，尽管男性根本称不上完美，女性也要绝对服从他们，学会毫无怨言地忍受不公正待遇和丈夫的侮辱（李银河，1997）。叔本华把女性称作"第二性"，他说："第二性即女性在任何方面都次于男性，若对她们表示崇敬是极端荒谬的"、"女人的存在基本上仅仅是为了人类的繁殖。"（李银河，1997）他还引用300年前的哈尔德的武断之言："女人缺少任何高等的能力。"（李银河，1997）尼采认为，"妇人的一切是谜，同时妇人的一切，只有一个答语，便是生育"、"妇人应当服从"、"你到妇人那边去吗？别忘却了鞭子！"（尼采，1990）法国作家萨德说："……女人与男人有千差万别，如同森林中远离人类的猴子与人的差别一样。"（海斯，1989）达尔文在《人类的由来》一书中指出："两性之间在理智能力方面主要的区别是，男子无论从事什么，造诣所及，都要比女子高出一筹——所从事的业务要求的或许是深沉的思考，是推理、是想象，或许只是感官及两手的运用，都一样。"（欧阳洁，2000）

四、民俗教化

（一）约定俗成的基础

习俗与观念是一种无形的力量，潜在的观念与显在的事实间有着互为因果的关系。中国古代曾经盛行杀殉之风，"绿珠坠楼"、"霸王别姬"等为男人牺牲殉情的女人千古流芳。为了男性在外面更好地奋斗，女性要在家里扶老教子；为了保证男人有纯洁合法的婚生后代，女性要牺牲自己的个性情感，"存天理、灭人欲"；为了保持父权家庭的和睦平安，女性要逆来顺受，以丈夫之是非为是非，以家族之荣誉为荣誉；为了保全夫家和母家的名声，女性要全节守众，从一而终，遇寡从贞，逢辱求死。"饿死事小，失节事大"①，在父权文化的社会里那些能够彻底放弃个人意志的女性可以破例进祠堂，并且能够被荣立牌坊。

在中国，亲属的称谓、祖宗祭礼、家谱和丧葬礼俗等方面，亦揭示了家族关系中男主女从的性别歧视现象。传统的女性角色教育，以及旧礼教的要求，风俗无所不在的影响，在女性成长和成熟的过程中，都留下了尊卑、主从和强弱等深刻的烙印。

一夫多妻制是中国古代法定的婚姻制度，丈夫在家中拥有绝对权威，只有丈夫"休妻"的权利，而女子于丈夫单方面不可离异。在这样的制度下，女性不能自立，没有完整的人格，只能把生存寄托在一个男人身上，婚姻如果失败，即意味着人生悲剧的幕启。于是，忍辱负重，逆来顺受，争宠竞悦，宁可牺牲在家里，也要誓死保全婚姻，成为中国女性的真实命运。束腰与缠足正是这些悲壮行为中最具代表性的一部分。更为残忍的是针对妇女的割礼，已有近 2500 年的历史，至今仍在 40 多个国家中流行。

世界各国风俗与观念各异，但是在轻贬女性方面，却是异常雷同。女子的德行被概括为：温柔的，弱小的，驯顺的；要求女性安于次要的地位，要顺从于男性，要依赖于男性，要为男性的利益无悔地奉献和牺牲自己。比如，日本 17 世纪的学者具原益轩曾写道：一个女人必须将其丈夫看做君主，并以最高的宗教感和最深的爱慕为他服务，一个女人最重要的义务、她始终的义务，就是顺从（布鲁玛，1989）。

（二）教化与教育的传承

在中国，女性没有受教育权的历史相当长。从汉代的"妇德不必才明绝异也"（班超，1958）到晚明的"女子无才便是德"（刘宁元，1999），认为女子不必读书、接受文化教育，但要知道妇德，为此，仅接受"三从"、"四德"的封建伦理教育即可。"妇人见短，不堪学道"（卢玲，2000），普通女性几乎为文盲，即使仕宦之家，也只是令女子随其兄弟附读于家馆，接受文化启蒙，绝无专为女子立学之事。

女子所涉猎的教育内容和阅读范围不过是《女戒》、《女论语》、《内训》、《列女传》、《女孝经》、《女儿经》、《闺范》等。鸦片战争后，外国传教士深入中国，其宗教学校开女童入学的先例。清末维新派倡导女学，成为中国近代女子教育的始端。"五四"运动以后，女子教育有了较大的进步，知识女性的地位与

---

① 此语出自程颐。《与陈师中书》："昔伊川先生曾论此事，以为饿死事小，失节事大。自世俗观之，诚为迂阔；然自知经识理之君子观之，当有以知其不可易也。"朱熹．与陈师中书．见：朱熹集（三）（二十六卷）．成都：四川人民出版社，1996；1127。

作用开始为社会所重视。但贤妻良母的风化、男外女内的宗旨教育仍然固而不化。时至今日，女性文盲的比重依然高于男子（卢玲，2000），因此，全面普及女性的文化教育，仍是一项艰巨的使命。虽然西方的高等教育有近千年的历史，而直到 19 世纪末，女性才被允许接受高等教育。

总之，男性对女性拥有特权，在由统治者政令、王朝法典、舆论教化、风俗奖劝、家族诱导等因素织就的细密网络中，女性的卑屈地位被制度化、道德化了。认定群体中的某一类人是天生的"劣种"，这种歧视与阶级歧视、种族歧视的文化机制是相似的。性别歧视出现得最早，持续的时间最长，因此，最有欺骗性，也最为顽固。

对传统女性而言，男权主宰一切，她们没有外出受教育的权利，只能在出嫁前接受母亲或族内其他长辈的一些家庭教育，比如，纺织、缝纫、刺绣、烹饪和祭祀礼节，以及"三从四德"、"贞节柔顺"等为妇之道。中国明朝更流行"女子无才便是德"，囿于"大门、二门"之中的女子，"无识"且"见短"，甚至连稍显文才，也会被斥为"非女子所为也"、"诵读非女子之事也"（卢玲，2000）。因此，近代梁启超感慨道："天下所以积弱到如此地步，其原因乃是从妇人不学开始。"（卢玲，2000）

欧洲的女性最初也被教育拒之门外，16 世纪以后，女子教育又始终掌握在教会的手中。"教会的目的既简单又实际，一方面给女子找一些东西学习，以免她们无所事事、想入非非；另一方面通过教育，把她们培养成驯服、贞洁的基督徒，善于做女红的妻子和母亲。"法国的拿破仑曾利用他的权利阻止女子教育公学，他说："我不认为应该设法制定一个女子教育制度，没有比让她们的母亲来培养更好的了。公共教育丝毫不适合于她们，既然她们无须过公共生活。"（端木美等，2001）直到 19 世纪 80 年代，几个世纪以来的教会对妇女教育的垄断权才开始松动，欧洲的女子教育才逐步向世俗化、公共化和高层次化发展。

女性历史与现实的软弱，直接的原因不是生理特征，而恰恰是父权文化长期干预的结果。事实上，对女性的弱化熏陶和限制早在儿童时期就开始了：人们不自觉地以两种方式对待男孩和女孩，结果人的性别认同早在婴幼儿期就开始了。女孩和男孩在周围环境的暗示、鼓励、诱导、强迫下，两岁左右就有了性别概念，并开始模仿同性别长者的举止行为。父权文化习俗像空气一样包围着儿童，女孩、男孩由此被放到两种截然不同的文化观念中教养，各自的心理行为相距愈来愈远，因而进入成年之后，终于形成了男强女弱、男尊女卑的格局。

（三）文学与艺术的强化

"女人并不是生就的，而宁可说是逐渐形成的……决定女性气质的，是整个文明"。（西蒙娜·德·波伏娃，1998）在文明的演进中，文学与艺术对人类形成了一种至深至远的影响，甚至是一份至重至固的控制。

文学和艺术作品，不同程度地反映了对性别的成见。传统文学中的女性形象可以简归为四种：第一种是"良母"，她们或"申明大义"、"教子有方"，被传统所认可；或忍辱负重、恭良俭让，被世俗所接受。第二种是"贤妻"，她们孝敬公婆、谦德忍道、与丈夫相敬如宾，有"举案齐眉"之敬；她们忠贞节烈、忘我牺牲，更有各种"牌坊"之尊。第三种是"佳人"，她们琴棋书画、低眉顺目、楚楚可怜，被喻为淑女。第四种是荡妇，她们风花雪月、千毒万祸，被唾为贱人。各种艺术塑造了"功能"迥异的妇女，她们必须符合男权社会对"贞德、色艳、才慧、情幽、完美等女人形象"的各种要求（杜芳琴，1998）。不论哪类女性，都是那些握有特权的男子所期冀、所意愿、所需要以及所践踏的，为的正是他们的权力、占有、欲望和满足。在儒家传统道德的"君君、臣臣、父父、子子"结构中，母亲与妇女是没有位置的，"贤妻良母"代表的价值抑或权力完全属于父权社会，因为它本身就是一介标准，达到了就是丈夫和世俗都评价的"好女人"，否则，"坏女人"将被休弃，沦落为"风尘"。文学和艺术，一方面以人们熟悉的价值观念塑造隽永的形象，另一方面这些难忘的形象又强化了人们对传统价值观念的认同和执著。理想主义、英雄主义、冒险精神、果敢品质、顽强意志是标准男性的特征，而柔弱、温和、感性、被动等经常被固化为女性的特征。作为强大文化力量的文学与艺术，赋予了性别明确的差异，人们在被强与弱、刚与柔、力量与温情、正义与邪恶等作品感染的同时，亦清楚地看到了女性不如男性、不适合承担社会角色、更适合家务劳动、更应该附属于男性、女性缺乏独立的人格和发展潜力等陈腐的论调。性别歧视是文学和艺术作品中最常见的主题，也是其绵延流传、刻骨铭心的悲剧魅力所在。

（四）近代中国对性别平等的追求

中国的明末清初，思想文化领域的代表人物是李贽、袁宏道、汤显祖等，他们追求个性自由，最先有了性别平等的朦胧思想。比如，李贽（1527～1602年）就曾抨击孔孟之道和程朱理学，主张男女婚姻自由，夫妻互敬互爱，提倡寡妇改嫁，反对男子多妻。他说："谓人有男女则可，谓见有男女岂可乎？谓见有长短则可，谓男子之见尽长，女子之见尽短，又岂可乎？""不可止以妇人之见为见短也。"（刘宁元，1999）1851年爆发的太平天国运动，农民领袖甚至提出"兄弟姐妹，皆是同胞"，"分田照人口、不分男妇"的平等主张（张晓玲，1998）。太平天国还设女营和女馆，建立女军，禁止缠足、纳妾和买卖妇女。而戊戌维新运动在中国历史上第一次真正提出了性别平等以及妇女权利的问题。康有为（1858～1927年）在《大同书》中提出："男女同为人类同属天生"，压迫妇女是"损人权，轻天民，悖公理，失公益"（张晓玲，1998），应建立一个"男女齐等、同事学问、同充师长、同得名誉、同操事权"的大同社会（杜芳琴，1998）。梁启超认为妇女的地位低下是因为经济不独立，"惟其不能自养而待养于人也"（杜芳琴，1998）。谭嗣同的《仁学》，深刻批判了封建伦理道德对妇女的迫害，提倡自由婚姻。严复指出：男女差别不是天生的而是人为的，妇女自强是国政之根本。现实中，维新派把禁缠足和兴女学作为争取妇女权利的两个突破口。1898 年，康有为率先呈奏《请禁妇女缠足折》，得到光绪皇帝的支持，不缠足运动逐步在全国推广开来。1898 年 6 月 1 日，在梁启超的倡导下，中国人自己办的第一所女子学校——"中国女学堂"在上海诞生（杜芳琴，1998）。

民主革命领袖孙中山提倡男女平等，他所主持制定的《中国同盟会革命方略》明文规定："我汉人同为轩辕之子孙，国人相视，皆伯叔弟诸姑姊妹，一切平等，无有贵贱之差、贫富之别。"（欧阳洁，2000）作为中华民国临时政府总统时的孙中山颁布了一系列法令，比如，禁止买卖人口、禁止缠足等，又亲自为复刊的《神州女报》题词"发达女权"，并以个人名义捐赠 5000 元。他对女子教育寄予厚望，其主导思想是："教育既兴，然后男女可望平权。男女平权，然后养成真正共和国。"（欧阳洁，2000）

秋瑾吸收了维新派发展女学以强国御侮的观念，提出自立、学艺、合群的教育主张；重视报纸和演说的广泛社会教育效应；鼓励以提高觉悟、增进智识为目的的留学，并将留学与反帝爱国斗争结合起来；主张通过教育使女子获得个性解放和人格独立，并把发展女学与反清革命、妇女解放紧密地结合在一起。蔡元培提倡男女人格平等，包括政治、经济、教育的平等；主张婚姻自由，不仅主张订婚、结婚自由，而且提出离婚自由，废止早婚，反对纳妾；重视并致力于女子教育，主张女子教育重在培养完全人格，以体育为先，德育为本；首创男女同校。

1915 年的新文化运动、1919 年的"五四"运动，是中国近代思想启蒙的开端。陈独秀的《敬告青年》特别指出："女子参政运动，求男权之解放也。解放云者，脱离夫奴隶之羁绊，以完其自主自由之人格之谓也。"陈独秀的妇女解放观可以概括为：主张婚姻自由；认为男女不平等的根源在于女子经济不独立；认为妇女问题必须同整个社会制度联系起来考察，"把社会主义作为唯一的方针"，鼓励妇女参加改革社会制度的革命运动。

李大钊在《现代的女权运动》中宣布："20 世纪是被压迫阶级的解放时代，亦是妇女的解放时代；是妇女寻觅伊们自己的时代，亦是男子发现妇女意义的时代。"（欧阳洁，2000）他运用唯物史观研究妇女问题，认为妇女社会地位是随着经济状况的变化而变化的，揭示妇女受压迫的深层原因是"父权家长制的大家族制度"，妇女解放运动是一种打破大家族制度的社会解放运动，并认为妇女解放运动是民主运动不可缺少的组成部分。对女权运动进行了阶级分析，既肯定其对"力的法则"的反抗，又指出其阶级局限性。他主张女权运动应同无产阶级妇女解放运动联合起来，这对以后"全国妇女大联合"思想的形成，起了先导作用。他还认为妇女问题从根本上说是社会制度问题，必须通过无产阶级革命才能根本解决妇女解放问题。李大钊的妇女解放思想为党制定妇女运动方针、政策提供了科学理论的依据，其形成标志着中国妇女运动开始进入社会主义妇女运动新时期。李大钊是中国无产阶级妇女运动的奠基人。对妇女问题认识的深化，恰是对封建礼教的抨击、是与旧传统的决裂，中国的两性平等，终于迈出了革命性的一步。

1993年湖南省妇联和妇女学研究会编著了一本《毛泽东与妇女解放》论文集，毛泽东的主要妇女思想归纳为：①妇女受压迫的根源是阶级压迫，"只有阶级的胜利，妇女才能得到真正的解放"。②充分肯定妇女的社会作用，把妇女看做"决定革命胜败的一个力量"；在建设社会主义事业中，更指出，"妇女是一种伟大的人力资源"，"妇女的伟大作用第一在经济方面，没有她们，生产就不能进行"。③一贯主张妇女参加劳动。认为妇女必须参加劳动，这样才能改善自己的经济和政治地位。④主张废除包办、强迫买卖的婚姻制度，并把改革婚姻家庭制度同妇女解放联系起来。"五四"时期他发动对封建婚姻制度大批判，大革命时期他鼓励妇女对夫权大冲击，土地革命战争时期他领导根据地的婚姻制度革命，新中国成立后又主持制定了体现男女平等、婚姻自由的婚姻法。⑤重视发动农村妇女。在领导中国革命和建设事业过程中，从国情出发，论述农村妇女解放的重要性，特别强调提高农村妇女的政治地位、文化水平，改善生活，以达到解放的目的。⑥主张家务劳动社会化，认为把有些家务事变为公有的事来办，才能解放妇女劳动力。⑦主张建立妇女组织，关心妇女干部成长。⑧指出妇女解放是一个长期的历史过程，"只有当阶级社会不存在了，笨重的劳动都自动化了，农业也都机械化了的时候，才能真正实现男女平等"（坦丁，1997）。

（五）西方性别平等思想的启蒙和发展

柏拉图是西方最早提出"男女同德"伦理意识的哲人，他对于女性、性别与道德的论述充满了矛盾和悖论。比如，他在《理想国》中，一方面贬斥女性的孱弱，另一方面又朦胧地主张："我们对女子和男子并不用采取两种不同的教育方法，尤其是因为不论女性男性，我们所提供的天赋和禀性是一样的"，"各种的天赋才能同样应分布于男女两性。"（肖巍，1999）柏拉图的妇女观被看做是西方两性平等的初识。14～16世纪，欧洲文艺复兴时期，在"天赋人权"思想的倡导下，开始歌颂世俗，反对禁欲，提倡个性自由，反对宗教束缚。1517年德国的宗教革命、1688年的英国革命、1789年的法国大革命，都对社会性别歧视现象进行了零星的抨击。17世纪的英国思想家洛克进一步发展了性别平等的认识，在他的《政府论》中论述到："性别压迫绝不是局限于男女之间的权力之争，它是政治制度、政治权力不公正的反映"，"就自然基础来说，妇女处于劣势，这在一定程度上限制了妇女的自由，但是，妇女完全能够克服这种局限性，人们应该允许每一位妇女去塑造一个更为理想的自我"（肖巍，1999）。他在《论教育》一书中提到："妇女同人类种族的所有成员一样具有基本的自由和平等的特性，她们能够进行理性思维，也能够制定契约和得到财产，……甚至可以当牧师。"（肖巍，1999）17世纪末启蒙运动前夜，一些主张天赋人权的思想家就已经开始倡导男女平等。1673年，法国的浦兰·德·拉巴尔在《论两性平等》中，就提出了"精神没有性别"（从日云，1998）。18世纪英国伦理学家沃斯通克拉夫特，先驱性地撰写了《女权辩护》一书，并从理性、德行和知识这三种资格的角度，全面论证了妇女的权利。她认为："所有人的理性是完全一样的，它们来自神的力量"，而"道德标准更没有男女之分"，"必须使两性同时受教育，以使他们全都成为完人"（肖巍，1999）。1791年，在法国以《女权宣言》为先导，开始了波及全欧洲和美国的女权运动。19世纪，另一位英国思想家约翰·斯图亚特·穆勒把性别平等的思想推向了一个崭新的高度。他认为："最大多数人的最大幸福只有通过人类最大可能地实现道德和知识上的进步才能达到，如果占人类人口一半的妇女没有获得解放，没能成为有知识、有道德的人，这一目标就不能实现……因此，妇女的解放，男女的平等不只是为了增进妇女本身的幸福，而且是为了人类的幸福，彻底地抛弃传统陋习、改革不平等的法律是时代和历史的必然。"（约翰·斯图亚特·穆勒，1995）

欧洲19世纪之后的思想家托·亨·赫胥黎在《解放——黑与白》中论述："除了一些无关紧要的东西而外……女人的理想既不是当美丽的天使，也不是做十足的罪人；女人的性格并不比男人好，也不比男人坏，女人既不是男人的引导者，也不是男人的玩物，而是他们的同志，他们的伙伴，是与他们平等的，大自然并没有阻止这种平等。让她们成为商人、律师、政治家吧！让她们有一个公平的战场。"（欧阳洁，2000）英国哲学家、政治经济学家密尔在《政治经济学原理》第四卷中说："使穷人无须依赖富人的理由，同样使女人无须依赖男人。……使大多数妇女，除了担负家务琐事外，不能有其他选择，这是社会的一种明显的不公道，以性别的偶然性，作为法权的不平等基础，作为社会分工基础的思想和制度，在道德的社会和知识的改良上，早就应该被视为一大障碍。"（肖巍，1999）

恩格斯认为："母权制的被推翻，乃是女性的具有世界历史意义的失败。丈夫在家中也掌握了权柄，而妻子则被贬低，被奴役……女性的这种被贬低了的地位，在英雄时代，尤其是古典时代的希腊时代的希腊中间，表现得特别露骨，虽然它逐渐被伪善地粉饰起来，有些地方还被披上了较温和的外衣，但丝毫也没有消除。"（中央编译局，1975）进而，马克思认为："每个了解一点历史的人也都知道，没有妇女的酵素就不可能有伟大的社会变革。社会的进步可以用女性的社会地位来精确地衡量。"（中央编译局，1975）恩格斯同样重申："在任何社会中，妇女解放的程度都是衡量普遍解放的天然尺度。"（中央编译局，1975）

1948年12月10日，联合国大会通过的《世界人权宣言》宣称：世界各地所有男女毫无区别地享有各种权利和自由，妇女合法权益应该受到保护，妇女在政治、经济、文化和社会各方面应与男子享有平等权利（联合国，1948）。所有这些思想和努力都为妇女冲出家庭，进入社会公共领域，获得权利并在公共生活领域争得与男人平等的地位和机会，提供了观念及理论依据。两性存在着差异，生理的差别由遗传决定，任凭"上帝"也不能改变；社会性别，所谓角色的态度、行为和价值观，在各种文化环境、各个历史时期都有不同的表现，因此，它不是一成不变的。承认差别的存在，克服人为的不平等因素，是使"人类社会幸福"的奋斗目标。女性被视为弱势群体，一部分源于生理特征，一部分是软弱的心理原因及生育功能所赋予的特别职责，而更主要的是历史文化传统、约定俗成、教育以及制度激励等的社会塑造。实际上，改变两性生理上的差异是不可能的，也没有必要，并且片面地强调性别平等而抹杀妇女基于生理特点本应享受的特殊保护的权利，将会导致新的不平等的产生。而当人们学会"观赏"性别差异的时候，会客观地发现：无论是在政治、文化或经济领域，她们都不失为一道"风景"。

在了解了性别歧视的传统渊源之后，最需要思考和实践的是：努力在社会各领域摒弃腐旧观念、建立新的伦理关怀，这是文明至今应该并且能够开拓的一条道路。在未来的这条通衢上，我们可以设想：结果和条件的平等是重要的，而不单纯是程序和机会的平等；认识人类的共性，关怀特殊差异性是重要的，而不仅仅是对女性生理特点的夸大、渲染甚至是贬斥；最大限度地越过历史的羁绊，尊重每一个生灵的价值和权利是重要的，而不再有歧视、欺辱和剥夺。

第二节　性别排斥的社会原因

形成以性别差异为"特征"的性别歧视与排斥，有历史原因，也有社会的作用，而对其社会学的研究主要包括社会资本论、社会网络论、社会制度论等。

一、社会资本论

最早将"社会资本"这一概念引入社会学研究领域的是法国著名社会学家皮埃尔·布尔迪厄，他认为"社会资本是一种通过体制化关系网络的占有而获取实际的或潜在的资源的集中"（Granovetter，1974）。应该说，社会资本是个人通过社会关系获得的资源或者利益，如经济收入的提高、发展机会的获取甚至权力理想的实现等。这个资源对社会和市场中的每个人都至关重要。

（一）社会资本的功能

社会资本是一种资源，这种资源由社会网络编织而成，它帮助个人或某类群体实现目标。其社会功能表现在，这个网络内部相互支持获益的同时，也存在着成员之间的有效约束，相互的支持、互惠与协作能够无声地规范社会秩序，调剂社会的稳定和谐。

社会资本极大地影响个人的职业发展。首先，人们通过社会资本获得就业机会非常普遍。当前，中国劳动力市场虽然已经成为配置劳动力资源的重要手段，但是劳动力市场机制还很不成熟，大量劳动力的供求信息缺乏且不对称，工作搜寻和匹配的成本都非常高，对社会资本的深度依赖是不言而喻的。其次，个人也通过社会资本的积累来成就理想和目标，社会资本对一个人职业生涯的发展具有重要作用。改革开放以来，中国一直鼓励创业，提倡个人自主择业，创业与择业离不开个人能力的发挥，但同时更离不开社会资本的支持和协作。

（二）性别社会资本差异

1. 社会资本的性别不平等

两性因为诸多的原因而使社会联系不同，形成的社会关系及获取的社会资本也大不相同，这种差异表现出来的不平等是一个普遍的社会现象。社会资本积累与获得方式，男性女性有差异，男性在诸多的社会资源获取方面有比较优势，这主要体现在男性生理、心理和性格特征所决定的社会交往方式多样化，也依托于他们在市场与社会的优越地位、较为理想的职业声望等方面。比较而言，女性在社会资源的获得上远没有男性主动，除了建立社会关系的方式少而单纯外，还表现在她们资源禀赋方面的薄弱。社会资本以社会网络为基础，而社会网络又建立在互惠基础之上。一般情况下，个人拥有的社会资源越多，就越有能力惠及他人；反过来，通过社会网络获取他人资源的能力也越强。这是一个互惠的体系，社会网络在这个体系中固定下来。现实中，男性的确控制着经济与社会的大部分资源，而女性由于受到不公正的对待往往社会资源匮乏，进而无法掌握与男性相当的社会资本。男性在获取社会资本及有效利用社会资源方面，方式方法上比女性更主动、更积极。有一项"性别与就业前景"的调查发现：男生更勇于主动利用社会资源，更善于积极主动地寻找帮助者，并从中获取给予支持的关系资源，社会关系较女生更为丰富，就业心态更好。男生比女生更能摆脱"强关系"的束缚到亲戚以外寻找支持，从而表现出较女生更为乐观的就业意向（姜继红，汪庆尧，2007）。女性获得社会资本的可能性小于男性。除了获取方式方面的差异外，还由于女性社会资本形成的前提条件缺乏，因而参与的社会网络和得到的

179

社会支持也就必然弱于男性。

2. 女性社会资本的特殊性

与男性相比之下，女性社会资本的特殊性表现在两个方面：其一，女性平均受教育水平低于男性，导致其社会资本普遍低于男性。一般认为，受教育程度越高，个人对社会资本的平均拥有水平也越高。研究表明，在影响个人社会资本投资的众多因子中，多年的学校教育和个人的社团成员资格的粗略关联度为 0.22。社会网络广泛的父母能为子女获得较好的教育、培训及技能创造更多的机会，即社会资本有助于产生人力资本。在参与解决社会公共问题方面，取得大学学历的人比只念到高中即辍学的人多，其参与率要高 30%（德里克·博斯沃恩，2000）。受过良好教育的个体往往能够进入资源丰富的社会圈子和团体，通过教育形成的人力资本显然也能促进社会资本的生成，进而更容易获得社会资源并获益。另外，社会公众往往对那些高学历者的信任度比较高，表明个人的受教育程度与"信任力"之间的关系密切，并且随着读书越多，接触的人越多，他的社会网络越大，社会资本也就越多。其二，女性通过婚姻增加社会资本，但是这种获得成本和风险都非常大。已婚女性可以分享丈夫的社会网络资源，使自己的社会资本有所增加。遗憾的是，多数妇女囿于天性和本能，把主要精力放置于家庭，而专著于工作的时间和热情都在减少，自然其社会网络的投入也将大大减少。甚至有些妇女在抚育孩子期间中断工作，导致职业能力和工作技能逐渐退化，疏离社会网络，社会资本逐渐减少。

3. 社会资本性别差异的原因

社会资本存在性别差异，其根本在于两性长期的不平等，这个不平等表现在对女性的性别偏见和歧视，女性可支配的社会资源少于男性，形成社会资本的能力劣于男性。究其原因，至少有三个方面：第一，传统文化所形成的根深蒂固的观念削弱了女性的事业进取心。中国数千年来传统的"男尊女卑"等观念传承下来，形成了较稳定的、被社会普遍认可的社会主流意识，即在平均水平下，女性的进取心、拼搏意识都不如男性，就业动机及职业发展期望也低于男性。第二，大多数女性更多地集中精力做家务和关注子女的教育，其社会网络松弛，已婚女性社会资本呈递减趋势。根据 2000 年第二期中国妇女社会地位抽样调查结果显示（甘肃省人口和计划生育委员会，2006）：一方面，城乡女性每天用于家务劳动的时间较 1990 年虽均有不同程度的降低，但以女性为主承担家务劳动的格局仍未改变，有 85% 以上的家庭做饭、洗碗、洗衣、打扫卫生等日常家务主要由妻子承担，女性承担了 81% 的洗衣服、74% 的整理房间和照料孩子、66% 的购物、买菜、做饭等家务劳动。女性平均每天用于家务劳动的时间达 4.01 小时，比男性多2.7个小时。同时，由于升学的压力而使孩子的教育成为许多家庭的重心，母亲负责孩子的课余时间的学习管理，因而占用了很多的时间和精力，用于学习及与外界交流沟通的时间变少。这种贤妻良母的主观意识和客观上的精力限制使其无法拓展社会网络，导致其社会资本不仅不能增值，反而递减。第三，市场中的性别歧视和社会性别排斥减少了女性的就业机会和职业发展机会，缩小了其生活圈子和社会网络，影响了她们社会资本存量的积累。在"对高层决策者社会性别意识的调查分析"中，被调查者认为影响妇女发展的主要因素是传统观念与性别歧视观点的居各因素的首位（肖扬，2005）。另外一份"北京女大学生就业供求状况调查"显示[①]，在被调查的75家企业中，有42家（56%）用人单位明确表示愿意招收男生，只有3家（4%）愿意招收女生，男女都愿意招收的企业有26家（34.67%）。上述数据表明，就业机会缺失和晋升机会的减少使得女性的社会网络不大，社会资本有限。

（三）社会资本的作用

尽管社会资本在客观上存在着性别差异，但是两性的社会资本都不同程度地发挥着一定作用。如上所述，社会资本有基本的社会功能。此外，它还对个人在就业、职业发展等方面起着积极作用。具体而言：其一，社会资本影响劳动者的资本投资，进而影响其收入水平。不可否认，劳动者一部分需要通过社会网络资源赢得教育或职业培训的机会，这是人力资本投资的主要手段，劳动者通过这个手段提高技能，改善职业发展，增加工资和其他报酬。其二，社会资本对特定群体的就业有积极的影响。张红等对西北某高校2006年应届本科毕业生进行了抽样调查，通过调查发现，找工作途径排名前三位的是招聘会、学校发布的就业信息，以及通过父母、亲戚、朋友等社会关系的介绍。其中，招聘会占找到工作样本的57%，通过学校发布的就业信息找到工作的为13.4%，通过父母、亲戚、朋友等社会关系介绍的为12.8%（张红等，2008）。这个调查得出的结论至少可以证明：在中国当前的劳动力市场中获得就业机会的途径，招聘会是主要途径，人际关系和社会关系，即社会网络依然重要。其三，社会资本一定程度上可以规避性别歧视风险。性别歧视是女大学生就业最大的障碍之一，用人单位不愿意或者干脆不招女性劳动者，即便有招收，在未来的职业道路上也绝少提供发展机会。但是，如果使用社会资本，情况将大不一样，女大学生通过父母、亲戚等关系网络会相对容易地获得这一切。有研究表明，通过以性别为分层变量，对被调查者所获得的工作单位性质与其父亲的职位交叉分析发现，父亲的职位如果有较高的社会地位和声望，那么子女获得较好的工作单位是父亲职位不好的2.3倍

---

① 潘锦棠. 女大学生就业问题研究：北京女大学生就业供求状况调查. 2003年4月作的大学生调查。

（张红等，2008）。父亲职位高低这一社会资本对子女就业有积极的影响，更有可能使她们获得较好的工作。从这个角度来看，社会资本完全可以在一定程度上抵消性别歧视带来的就业机会的缺失。

（四）社会资本性别不均衡的改变

性别差异及性别歧视使两性社会资本处于不平等的状态，这一状态如何改变？国内外学者从不同的角度进行了研究，提出了构建和提升女性社会资本的策略。

（1）寻找合适的"引荐人"。伯尔特（Burt，1998）的研究指出，如果说男性需要通过建立社会网络获得社会资本的收益，女性却不同，女性则应该通过"借用"而不是"建立"社会资本来提高其投资回报。市场选择的结果使男性之间在管理和经营事物中更易于沟通与交往，成为社会网络的"内部人"，而在这个网络排他性进入的潜规则中，女性劳动者的加入更加艰难。对于女性劳动者而言，寻找一位合适的男性"引荐人"将会起到积极的作用。"引荐人"的存在会加剧信息的对称，这种"借用"，也节约了女性社会网络编制的交易成本，是女性劳动者获得社会资本的途径之一。

（2）调整女性心理。改变女性的屈从心理、增强其社会参与意识，是社会资本提升的又一办法。在生育和抚育子女方面，女性往往比男性承担着更多的责任，但是因此而放弃工作、事业甚至社会责任也不应该是一个明智之举。纵使艰难，也应家庭和事业并重，保持进取心，不放弃自我学习和提升，积极参与社会活动，适当加入有关的社会团体组织。女性自身积极建立和保持的社会网络，积累的社会资本是其职业发展，赢得更多成功和尊重的最保险的途径。

（3）完善有关法律规定，保证女性平等的就业权。目前中国尚缺乏反就业歧视专门法律，因此，建议政府高度重视并在适当时机出台该项法律，对女性就业平等权加以保护。此外，由于女性肩负生育等特别重任，需要阶段性地退出劳动力市场，在一段时期内难以集中于工作……客观上造成企业成本的增加。这些或许是企业不愿意雇用女性的借口，因此建议政府扶持建立生育保障制度，设立以政府为主、企业及个人参与的生育保险基金，以此来减少企业"负担"，使女性的就业机会和就业质量不至于受到太大的影响。总之，政府的努力是弥补女性劳动者社会资本薄弱的有力手段。

二、社会网络论

在生产力水平有限发展的时代，劳动者之间需要相互紧密依赖，社会网络因此备受人们的重视。在很多情况下，人们需要运用社会网络寻求市场机会、搭建社会地位。以格兰诺维特为代表的"新经济社会学派"提出了社会网络理论，认为经济生活是深深地"嵌入"在社会网络和社会关系中的，这一情况并不因社会现代化的发展而有所变化，社会资本是社会网络关系的总和，它影响个人的各种回报。拥有社会网络能为个体或组织提供非常重要的社会资源，进而帮助个体或组织从网络中获益（马克·格兰诺维特，2007）。

1. 社会网络的作用

社会网络的作用集中体现在劳动力市场，人们在寻找工作之时，对社会资源所反映的关系网络有明确的依赖。社会网络可以从多个角度提供信息、引介以致稀缺的机会。这些在劳动力市场不发达、市场运作机制不健全、市场信息贫乏且不对称的情况下十分重要，甚至可以代替市场完成要素资源的配置。此外，在个人职业发展的过程中人与人之间的社会网络还能够优势互补、共享资源、互惠互利。

2. 社会网络的性别差异

社会网络因性别不同而不同，这种差异有种种表现，也有其深刻的历史渊源。

1）两性社会网络的内容不同

女性通常在同性中编织社会网络，而男性很少受此局限，其社会网络也包括女性，这使女性无论在社会网络成员构成还是在社会资源方面均不如男性。同时，女性偏重于在亲族或少数情投意合的朋友基础上建立社会网络关系，男性同样没有这样的局限，他们社会网络的边界会随着其性格、积极的各项社会活动参与而不断扩展，因此女性社会网络的规模及资源也逊于男性。因此，女性社会网络资源有限、力量不强，并且难以通过社会关系达成协助。

2）两性社会网络差异形成的原因

两性社会网络差异形成的原因主要有两个：第一，性别的优势使男性可以大部分地参与社会核心地位的组织，并且容易获得职业发展成功，取得领导或管理者的权威位置，以此为基础的社会网络具有明显的强势。而性别的劣势使女性局限于家庭或社区活动，难以实现事业的攀登，这使她们的社会联系机会不多，社会网络明显呈现弱势。第二，两性生活经历不同所导致的社会网络差异。比如，在生育和抚育孩子过程中，两性的经历完全不同，男性的生活和工作受此影响很少，工作和社会活动参与依旧，而女性身陷其中久久难以抽离，无暇顾及工作或其他社会活动，这势必影响女性更为广泛的社会交往。威尔曼指出，结婚和生育孩子把男性和女性置于不同的社会世界，导致男性和女性形成了不同的社会网络。

3）社会网络与社会资本

社会网络与社会资本直接相关，通过社会网络获得经济和社会各方面的援助、扶持以及职业发展的机会，所有这些都拥有资源的属性，由社会网络带来的收益可以称为社会资本。女性个人的社会网络质量普遍都比男性低，因此女性社会资本积累的存量比男性少。

3. 中国转型期社会网络的特点

1）中国社会网络的特别含义

中国人十分重视关系，事实上，中国的学者很早就注意到中国人十分重视关系这一传统。费孝通1985年在《乡土中国、生育制度》一书中，就对比了中国农村社会结构与西方社会结构的基础，提出了"差序格局"这一概念来概括中国的传统社会结构（费孝通，1985）。中国人在进行社会交往时，首先要判断与对方关系的类型，该论述深化了人们对中国社会关系内涵的认知。

2）市场选择对社会网络的普遍依附

通过亲戚、朋友、熟人等社会网络获得市场就业信息并实现就业，是中国从传统到转型期的今天仍十分普遍的现象。边燕杰和李煜（2000）根据对中国天津的调查研究提出了"强关系力量"假设。他们认为，在中国本土社会，人们更经常地通过强关系而非弱关系寻找工作。在使用间接关系时，求职者与中介者、中介者与最终帮助者之间都存在强关系，通过间接关系比通过直接关系找到较好工作的可能性更大，因此人们更有可能通过间接关系而非直接关系获得处于权威位置的帮助者的帮助。

3）女性社会网络贫弱决定女性生存质量

以转型期中国下岗女工再就业难为例，其主要根源如下：其一，大多数失去工作的女性劳动力原来在企业资源分配体系中就处于边缘地位，她们的社会网络的规模和力量原本就小，几乎没有机会接近和控制社会资源，而失业后她们的社会网络的规模和力量更小，再就业的机会微乎其微。其二，失业女性劳动者的社会网络成员多数处于社会底层，她们彼此可提供的社会资源极其匮乏，没有政府政策的外力支持，难以走出低谷。

女性社会网络的单薄直接造成她们的贫困，进而加重家庭贫困。威尔逊等通过对美国城市贫民区人们求职过程的研究发现，处于社会底层的人们特别是贫困女性不仅难以通过市场途径找到工作，而且由于她们居住在贫穷的社区，其社会网络成员也多是与她们本人一样的贫穷无业人员，因而很少有可能通过社会网络获得高质量的工作（Wilson，1987）。艾略特（Elliott，1999）在对美国亚特兰大等城市中低教育阶层的求职经验研究中发现，个人居住的社区的贫穷程度在很大程度上影响着其求职时使用的社会资本情况，并进而决定着其新工作的质量。因为低教育群体被排除在劳动力市场之外，只能依赖社会关系网络来找工作，而这又更加限制了他们获得高水平就业的机会，形成一种恶性循环的"社会隔离"现象。贫困女性往往也是低教育群体，人力资本总量较低，且社会资本总量较为贫乏，社会交往多集中于亲戚、朋友的狭小圈子，获得职业信息和社会资源的机会不多，进而自身接触和掌控的个人资源也较少，甚至没有任何资源。

4）社会网络层次与社会资本

社会网络层次决定社会资本数量和质量，层次越高，其社会资本数量和质量越高；反之，则越低。男性社会网络层次整体上高于女性，男性和女性的社会资源因此存在差别。有关研究表明，女性在高层次就业中的人数大大低于男性，而在以体力为主的服务行业和商业职业中，女性的就业比例与男性较为接近（Fisher et al.，1983）。中华全国妇女联合会的调查显示，男女两性在单位的职位等级上存在着明显的差距，绝大多数妇女都处于职务较低的等级，而男性一般处于职务较高的等级，且男性获得职位晋升的概率也远远高于女性，这直接影响了两性社会网络的层次及社会资源的差异，也限制了女性获得社会资源支持的程度。从总体上看，相对于男性而言，女性从事不稳定、低报酬、无保障的非正规就业的比例确实过高，就业层次较低。随着劳动力市场开放程度越来越大，市场竞争越来越激烈，这些低素质、低文化、社会网络规模小甚至网络层次不高的女性面临着更大的就业压力。

5）社会网络对社会资源的影响重大

改革开放以后，社会网络对每个人的职业影响不仅没有减弱，反而还有进一步加强的趋势。边燕杰等于 1999 年在天津的调查中发现（边燕杰，李煜，2000），天津居民使用社会网络的机制比例，1956～1979 年为 57.8%，1980～1992 年为 66.4%，1993～1999 年为 84.9%，这种加强的趋势与中国的文化背景及社会转型期的特殊性有关。首先，受经济发展水平的局限，目前中国仍然没有超越传统，对人际关系的依赖较强，社会网络意识较重，强调与他人的关系。其次，当前中国劳动力市场的信息还难以对称，人们对劳动力市场的信任还没有完全确立，这就导致人们依然传统般地依赖社会网络。再次，中国劳动力市场总量上供给远大于需求的现状使得就业及职业发展面对险恶的竞争，社会网络的资本属性实际上是一股重要力量，它会支持网络成员较为有力地应对市场的各种选择和考验。

三、社会制度论

性别视角的社会制度论主要讨论政策、制度及法律法规的性别关怀。目前，就总体而言,中国体现性别差异和重视女性发展的制度体系尚未建立,还有许多问题需要反思和改进。

(一)政策的性别意识

政策从总体上体现性别意识强弱,根据程度不同可将政策分为两类。

1. 性别倾斜政策

中国是世界上最早推行对妇女实行倾斜性政策的国家之一。比如,规定对女性的特别保护政策,将女性视为能力差和易受伤害的对象,进行各种保护性限制。这类保护性政策导致:将女性定位于能力差的弱者;忽视女性选择权和能力的发展。《中华人民共和国妇女权益保护法》中的很多条款属于特别保护政策,在保护女性的同时也使社会对于女性产生了刻板印象,将女性定位于能力差的弱者,使歧视和不公正对待现象更加严重。甚至极端的特别保护政策反而过犹不及,两性退休年龄差别对待的政策就是一个突出的例子。新中国成立之初,即在劳动法中明文规定,男性最高 60 岁、女性最高 55 岁退休,并且针对一些特定职业,女性可以提前退出就业岗位。法律的初衷是为了保护女性,在当时的经济发展及社会变革的背景下,这些应该是必要的。但是,随着改革开放及中国城镇妇女就业模式的变化和新养老保险制度的建立,男女退休年龄的差异对两性现期和未来的经济生活以及社会地位都产生了不良影响。比如,旧养老保险制度规定,个人养老金的多少取决于工资和连续工龄两个因素。当时工资增长率较低,女性早于男性退休对养老金影响较小甚至基本没有影响。而在新养老保险制度下,对于工资水平一定的个人来讲,养老金多少是由其缴费年限决定的,女性退休年龄较早直接导致了女性较少的缴费年限,从而造成女性养老金相对水平的显著下降。政策的过度保护不仅未能产生积极的效果,反而使女性处于更为不利的境遇。

2. 性别平等政策

性别平等作为一个规范的概念通常容易被理解成为结果平等,而很少在起点和过程的层面去被认知,这也恰是性别难以实现真正平等的障碍。在中国,不乏性别平等的立法,但需要改进的是法律的操作性以及监管问题。遵守规则和法律固然十分重要,但违背规则和触犯法律的惩戒同样不能缺少。中国的性别平等立法缺乏反歧视的具体执行条款,使看似性别平等的政策保护不了不平等的现实。

(二)福利保障制度中的性别问题

福利保障制度中存在明显的对女性排斥的倾向,在国外,养老保障、失业保险、工伤保险、生育保险、社会救助、社会福利等，被统称为"国家福利"，也叫社会福利保障，其中养老保障是福利制度的核心。《中华人民共和国宪法》规定，中国公民在年老、疾病或者丧失劳动能力的情况下，有从国家和社会获得物质帮助的权利，这种物质帮助权利可以视为社会保障权，应是全体公民的社会保障权。而现实情况是，女性在福利领域的很多保障权利缺失或不完全，尤其以养老保障缺失最为明显。

1. 女性养老保障权利缺失

中国养老保险改革的首要问题是建立个人账户，目前为止，中国城镇职工的企业养老保险条例还没有特别提到性别差异问题。就女性劳动者而言，存在四种隐患：其一，如果女性就业得不到保证，就无法得到养老保险的机会；其二，企业存在两性劳动力"同工不同酬"的情况，依据个人工资额缴费的养老保险个人账户，在未来的积累中更加不平等是显而易见的，由此引致两性退休后养老金存在较大差异，直接影响女性晚年的生活水平；其三，在现行养老保险制度中，没有考虑到性别缴费年限的差别，比如，如果女性攻读更高的学位，她们进入劳动力市场就较晚，养老保险费的缴费年限自然就少。《中华人民共和国劳动法》规定，女性比男性提前 5 年退休，因此，这些就业晚而退休早的女性未来领取的养老金数额要远远低于男性。从这个视角来看，中国养老保险制度存在性别排斥因素，需要及时对其进行修改。而国际社会很多国家颁布了《反就业歧视法》①，使女性能够获得平等的就业机会，同时也能获得相应的养老保障。同时，很多国家又颁布了《平等工资法》（杨河清，2006），实行的是社会保险缴税，在基本同工同酬的条件下，交纳的社会保险税相对平等，从而在养老金的领取上也趋于平等。这是值得中国改革借鉴的地方。一些国家还有一个很重要的社会保障法律——《遗属保险法》（王莉莉，2007），遗属保险制度是参保职工死亡后的家属（符合条件的配偶、未成年子女和父母，优先考虑没有养老金的配偶）享有津贴的一种附加性的社会保险制度，这种保险制度可以有效地减少老年女性贫困，目前中国还没有类似的制度和法规。和其他国家一样，中国女性的平均寿命高于男性，尤其农村老年妇女在丧偶后没有生活来源，绝大部分老年妇女依靠家庭供养，她们是一个非常脆弱的群体，有必要从政府和社会中寻求保障和支持。其四，养老保险覆盖面对女性的明显排斥。市场的性别歧视和社会性别排斥使企业在雇用时以男性为主，这必然又使社会保险的覆盖面主要以男性为主。根据中国城乡老年人口状况的一次性抽样调查数据（中国老龄协会，2004）分析：2000

---

① 如日本的《性别歧视条例》、《残疾歧视条例》及《家庭岗位歧视条例》，摘自杨河清. 劳动经济学，北京：中国人民大学出版社，2006：362。

年城市男性老年人口中离退休人员占 88.6%，女性老年人口中离退休人员占 54.7%；农村男性老年人口中离退休人员占 9.0%，女性仅为 2.2%。退休之后，女性老年人大多处于社会安全网之外。另外，女性从事非正规就业或短期就业的可能性更大，这些雇用都在养老保险之外。

2. 就业保障制度中的性别问题

女性劳动者在劳动力市场中处于比较弱势，她们在市场中的权益经常得不到正常的保护。比如，很多女性劳动者不能与雇主签订劳动合同，即使签订合同，基本的"五险一金"① 也有可能缺少这样或那样的条款。主要原因在于：其一，政府执法惩罚监督不力，企业违法成本不高，企业雇主敢于违反劳动法和劳动合同法。其二，现行劳动法规政策不完备，导致企业雇主不主动为女性缴纳养老保险费。很多企业只雇用委托代理关系的女性员工，但是她们并不属于企业的正式职工，出于降低成本的考虑，企业并不主动为其缴纳养老保险费，很多女性从企业得到的报酬往往是唯一的收入来源。其三，企业雇用女性劳动力存在着短期行为，一方面，女性劳动者的职业流动性大；另一方面，很多企业刻意延长试用期，而且在试用期间不为工人缴纳养老保险费。一些中小或私营企业为降低成本而频频换人，损害女性劳动者的权益。

3. 户籍制度中的性别问题

中国城乡分别的户籍制度有很多弊端，在性别保护方面问题尤其严重。社会保障与城市居民户籍身份挂钩，而农村流动妇女处于城市户籍制度之外，从而不能平等地享受城镇市民的保障待遇。在户籍制度下，女性农民工或农村女性劳动者在养老保险等方面基本等同于零。这部分群体规模非常大，从总量上看，中国女性因为户籍制度的限制，大部分被排斥在养老等保障制度之外。打破城乡二元分割，取消户籍制度，形成城乡统一的社会保障体系，成为当前亟待解决的社会问题。

4. 福利保障制度改革建议

现行的养老保险制度没有充分体现性别差异，对养老保障与性别关系没有足够的研究。需要从以下几个方面进行改革：第一，建议关注农村老年妇女的权益保障，建立以政府救济为主，鼓励社会互助、家庭参与的养老保障体系。第二，扩大养老保险覆盖面，消除市场性别歧视和社会性别排斥。比如，降

---

① "五险一金"中的"五险"指的是养老保险、医疗保险、失业保险、工伤保险和生育保险，"一金"指的是住房公积金。

低《国务院关于完善企业职工基本养老保险制度的决定》中对灵活就业者参保的门槛。第三，建议尽快颁布并实施《中华人民共和国社会保险法》，扩大养老保险的覆盖面直至城乡统一。第四，建议继续修改《中华人民共和国妇女权益保障法》，并规定严格的、可操作的惩罚机制，切实保障女性劳动者的权益。

（三）税收制度中的性别歧视

劳动力市场歧视反映了种种社会的不公平，其中分配上的不公平是个比较狭小的概念，它的另一种说法是经济上的不公平。各种不公平彼此相连，包括生产中的协作、消费品交易以及集体商品的供给。分配上的公平与否主要涉及再分配的税赋和各种补贴，后者可以采取多种形式，如政府在教育和职业培训方面的开支（只是根据帕累托最优原则从原先状态判断是公平的），以及给劳动就业或低工资劳工发放的种种现金补贴（不管是支付给雇主还是雇员）（埃德蒙·S. 费尔普斯，1996）。

1. 税收制度

许多税收制度都表现出一种性别倾斜[①]，现在，主要包括税制中的显性性别倾斜、税制中的隐性性别倾斜以及社会保险计划中纳税与获取福利挂钩的性别倾斜。

1）税制中的显性性别倾斜

显性形式即法律中对男女区别对待的专门条款。所得税适用于个人或家庭单位，因而比较易于适合对男女区别对待。在个人报税的制度下，非劳动收入的分配方式往往引起显性的性别歧视。在有些国家或有些时期，已婚夫妇的工资收入属于工作者，他们挣得的所有收入都被认为是丈夫的财产。比如，在拉丁语国家，更为流行的民法传统是已婚夫妇在婚姻期间所挣得的收入被认为是"共有财产"（即夫妇双方的财产）。如果丈夫按较高的边际税率纳税，则把收入分配给丈夫会抬高这种收入的税收。在许多国家，家族企业收入也被分配在丈夫的名下，而不论夫妇双方各自在企业中的作用如何。减税、免税和其他税收优惠的分配是个人报税制度中显性性别歧视发生的另外一种途径。个人报税制度规定，减免税收必须分配给配偶双方，在某些国家，纳税人可以要求得到的减免的性质因纳税人是男是女而异，这种分配也可以影响纳税义务。另外，性别歧视的另一种形式是，国家对男性和女性课以不同的税率，对已婚妇女课以较高的税率。比

[①] J. G. Stotky 是国际货币基金组织财政事务局税收政策处经济学家，其工作报告（WP/96/99）："税收制度中的性别倾斜"，国际货币基金组织报告，华盛顿，1996 年。

如，南非在 1995 年以前就是这样。在某些国家，有一种性别歧视的形式是，要求以丈夫的名义提交联合纳税申报表，因此妇女不作为纳税人而独立存在。再比如，1990 年以前，英国的所得税规定只由丈夫提交联合纳税申报表，1983 年以前法国的所得税也是一样。瑞士至今仍采取这种做法。美国的联合报税制度和累进制的边际税率明细表，明显打击次要工作者，因为对他们收入的课税是从营业收益的最高边际税率开始的。这种联合报税制度下的所谓婚姻税一般已被视为对妇女的歧视。在欧洲，税收制度中的男女平等问题在 20 世纪 80 年代非常引人注目。1984 年，欧洲共同体的一份报告研究了在妇女劳动力参与问题上欧共体的税收制度是否男女平等（欧共体所得税与男女平等对待委员会，1995）。结论是，税收制度在几个方面对已婚妇女的税收负担具有不良影响，包括联合课税，把补贴和减税优先给予丈夫，在夫妇双方都外出工作的情况下，对照看子女和从事家务所产生的成本缺少补贴和减税，妇女不能申报她们自己的纳税收入，未交纳税收的责任由配偶承担，以及限制丈夫对"作为助手的妻子"支付收入的金额。报告建议进行税收制度改革，以消除显性的性别歧视。

性别歧视也出现在许多发展中国家的税收制度中。最为常见的形式是把已婚妇女的收入归在丈夫名下，并且对任何非分类所得税均以其丈夫的名义课征，尽管在许多情况下允许对妻子的就业收入单独估税。南非的税收制度还对已婚者、单身者和已婚妇女使用不同的税率明细表，并对后两类人实行较高的税率。1995 年，这些税率得到了统一。1991 年，马来西亚的税收制度发生了改变，原来已婚妇女的收入归在丈夫名下，除非她选择单独估税；而改变以后的制度是，丈夫和妻子都被当作单独的纳税单位对待。妻子的收入仍然在丈夫的纳税申报表上申报，仍然允许联合估税。一些发展中国家的所得税税则中，存在着男女有别的明显条款，这些做法给妇女的次要角度赋予了合法性。

2）税制中的隐性性别倾斜

隐性形式的性别倾斜是这样一些法律条款，由于典型的社会环境和经济行为，它们倾向于对男人和女人具有不同的含义。在消费税中，隐性倾斜可能通过许多方式表现出来。与广义的消费税相比，货物税的隐性倾斜更为明显。例如，货物税一般对男人超比例消费的酒类和烟草实行高税率，所以，货物税可能被认为存在对男人不利的隐性倾斜；特殊的消费者或生产者的优惠待遇也可能意味着性别倾斜，但如同对具体的货物和服务一样，性别平等的欠缺难以确定。例如，倘若非营利性机构所提供的服务一般超比例地惠及穷人，而穷人主要是一些女性当家的家庭，那么这就意味着非营利性机构的优惠待遇向妇女和儿童倾斜。

在许多国家，进口税是征收制度的关键性组成部分，并且影响着经济发展的模式。进口税的典型模式是否有利于以雇用男性为主或以雇用女性为主的产业。

工业国的进口税歧视技术含量低的货物，可能产生不利于女性的倾斜，因为她们往往在低收入国家的工厂工人中占有很大的比例。发展中国家的进口税可能通过有利或不利于女性的方式改变发展方向。公司所得税也会产生类似的问题。

3）税制中社会保障、保险项目的性别倾斜

税则中男女有别的最普遍的说法是，男女的平均预期寿命不同。例如，在美国的税则中，允许对纳税者死后生效的、财产捐助形式的慈善性捐助给予减税，但纳税人在死亡之前仍然保留对这份财产及其收入的使用权。在捐助的时候，允许纳税人根据其剩余的预期寿命享受这份财产的现实贴现值减税。例如，一位60岁的女性在捐赠财产时预期寿命可能还有25年，而一个男性的预期寿命可能还有20年。因此，女性的捐赠按25年贴现，而男性的捐赠则按20年贴现。退休金和养老金收入中也有类似的问题。从达到领取年龄时开始，男性可能按规定每年得到总金额中的较大部分，因为他们的预期寿命较短。男女预期寿命的差异可能也为对男女采用不同的社会保险税率，在缴费相同情况下提供不同的福利，或者使用不同的纳税与福利挂钩方案提供了一种论据。

许多国家已经试图消除税收制度中的显性和隐性性别倾斜①，文化标准的不同无疑将使人们对于什么是歧视和变革的必要性继续持有不同看法。

制度的非经济绩效和经济绩效之间不总是此消彼长的。在多数情况下，非经济绩效的提高可以促进经济绩效的提高。非歧视或者平等对于促进长期经济发展具有积极的作用。社会发展也具有与平等一样的作用。妇女解放对经济发展的最直接效果是增加了劳动力，从而增加社会总产出。同时，女性在有些工作上具有比较优势，这些工作由女性来做比由男性来做更有效率，如幼儿教师、中小学教

---

① 许多国家已经采取步骤消除个人所得税中的性别倾斜：法国1983年把仅要求丈夫在家庭纳税申报单上签字改为要求配偶双方签字。爱尔兰1993年把以丈夫名义联合报税和妻子可选择对劳动收入单独估税改为妻子可选择成为"要纳税人"。马来西亚1991年原来的税收制度是已婚女性的收入归于丈夫名下，除非她选择单独估税；改变后的制度是，对丈夫和妻子均以单独纳税单位相待，并可以选择联合报税。荷兰1984年把向已婚男性发放比已婚女性更高的免税补贴改为发放平等的基本税收补贴。南非1995年把对单身者和已婚妇女使用高于已婚男性的税率明细表改为使用统一名细表。英国所得税改革的沿革更具有代表性：所得税最初设于1799年。一对夫妇的收入归在丈夫名下，这体现了当时已婚女性的法律地位和财产权利。1882年已婚女性财产法生效，允许妇女保持对其单独财产和收入的管理和控制。1894年，规定在夫妇一年总收入不超过500英镑的情况下，允许妻子的所得像单身者收入一样获得免税的资格。1918年设立了已婚男性补贴，1982年这项补贴增至单身者补贴的1.6倍。迟至20世纪70年代中期，国内税务局还只与丈夫联系，拒绝对来函的已婚女性予以直接回复，并且把从已婚女性薪金支票上多扣的税额通过邮寄退还给她们的丈夫。1978年的财政法赋予女性以接受预扣税退款的权利，国内税务局也开始直接答复来函的已婚女性。1988年，政府以法律形式规定，所有纳税人都应以个人名义填写其工薪收入和投资收入的纳税申报单，这一规定于1990年生效。对夫妇实行的"已婚男性"宽减继续实行到1993年，然后改为一种可在配偶之间转让的宽减。Norma Briggs.《瑞典、英国和美国的个人所得税与社会福利》：对其相互关系及对低收入夫妇和单亲家长影响的研究. 国际财政文献局新闻简报，1995，39（6）：243~261；国际货币基金组织和世界银行季刊，1997，(3)。

师、医生、护士等。女性的手更灵巧、动作更细腻，因此她们比男性更适合做手术。女性就业对经济的另一个贡献是增加了经济中高素质劳动力的数量。从生理上来讲，没有任何证据表明女性比男性智力低；将女性排除在劳动力市场之外意味着一些工作不得不由智力较低的男性来承担，从而降低了生产效率。另外，女性解放废除了旧中国附加在妇女身上的陈规陋习，如缠足、纳妾、包办婚姻等，而这些习俗都阻碍了经济绩效的提高。缠足自然不用说，因为它直接摧毁了女性的生产能力。纳妾是显示财富的一种方式，是浪费性的消费，因此减少了社会的生产资源，如用于纳妾的费用本可以用来投资。包办婚姻的一个后果是家庭的不和睦，从而导致夫妻双方精力的浪费。

　　一个较好的制度应该使经济外推到现有技术的生产可能性边界上，同时也建立一种鼓励创新的机制，以使生产可能性边界本身向外扩张。但是，经济增长不是衡量制度绩效的唯一指标。平等、人的健康与教育、社会发展、稳定、和谐等，都是衡量制度绩效的指标。这些指标本身就包含了人类所追求的价值。

　　2. 其他保障性政策

　　中国在 20 世纪 50 年代初期，就建立了以性别平等为核心的公共政策，男女平等是基本国策之一，据此，女性可以充分参与经济和社会活动，在政治、经济、文化、社会和家庭生活等领域与男性处于完全平等的地位。

　　《中华人民共和国妇女权益保障法》① 较为细致地规定了劳动女性的权益及其有针对保障的措施。中华人民共和国 1954 年颁布了第一部重要法律——《中华人民共和国婚姻法》，沿袭了根据地倡导的男女平等的原则，实行男女婚姻自由、一夫一妻、男女权利平等、保护妇女和儿童的合法利益。同时，《中华人民共和国婚姻法》还明确规定了夫妻之间的权利和义务，提出"夫妻为共同生活的伴侣，在家庭中地位平等"，"夫妻双方均有选择职业、参加工作和参加社会活动的自由"，规定了夫妻各自使用自己姓氏的权利及互相继承财产的权利。1953 年 2 月，中央人民政府委员会通过了《中华人民共和国全国人民代表大会及地方各级人民代表大会选举法》，《选举法》在第一章总则的第四条规定："凡年满十八岁之中华人民共和国公民，不分民族和种族、性别、职业、社会出身、

---

　　① 第九章"社会保险和福利"的主要内容为：第 70 条　中华人民共和国国家发展社会保险事业，建立社会保险制度，设立社会保险基金，使劳动者在年老、患病、工伤、失业、生育等情况下获得帮助和补偿。第 71 条　规定社会保险水平应当与社会经济发展水平和社会承受能力相适应。第 72 条　中华人民共和国规定社会保险基金按照保险类型确定资金来源。逐步实行社会统筹。用人单位和劳动者必须依法参加社会保险，缴纳社会保险费。第 73 条　中华人民共和国劳动者在下列情形下，依法享受社会保险待遇：a. 退休；b. 患病、负伤；c. 因工伤残或者患职业病；d. 失业；e. 生育。第 95 条　中华人民共和国用人单位违反本法对女职工和未成年工的保护规定，侵害其合法权益的，由劳动行政部门责令改正，处以罚款；对女职工或者未成年工造成损害的，应当承担赔偿责任。

宗教信仰、教育程度、财产状况和居住期限，均有选举权和被选举权。"1954 年颁布的第一部宪法明文规定：妇女在政治的、经济的、文化的、社会的和家庭的生活方面享有同男子平等的权利。

出于对男女平等的考虑，中央政府较好地解决了伴随女性就业而引发的两个问题：其一，女性工作报酬。在西方女性就业过程中，女性往往作为廉价的劳动力，男女同工不同酬是司空见惯的现象，而中国女性的普遍就业很快就得到政策上的一视同仁。1951 年 2 月，政务院颁布的《中华人民共和国劳动保险条例》明确规定：男女劳动要同工同酬。1955 年公布的《农业生产合作社示范章程草案》也对男女同工同酬作出规定。这一政策在农村成为妇女干部维护女性劳动报酬的依据，在城市成为女工获取合理报酬免受歧视的保障。其二，女工生育问题。女性就业之后仍然承担着怀孕、生育、哺乳等一系列再生产责任，这一职责的履行势必中断女工的生产过程。中央政府没有将生育看做女性的私事，也没有放权交给各级组织或单位自行处理，而是将其看做政府必须履行的职责，并推出了一项前所未有的有利于女性连续就业、解除生育之忧的政策。① 计划经济时期，社会组织的基本细胞是"单位"，它的职能类似政府的派驻机构，由政府决定人事名额、工资幅度、计划任务、福利待遇，"单位"根据政府的指令、名额及工资额度照章执行。当政府要求"单位"为生育女性照发工资时，就意味着政府将这一部分工资交给"单位"，由"单位"发给个人。由于计划经济时期政府与"单位"（包括企业）的特殊关系，"单位"能够顺利履行政府的政策，从而比较成功地解决了女工生育与就业的矛盾。

20 世纪 50 年代初期，中国的性别立法在诸多方面都处于世界领先水平，其中女性的财产权利比韩国早获得 39 年，女性与男子共同参与社会的权利比日本早 34 年。规定女性参政的比例，妥善地解决了男女同工同酬和女性生育的政策，更是中国妇女政策的创举。

1995 年制定和发布《中国妇女发展纲要（1995～2000 年）》，2000 年再发布《中国妇女发展纲要（2001～2010 年）》，其主要内容为：①国家宏观政策。把经济分析和经济结构调整纳入性别平等观念。制定女性平等参与经济发展的方针政策，提供女性享有与男子平等的参与经济决策的机会和途径，缩小男女在分享经济决策权上的差距，提高女性参与经济决策及管理的水平。确保女性平等获得经济资源和有效服务，包括获得资本、信贷、土地、技术、信息等方面的权利；农村女性享有与居住地男子平等的土地承包权、生产经营权、宅基地分配权、土地补偿费、股份分红等权利。进行适当的有利于女性生存发展的专项投资。引导和扶持农村女性富余劳动力向非农产业转移。面向农村女性开展各种劳动技能培

---

① 《中华人民共和国劳动保险条例》明确规定：女工在产后休假 56 天，工资由单位照发。

训，帮助其从传统种植业向非农产业转移；在城镇化建设过程中，有组织地开展劳务输出，为农村女性在非农产业就业创造更多的机会。为女性劳动就业提供信息、服务和培训。加强公共职业介绍机构对女性的职业指导、职业介绍等就业服务。开展有针对性的就业培训，提高女性的就业能力。鼓励和支持社会团体开展有利于提高女性劳动生产技能的各项培训活动。②经济政策。保障女性获得经济资源的平等权利和机会。消除就业性别歧视，实现男女平等就业，保障女性劳动权利，女性从业人员占从业人员总数的比例应保持在40%以上。女性享有与男子平等的社会保障权利。保障女职工享有特殊劳动保护。缓解女性贫困程度，减少贫困女性数量。同时，拓宽女性就业渠道，在经济发展和产业结构调整中，充分考虑女性就业的需要，大力发展第三产业特别是社区服务业，为女性创造新的就业机会和就业岗位。提高女性在新兴产业、新兴行业中的就业比例和中、高级专业技术人员中的女性比例。提倡自主就业，鼓励女性自谋职业，支持和引导女性兴办私营、个体企业和发展科技型中小企业，促进女性通过多种形式再就业。③法律和部门政策。制定和完善有利于女性平等参与经济和社会发展、平等就业等的相关法律法规和政策。禁止招工、招聘中的性别歧视。保障女性享有与男性平等参与资本、技术等生产要素的分配权。保障多元化分配形式中的男女同工同酬、同工种、同类别从业人员中女性工资与男性工资相同。加大劳动保障监察执法力度，切实保障女性的劳动权利。对于违反《中华人民共和国劳动法》、《中华人民共和国妇女权益保障法》、《女职工劳动保护规定》等相关法律法规、侵犯妇女合法权益的行为，要依法处理。

（四）就业和再就业政策中的性别歧视

1. 宏观政策

中国在宏观政策层面重视性别平等，几乎看不到性别歧视的字眼，在法律制定与颁布上，从《中华人民共和国宪法》到《中华人民共和国劳动法》、《中华人民共和国劳动合同法》、《中华人民共和国就业促进法》等，都有维护妇女权益的条款。[①] 可以看出，中国确实以法的形式规定了男女就业平等的权利。但

---

① 如1995年实施的《中华人民共和国劳动法》第13条规定，妇女享有与男子平等的就业权利。在录用职工时，除国家规定的不适合妇女的工种或者岗位外，不得以性别为由拒绝录用妇女或者提高对妇女的录用标准。2008年实施的《中华人民共和国劳动合同法》规定，女职工在孕期、产期、哺乳期的，用人单位不得解除劳动合同。2008年实施的《中华人民共和国就业促进法》第25条规定，各级人民政府创造公平就业的环境，消除就业歧视，制定政策并采取措施对就业困难人员给予扶持和援助。第26条规定，用人单位招用人员、职业中介机构从事职业中介活动，应当向劳动者提供平等的就业机会和公平的就业条件，不得实施就业歧视。第27条规定，国家保障妇女享有与男子平等的劳动权利。用人单位招用人员，除国家规定的不适合妇女的工种而外，不得以性别为由拒绝录用妇女或者提高录用标准。用人单位录用女职工，不得在劳动合同中规定限制女职工结婚、生育的内容。

是，法律和政策在实际的执行中存在诸多不完善之处。比如，其一，在遭遇就业歧视上，没有相应的惩罚条款，更缺少反就业歧视立法。其二，在公平就业环境打造方面，政策仅停留在给予扶持和援助思路，却没有规定具体方案和规则。其三，政策中没有分类考虑女性就业问题，如大学生就业、失业女性就业、农村女性就业、大龄女性就业等问题。因为宏观政策缺失一些制度约束，导致现实中企业在用工时，对法律法规有"空"可钻，对女性进行歧视或排斥。

2. 微观政策

微观政策主要表现在两个方面：其一，在劳动力市场进入过程中，当前《中华人民共和国劳动合同法》规定，有事实的劳动关系，必须签订劳动合同，而在合同中必须给付工资和缴纳社会保险费等。由于女性的就业机会远少于男性，尤其是短期就业和农村流动劳动力就业很少签约，法律还不能有力地保障女性就业免受歧视。其二，劳动力市场再就业的性别排斥。有两类女性群体容易受到再就业的排斥，一是下岗女性。由于不能适应新的产业结构的调整，加上这部分女性的年龄普遍偏大，技能折旧，女性一旦从企业中分离出来，再就业就会十分艰难。二是农村流动女性劳动力。由于没有城市户口，文化和技能水平不高，所以这部分人的市场就业机会偏少。

3. 职业结构规定中的性别歧视

根据 2000 年第五次人口普查的数据显示，目前中国总人口中，男性和女性的比例为 51.13% 和 48.87%。在就业上，各行各业出现女性就业比例逐年偏低，表 6-1 显示了中国城镇单位就业人员的性别构成和劳动报酬。

表 6-1 城镇单位就业人员的性别构成和劳动报酬

部门	平均劳动报酬/元	男性比例/%	女性比例/%
农林牧渔业	6 314	62.89	37.11
批发和零售贸易和餐饮业	9 439	55.14	44.68
建筑业	10 212	82.92	17.08
采掘业	10 992	74.71	25.29
冶金业	11 152	56.96	43.04
企业单位	11 901	62.91	37.09
地质勘察、水利管理业	12 226	73.01	26.99
事业单位	13 054	55.33	44.67
教育、文化艺术和广播电影电视业	13 073	54.45	45.55
国家机关、党政机关和社会团体	13 844	74.76	25.24

续表

部门	平均劳动报酬/元	男性比例/%	女性比例/%
卫生体育与社会福利业	14 652	42. 01	57. 99
企业管理机构	14 934	64. 61	35. 39
房地产业	15 384	65. 84	34. 16
交通运输、仓储及邮电通信业	15 818	71. 73	28. 27
金融保险业	18 023	54. 12	45. 88
科学研究和综合技术服务事业	18 792	66. 54	33. 46
商业经济和代理业	30 845	60. 14	39. 86

资料来源:"第二期中国妇女社会调查"数据(甘肃省人口和计划生育委员会,2006)

可以看出,中国女性的就业比例与女性劳动力资源占总数约一半的比例很不相称。除了卫生体育和社会福利业女性就业比例超过男性外,其他所有部门都是女性的就业比例低于男性。为了保护女职工,国家法律对女性就业是有明确限制的,如《中华人民共和国劳动法》第59条规定:禁止安排女职工从事矿山井下、国家规定的第四级体力劳动强度的劳动和其他禁忌从事的劳动。因此,最终反映出来的在建筑业、采掘业、地质勘探业中的女性就业比例偏低属于正常。但在除此以外的其他行业,甚至在商业、金融以及机关事业单位等世界公认的女性行业中,女性就业比例都低于男性,这表明存在性别歧视。不但女性就业比例低于男性,而且在高收入行业中,女性的就业比例要低于其在低收入行业的就业比例。

鉴于此,建议针对就业中的性别歧视现象进行反就业歧视立法,借鉴其他国家的《反性别歧视法》,在原则上细化规定,明确用人单位违反法律规定应承担的后果,规定受歧视者的诉讼权利和程序,成立平等就业机会委员会,解决就业歧视纠纷。

第三节 反社会排斥政策的国际比较

社会排斥一般指个人或群体被全部地或部分地排除在充分的社会参与之外,"被排除在外"的他或他们,全部或部分权利丧失,且无法获得与公民权相称的资源。排斥的可能性随着就业不稳定的上升而增大,特别是农村女性从事的农业生产劳动生产率低下,经济效益极差,虽没有被排斥在传统意义的劳动力市场之外,但可以说是遭受了劳动力市场的内部排斥,这同样可以引发其他维度的社会排斥。

毫无疑问,无论哪种情形的存在,都会给劳动者本人和社会带来沉重代价,因此越来越引起社会各界的普遍关注。这其中,性别歧视作为劳动力市场社会排斥的重要形式,随着社会的发展和进步,自然也越来越受到重视。根据国际劳工组织的解释①，劳动力市场的性别歧视是指基于性别的任何区别、排斥或特惠，其后果是取消或损害就业方面的机会平等和待遇平等。目前，中国劳动力市场中还普遍存在着形式不一、种类繁多的性别歧视现象，如调查显示（张嵩，2007），中国约有 70% 的女大学生认为在求职过程中存在性别歧视现象。其中，政府机关和事业单位存在性别歧视的占 40% 以上。从男女职工收入对比看，以上海市为例②，2005 年男女收入之比为 1 : 0.65，而在 2000 年，这一比值为 1 : 0.73，可见差距日益加大。

为改变这种不利局面，有效保护女性劳动者的合法权益，需要建立中国的反就业性别歧视政策体系。为此，本书从欧盟、美国、英国三个政治体的两性平等就业政策的历史演进出发，分析有益经验，并对中国的改革提出相关建议。

一、欧盟反就业性别歧视政策的演进

欧盟③有关男女平等就业方面的规定始于 1957 年的《罗马条约》。该条约第 119 条针对劳动力市场的男女间工资歧视问题，制定了"同工同酬"原则，要求只要是基于雇佣关系而产生的报酬，均应无性别歧视地平等给付。随后，为进一步保障女性的社会权利、经济权利，1961 年欧盟制定了《欧洲社会宪章》。该宪章进一步巩固和发展了两性工作平等权的内容，规定了男女同享 10 多项劳动权益。

20 世纪 70~90 年代，由于欧洲女权运动的发展，同时也是为了合理利用女性劳动力资源、保护女性劳动权益，欧盟出台和实施了一系列反对就业性别歧视、推动男女平等的政策措施。这些政策主要包括指令、行动项目和建议三类。其中，指令要求成员国在限定时间内调整国家政策，以便与欧盟指令的内容和要求保持一致，同时行动项目与建议的目的在于激励各成员国确立具体的政策，以及推进指令宗旨的渗透。

具体而言，三类政策主要包括以下内容。

1. 指令

（1）1975 年发布《公平报酬指令》，参照国际劳工组织"同值同酬"的理念，详述了男女公平报酬的原则和措施，明令禁止基于同种劳动或等值劳动的性别歧视。

---

① 详见 1958 年国际劳工组织《关于就业和职业歧视公约》（第 111 号公约）。
② 详见《上海市贯彻实施中国妇女儿童发展纲要评估报告》（2006）。
③ 众所周知，欧共体是欧盟的前身，因此本书所提到的"欧盟"在 1993 年 11 月《马斯特里赫特条约》正式生效前实际上指的是欧共体。

(2) 1976 年发布《男女平等待遇指令》，把就业平等的涉及面从单一的付薪领域扩大到两性在就业机会、职业培训、晋升方面的同等待遇，禁止在公民社会地位方面和家庭环境中直接和间接的性别歧视。

(3) 1979 年发布《社会保障指令》，明确了社会保障体系中的男女平等原则，规定在对待疾病、丧失劳动能力、年老、职业事故和失业等方面要向欧盟女性公民提供与男性同等的待遇，并再次重申反对基于性别的直接和间接的歧视。

(4) 1986 年发布《职业保障计划指令》，对《社会保障指令》进行了补充和细化，将其适用范围扩大到各个产业、公司和以其他雇用方式尚未覆盖的受雇者和自雇者。

(5) 1986 年发布《自我雇用指令》，把男女平等待遇原则扩大到覆盖那些作为雇主、自雇者，以及全职或半职性地与配偶一起工作的自我就业女性。

(6) 1992 年发布《怀孕受雇者指令》，针对怀孕、分娩、哺乳的职业女性规定了特殊的社会保障办法。

2. 行动项目

与指令一样，行动项目也是欧盟反就业性别歧视政策的重要组成部分，但是，行动项目重在实践，较指令容易受到检验和调整。最重要的是，在每个行动项目中，欧盟委员会本身提供资源并亲自执行，以推动项目在成员国的具体发展。到 20 世纪 90 年代末，欧盟已经成功地实施了四个机会平等行动项目。

1982 ~ 1985 年行动项目强调减少男女机会平等道路上的法律障碍和女性个人权利的系统扩大。该项目把禁止间接歧视界定为重要的法律原则，并指出了判断间接歧视的基本标准。

1986 ~ 1990 年行动项目更具体。它特别关注女性作为劳动力市场弱势群体在经济衰退和高失业等特殊时期的状况，号召通过提升女性受教育程度、改变女性受教育选择上的传统观念、取得两性在承担家庭职责义务方面的平衡，来实现女性在就业方面的机会平等。

1991 ~ 1995 年行动项目集中于男女就业机会平等。它提出应采取整合的方法和路径，使妇女就业问题成为改革劳动力市场总体政策的一个方面，把"机会平等"整合入主流政策。它强调在熟练劳动力缺口不断增大的情况下，不再允许女性劳动力资源的丧失和利用不足，并且要采取更多措施，使女性人力资源在数量和质量上得到更好的利用。

1996 ~ 2000 年行动项目继续这种整合思路。它提出了促进机会平等在欧盟、成员国、地区、地方四个层面的各种政策、措施和活动的准备、实施和监测过程中进行整合的总体目标。更具体地说，该行动项目的各种动议集中于不断变化的经济体系中的机会平等，集中于鼓励一项协调男女两性家庭和工作的政策，集中于提升决策过程的社会性别平等。

通过实施近 20 年的行动项目，欧盟从消除间接歧视、改变女性受教育程度和领域宽度、实现工作-家庭并联、将机会平等整合入主流政策等，推进着欧盟就业的男女平等。

3. 建议

这主要是指自 20 世纪 80 年代以来被欧盟委员会采纳的推进妇女积极行动的各种建议。值得一提的是，建议没有任何强制性要求，它只是一种希望成员国在国家框架内采用一系列措施和政策，并具有灵活性和选择性的建设性意见。它包含各种致力于消除劳动力市场不平等的政策动议，诸如信息运动、意识提升活动、职业生涯指导、女性决策参与等。由于各种建议的临时性、零散性、覆盖地区或领域的特殊性，所以要一一列举很难。但是，它们作为既成指令的补充、指令执行的具体体现以及新指令动议之基础的作用不可忽视。

除上述具体政策之外，为强化政策执行，1976 年欧盟委员会还设立了专门负责监控就业歧视的机构——欧盟机会平等委员会，作为专司就业、劳资关系和社会事务的总理事会第五部的分支；成立了社会保障和生活水平委员会，负责监测与社会保障相关指令的执行，也从属于第五部。这样，反就业性别歧视就在机构上有了政策执行及监测的保障。

经过 50 多年的努力，欧盟的男女就业平等政策日趋完善，为建立所谓"社会欧洲"奠定了坚实的基础。

二、美国反就业性别歧视政策的演进

第二次世界大战期间，由于劳工极为缺乏，大量妇女逐渐投入劳动力市场，引发了大量的就业歧视问题。罗斯福总统发布第 8802 号总统行政令，建立了公平就业行动委员会，开创了美国政府主动解决男女公平就业问题的先河。到 20 世纪 50 年代中后期，就业歧视问题已成为美国保障民权的重心。50 多年来，美国涉及男女平等就业的重要制度主要包括以下几项法律法规。

1. 《公平报酬法》（1963 年）

《公平报酬法》是 1938 年《公平劳动基准法》的一部分，其立法目的在于禁止因性别因素而造成的男女工资差异，规定对于要求同等技能、努力及负担同等责任，而在同一单位类似工作环境下从事大体相同工作的人，不得基于性别差异给付不同工资。

2.《民权法》第七章（1964 年）

这是 20 世纪 60 年代美国所有禁止就业歧视的法律中，最具深远意义的。它禁止雇主因种族、肤色、宗教信仰、性别或原籍等因素，而拒绝雇用或解雇个人，或对个人在工资、工作条件、待遇或权利等问题上，有任何差别。为此，该法还特别设立了一个独立性的平等就业机会委员会，负责执行所规定事项。

3. 第 11246 号《总统行政令》（1965 年）

该命令由约翰逊总统发布，目的在于保护少数族裔以及女性的权益，规定任何与联邦政府有商业往来的采购与营建承包商，对其受雇者不得在就业过程中给予任何歧视性待遇。

4.《怀孕歧视法》（1978 年）

该法特别规定雇主不得因女性怀孕、生育或者其他相关医疗情况，而在其就业问题上给予任何歧视。该法也是对 1964 年《民权法》第七章的修正。

5.《民权法》（1991 年）

这是美国国会为推翻最高法院 1988～1990 年几则特别不利于妇女以及少数族裔的就业歧视判例而制定的。它除了减轻就业歧视案件原告的举证责任外，特别对 1964 年《民权法》所规定的补偿制度进行了修正。新法不仅能够震慑采取歧视措施的雇主，也鼓励被害人勇于主动提起这类诉讼，甚至给予一定奖励或补偿。

6.《玻璃天花板法》（1991 年）

"玻璃天花板"是形容雇主针对符合就业资格的女性以及少数族裔，在工作机会升迁上所设的人为障碍。该法也属 1991 年《民权法》第七章的一部分，并特别规定成立玻璃天花板委员会，进行有关如何消除女性以及少数族裔晋升障碍的研究，并向美国总统以及国会相关委员会提出书面报告，借以打破职业隔离。

7.《家庭与医疗休假法》（1993 年）

这是克林顿总统任职内的第一个重要劳工法律。其规定雇用员工达 50 人以上的雇主，应给予其雇用期限 1 年以上的员工为期 12 周的无薪休假，以让其照顾新生婴儿、患病的配偶、子女、父母等近亲属。雇主不得干涉员工的这种无薪休假权，更不得加以歧视或解雇。

总体来说，与欧盟类似，美国反就业性别歧视政策也涵盖了同工同酬、破除两性职业隔离、保证女性晋升机会、落实母性保护措施等各个方面，已经非常全面。除了上述重要法律与行政命令外，美国联邦各级法院对涉及就业性别歧视的案件，在过去 50 年间，也一直扮演着极其重要的角色，大大促进了平等就业理念的贯彻落实。

另外，随着政策的演进，根据 1964 年《民权法》第七章而创设的联邦平等就业机会委员会的执法范围也更加广泛，不仅负责《民权法》的执行，还负责执行《公平报酬法》、《怀孕歧视法》、《就业年龄歧视法》、《复健法》等。它接受个人有关就业歧视的申诉，并经调查、调解、诉讼、协商、教育与技术协助来执行联邦法律禁止就业歧视的任务，铲除在招募、雇用、晋升、解雇、薪资福利、培训等问题上的歧视现象。该委员会还通过其他相关活动，来宣传有关就业机会平等的理念。例如，颁布各种相关指导原则，出版公布该委员会所作出的重要歧视决定，以及参与相关诉讼等，完成就业平等政策的具体落实。尽管该委员会所颁布的指导原则通常并没有法律约束力，但各级法院一向尊重该委员会的立场，因此，相沿成习后，往往成为处理男女工作平等问题的重要准则。

三、英国反就业性别歧视政策的演进

由于相当长的一段时期内，英国国内普遍信奉契约自由是雇用关系中的基本原则，因此总体而言，20 世纪 70 年代前，英国反就业性别歧视的规定相当有限。但自 70 年代后，随着国内女权运动的不断涌现，以及英国逐步成为联合国、国际劳工组织以及欧盟等国际组织有关反对就业歧视条约的签署国，双重压力下，英国国内的反就业性别歧视政策开始兴起。其中一个重要表现是 70 年代后，英国对于就业性别歧视制定了大量的法律，形成了一个较为严密的法律体系。

1. 《公平报酬法》

《公平报酬法》于 1970 年首次通过，1983 年又进行了修订。其规范的内容仅限于促进两性劳动条件的平等，不论男女都是该法的保护对象。规定在三种情形下，必须给予男女同等待遇：第一，相同工作；第二，工作被评估为相同；第三，工作价值相同。规定当雇主未制定工作评估计划时，女性就业者还可以依据其工作价值与男性相同而向雇主请求同等报酬。

2. 《性别歧视法》

英国 1975 年通过的《性别歧视法》是针对《公平报酬法》所未规范的重要内容加以补充的措施，此法的宗旨依然是保障男女权利、待遇等各方面的平等。主要内容如下。

1）禁止性别与婚姻歧视

《性别歧视法》首先禁止基于性别理由实施的任何歧视，自然也包括就业歧视。不仅如此，该法还规定不允许因为婚姻状况的不同而对同性者进行区别，如以某人已婚且家居遥远为由，不雇用该已婚者。

2）禁止怀孕歧视

早期英国法律并不认为对怀孕的女性予以解雇或不平等的对待构成性别歧视，因为男性不可能怀孕。直到著名的韦伯（Web）案的出现，怀孕歧视才开始被认为是直接歧视①。

3. 涉及母性特别保护的规定

20世纪70年代前，母性保护在英国并未得到重视，直到1975年《劳动保护法》的颁布，才首次明确了母性的三种法定权利：妇女有免于因怀孕而遭雇主解雇的权利；妇女于分娩后有复职的权利；妇女有请求雇主给付产假工资的权利。该法以及1996年的《劳雇权利法》、1999年的《父母产假条例》（2002年修订）和2002年的《劳动雇用法》共同保护了英国母性的就业权利，内容除了前述几项之外，还细化到产假种类、期限、休假期间薪酬安排、津贴等内容。

4. 《兼职雇员条例》

尽管于2000年起实施的《兼职雇员条例》旨在保障兼职劳动者的权益，而并非将女性作为特别保护对象，但从现实情况看，由于照顾家庭、生育子女等原因，从事兼职者往往是女性，因此该法对于女性的平等就业意义重大。该条例明确规定，在支付兼职劳动者工资、加班费、产假工资等方面，必须与同等全职劳动者一致。此外，在培训、裁员等方面也不可对兼职劳动者采取歧视。

不仅如此，为实现男女平等就业，英国还发布了一系列实务守则指导政策执行，其中比较重要的有三个：《性别歧视实务守则》（1985年）、《公平报酬实务守则》（1997年颁布，2003年进行了修订）及《英格兰和威尔士性别平等实务守则》（2007年）。

与欧盟和美国一样，为加强就业平等政策的执行，英国于1975年成立了平等机会委员会，2007年该委员会又升级为平等与人权委员会，其不仅负责处理性别歧视问题，而且也处理种族、宗教等各种歧视问题。

---

① 该案中雇主因一名员工怀孕而以不定期劳动契约雇用原告，但原告于任职后不久即发现怀孕而遭雇主解雇，该案一直上诉到欧洲法院。欧洲法院认为在不定期契约中因女工怀孕而将其解雇即构成性别歧视，即使解雇的理由是因为该女工无法履行双方订约时的目的，即原告当初受雇的目的虽是要替代另一名怀孕女工工作，但此事实并不影响其结果，且韦伯案的审判也违反欧盟1976年的《男女平等待遇指令》。

四、国外反就业性别歧视政策演进的启示

从对欧盟、美国和英国反就业性别歧视政策演进的回顾可以发现，经过半个世纪的发展，其旨在促进男女平等就业的制度体系均已比较成熟。总结它们的经验，对完善中国男女就业平等政策，无疑具有重要的借鉴意义。三个政治体在反就业性别歧视方面，确实有许多规律可循，这主要表现在以下几个方面：

第一，三者均从单一工资报酬保护发展为多方面的平等待遇保护。男女同工同酬的立法是人类社会的进步，但单一的立法在实际运作过程中难以达到应有的效果。美国 1964 年的《民权法》第七章大大扩展了男女两性工作平等权的内容，即男女两性在雇用、工资报酬、工作条件及其他待遇方面均享有平等的权利，雇主不得有歧视行为。欧盟在《欧洲社会宪章》、《男女平等待遇指令》、《社会保障指令》，英国的《性别歧视法》等也都丰富了两性工作平等权的内容。

第二，为实现劳动力市场的报酬公平，这些政治体基本都是从男女同工同酬立法开始，发展为同值同酬。如前所述，欧盟在 1957 年的《罗马条约》中就提出男女同工同酬原则，美国于 1963 年制定了《公平报酬法》，但同工同酬的立法并不足以保护女性的合法权益。于是，欧盟在《公平报酬指令》中就确立了同值同酬的原则，美国也从 20 世纪 70 年代开始采用同值同酬原则，这对更有效地消除两性工资报酬不平等的现象具有重要意义。

第三，加强对母性保护的立法。母性保护是实现两性工作平等权的重要一环。美国 1978 年的《怀孕歧视法》中明确规定对怀孕妇女的歧视为性别歧视，对怀孕妇女的保护也相当全面，包括任用、晋升、福利津贴等各方面的就业利益。欧盟的《怀孕受雇者指令》、英国的《劳动保护法》、《劳雇权利法》、《父母产假条例》和《劳动雇用法》等也有类似的保护内容。

第四，成立专责单位推动男女平等就业的落实。为禁止就业歧视，美国设立了平等就业机会委员会来负责，并且在法令中明定其组织架构及职权。欧盟则分别成立了机会平等委员会、社会保障和生活水平委员会，负责就业、劳资关系和社会保障的执行。英国成立的平等机会委员会同样对就业乃至人权事务中的歧视现象具有专门负责权。执行机构的专责化，对于强化政策执行、提高政策效果具有积极意义。

五、中国反就业性别歧视政策现状及完善建议

新中国成立之初，在《中国人民政治协商会议共同纲领》第 6 条中就明确规定："中华人民共和国废除束缚妇女的封建制度。妇女在政治的、经济的、文化

教育的、社会的生活各方面，均有与男子平等的权利。"这标志着中华人民共和国成立伊始就将反对性别歧视作为国家级的行动目标。随后，为实现男女平等，国家又出台了一系列相关法律。自 1954 年第一部《中华人民共和国宪法》颁布以来，历次修正案中均确认或重申了男女平等的原则。1992 年，经第七届全国人民代表大会第五次会议审议，通过了关于妇女权利的专门法律《中华人民共和国妇女权益保障法》，其中对妇女的各项权利作了具体规定。1994 年颁布的《中华人民共和国劳动法》第 12 条规定"劳动者就业，不因民族、种族、性别、宗教信仰不同而受歧视"；第 46 条规定"工资分配应当遵循按劳分配原则，实行同工同酬"。这些条文都涉及了男女平等就业和禁止性别歧视的内容。2008 年 1 月 1 日生效的《中华人民共和国就业促进法》第 3 章专门规定了公平就业问题，并明确规定"国家保障妇女享有与男子平等的劳动权利"（第 27 条），"劳动者遭受歧视时，可以向人民法院提起诉讼"（第 62 条）。这些规定明确了遭受歧视的受害人可以获得救济，无疑会有利于保护劳动者的公平就业权。

然而，回顾这些法律可以发现：

（1）中国尚没有专门的反就业歧视立法。有关就业歧视的规定主要分散在宪法和相关法律、法规和规章中，这就势必导致有关反就业歧视的相关规定过于原则性，缺乏操作性，受害人难以获得有效的救济。以性别歧视为例，其概念、判断标准、抗辩事由、举证责任、诉讼时效都没有明确规定。而在中国的司法体制下，法院对成文法解释的主动性和能力相当有限，在法律缺乏明确规定的背景下，尽管性别歧视在劳动力市场大量存在，但受害人往往无法获得任何救济，甚至法院会拒绝受理此类案件。不仅如此，缺乏专门法律、法规也导致对怀孕女性、已婚者的保护不足。

（2）中国还缺乏就业性别歧视的法律救济途径。如果没有针对就业歧视的法律救济途径，保护公民就业权的法律规定就是一句空话。而中国目前法律规定的劳动争议受案范围，均以劳动者与用人单位已经订立书面劳动合同或建立事实劳动关系为基本前提，从而未包括就业性别歧视争议在内，致使劳动者在受到性别歧视时无计可施，只能忍气吞声。

（3）行政机构在反就业性别歧视中的作用过弱。依据中国现行《中华人民共和国劳动法》的规定，县级以上各级人民政府劳动行政部门依法对用人单位遵守劳动法律、法规的情况进行监督检查，对违反劳动法律、法规的行为有权制止，并责令改正（第 85 条）。但在劳动保障部门实施的监察事项中，并没有就业性别歧视的内容。《中华人民共和国就业促进法》也没有明确将性别歧视行为作为监督检查的对象。尽管《中华人民共和国妇女权益保障法》规定各级妇联组织、工会和共青团共同负责维护妇女权益，但显然这些组织的性质决定了其难当重任。总之，相比国外设立专门的反歧视行政机构，中国行政机构反就业歧视的功能较弱。

（4）缺乏就业性别歧视法律责任的规定。中国实施就业性别歧视的主体不仅有用人单位，还有地方政府①。但是，现有的法律并没有明确就业性别歧视的法律责任，即实施就业性别歧视行为没有足够的"成本"。这自然大大助长了性别歧视行为的发生。

因此，借鉴国外经验，结合国内现实，完善中国反就业性别歧视政策体系已是当务之急。为此，可考虑从以下四个方面着手：

第一，尽快制定并颁布《中华人民共和国反就业歧视法》，对包括性别歧视在内的就业歧视行为从法律上予以界定，包括概念、类型、判断标准、抗辩事由，并明确对相关违法行为应追究的法律责任。制定惩罚、赔偿条款，进一步规定对受到歧视者给予援助的办法。

第二，针对就业性别歧视涉及的特殊群体和突出问题，制定单行法律，以实现对母亲、已婚者、性骚扰等被歧视现象的保护。

第三，尽快完善就业性别歧视的法律救济途径。就业歧视争议虽发生在建立劳动关系之前，但仍属因行使劳动权利发生的争议，因此将就业歧视作为"准劳动争议"纳入劳动争议的受案范围不失为一条可行之策。从长远来看，构建就业歧视的"公益诉讼"制度也将是劳动者就业权不受侵害的有力保障，特别是应把提起就业歧视的公益诉讼明定为工会组织的一项法定权利和义务。

第四，建立反就业歧视执行机构。考虑到中国设立独立的反就业歧视机构的难度较大，可以考虑在人力资源和社会保障部内设立独立的部门，负责反就业歧视监察和平等权的促进。

---

① 通过制定含有就业性别歧视内容的规范性文件来进行。

第七章　相关法律与法规评析

　　世界上几乎没有哪个国家没有妇女运动，也几乎没有哪个政府对妇女的要求置之不顾。但是，世界上大多数国家仍然存在着对女性的歧视现象。1980 年，联合国曾对男女不平等现象进行了概括：占人口一半的女性承担了世界上 2/3 的工作，却只获得世界总收入的 1/10，只拥有世界财产总额的 1%。19 世纪 40 年代，西方国家出现了女性争取平等权利的斗争，20 世纪以来，包括中国在内的各国法律相应规定了公平就业和工作报酬法案。尽管如此，中外劳动力市场并没有完全消除对女性的歧视。为什么会有法不依？或者干脆无法可依？除了根深蒂固的观念作用外，法律法规的制约范围以及约束力又是怎样的呢？

第一节　现有法律法规评析

　　新中国成立迄今，政府制定了一系列法律法规，其中不乏与性别相关的条款，体现了中央政府尊重和保护妇女的意识。在实施过程中，这些法律法规在维护和保障女性权益方面确实发挥了重要作用，然而，一系列问题也越来越凸显出来。

一、现有法律与法规

　　1949 年公布的《中国人民政治协商会议共同纲领》第 6 条规定：中华人民共和国废除束缚妇女的封建制度。妇女在政治、经济等社会生活各方面，均有与男子平等的权利。1953 年 3 月的《中华人民共和国选举法》规定了妇女有选举权和被选举权。① 1954 年宪法第 96 条重申：中华人民共和国妇女享有同男子平等的权利。1999 年 3 月 15 日第三次修正的《中华人民共和国宪法》中有关性别

---

　　① 《中华人民共和国选举法》在第一章总则的第 4 条规定："凡年满十八岁之中华人民共和国公民，不分民族、种族、性别、职业、社会出身、宗教信仰、教育程度、财产状况和居住期限，均有选举权和被选举权。"

问题，再次重申了男女平等的原则。① 1992 年 4 月 3 日颁布妇女权利的专门法律《妇女权益保障法》，其中对妇女的政治权利、文化教育权利、劳动权利、财产权利、人身权利、婚姻家庭权利及法律责任等作了具体平等的规定。② 《中华人民共和国民法通则》③ 第二节"监护"第 105 条规定：妇女享有同男子平等的民事权利。《中华人民共和国继承法》④ 第二章"法定继承"第 9 条规定：继承权男女平等。1954 年颁布的《中华人民共和国婚姻法》，沿袭了根据地倡导的男女平等的原则，实行男女婚姻自由、一夫一妻、男女权利平等，保护妇女和儿童的合法利益。同时，《中华人民共和国婚姻法》还明确规定了夫妻之间的权利和义务，提出"夫妻为共同生活的伴侣，在家庭中地位平等"，"夫妻双方均有选择职业、参加工作和参加社会活动的自由"，规定了夫妻各自使用自己姓氏的权利及互相继承财产的权利。

二、法律执行存在的问题

（一）关于政治权利

新中国成立后所分别颁布的 1954 年、1975 年、1978 年、1982 年的四部《中华人民共和国宪法》都明文规定了妇女享有与男子相同的政治权利。但实施过程中，两性政治权利还远不能达到相同，参考表 7-1、表 7-2 资料。

表 7-1　历届全国人大和政协女代表、女常委　（单位：人）

届次	全国人大女代表、女常委					全国政协女委员、女常委				
	年份	女代表	百分比	女常委	百分比	年份	女委员	百分比	女常委	百分比
一	1954	147	12	4	5	1949	12	6.6	4	6.9
二	1959	150	12.3	5	6.3	1954	83	14.3	5	6.5
三	1964	542	17.8	20	17.4	1959	87	8.1	8	5

① 《中华人民共和国宪法》的具体规定：第二章"公民的基本权利和义务"，第 33 条，凡具有中华人民共和国国籍的人都是中华人民共和国公民。中华人民共和国公民在法律面前一律平等。任何公民享有宪法和法律规定的权利，同时必须履行宪法和法律规定的义务。第 34 条，中华人民共和国年满十八周岁的公民，不分民族、种族、性别、职业、家庭出身、宗教信仰、教育程度、财产状况、居住期限，都有选举权和被选举权；但是依照法律被剥夺政治权利的人除外。第 48 条，中华人民共和国妇女在政治的、经济的、文化的、社会的和家庭的生活等各方面享有同男子平等的权利。国家保护妇女的权利和利益，实行男女同工同酬，培养和选拔妇女干部。
② 《中华人民共和国妇女权益保障法》。
③ 1986 年 4 月 12 日六届全国人民代表大会第四次会议通过。
④ 1985 年 4 月 10 日六届全国人民代表大会第三次会议通过，1985 年 4 月 19 日公布，1985 年 10 月 1 日起施行。

续表

届次	全国人大女代表、女常委					全国政协女委员、女常委				
	年份	女代表	百分比	女常委	百分比	年份	女委员	百分比	女常委	百分比
四	1975	653	22.6	42	25.1	1969	76	6.3	9	5.6
五	1978	742	21.2	33	21	1978	289	14.5	24	7.6
六	1983	632	21.2	14	9	1983	258	12.5	33	11
七	1988	634	21.3	16	11.9	1988	288	13.8	28	10
八	1993	626	21.03	19	12.3	1993	283	13.52	29	9.2
九	1998	650	21.81	17	12.69	1998	341	15.54	29	8.97
十	2003	604	20.2	21	13.2	2003	373	16.7	35	11.71

资料来源:《中国妇女儿童状况:事实与数据》,中国妇女网,http://www.women.org.cn/,2004 年 9 月 15 日

表7-2　中共"十五大"、"十六大"、"十七大"委员中的女性占比情况

届次	中央政治局委员		中央委员		中纪委委员	
	总人数/人	女性比例/%	总人数/人	女性比例/%	总人数/人	女性比例/%
"十五大"	22	无	193	4.1	115	12.1
"十六大"	24	4.2	198	2.5	121	11.6
"十七大"	25	4	204	6.4	127	13.4

资料来源:《中国妇女儿童状况:事实与数据》,中国妇女网,http://www.women.org.cn/,2004 年 9 月 15 日。人民网,http://cpc.people.com.cn/GB/104019/104101/index.html

1995 年世界妇女大会通过的《行动纲领》明确要求各国女性参政比例要达到30%,挪威、瑞典、芬兰、丹麦、荷兰等国家女性国会议员的比例已经超过30%,而中国女人大代表的比例偏低。比例最高的1975 年,也仅为22.63%。妇女参政层次也不高。据中组部统计,2002 年,全国县处级干部中,女性占16.1%;地厅级干部中,女性占11.7%;省部级干部中,女性占8.3%。目前,我国共有7 位女性担任国家领导人职务,国务院29 个部门中有正副女部长14 人,在10 位国务委员中,有2 位女性,占20%(常玉娜,2006)。

(二)关于经济权利

1. 土地权益问题

财产权益,包括农村女性的土地承包经营权和女性的财产继承权,均没有得到平等的实现。按照《中华人民共和国妇女权益保障法》第五章第28～32 条款

的规定，农村女性享有与男性完全平等的土地使用权。① 然而，在实践中，仍然有一些地区还存在着不同程度的侵犯女性合法承包权利和经济利益的现象，部分地区还比较严重，主要原因有：其一，重男轻女的封建思想和传统风俗在部分农村干部和群众头脑中根深蒂固，认为嫁出去的姑娘不给责任田、宅基地是理所当然的事。其二，部分农村基层干部法律观念淡薄，有的乡村组织松散，村民领导小组存在家长作风，制定所谓"村规民约"，认为法不责众，将个人意志凌驾于法律之上。其三，缺乏有力的行政和法律手段，政府有关部门对此类问题听之任之，使违法者得不到应有的制裁。其四，农村经济体制改革带来许多新情况、新问题，如土地补偿、土地入股等涉及财产利益的直接分配，部分地区村民组织成员往往牺牲多数人（主要是处于弱势的妇女儿童）的合法权益，作出集体违反宪法和法律的表决，却很难以有效的方式对受侵害人进行权利维护。

由此，现实生活中不时发生一些侵害女性土地使用权的现象。比如，女性离婚后，其应当取得和使用责任田、口粮田的合法财产权益得不到应有的保障。农村女性离婚后，除非再婚，一般都回到娘家所在的集体经济组织，可是娘家所在的集体经济组织却往往拒绝重新分给责任田、口粮田，理由是姑娘已经出嫁，就成为"泼出去的水"，因此无权再得到土地。丧偶女性回娘家以后也面临相同问题。再比如，打工女性的土地使用权问题。越来越多的农村女性流入城市内打工，有些地方借口打工女性不从事农业经营而收回其承包的土地，这种做法是违反法律的。土地是农民赖以生存发展的基础，打工收入是有限的，不一定使农民发家致富，土地经营收入仍是其重要的生活来源。打工女性虽不务农，但其有权将土地经营权出租或转让以获取收益，若剥夺了打工女性承包的土地，将使女性及其家庭陷入极为不利的境地。因此，只要打工女性的户口未迁出，就不得剥夺其土地经营权。

中国有这样一种由来已久的习俗：男性控制资源并拥有决策权，这个习俗已遍布中国广大农村地区。1949 年以来，中国的社会和经济政策的主要目标之一是实现男女全方位的平等，女性经济上的独立是实现其在其他领域独立的先决条件。20 世纪 70 年代末，中国的改革进程结束了农业的公社体系，大锅饭被打破，

---

① 农村在划分责任田、口粮田和批准宅基地时，男女享有平等权利的基本含义是：其一，农村集体经济组织应当根据其实际拥有的土地以及山岭、草原、森林、荒地、水面、滩涂等自然资源的具体情况，将适宜由该集体经济组织交由家庭承包经营的土地以及自然资源划出，然后再按该集体经济组织的全体成员人数确定每人可承包经营的责任田、口粮田的平均面积。其二，农村集体经济组织对其成员，不分性别，均按人数划分出平等的责任田、口粮田，既不能因性别不同而在划分责任田、口粮田时在数量方面有所区别，也不能因性别不同对所划分的责任田、口粮田在质量优劣上歧视妇女。其三，农村集体经济组织对其成员承包经营的责任田、口粮田，在确定其应完成上交的承包任务时，必须男女一视同仁，不得对妇女提出与男子不平等的要求。其四，农村集体经济组织在批准其成员使用的宅基地时，必须对男性成员和女性成员平等对待、公平处理，保证男性和女性成员都平等地取得宅基地使用权。

土地收入和管理以小自耕农生产体系分配给农业户，建立了所谓的家庭责任制。农村改革改变了女性的地位，一方面，女性不但从事家庭的生产劳动，而且开始走向劳动力市场；另一方面，土地的再分配并没有改变土地的性别差异，女性的住房和拥有土地的权利仍低于男性。

中国农村土地保有制度仍然存在性别上的不平等，主要表现在：其一，女性的土地权。土地制从集体所有制转型到家庭承包制，但并没有明确指出女性的权利。婚姻法和宪法中都提出了男女平等，配偶是第一继承人。妇女权益保护法强调了女性对土地的使用权，但没有详细说明保护方式。其二，土地保障权性别上的不平等。离婚女性的土地权是没有保障的，与配偶相比，女性的土地权很少，甚至没有保障；女性是否拥有土地占有权与她们所属的农村的决策密切相关；女性所属的农村，非农业就业机会越多，她们获得土地占有权的可能性就越小。

土地权的无保障性对女性社会地位的影响：没有土地权的女性与有这项权利的女性相比更易参与管理；贫困家庭的女性与由男性控制的农村中的家庭成员相比，遭受着更为严重的贫困；今天的中国农村在土地契约续签时期，如果农业女性土地权无保障的问题仍不能解决，则将继续存在着无土地的群体。目前，女性土地权的无保障性最为突出的体现在离婚女性身上，她们很少受到保护，应采取措施使其免遭失去土地使用权。因此，保护女性的土地权，要在法律上明确规定，农村必须把相关的法律作为其行为规范，而且在经济过渡时期，要明确个人的权利，并用法律和政策来保护这种权利。

就法律体制而言，中国男女具有平等的土地保障权①，但是，来自1996年山西省抽样调查的资料显示，实际上在土地权保障方面，存在性别不平等现象。无保障的土地权对女性的社会经济地位有深刻影响，尤其对离婚、再婚的女性，以及农村公社负责的那些未享受到土地再分配利益的孩子来说更是如此。尽管这些现象还未严重影响农业女性在家庭内部的协商权利，但是，将性别观增加到当前的土地管理法和与土地保有权相关的国家法规中，仍然是必要的。

2. 家庭财产问题

《中华人民共和国宪法》、《中华人民共和国婚姻法》和《中华人民共和国妇女权益保障法》第七章第40～47条款都明文规定：妇女在家庭的生活方面同样享有与男子平等的权利，任何组织和个人不得以任何借口或理由剥夺或妨碍妇女依法享有的财产权。

现实中，妻子对共同财产的管理权尚没有圆满实现。女性在家庭中的财产权利远不止体现在夫妻离婚之时，更主要地体现在婚姻存续期间夫妻的共同生活

---

① 立法体系和经济制度在土地分配方面总体上是保护男女平等的。

中。目前，中国有关保护女性家庭财产权利的法律、法规和司法解释的内容主要是针对夫妻离婚时财产分割的，对于夫妻对共同财产的管理和支配的规定还是一个盲区。现行《中华人民共和国婚姻法》第 13 条仅规定，夫妻对共同所有的财产有平等的处理权，但对如何平等地行使处理权，却没有任何具体的规定，夫妻共同财产管理是绝对抽象的。甚至在决断家庭重大经济事务方面，女性与男性之间还存在一定的差距，对家庭经济完全支配的情况男性大于女性。参见表 7-3，从一项全国的抽样调查可以看出，日常事务的决定以夫妻共同参与为主体，同时，以男性为主决定的情况在总体及农村中还占相当比例，这表明男性对家庭资源的控制力远远高于女性。

表 7-3 中国公众对家庭重大事务决定者的体认 （单位:%）

事物种类 \ 决定者范围		无回答	男性为主	夫妻共同	女性为主
决定从事何种生产	城镇	0.2	28.2	58.4	13.1
	农村	0.1	48.2	40.1	11.7
决定住房的选择或盖房	城镇	0.1	33.9	56.3	9.7
	农村	0.0	43.3	51.8	4.9
决定购买高档商品或大型生产工具	城镇	0.1	17.8	69.2	12.3
	农村	0.1	41.6	42.9	15.5
决定投资或贷款	城镇	0.5	23.6	66.1	9.7
	农村	0.1	36.6	55.5	7.9

资料来源：当代中国妇女权益保障的理论与实践. 2001. 北京：中国工人出版社：208

1980 年《中华人民共和国婚姻法》正式规定了约定财产制，但由于该制度本身的不完善以及宣传的不充分，甚至很多人还不知道约定财产制度。尽管中国没有约定财产制的普遍习惯，但是推行约定财产制还是有必要的。随着社会经济的巨大发展，在财产种类和数量增多的同时，价值不菲的财产不在少数，仅通过法定财产制处理已经心有余而力不足。当今世界各国和地区普遍适用约定财产制，而且随着涉外婚姻的不断增多，公民不可能不面对现实。2000 年 4 月全国妇联就修改《中华人民共和国婚姻法》对全国 31 个省、自治区、直辖市的民意抽样调查结果显示，认为夫妻财产约定好的为 35.2%，认为法定好的占 35.8%，表明约定财产制正日益为中国公众所接受。

离婚时财产的清算和分割是当前保护妇女财产权益的突出问题。因为，中国现行《中华人民共和国婚姻法》关于夫妻财产关系的规定过于简单，已不适应现阶段公民收入方式的变化和复杂的现实。妇女对夫妻财产关系的法律意识淡薄，不会也很难保护自己的合法权益。中国对公民个人所得、自有公司赢利等方面的税收管理制度不健全，国家难以掌握公民确切的财产。在实践中，男方因文化水平、技能等原因谋生能力比较强，经济收入非常高，而女方由于种种原因经济收入比较低，已婚女性往往无法掌握丈夫的经济收入和财产经营状况，共同财产无法确定，或者即使知道共同财产，也难以提出充足的证据。离婚时妻子获得的共同财产往往大打折扣，有的不仅得不到财产，反而还要负担债务。按照中国民事诉讼法规定的原则，谁主张谁举证，举证难成为离婚案件财产分割的突出问题。

另外，与女性住房问题的有关规定难以落实，女性的住房问题是当前突出的社会问题。女性的经济收入普遍比男性低，而且社会上存在歧视妇女的现象，女性的居住往往得不到充分保障。有些单位在分配住房时，以男性为主，除非本单位的职工是男性，否则不予分房。有些单位规定，只有男女双方结婚后，才能分房。还有的单位对于生活有特殊困难的女性熟视无睹，在分房、买房等方面不予照顾。凡此种种，难以尽举。

3. 继承权益问题

《中华人民共和国妇女权益保障法》第31条、《中华人民共和国继承法》第二章法定继承的第9条明文规定，继承权男女平等。但是，在现实生活中，歧视女性的封建思想根深蒂固，人们的权利观念也比较淡薄，侵犯女性继承权的现象时有发生。

一项关于《中华人民共和国妇女权益保障法》实施情况的最新抽样调查显示，在六项基本权益中，女性劳动权益受到侵害的现象最严重，婚姻家庭领域中女性遭受家庭暴力及有配偶者与他人同居的发生率最高。调查发现，城镇女性有7.1%的人"因为性别就业受到歧视"，而男性中有此经历的仅为3.3%，显示出女性比男性在就业中遭遇了更多的不平等。调查数据显示，女性享受的社会保障、职工福利的程度总体上低于男性。如享受公费医疗或医疗保险的女性为62.2%，比男性低5.7个百分点；享受退休金或养老保险的女性为74.4%，比男性低2.1个百分点；享受失业保险的女性为43.0%，比男性低5.9个百分点；享受工伤保险的女性为39.2%，比男性低9.2个百分点；享受住房补贴或住房的女性为43.3%，比男性低7.5个百分点。有78.5%的女性在经期没有受到特殊保护，40.1%的女性在孕期没有受到特殊保护，25.6%的女性在哺乳期没有受到特殊保护。调查还发现，家庭中住房、存款、土地证书上的署名多为丈夫，其次是父亲，这表明男性在占有家庭财产方面的传统优势依然存在，这也为女性在家庭中财产权利的受侵害埋下了极大的隐患。比如，住房名义归丈夫的家庭占64.4%，住房名义归妻子的仅占7%；存款名义归丈夫的占45.3%，归妻子的只占 18.9%；土地证书名义归丈夫的为 67.3%，归妻子的占 5.3%；股票等有价证券名义归丈夫的为 50.3%，归妻子的占 14.7%（周家望，2002）。

不难看到这样的问题发生：有一些男性家属在立遗嘱时往往将妻子的财产一并处分，侵害了妻子的财产所有权。这在农村尤为普遍。丧偶儿媳不能继承遗产。丧偶妇女，如果寡妇守志继续留在夫家照料公婆和子女，那么可以继承亡夫的遗产，但如果改嫁，那就不能继承财产。这种做法既干涉了女性再婚的人身权利，又侵害了妇女继承遗产的财产权利。已经出嫁的女性被认为不属于本族的人，视同"泼出去的水"，基本上被剥夺了继承娘家财产的权利。来自安徽的调查如表 7-4 所示。

表 7-4　对出嫁女儿继承家庭财产权利的认可情况　　　　（单位：%）

应怎样继承	全省	男性	女性	城市	农村
与兄弟平分	19.1	24.2	13.6	44.0	15.2
比兄弟少分	9.1	9.8	8.4	8.3	9.2
比兄弟多些	0.5	0.2	0.9	0.2	0.6
最好不要	16.1	15.1	17.2	8.7	17.3
不应该要	32.7	28.3	37.4	13.2	35.8
无所谓	22.4	22.2	22.6	25.7	21.9

资料来源：龚存玲.1993.安徽妇女社会地位调查.北京：中国妇女出版社：129

从城市角度看，对已出嫁女儿继承权的认可程度高于农村，从性别的角度看，男性高于女性。无论城市还是农村的女性，相比男性来说，对自己应享有的权利的认可程度都明显低于男性。女性在家庭中应享有的家庭财产继承权，没有引起应有的重视，甚至不被女性本身所认识。在现实中女性继承权利的确存在一些问题尚待解决。这些问题也许并非来自法律的漏洞，而主要是由于人们的思想意识和顽固的风俗习惯造成的。许多地方，尤其是农村，很多人的法律意识淡薄，女性的权利意识普遍低下。这种情况显然不可能在短时间内消除，只有随着人们经济收入、文化水平、权利意识等方面的提高，女性才能真正实现与男性完全平等的继承权。这也正是宏观政策与微观实施不对称的原因之一。

总之，无论是农村或城市，女性对其住房和土地权没有足够的认识，她们一般被束缚在为其提供各种保护的家族体系中，一方面被保护，另一方面也充满了风险。多数地区反映，约 50% 的女性在离婚时未能得到自己应有的财产份额，有一些地区离婚女性住房困难的达 70%（马冬玲，1999）。在当前快速转变的社会经济环境中，女性不但要有一定的房屋等财产使用权，还需要有房屋和土地等财产的保障。理论上男女平等，共同分享国有的土地，从事耕作，但家庭事务本身就抵制这种改变。城市土地使用的透明度甚至远远不及公社所有制下的农村土地使用。中国和许多国家一样，住房与土地等财产由户主注册，而户主通常是男性。现代化的进程正改变着家族成员束缚在一起的亲属关系和约束力。对 21 世纪的女性来说，要求拥有财产权，是对观念和制度的双重挑战。

第二节　现有法律的缺失

劳动力市场歧视反映了社会的种种不公平，各种不公平彼此相连，包括生产中的协作、消费品交易以及集体商品的供给，这是女性劳动者经济和社会生存质量的基础，如果得不到保护或保护不利，就会带来深远的影响。因此，这个领域中法律规定与约束力特别值得深思。

一、社会保障法

中国在 20 世纪 50 年代初期，就建立了以性别平等为核心的公共政策，1951 年又通过《中华人民共和国劳动保险条例》，1955 对男女同工同酬作出规定。1995 年制定和发布《中国妇女发展纲要（1995～2000 年）》，2000 年再发布《中国妇女发展纲要（2001～2010 年）》，在国家宏观政策，微观经济政策及法律和部门政策上都全面地规定了男女平等的一系列规则。[①]《中华人民共和国宪法》、

---

① 其主要内容为：其一，国家宏观政策。把经济分析和经济结构调整纳入性别平等观念。制定妇女平等参与经济发展的方针政策，提供妇女享有与男子平等的参与经济决策的机会和途径，缩小男女在分享经济决策权上的差距，提高妇女参与经济决策及管理的水平。确保妇女平等获得经济资源和有效服务。包括获得资本、信贷、土地、技术、信息等方面的权利；农村妇女享有与居住地男子平等的土地承包权、生产经营权、宅基地分配权、土地补偿费、股份分红等权利。进行适当的有利于妇女生存发展的专项投资。引导和扶持农村妇女富余劳动力向非农产业转移。面向农村妇女开展各种劳动技能培训，帮助其从传统种植业向非农产业转移；在城镇化建设过程中，有组织地开展劳务输出，为农村妇女在非农产业就业创造更多的机会。为妇女劳动就业提供信息、服务和培训。加强公共职业介绍机构对妇女的职业指导、职业介绍等就业服务。开展有针对性的就业培训，提高妇女的就业能力。鼓励和支持社会团体开展有利于提高妇女劳动生产技能的各项培训活动。其二，经济政策。保障妇女获得经济资源的平等权利和机会。消除就业性别歧视，实现男女平等就业，保障妇女劳动权利，妇女从业人员占从业人员总数的比例保持在 40% 以上。妇女享有与男子平等的社会保障权利。保障女职工享有特殊劳动保护。缓解妇女贫困程度，减少贫困妇女数量。同时，拓宽妇女就业渠道，在经济发展和产业结构调整中，充分考虑妇女就业的需要，大力发展第三产业特别是社区服务业，为妇女创造新的就业机会和就业岗位。提高妇女在新兴产业、新兴行业中的就业比例和中、高级专业技术人员中的女性比例。提倡自主就业，鼓励妇女自谋职业，支持和引导妇女兴办私营、个体企业和发展科技型中小企业，促进妇女通过多种形式再就业。其三，法律和部门政策。制定和完善有利于妇女平等参与经济和社会发展、平等就业等相关法律法规和政策。禁止招工、招聘中的性别歧视。保障妇女享有与男子平等参与资本、技术等生产要素的分配权。保障多元化分配形式中的男女同工同酬，同工种、同类别从业人员中女性工资与男性工资相同。加大劳动保障监察执法力度，切实保障妇女的劳动权利。对于违反《中华人民共和国劳动法》、《中华人民共和国妇女权益保障法》、《女职工劳动保护规定》等相关法律法规、侵犯妇女合法权益的行为，要依法处理。

《中华人民共和国劳动法》、① 《中华人民共和国妇女权益保障法》② 以及《女职工劳动保护规定》、《女职工禁忌劳动范围的规定》③ 等一系列相关法律法规明令禁止在就业机会、就业条件方面,其中包括培训、升级以及解雇等方面的性别歧视。应该说,中国在性别立法方面是完善的,并且走在世界的前列。

二、反就业歧视法

我国在《中华人民共和国劳动法》中明确规定:劳动者享有平等就业和选择职业的权利。劳动者就业不因民族、性别不同而受歧视。"妇女享有与男子平

① 《中华人民共和国劳动法》的规定是:第 12 条 劳动者就业,不因民族、种族、性别、宗教信仰不同而受歧视。第 13 条 妇女享有与男子平等的就业权利。在录用职工时,除国家规定的不适合妇女的工种或者岗位外,不得以性别为由拒绝录用妇女或者提高对妇女的录用标准。第 29 条 劳动者有下列情形之一的,用人单位不得依据本法第 26 条、第 27 条的规定解除劳动合同:a. 患职业病或者因工负伤并被确认丧失或者部分丧失劳动能力的。b. 患病或者负伤,在规定的医疗期内的。c. 女职工在孕期、产假、哺乳期内的。d. 法律、行政法规规定的其他情形。第七章 "女职工和未成年工特殊保护",第 58 条 国家对女职工和未成年工实行特殊劳动保护。第 59 条 禁止安排女职工从事矿山井下、国家规定的第四级体力劳动强度的劳动和其他禁忌从事的劳动。第 60 条 不得安排女职工在经期从事高处、低温、冷水作业和国家规定的第三级体力劳动强度的劳动。第 61 条 不得安排女职工在怀孕期间从事国家规定的第三级体力劳动强度的劳动和孕期禁忌从事的活动。对怀孕 7 个月以上的女职工,不得安排其延长工作时间和夜班劳动。第 62 条 女职工生育享受不少于 90 天的产假。第 63 条 不得安排女职工在哺乳未满一周岁的婴儿期间从事国家规定的第三级体力劳动强度的劳动和哺乳期禁忌从事的其他劳动,不得安排其延长工作时间和夜班劳动。

② 《中华人民共和国妇女权益保障法》关于性别问题的规定:第四章 "劳动权益",第 21 条 国家保障妇女享有与男子平等的劳动权利。第 22 条 各单位在录用职工时,除不适合妇女的工种或者岗位外,不得以性别为由拒绝录用妇女或者提高对妇女的录用标准。禁止招收未满 16 周岁的女工。第 23 条 实行男女同工同酬。在分配住房和享受福利待遇方面男女平等。第 24 条 在晋职、晋级、评定专业技术职务等方面,应当坚持男女平等的原则,不得歧视妇女。第 25 条 任何单位均应根据妇女的特点,依法保护妇女在工作和劳动时的安全和健康,不得安排不适合妇女从事的工作和劳动。妇女在经期、孕期、产期、哺乳期受特殊保护。第 26 条 任何单位不得以结婚、怀孕、产假、哺乳等为由,辞退女职工或者单方解除劳动合同。第 27 条 国家发展社会保险、社会救济和医疗卫生事业,为年老、疾病或者丧失劳动能力的妇女获得物质资助创造条件。

③ 《女职工劳动保护规定》的相关内容是:第 3 条 凡适合妇女从事劳动的单位,不得拒绝招收女职工。第 4 条 不得在女职工怀孕期、产期、哺乳期降低其基本工资,或者解除劳动合同。第 5 条 禁止安排女职工从事矿山井下、国家规定的第四级体力劳动强度的劳动和其他女职工禁忌从事的劳动。第 6 条 女职工在月经期间,所在单位不得安排其从事高空、低温、冷水和国家规定的第三级体力劳动强度的劳动。第 7 条 女职工在怀孕期间,所在单位不得安排其从事国家规定的第三级体力劳动强度的劳动和孕期禁忌从事的劳动,不得在正常劳动日以外延长劳动时间。第 8 条 女职工产假为 90 天 其中产前休假 15 天。第 9 条 有不满一周岁婴儿的女职工,其所在单位应当在每班劳动时间内给予其两次哺乳(含人工喂养)时间,每次 30 分钟。第 10 条 女职工在哺乳期内,所在单位不得安排其从事国家规定的第三级体力劳动强度和哺乳期禁忌从事的劳动,不得延长其劳动时间。第 12 条 女职工劳动保护的权益受到侵害时,有权向所在单位的主管部门或者当地劳动部门提出申诉。第 16 条 女职工因生理特点禁忌从事劳动的范围由劳动部规定。

等的就业权利。在录用职工时，除国家规定的不适合妇女的工种或者岗位外，不得以性别为由拒绝录用妇女，或者提高对妇女的录用标准。"然而，随意翻开一张报纸的招聘广告，在招聘条件中便能轻易找到性别限制的字眼儿（唐郓，2001）。全国政协委员、北京市妇联副主席巫昌祯教授说："歧视女性是违法的。"她解释说，求职当中"男生优先"、"只限男生"或者是女生录用标准要比男生更高等条件的限制都是对平等权利和女性人格的亵渎。《中华人民共和国妇女权益保障法》第2、21、22条中都有明确的关于女性具有平等的就业权利的条款。但现实却不容乐观，在我国，这些法律在实际生活中都缺少可操作性。

在西方发达国家中，性别歧视是被法律明文禁止的。比如，美国在1967年发布的《雇用年龄歧视法》禁止任意的年龄歧视，特别保护40岁以上的求职者。该法明文规定歧视40~65岁的雇员或求职者是违法行为。1978年经美国国会修改后，该法对大多数雇员的年龄保护提高到70岁，而对联邦政府雇员的年龄保护则没有设定上限。除联邦法律之外，美国各州和许多地方性法规也禁止就业歧视，比如，有些地方性法规将年龄歧视法的保护对象扩展到年轻人，不仅禁止歧视40岁以上的求职者，也不允许歧视17岁以上的青少年，在招募广告上指明招聘"成熟的"求职者即为违法行为。凡是提出年龄限制的雇主均负有举证责任，一旦被雇员控告有年龄歧视之嫌疑，必须拿出充分证据来证明自己并非有意歧视，而是坚持BFOQ（实际职业必需资格）①，否则就会受到法律惩处。换句话说，雇主必须能够举出令人信服的科学证据，说明特定的年龄限制对该单位的工作效率有何具体联系和作用，并且这些证据要被权威机构和法院所认同，从而得到社会各界和求职者的谅解，否则就会被判定为年龄歧视。

歧视是一种妨碍效率与社会公平的主观偏见，而年龄歧视则剥夺了相当一部分人的工作机会和就业权利。现代劳动经济学理论认为，具有歧视性偏好的企业有可能偏离利润最大化的目标，而追求其效用最大化。具有歧视性偏好的企业多半是那些具有一定程度之垄断力量的企业，它们的产品价格很可能是由某一公共部门规定的，因此它们既有机会也有动力去追求其效用最大化。

中国劳动力市场上毫不掩饰的性别歧视具有明显的雇主主权意识，绝大多数企业甚至没有意识到这种以性别歧视为主要特征的排他性录用标准缺乏足够的科学证据和可度量性。然而，这种普遍的歧视行为，事实上已经在很大程度上增加了社会就业成本，降低了社会总福利水平，因而不可摆脱其剥夺求职者正当就业

---

① 所谓BFOQ是美国1972年公布的《公平就业机会法》适用范围的一个例外，它允许雇主在特定具体条件下施加有限的歧视，但此例外必须由法院作出严格的说明。作为一个现实问题，它主要被用于针对有意识的年龄歧视控告进行答辩和解释。比如说，美国联邦航空局曾规定职业飞行员的最高雇用年龄是64岁，因为年龄过高可能会影响飞行安全，从而造成人身伤亡和财产损失。在此具体情况下，这一年龄限制就可被看做是BFOQ。

权利和正常就业机会的过失责任，从而具有侵犯人权的嫌疑。这种对于个人就业权利与就业机会之法律保障的普遍忽视和无知，造成了人力资源的不当配置和严重浪费。由此，为了保护就业者的合法权益，保障劳动者在劳动力市场上平等的就业机会，制定《中华人民共和国反就业歧视法》势在必行，以此来禁止性别等任何形式的劳动力市场歧视，确保劳动者的权益不受侵犯。

第三节　政府从观念到措施的路径选择

"平等就业"是公民劳动权的基本内容，也是"人生而平等"这一人权理念在劳动法上的体现。"就业"关乎个人的生存与发展，每一个有劳动能力又愿意工作的人都应有获得工作的权利，并且这一权利不因个人性别、年龄、民族、宗教信仰、国籍的不同而有所区别。国际社会许多国家有严格的法律禁止就业歧视以保证平等就业的实现①，我国也不例外，《中华人民共和国宪法》、《中华人民共和国劳动法》、《中华人民共和国就业促进法》均对此项原则作了明确规定。但不可否认的是，无论在制度上还是实践中，平等就业都受到诸多限制，尤其在实践中，就业歧视现象依然相当严重。那么究竟怎样认识这其中的问题呢？

一、对性别观念的认识

尽管中国与性别相关的政策如此完备，但是，公共政策往往还囿于历史的局

---

① 《对男女工人同等价值的工作付予同等报酬公约（第100号公约）》：第一条（a）"报酬"一词包括因工人就业而由雇主直接或间接以现金或实物向其支付的常规的、基本或最低的工资或薪金，以及任何附加报酬；（b）"对男女工人同等价值的工作付予同等报酬"一词，系指不以性别歧视为基础而确定的报酬标准。在加拿大求职中涉及歧视的法律：a. 不允许歧视人的种族、肤色、宗教、生理及心理上的缺陷。b. 不允许歧视人的年龄。在求职面试中，只允许问应聘者的年龄是否在18岁至65岁之间。应聘者被雇用后，其确切年龄的询问是基于被雇用者需填写备用的个人档案，或需参加公司的福利计划等的基础上。c. 不允许歧视人的性别和其婚姻状态。d. 不允许歧视怀孕妇女和有孩子的妇女。e. 不允许歧视人的家庭状况。比如，单身母亲或离婚的男性及女性均不应受到歧视。不仅在求职中不允许有任何上述的各种歧视，应聘者被正式雇用后，其雇主在其雇用期间也不允许对其有任何上述有关的任何歧视。比如，怀孕妇女应享有和其他职工相同的福利待遇。女性职工应具有和男性职工同样的晋升机会，等等。反歧视也是北欧国家福利模式的重要部分，其目标是妇女和男子在生活的所有方面享有平等的权利、义务和机会。这不仅包括通过法律保证形式上的平等，而且包括采取措施以确保实际的平等。男女平等并不意味着男性和女性必须相同，而是指男女性别上的差异不应导致社会地位和待遇的不平等。挪威1987年以来的《男女平等法》规定："女性与男性在教育、就业、文化和职业升迁方面应给予平等的机会。"规定禁止任何形式的性别歧视，还禁止间接的性别歧视，对于专职和兼职雇员的不同待遇均构成违法。法案中还适用于招聘、同工同酬、教育以及组织机构等具体条款。同时设立了一个独立的、不收费的管理机构，派专门的监察官来实施该法案。消除对妇女歧视委员会于2000年1月17日至2月4日在联合国总部举行了第二十二届会议。委员会在2000年2月4日第466次会议上通过了该届会议的报告。《消除对妇女一切形式歧视公约》已生效18年多，至今已获得165个国家的批准。

限，因此随着时代的推移，适时地调整和修正公共政策既必要也重要。中国性别取向的公共政策的调整和修正明显地滞后和缓慢，随着社会和观念的变化，一些具有性别规定的政策越来越显示出它的局限性，却迟迟不能进行修正和调整。比如，《中华人民共和国婚姻法》规定的男女法定结婚年龄是女 20 岁、男 22 岁，将男女青年的结婚年龄规定相差两年，这种性别上的差别对待，对于解放初期中国存在着大量的女性早婚和童婚现象，还可以解释为考虑国情和现实所做的权宜之计。而半个世纪以后，依然延续 20 世纪 50 年代的法定结婚年龄，将男女区别对待，从尊重人的权利的角度来看，是否是对男性的限制？又如，我国退休的法定年龄一直实行的是 1957 年国务院《关于工人/职员退休处理的暂行规定》中第 2 条第一款的规定：男工人/职员年满 60 周岁，女工人年满 50 周岁/女职员年满 55 周岁，此暂行规定已执行了 44 年。国家机关某中心在 1998 年时的分房政策明确规定：本单位的男性干部可以参加分房，女干部不在分房之列。哈尔滨市郊部分农村地区规定：妇女是半个劳动力，可分得相当于男子份额一半的责任田。许多村规民约经 2/3 村民通过：本村姑娘一旦与外地人结婚，一律不分给责任田。四川双流县四圣村八社《村规民约》规定：嫁与非农户者，从办理结婚手续之日起，就由村上收回其承包地，也不能参加本社的经济分配；如愿意交纳 2 万余元的农业发展基金，才可以享受与村民的同等对待。某中学根据女性分数提高作出规定：同一性别录取人数不得超过 60%。几十年来，中国在经济、文化、教育等方面已经发生了巨大的变化，男女的教育程度日益接近，从事体力劳动的人大大减少，无论是退休年龄抑或是其他差别性政策，都已经远离了时代的特点和要求。

而性别平等政策后起的周边国家却纷纷调整原有的对某一性别进行限制的政策。日本政府在国家公务员录用方面，1975 年实行的一般性 12 种国家公务员录用考试分类曾对女性报考加以限制，而 1989 年就全部取消了这些限制。对于特殊岗位，如女性报考防卫大学的限制，也自 1991 年起废止。从 1993 年起，还废除了对女性报考海军、空军自卫队航空学校的限制。关于退休的法定年龄政策，加拿大、英国、日本、印度、印度尼西亚、韩国等国家都将男女退休年龄改为同一年龄。随着时间的推移和观念的改变，及时修改与时代不相适应的公共政策，已经成为当代各国政府推进妇女政策发展的新举措。如果对于当代国际发展的趋势缺乏意识，就会使中国曾经处于世界领先水平的性别平等政策的优势逐渐丧失。

二、法的国际行动

中国现存的性别政策有消极和积极差别对待两个方面，消极的差别对待政策，也可称为性别歧视政策。表现为：其一，形式的多样化。有的是公开歧视，但更多的政策看似平等实则歧视，有的以保护和照顾女性为由，但结果却限制了女性能力的发展。这些政策既与"男主外、女主内"的性别分工观念有关，也自然流露着性别的偏见。其二，与社会习俗相连。许多单位、社区及村委会分配政策的确定，受到社会习俗的控制，不自觉地影响着政策的走向和利益的取舍。许多政策有漠视和侵害女性权益的规定，与立法中的男女平等原则直接冲突，却又往往得到大多数人的认可。积极的差别对待政策，正视男女在实际生活中存在的社会及生理差别，以及正视由此形成的女性不利处境，从而采取积极的纠正措施和积极的行动方案。这些措施和方案又表现为：第一，承认"平等政策"的局限性。女性怀孕和生育时期的确要离开劳动力市场，不可能与男性就业在过程中完全平等。两性之间的确存在着深层的机会不平等，除了获得职务和地位、权力和财富的机会不平等以外，更存在发展潜能的机会不平等。外部的社会文化环境往往比较有利于男性，性别偏见使女性的才能更难以发挥和被发现。第二，进一步采取针对性的政策措施。比如，20世纪上半叶几个社会主义国家，就针对妇女的不利地位以及根深蒂固的性别偏见，采取了积极的行动措施。20世纪70年代以后，这类政策措施在联合国组织及市场经济国家渐渐普及，绝大多数国家都在就业、参政、教育等方面采取了一系列积极措施。

仅列举几个实例。《日本劳动基准法》规定：雇主不得在晚上十点至清晨五点之间使用未满18岁者或女工，但按交接班制使用的16岁以上男子不受此限。英国工党1997年规定，每个议员在选举影子内阁时，必须投至少三位女性的票，否则他们的选票无效。但是，并不是所有的积极行动政策都可以有效地促进女性发展，有时它甚至"适得其反"，使女性处于更为不利的境遇。比如，随着认识的改变，女性生育被视为家庭与社会共同承担的事情，女性的工作权利要得到保障。20世纪80年代以来，中国的经济体制开始进行改革，也出现了类似的问题，企业由社会福利单位转向自负盈亏追求效益的单位，拒收女工的情况日益增多，它意味着原来由企业担保女工生育等措施要进行调整。1988年出台的《女职工劳动保护规定》依然按照计划经济时期的政策规定：女职工的生育费用由企业负担。这加剧了企业拒收女工的反弹力。

恰当保护的政策即正视性别之间的差异和深层的机会不平等，采取有利于弱势群体增进机会和选择权利的措施和政策，从而有效地促进性别平等和发展。韩国全球政策委员会（韩国总统的顾问机构）1995年推出妇女问题中长期十项政策，其中提出实行女性公务员配额制，即在招收5级和7级（中级）行政公务员时实行配额制。配额将逐年增加，1996年为10%，1997年为13%，1998年为15%，1999年为18%，2000年为20%，2005年妇女在各级政府委员会中的比例要达到30%。2000年北京组织部公开选拔副局级领导干部，考虑一定的女性比例，在《公开选拔副局级领导干部程序》中明确规定：在同等条件下，女性优先。如进入面试的前五名人选没有女性，在超过录取分数线的基础上增加 1 名女性面试。中国 20 世纪 90 年代实行"春蕾计划"，专门集资资助失学或辍学的女童上学。

积极的干预政策使人的能力得到发展，自主选择的权利增大。引入竞争机制，男女两性都要参与竞争，即便是女性也必须是同一性别中的优胜者。因为性别歧视有着根深蒂固的社会背景，仅仅依靠平等对待政策当然是远远不够的。

三、中国行动

性别平等政策的制定与实施之间以纵向划分，一般可以分为三个层面：最高的层面是元政策，它是制定政策的原则和依据，包括权限、规则、运行程序等。中国的公共政策已经开始重视立法。中间的层面是一般政策，主要是指明大方向的政策，或在某一领域具有普遍指导意义的政策，是制定具体计划的政策依据。最低的层次是具体政策，是具体的单位部门为解决具体的政策问题制定的规划措施。它更具有操作性，属于实施和执行层面，对人们的行为和生活产生直接的影响和作用。

在国家一级的公共政策中，中国制定了一套以男女平等为核心的准则：男女平等写进了《中华人民共和国宪法》，制定了专门的《中华人民共和国妇女权益保障法》，对于妇女政治、经济、文化、家庭等各个方面的权利作了明确的规定，而且各个省市相应制定了实施《中华人民共和国妇女权益保障法》的办法，规定：各单位在录取职工时，不得以性别为由拒绝录用女性。各单位在招工、招干、聘用考试中，不得以性别为由提高女生录取分数段或者附加条件，妇女就业与男子同工同酬，在分配住房和享受福利待遇等各个方面男女平等，任何单位不得作出歧视妇女的规定。但是，当性别平等的准则从一般政策进入具体政策后，或者说具体单位机构在执行一般性政策时，却呈现出弱化的倾向，与此同时，性别偏见和歧视呈现出强化的趋向。比如，全国总工会曾在全国 11 个城市进行调查，有 1/3 的单位实施了男女职工分房同等待遇的规定，有 2/3 的单位采取的是分男不分女的分房政策，并由具体单位、社区和村委会制定和组织实施。在对河北迁徙 417 个村委会进行的调查中，发现 52% 的村委会主任承认对于结婚妇女要求交回责任田，其比例超过一半。劳动和社会保障部 2001 年 8 月公布的市场监测报告，有 67% 的企业对求职者的性别提出了明确的要求，而性别的要求主要是针对女性的。具体的政策往往与资源分配以及人事安排紧密相关，如招生、招工、招干，房屋、土地等资源分配。这些具体政策体现在政策文本上，一成不变。政策的覆盖领域亦非常广泛，不仅有国家机关、事业单位和学校，也有工厂和农村。在都市和教育程度较高的地区，性别歧视政策表现得比较隐蔽，而在落后地区，性别歧视的规定却表现得无以复加。

在中国，从政策到具体的实施，均有不同程度的"头重脚轻"的特点，尤其是中国性别平等对待政策更多地体现在某一政策领域的一般政策中，较少体现在可操作性的具体政策中，性别平等政策模式在一般政策与具体政策之间缺乏广泛的衔接和逻辑联系。另外，中国的性别平等国策在执行过程中尚有偏差，标志着国家政策在实施过程中乏力，以及传统的社会文化习俗和性别偏见的颠覆力量。原则与实际分离，原则不能有效地在操作层面上体现出来，这也是中国政策体系中的一个"软肋"。微观政策中性别是必须考虑的内容，而且性别差异常常会被特别地强调，但是当政策从微观提升到宏观的时候，性别差异和性别问题却悄然隐遁，无论是宏观经济政策、宏观文化政策、宏观社会政策似乎都与性别不相干。在中国，妇女的宏观政策与其他领域的宏观政策之间几乎是隔绝的，尽管在实际生活中，哪一领域都离不开性别，但在宏观领域的层面上却被完全掩盖了、隐形化了。如果不能有效地解决这个问题，所谓反对性别歧视的政策也就无法在中国的土地上扎根。

四、关于评价

女性及其相关的领域，如婚姻家庭、妇女权益、母婴保健等，其中的公共政策具有较强的性别意识，并且关系到改变性别角色的陈规陋习等长期问题。2001年5月22日国务院颁发的《中国妇女发展纲要》制定了2001～2010年妇女发展的十年规划，针对现存的种种性别偏见，采取了积极的行动方案。国际社会许多新的视角和新的观念已经被接纳过来。比如，在妇女与环境中规定：制定具有社会性别意识的文化和传媒政策，加大男女平等基本国策的宣传力度，增强全社会的社会性别意识，逐步消除对妇女的偏见、歧视以及贬抑妇女的社会观念，为妇女发展创造良好的社会环境。再如，新《中华人民共和国婚姻法》中，有许多颠覆以男性为中心的规定：第8条，登记结婚后，根据男女双方约定，女方可以成为男方家庭的成员，男方也可以成为女方家庭的成员；第16条，子女可以随父姓，也可以随母姓；第18条，夫妻有相互继承遗产的权利。但是，目前中国的问题是，理论上可以单独制定一个妇女政策，而实践中的政策却无法直接或仅仅面对女性群体，更多的时候是必须将妇女群体还原到不同的领域、阶层和地域、城乡，与劳动部、农业部、文化部、卫生部等各个领域，通过相关的政府领域来实施这些政策。这就需要其他非妇女领域也要在制定本领域总体规划和政策时，将妇女发展的政策纳入到总规划中，然后通过该领域予以执行和落实。因此，这些非妇女领域是否具有性别意识就显得十分重要。

在非妇女领域的一些政府部门，少量的公共政策具有一定的性别意识。比如，劳动部门的公共政策是针对城市国有企业而言的，几乎在这些政策文本中都有两项内容：其一，保障妇女享有与男性同等的劳动权。[①] 鉴于男女两性的生理差异，在民法、刑法、国家公务员条例等规定中，对于孕产期妇女的特殊措施已经比较充分地体现出来了。[②] 其二，具体措施的规定。中组部甚至还规定在针对男女两性领导的措施时，通常将女干部的选拔比例作为其中的措施特别指出来。然而，中组部的这一措施在人事部及民政部的政策中却没有一以贯之地加以体现。同样是与参政直接相关的领域，如公务员条例，却缺乏政策敏感的举措。

在文化、教育、农业等领域的一般政策几乎与性别不发生任何联系，几乎是清一色的性别中性政策。而性别中性政策至少可以导致三个结果：其一，使妇女领域的公共政策和规划没有渠道转化为其他领域的公共政策，形成妇女领域与非妇女领域性别政策的分离。其二，对于微观层面的性别歧视不能有效地遏制，微观政策中大量存在的性别偏见不能提升到宏观政策的层面进行有效的干预，使微观的性别歧视政策依然自行其是、放任自流，导致大量危害妇女权利的事情发生。其三，性别中性政策以及微观歧视措施导致性别问题以及一系列政策问题的连环负面效应。公共政策一旦形成，就具有一定的权威性、强制性和持续性，就会对一代乃至几代人的生活方式和命运产生决定性的影响。

以法律中的男女平等为准绳，规范和调整现行政策中的性别偏见和歧视，使基本政策和具体政策与法律相适应，推进中国的法治进程。立法要明确规定：任何民主和民意形成的规定不应与法律相冲突。广泛地进行社会性别意识的培训，对社会习俗进行反思和重新认识。如果传统的性别观念不能及时清理，依然成为制定现实政策的主要价值取向之一，就很可能在近年展开的公共政策和具体立法的出台过程中不自觉地体现出来，甚至使已有的立法成果出现倒退。

五、局限问题

《中华人民共和国宪法》、《中华人民共和国劳动法》、《中华人民共和国妇女权益保障法》都明确规定不得以性别为由拒绝录用妇女或提高对妇女的录用标准。但实践中，性别歧视的招聘要求随处可见，比如，要求女职工几年内不得生

[①]　1994 年我国颁布的《中华人民共和国劳动法》第 13 条规定，在录用职工时，除国家规定的不适合妇女的工种或者岗位外，不得以性别为由拒绝录用妇女或者提高对妇女的录用标准；特别注重女职工的生理特征并予以特别保护。在《中华人民共和国劳动法》中专列第七章谈女职工和未成年工的特殊保护。禁止女职工从事矿山井下、第四级体力劳动强度的劳动和其他禁忌从事的劳动等，已经成为劳动部女职工生理保护的政策传统。

[②]　1995 年 7 月 18 日人事部颁发的《国家公务员辞职辞退暂行规定》第 10 条规定，国家公务员有下列情形之一的，不得辞退：a. 因公致残并被确认丧失工作能力的；b. 患严重疾病或负伤正在进行治疗的；c. 女性公务员在孕期、产期及哺乳期内的。

育，甚至合同期间都不能生育。① 这其实是一种变相的就业性别歧视。同等学力下女生较难找到工作，必然导致其追求更高学历以获得更多的就业机会。从目前看，推迟就业虽能缓解就业压力，但若注意到推迟就业人群的性别比例，会发现女性比例以较高速度上升。长此以往，高学历上的性别失衡与招聘中的性别歧视就会形成尖锐的矛盾。

问题集中表现在两个方面。

（一）机构缺失

中国目前存在法律部门不健全，现有职能部门权利不清晰，缺少专门维护女性权益的机构等问题。

首先，机构不健全。中国推动两性平等的主要部门有人力资源和社会保障部、国务院妇女儿童工作委员会、全国妇联和相关司法部门等。虽然人力资源和社会保障部的职能范围比较广泛，管理事项庞杂，但是还没有设置促进就业公平问题的专门职能机构，因此在劳动者遭遇就业歧视问题时，根本得不到这个部门的有力解决。国务院妇女儿童工作委员会的前身是国务院妇女儿童工作委员会，成立于1990年2月22日，是国务院负责妇女儿童工作的协调议事机构，负责协调和推动政府有关部门执行妇女儿童的各项法律法规和政策措施，发展妇女儿童事业，其主要职能仅限于协调和监督工作。全国妇联的职能比较集中，工作重点在于保护妇女和儿童权利，特别是保护妇女在就业中不受歧视。中华全国妇女联合会与各级妇女联合会代表和维护各族各界女性的权益，根据《中华人民共和国妇女权益保护法》，当妇女的合法权益受到侵害时，可以向妇联投诉，妇联可以要求有关部门或者单位查处，保护被侵害妇女的合法权益，除此之外，妇联还向妇女提供法律咨询。但是，由于妇联是一个群众性组织，缺乏国家行政和司法部门的强制力，所以无法最大限度地发挥其维护妇女利益、促进男女平等的职能。

其次，缺少专设机构。在中国处理就业中性别歧视等问题，由仲裁机构和法院承担。根据《中华人民共和国劳动法》的规定，关于劳动方面的纠纷必须先提交劳动仲裁，对劳动仲裁结果不服才能提交法院审理。这种规定存在明显的弊端，因为人民法院是司法机关，劳动仲裁委员会是行政机关，人民法院既无权维持劳动争议仲裁委员会的裁决，亦无权改判或发回劳动争议仲裁委员会的裁决。劳动仲裁委员会只有在当事人服从裁决而不向人民法院起诉的情况下才能显示其存在的必要性，只要一进入司法程序，劳动争议仲裁委员会所做的工作就没有任

---

① 在沈阳市《盖伦启蒙教育中心专职教师聘用合同》中，第32条规定：响应国家晚育号召，乙方（此处特指女性）自愿承诺在合同期内不怀孕生育。如有违反并影响工作，视为违约，按第34条处理。同时，该合同第34条规定：乙方应保证本合同约定的工作服务期限（含试用期和培训考察期），如中途提出解约或实际不能到岗工作，应一次性赔偿甲方违约金3000元，并向甲方返还已领取的爱岗敬业津贴。

何价值。同时，中国的劳动仲裁实际上并非真正的仲裁，而是一个争议处理的过程，其裁决结果的权威性不足。鉴于此，建议中国建立促进平等就业的专门机构，处理有关性别歧视等劳动力市场诸多不平等的问题，以帮助劳动者特别是女性劳动者进行真正意义上的维权。

（二）法律法规的局限性

平等就业包括权利平等和机会平等。在权利平等方面，《中华人民共和国宪法》和《中华人民共和国劳动法》作了最基本的规定，这些条款大多比较笼统，不过《中华人民共和国宪法》只是规定公民的基本权利和义务，进行概括性规定是无可厚非的；但是《中华人民共和国劳动法》作为一门有针对性的部门法，同样也作了如此概括而且不全面的规定，则值得反思。同时在单行法方面，也没有专门的立法，仅在《中华人民共和国妇女权益保护法》中规定男女就业平等，同工同酬。可见，我国法律对于平等就业，具体而言是禁止就业歧视的范围规定得相当狭窄，且不具有可操作性，而最大的缺陷则是与实践中出现的情况相脱节。[①] 实施性别歧视的用人单位，目前还很少受到严厉的处罚。虽然有法可依，但并非能够做到执法有力，目前中国的法律执行中惩罚手段缺失、监督不力、法律的普及面狭窄以及执法不严等问题，对于维护和保护女性的劳动权益非常不利，法律的实施过程中以下诸多方面的问题也屡见不鲜。

（1）惩罚手段缺失。《中华人民共和国劳动法》制定了违法处罚的相关规定[②]，对市场歧视主要追究行政责任和赔偿损失的民事责任，采取责令改正、行政处分、罚款等措施。所有这些条款只对政府机关和国有企业等有行政编制的单位有效。法律对罚款和民事赔偿的数额没有规定明确的标准，而就业歧视的损害很难衡量和界定，缺乏明确的标准，难以操作。

---

① 以一则招聘启事为例来说明：某公司因业务发展招聘××人员 *n* 名，要求：男性，北京户口，35岁以下，本科以上学历，熟练掌握 Office 操作系统，党员优先。附：不招四川人。招聘员工，最关键的在于考察应聘者所掌握的知识和技能是否符合职位的需要，因此在招聘广告中应当详细注明这方面的要求，而上则广告却在此之外对应聘者作了多方面的限制，构成了严重的就业歧视。另据《南方都市报》报道，受宝安某模具厂的委托，2000 年 9 月 26 日，南山西部人力资源市场在广州某媒体上发布招聘广告，广告中称模具厂共招聘英文翻译、塑胶主管、塑胶领班、模具设计、QC 五个职位，并均注明"不招四川人"。

② 第 85 条规定："县级以上各级人民政府劳动行政部门依法对用人单位遵守劳动法律、法规的情况进行监督检查，对违法违规行为有权制止，并责令改正。"第 95 条规定："对用人单位违反本法对女职工和未成年工的保护规定的情况处以罚款。对女职工或未成年工造成损害的，应当承担赔偿责任。"《中华人民共和国妇女权益保障法》第 40 条规定："妇女的合法权益受到侵害时，被侵害人有权要求有关主管部门处理，或者依法向人民法院提起诉讼。……被侵害人可以向妇女组织投诉，妇女组织应当要求有关部门或者单位查处，保护被侵害妇女的合法权益。"第 50 条规定："有下列侵害妇女合法权益情形之一的，由其所在单位或者上级机关责令更正，并可根据具体情况，对直接责任人员给予行政处分：依照法律规定，应当录用而拒绝录用妇女或者对妇女提高录用条件的……"

（2）监督不力。目前中国相关的法律监督主要是依据《中华人民共和国劳动法》等一些规章，并由政府人事行政部门实施。如由人事部、国家工商行政管理总局联合颁布的《人才市场管理规定》①，《上海市人才招聘会管理试行办法》中也规定人才招聘会的主办单位、人才中介行业协会有这方面的监督职能。但现实中，政府人事行政部门对用人单位的监督还大都集中在劳动条件、劳动合同等方面，对用人单位在招聘活动中的违法问题认识不足，监管力度有限。

（3）宣传普及不到位。法律法规宣讲的少，普及面狭窄，使女性劳动者对自己的权益和保障知识了解有限，导致她们在遭遇市场歧视和社会排斥时不会维权。

（4）执法力度不够。劳动力市场歧视女性劳动者的事件多不胜举，在中国还很难看到同类事件得到公正解决、歧视者遭到法律制裁的案例。其原因在于执法力度不够，不能做到违法必究，歧视者不需要为自己的行为付出代价，其违法违则越发"顺理成章"。

我国的法律虽有明文规定，禁止就业中的性别歧视，但是，对平等就业的保护相当弱，美国这方面的经验值得借鉴（加里·德斯勒，1999）。美国将保护平等就业的法律称为公平就业机会法律，主要包括以下内容：

（1）《民权法案第七章》（后修改为1973年的《公平就业机会法》）作了概括性规定，雇主不能根据种族、肤色、宗教、性别、血统而施加歧视，并规定了构成违法雇用的具体行为以及法案的约束对象。同样是概括性规定，我国法律就明显不具有可操作性，到底用人单位的何种行为才构成歧视没有明确，一旦发生纠纷，没有法律依据又处于弱者一方的应聘者显然无法对抗用人单位，从而使自身权利落空。

（2）美国《公平工资法》规定男女同工同酬，但工资差别是因资历、功绩、生产的产量或质量而产生的除外。我国法律中对于"同工"的具体内容包括哪些，是工作时间相同、生产产品产量相同还是职称相同，没有具体条款作出解释；哪些工资差别是法律所允许的也没有作出阐述。与我国简单的同工同酬规定相比，美国的法规更具有合理性。

（3）《怀孕歧视法》禁止基于"怀孕、分娩或其他有关医疗情况"的性别歧视。扩展了性别歧视的界定，禁止在雇用、晋升、停职或解雇，或其他雇用条款中对这些情况加以歧视，对性别歧视的细化使得法案更具操作性。我国用人单位常在雇用条款中要求女职工几年内不得生育，这是对女性生育权的一种侵犯。由于缺乏专门法的保护，实践中出现此种情况时多通过"违法的合同条款无效"

---

① 第39条规定："用人单位违反本规定，以民族、性别、宗教信仰为由拒绝聘用或者提高聘用标准的，以及向应聘者收取费用或者采取欺诈等手段谋取非法利益的，由县级以上政府人事行政部门责令改正；情节严重的，并处以1000元以下罚款赔偿责任。"

来解决。妇女的基本权利通过合同法才能保护，这的确是一种悲哀。而且合同的无效是全部还是部分，又需要争辩，如果是全部无效，对女职工而言并没有太大的益处。

（4）可操作性。首先，在机构方面。美国成立了"公平就业委员会"（简称EEOC），负责调查歧视申诉和代表申诉者进行起诉。EEOC的建立极大加强了联邦政府推行公平就业机会法律的能力，其基本程序为：EEOC受理和调查来自申诉者个人的工作歧视申诉。当它找到足以证实指控有理的证据时，极力（通过调停）达成一种消除各方面歧视的协议。如果这种调停失败，EEOC有权直接诉诸法院以强制执行。在我国没有"公平就业委员会"这样的准司法机构，可以考虑的保护机构有法院、劳动行政部门、工会和仲裁机构。首先看法院，由于我国的部门法划分理论，劳动法纠纷到底由民庭还是经济庭管都是一个争论对象，这种边缘状态很难为受到歧视的劳动者提供良好的保护。再看劳动行政部门，仅在《中华人民共和国劳动法》第98条规定："用人单位故意拖延不订立劳动合同的，由劳动行政部门责令改正。"在此领域，劳动行政部门的工作是依职权还是依申请，没有明确；其工作的具体程序是什么，也没有明确。而且，劳动行政部门管理的事项不只是就业，能分配多大的精力处理还是个问题。而工会的保护工作主要针对在职职工和集体劳动合同的签订，对于尚未找到工作的待业人口，很难提供充分的保护。最后看仲裁，现阶段的仲裁保护仅限于劳动争议，而不包括这些未被录用者。

其次，在对雇主的具体要求方面。第一是举证责任，当被拒绝的求职者证明雇用活动对特定人群可能造成有差距的影响，雇主就必须证明被起诉的活动是与案件中所讨论的那个职位的工作是相关的。第二是可能被判定为非法的招聘要求。①招聘广告：除非性别或年龄是工作的实际职业资格，否则不得在广告中表明性别或年龄要求。②受教育程度要求：不可要求少数民族不太可能具备的教育水平；不得要求与工作无关的学历资格。③身高、体重及身体特征：除非与工作相关，否则，对应聘者可产生不利影响的身体特征（如身高、体重）要求是非法的。不能询问有关求职者身体（精神）残疾的问题。④拘捕记录：不能打听或利用一个人的拘捕记录以自动取消其从事某工作的资格，但可以查找定罪记录，逐案确定有关定罪的事实是否构成拒绝求职者的有关工作申请的正当理由。第三是雇主的抗辩理由，雇用过程贯穿着自由裁量，法律并不完全偏向求职者，雇主同样有拒绝求职申请的合法理由，即实际职业资格和业务必需。这一点规定使整个公平就业法律体系更加全面，在注重保护弱者一方的同时也充分考虑雇主一方的正当利益。

美国法最终形成的规定如此详细，是与其遵循先例的原则分不开的。法律具有滞后性和概括性，不可能囊括现实中的所有细节，此时靠判例积累出一些原则就显得重要。反观我国，性别歧视等随处可见，受歧视者却不能通过法律途径获得保护，因为法律除了规定保护平等就业之外，就没有太多细节性条款或是专门立法；而且许多应聘者也缺乏权利观念，性别弱势群体更多的是无奈地接受各种歧视行为。

（5）惩罚措施。美国《民权法》规定控告有意歧视的雇员可以要求：①损失赔偿。对未来金钱损失、感情痛苦、损害、不便、精神烦恼、生活享乐损失以及其他非金钱损失的偿付。②罚金。如果可以证明雇主以恶意或漠不关心的态度对待受联邦保护的受害人权益来施加歧视，则可以要求罚款。

而中国的惩罚措施则非常薄弱，只能要求损害赔偿，而且没有明确损害赔偿的具体内容；行政上也只是由劳动行政部门责令改正，至于不改正有什么后果，申诉者是否可提起复议或是其他都没有规定，实际上是一纸空文。没有罚金制度，就不足以引起雇主的关注，因为许多受歧视者并没有实际的金钱等损失，让他们可以要求罚金或是双倍赔偿虽增加了雇主的风险，但会使雇主更注意避免引起这种诉讼的发生。中国保护平等就业的立法，如果从具体可操作性和对用人单位的惩罚两方面着手强化，做好制度和操作性两方面的工作，其保护力度就一定会有很大进步。

社会学理论认为，对某些人群就业上的歧视，将使社会得不到这部分人群所带来的利润，同时又会增加贫穷、犯罪、高税收、贫富差距、城市病态等社会问题，使得社会发展的公共伦理产生障碍。经济学理论认为：歧视是一种妨碍效率与社会公平的主观偏见，而性别歧视则剥夺了相当一部分人的工作机会和就业权利。这种公然的歧视将会增加社会交易成本，降低社会总福利水平。

《中华人民共和国劳动法》有"平等就业"、"同工同酬"等原则性的法律条文，但在一些具体细节上，比如，企业对应聘人员的年龄、性别、婚否等限制，法律上却没有明确的规定。目前中国的劳动力市场还是买方市场，这使得雇主几乎占据所有的话语权，他们可以在法律的空白地带随心所欲地制定游戏规则。劳动力市场中一个不争的事实是，90%以上的招聘广告均含有歧视性条款，包括年龄歧视、性别歧视、学历歧视、户籍歧视、地域歧视乃至身体歧视（如身高、相貌等），甚至正在愈演愈烈。生育保险制度还不完善，国家有关再就业政策在一些地方没有完全落实，一部分下岗女职工缺乏生产技能，再就业难度大，一些私营、乡镇和外国投资企业不与女职工签订劳动合同或维护女职工劳动权益的合同，缺乏必要的劳动保护设施，工作环境恶劣，侵害妇女人身权益的事件时有发生。在经济快速发展的时代，一个劳动者，无论是男性或女性，是否有权利获得一次就业机会，是否在就业过程中受到歧视，对于他本人以及他的家庭所产生的影响越来越重要。若不立法明令禁止，便会损害劳动力市场的正常发育与成长，进而带来更为严重的经济社会后果。同时，也会严重扭曲人力资本投资的正常行为，如片面追求高学历等，破坏就业市场的公平竞争环境，导致人力资本的巨大浪费。如果任其发展下去，劳动力市场就不可能正常地发育成长，最终必然损害政府促进就业的战略和整个经济社会的健康发展。《中华人民共和国劳动法》第12、13条对就业平等与就业男女平等有法律上的原则规定，但因无具体的可供操作的法律法规，这些规定客观上形同虚设。在地方，比如，广东省人大常委会通过的《广东人才市场管理条例》中，虽设有条款维护女性就业的平等权利，但也仅有性别方面的原则规定，且缺乏可操作性。

因此，反就业歧视法的制定越来越得到社会各界的期待和支持。反就业歧视法应当包括这样的基本内容：①明确确立就业平等、禁止就业歧视的法律原则，除法律另有规定外，任何单位在招聘员工时均不得有歧视性条款出现并不得有实际歧视的行为，招聘广告中的歧视性条款亦应当被视为违反了法律规定。②明确列示可以有年龄、性别、学历等特殊要求的行业、企业或岗位，此外则属于严格禁止范围。③明确法律禁止的歧视性行为，地域、身体等的歧视。④明确规定用人单位招聘广告、法律的规范。包括对年龄、学历、性别、民族、招聘考核等环节中的行为必须符合不得歧视的原则。⑤明确规定用人单位违反法律规定应当承担的后果。⑥明确规定政府职能部门对就业市场歧视性行为的监管职责。⑦明确规定受歧视者的上诉权及上诉的程序。⑧明确规定消除就业歧视的其他问题。

如果人们观念的改变依然很难，人们理性的意识依然缺乏，那么，就应寄予法律。法治至少有两种性质：一种是工具性的；另一种是实体性的。按照工具性的理解，法治的价值仅在于保证规则的有效性。换言之，推行法治就是为了科学地制定并有效地实行规则。法治的价值是其本身所包含的道德原则和所要达成的社会目标。法治是一种培育自由、遏制权势的方法，是人类作为负责任的道德主体或自由意志主体所从事的一种道德实践。

第四节　对加强立法的启示

一个社会虽然不可能完全消除性别歧视的观念，但是，一个现代的、健康的社会至少要在制度和政策方面尽可能地消除或减少歧视现象。作为社会公共利益的代表者，政府当然负有不可推卸的责任。普遍的歧视或排斥行为，已经在很大程度上增加了社会就业成本，降低了社会总体福利水平。除了传统文化给性别打下的烙印以外，对于个人就业权利与就业机会法律保障的普遍忽视，导致了资源配置不当及缺少社会正义的严重后果。应该说，提高对女性理性的客观认识、加强政府的立法与监管是解决性别市场歧视与社会排斥问题的出路。

一、对女性的理性认识

成熟中的理性人，在经济方面懂得比较行为的成本和收益、市场的效率以及社会的福利，在文化方面懂得尊重生命的价值，仁爱而宽容，公平而谦让。

女性在一些方面比男性表现更为突出，而在另一些方面远不如男性。造成这种差别的，既有生理的因素，也有社会文化的因素。由于还无法确切地找出究竟是生理因素还是社会文化因素，造成了女性在某一方面智能的优势，而在另一方面智能的劣势，因而很难断定怎样去改变当今社会文化中歧视女性的因素，便可提高女性在某方面的智能。应该说，女性在了解了自己的才能后，才能够理智地选择合适的奋斗领域。医学测验证明：男孩子与女孩子的平均智商几乎相等。这证明，两性的智力在童年时代没有大的差距。只是在青年和成年时期，由于社会文化因素的影响，两性的智力才产生了巨大差距。女性的语言能力、手指灵敏度和精细动作、语言推理、知觉速度，比如，在把握细节和注意从一件事转到另一件事的能力、艺术欣赏方面高出男性一筹。女性在空间能力、数学推演、抽象思维和理论思维方面，明显逊于男性。因此，女性在从事文学、教师、演奏、精细的手工、高科技等领域以及社会科学研究、秘书、速记、艺术等方面职业表现甚佳。

就女性自身而言，要经常性地克服生理上或社会理念的障碍：其一，男性的成就欲是正常的，而女性的奋斗则是反常的、难以理解的。其二，行为规范以男性为中心，以男性的利益为出发点。而女性的美丽是仅有的审美意义，因此，女性独立的人格、才智与成就不应太被提倡。其三，男性在就业、晋升以及上学与家庭生活中本来就占有优势，享受与生俱来的优惠，女人应负担生育、抚养、照顾孩子和做大量家务的责任，男女之间不可能平等。同时，社会顽固的性别意识，使得女性难以获得准确的评价和保护。

女性在世界农业、工业和服务业的劳动参与率分别为 40%、25% 和 33%。世界上的粮食至少有 50% 是由发展中国家的农业女性生产的，一些非洲国家女性生产的粮食占当地粮食产量的 80%。[①] 许多政府和国际机构都认识到占人口总数 50% 以上的女性是一支极为有利的人类资源，而对这部分人类资源的开发将提高发展的效率，加快发展的速度，而如果忽视了，就是一种资源的浪费。实际上，无论是传统文化观念的影响，还是经济的成本与收益核算的作用，任何性别

---

① 经济学家埃丝特·鲍塞罗普（Ester Boserup），1970 年在《妇女在经济发展中的作用》（*Women's Role in Economic Development*）一书中分析了第三世界在经济发展中的主导地位和潜力，提出了现代化战略对两性分别造成的不同影响。国际发展学会哥伦比亚区华盛顿妇女委员会在此基础上进一步提出了"妇女参与发展"的战略，并提出了调查的数据。

倾向都将走入陷阱。现实中，女性的劳动生产率与潜在能力往往不低于男性。

究其原因，女性劳动生产率或潜力与其人力资本特征有密切的关系。

其一，女性人力资本投资的经济效益高于男性。人力资本投资的收益率高于物质资本投资的收益率，而女性的人力资本的收益率绝不低于男性人力资本的收益率。成本与收益的分析已经得出了这样的结论：在男女人力资本投资相同的情况下，男性的收益高于女性，因此对男性的投资要远远多于女性。但是经济学的另一个原理还证明，投资的边际收益率是递减的，对男性人力资本投资虽然多，其收益递减也多，对女性人力资本投资虽然少，其递减也相应地少。现实中，女性的人力资本投资收益率绝不低于男性，甚至会更高一些。因为，对人力资本投资的最主要方式是提高劳动者的教育水平，西奥多·W. 舒尔茨（1990）说："劳动者每提高一年的教育水平所带来的工资增长率，女性高于男性，这意味着女性劳动生产率的提高幅度大于男性，因此增加对女性人力资本的投资对整个经济社会的发展都是有益的。"女性人力资本投资的直接经济回报高于男性，一项关于 1960～1985 年对 96 个发展中国家的研究表明：增加小学教育对女孩所产生的经济上的影响超过对男孩的影响。联合国关于《1970～1990 年世界妇女状况》报告认为：各国在政策、投资和收入方面存在的主要差距是妨碍妇女在社会、经济和政治生活中潜力发挥的主要原因，列举了在马来西亚进行的一项研究："教育工作在各级工资和生产效率方面的纯收益，女孩和年轻妇女一贯比年轻男孩子高 20%"，并强调"这还不包括减少生育、改善营养和家庭照顾方面的间接收益"（联合国，1993）。即使是在收益相等的情况下，女性人力资本的收益也会发挥更大的效应。正如西奥多·W. 舒尔茨（1990）所言："尽管女性也得到教育和其他花费，但是这似乎在人力资本的核算中毫无地位，这一棘手的忽略还是可以对付的，并且从可以获得额外知识而言，收益可能是很大的"，可以使其在参与经济发展的过程中，创造更多的价值，增加对社会贡献的份额，形成女性自身的人力资本增值和经济发展的良性循环。

其二，女性人力资本具有明显的社会效益。母亲的教育水平和健康状况对后代的发育成长有着深远的意义。女性的受教育程度决定了其家务管理效率和家庭经济与发展的统筹规划能力。母亲是否健在对孩子们影响很大。对孟加拉国 10 岁以下的儿童调查发现，在母亲死后两年的家庭与有母亲的家庭相比，男孩的死亡率高 1 倍，而女孩可能为 2 倍（世界银行，1992）。来自对拉丁美洲的资料也说明，要使儿童的营养获得一定程度的改善，当收入来自父亲时，所需开支是收入来自母亲的 15 倍。这是因为男性收入中的相当一部分用于无效益甚至负效益的消费。由女性控制的收入增加一倍，将使家庭中的烈性酒开支减少 26%，香烟开支减少 14%。越是在贫困家庭，女性人力资本的这种优点就越明显（世界银行，1992）。

女性人力资本的作用比家庭中任何其他因素，如家庭结构、规模、收入、民族、父亲的受教育程度等都要大。另外，女性人力资本对男性人力资本起着一定的制约作用。一项国际调查显示，有些国家在1965年就几乎实现了男孩的小学教育普及，但女孩的入学率却相差甚远。这些国家1985年的婴儿死亡率与人口出生率为那些教育水平性别差异较少的国家的2倍。该调查报告的结论是："妇女的教育水平如果无法提高到接近男子的教育水平的程度，由于提高男子的教育水平而取得的社会效益就会被抵消掉。"（世界银行，1992）还有一点不可忽视，那就是提高女性的入学率、就业率和收入水平，会有效地控制人口增长。中国1990年第四次人口普查的资料说明，育龄妇女（15～49岁）按文化程度的总和生育率是：大学本科为1.12，大学专科为1.35，中专为1.37，高中为1.52，初中为2.07，小学为2.49，文盲半文盲为2.93（国家统计局，1992）。联合国《1970～1990年世界妇女状况》报告指出："为了使妇女在保健、教育、正规和非正规工作及各级决策方面获得更广泛的机会而进行的投资，绝不仅仅是在妇女身上的投资，它还是在她们家庭和社会方面的投资。这是一种使人们摆脱贫穷的方式，是一种延缓人口增长的方式，是一种保护环境的方式，也是一种踏上合理、可持续发展道路的方式。"（世界银行，1992）

妇女较高的人力资本存量，对下一代发展及国民经济发展有着无可比拟的作用。从某种意义上说，对男子的教育是对一个人的教育，对妇女的教育则意味着对全家的教育。有一句西谚：推动摇篮的手是推动世界的手。如果在人力资本投资方面进行性别歧视，将来受到影响的绝对不仅是妇女本身。

其三，理性决策。社会经济的发展，不仅指物资资本存量的增加，还包括人力资本潜质的高级化。女性所承担的生命生产活动，是女性内在自然价值的一种体现，是推进人类文明和物质生产力发展不可缺少的社会劳动。性别上的社会平等是女性社会地位真正提高的前提，一个女性社会地位低下的地区，不会有真正的经济平等，更不可能有文明的、稳定发展的社会环境。经济的分析使人们的理性回归，把开发和利用女性人力和人才资源纳入整个国民经济和社会发展的大系统进行规划，最优地配置或发挥男女两性人力资本的优势，应该是理性投资决策的需要。

在已经根深蒂固的人力资本投资的性别倾向性方面，不妨作一次理性的新尝试：建立完备的法律保障系统，依法保证女性和儿童受到国家所规定的义务教育正常的权利；依法保护女性就业、在职培训以及晋升发展的权利；增加女性人力资本的投资；为女性开辟多层次、多渠道的教育途径。比如，提高女孩的中小学入学率；大力扫除女性成年人中的文盲；向女性提供实用技术、卫生保健知识等；扩大职业技术教育和培训，其中包括职前、职后以及农村技术教育和培训等内容，使女性掌握更多的驾驭现实的能力；重视高等教育，协调高科技生产领域及高层领导机构中的女性比例；发展终身教育，使女性在获得基础的知识和职业技能的同时，还能对其他学科有所了解和扩充知识面，开阔文化知识视野，形成社会知识体系的整体观念；鼓励女性自学，提高素质，摆脱愚昧。保护女性人力资本，第一，要承认女性生育行为的经济社会价值，对符合国家人口政策的生育行为给予社会保险等物质补偿。第二，对生育后再就业提供必要的法律保护和社会帮助，实施严格的产假保护制度，女性再就业的培训规划等；发展第三产业，尤其是各种社区服务业，这是女性摆脱繁重的家务劳动，或者提高家务劳动效率的一个重要途径。① 第三，加强女校建设，发展职业教育，建立女性人力资源开发的示范培训基地。发达国家的经验已经证明：职业教育的主要目标是使妇女能就业于更高级的行业与职业，消除人力资本投资以及职业上的性别歧视。增加对女性高等职业教育的投入，建立女子高等职业教育示范培训基地，为更多的女性劳动者适应经济增长方式和产业结构变化以及技术升级对劳动者素质的更高要求作出贡献。

微观经济无疑是效率绝对优先的，这是由资本的力量决定的。宏观经济也是效率相对优先的，因为一定的效率是解决公平的前提和物质基础。市场经济具有两重性。一方面，它能调动人的个体主体性、进取性和创造性，具有推动人类社会前进的经济合理性；另一方面，它又可以导致物的关系对个人的统治、偶然性对个性的压抑，具有伦理道德上的缺陷。尤其是在市场经济的初级阶段，传统性别歧视文化的惰性心态与现代利己主义的畸形结合，使妇女的生存与发展面临十分恶劣的境遇。然而，现代人对于市场经济内在的伦理缺陷已经具有充分的认识，并具有调控市场经济的愿望和能力，有可能在继续发挥它的生机和活力的同时又限制乃至消除它对人类发展的精神异化力量。对女性客观的认识、女性素质的全面提高以及女性文化的成熟是人类调控市场经济的愿望和能力的历史体现。

总之，性别地位来自于其群体的实力和在性别分化中获得的优势，如果我们所做的一切都是为了追求生命与生存的质量，那么毫无疑问，无论生理上怎样羸弱，对女性应有起码的尊重。理论与实践都表明，男女之间在教育、健康、时间支配和资源获得等方面的不平等，是由于家庭和社会对人力资本投资不平等的结果，而家庭和社会对资源分配的决策又反过来影响着人们的教育、健康和营养水平。人力资本积累和对人力资本应用的不平等，与大多数发展中国家较低的社会经济发展水平相联系，世界各国在传统、文化、法律和国家制度安排方面的差异，不仅影响家庭投资回报，而且影响男女在家庭之外对生产资源和就业机会的

① 第三产业本身就是女性人力资本发挥作用的良好领域，中国的资料显示：1982～1990年，在金融、文教、广播电视、卫生、体育、社会福利、饮食供销、机关团体等行业中，女职工人数增长速度分别超过男性21～78个百分点。再如1992年，中国小学和中学的女教师分别占教师总数的43.2%和31.5%。同年全国评选出的5万名中小学特级教师中，女性占70%。

获得。尽管对男女两性人力资本投资的回报率不同，但是，与其差别地甚至是歧视地对待，不如更为协调地配置资源，达到优势互补、共同发展，这无疑是一种理性的选择。

二、加强立法工作

社会成熟的标志是法律的健全、执法的严格，各群体在遵守规则的基础上利益能够被充分尊重和保护。

包括联合国在内的各个国际组织和各个国家，已经开始了消除歧视的国际行动。联合国先后颁布了《世界人权宣言》、《消除对妇女歧视宣言》、《在非常状态和武装冲突中保护妇女和儿童宣言》等，规定或涉及了保护妇女权利的内容。1951年，国际劳工组织通过了《男女工人同工同酬公约》；1958年国际劳工大会通过了《禁止就业及职业歧视公约》，明确界定歧视"是指基于种族、肤色、性别、宗教、政治、民族几类社会出身等原因而实行的，具有取消或损害就业和职业方面的机会和待遇平等作用的任何差别、排斥或优惠"，此外还规定了对歧视的限制。1960年联合国教科文组织通过了《取缔教育歧视公约》；1979年12月，联合国大会通过了《消除对妇女一切形式歧视公约》的议案，总共得到163个国家的支持。根据议案，妇女在工作、薪酬、福利和安全的工作环境，均与男性享有同等权利。另外，议案又保障女性在参与政治活动时不受歧视，以及规定女性最低的结婚年龄。鉴于条约中没有明确规定如有关国家拒绝处理妇女性别歧视申诉，联合国可以提供的援助方法，妇女地位委员会特别提出这个建议，以增加保护妇女的国际渠道。日本于1964年和1965年先后制定了《母子及寡妇福利法》、《妇幼保健法》；英国于1970年制定了《同工同酬法》，又于1975年制定了《反对性别歧视法》；挪威于1972年制定了《男女平等地位法》；美国在1972年通过男女平等的宪法修正案后，还制定了《雇用机会均等法》；爱尔兰于1977年制定了《男女就业平等法》；瑞典于1980年制定了《男女机会均等法》；法国于1983年制定了《男女职业平等法》；芬兰于1987年制定了《男女平等法》等。自1975年以来，联合国曾三次召开世界妇女大会，通过了《内罗毕战略》，1995年在北京召开的第四次世界妇女大会制定并通过了加速执行《内罗毕战略》的《北京宣言》和《行动纲领》。联合国大会首次批准全球妇女，如果她们的国家政府拒绝办理性别歧视申诉，可以直接向联合国投诉，以进一步保障妇女的权利和地位。妇女地位委员会1999年10月9日制定了有21项条款的草案，主要内容是准许妇女个人或家庭以团体方式，向联合国提出申诉，指控有关人士或机构歧视妇女，联合国可以就此展开调查。

中国和许多国家一样，在《中华人民共和国宪法》和《中华人民共和国劳动法》中都有明文规定：禁止以任何理由歧视女性。[①] 但是，从法理学角度说，涉及主体权利义务的法律，应该是完整的逻辑性法律规范，必须由假定（事实状况）、处理（主体权利义务）、制裁三部分组成。唯其如此，法律才具有实在的内容、才是可行的，而体现在劳动力市场的中国法律恰在处理和制裁方面尚待成熟。

人的权利主要是指他（她）的生存权和思想权，如果生存权可以泛指经济权，思想权泛指政治人权，那么，所谓法律面前人人平等，其广义为每一个人都享有平等的人权；狭义为每一个人都享有平等的经济人权。经济人权主要有三方面的含义：创造财富的平等权利；获得财富的平等权利；生存的社会保障。其中，创造财富的权利包括受教育的权利、迁徙的权利、选择创造财富方式的权利、在创造财富过程中的安全权利等。获得财富的权利包括参与分配财富的权利、公正分享财富的权利等。生存的社会保障包括社会生活的安全、自然环境的安全，以及养老、医疗、就业、失业救助、生存救助等。女性占全球人口的一半，如果从传统的束缚中解放出来，其能量与贡献是难以估算的社会资产，将这笔资产适当地开发和运用，有赖于向女性提供机会以及女性自我成长两者之间的有机结合，有赖于赋予女性均等的经济人权和政治人权。均等在个人方面指的是没有因为个人的性别、种族、婚姻、宗教、父母的社会或经济地位等因素而遭受不平等的对待。在真正成熟的社会，人们能够确切地感受到的是比较均等的权利，而受到歧视的项目愈少，人们感受到的权利均等就愈多。

性别虽然有差异，更重要的是由此人为形成的种种极端的非均等现象，在现今社会中，此类现象比比皆是。比如，就业中的性别歧视，就属于人为区别性别及相应权利。通过法律与教育，让此类人为的不公平现象减到最低，是国家和社会必须努力的方向。社会要有良性竞争才会进步，但良性竞争与公平及机会均等均有关，只有在机会均等的条件下，才有公平竞争的可能。

鉴于社会发展的需要，在建立健全反对性别歧视的法律和法规方面，在法律的约束性、实效性和可操作方面，提出如下改进的设想。

从完善与修订法律、法规入手，用切实可行的办法纠正某些歧视妇女的行为：

第一，建议由立法部门制定和颁布《反就业歧视法》，对就业歧视行为从法

---

① 《中华人民共和国宪法》第 48 条规定，国家保护妇女的权利和利益，实行男女同工同酬。我国《中华人民共和国妇女权益保障法》规定，应当坚持男女平等的原则，不得歧视妇女。《中华人民共和国劳动法》也规定，劳动者享有平等就业权。同时，《中华人民共和国妇女权益保障法》规定了"妇女的合法权益受到侵害时，被侵害人有权要求有关主管部门处理，或者依法向人民法院提起诉讼"和"侵害妇女的合法权益，造成财产损失或者其他损害的，应当依法赔偿或者承担其他民事责任"。《信息时报》，2003 年3 月 7 日。

律上予以界定，规定对相应的违法行为追究法律责任。加大对违法者的惩罚力度和对造成的损害给予赔偿，同时还应规定对受到歧视者给予援助的办法。

第二，建议修订和完善《中华人民共和国劳动法》和《中华人民共和国妇女权益保障法》，弥补现行法律的不足。

第三，建议加大劳动监督检查工作的力度。赋予女职工在受到性别歧视方面的诉权，执法监督部门应积极受理关于性别歧视的投诉，并主动监督检查用人单位性别歧视的行为和对违法者给予惩罚。

从提高法律可操作性出发，解决权利的失衡问题。以就业性别歧视问题为例，一方面，要通过相应的制度杜绝录用过程中各种形式的"性别歧视"。立法的关键是要明确用人单位的法律义务以及违反这种义务必须承担的法律责任。通过强化政府行为打破性别壁垒，建立必要的监管机构或进一步赋予已有的相关机构相应的职权，以对歧视行为进行惩戒。另一方面，在对妇女劳动禁忌作出保护性规定的同时，对男女均可胜任，而对男性无生理优势可言的工作岗位，应作出优先雇用女性的规定。

从适当扩大和健全法律责任的运用范围角度，建议制定《男女职业平等法》，严格禁止在招聘广告、招聘过程中指明性别要求，明确规定用人单位在劳动报酬、社会保险福利待遇、职业培训和授予资格、定级、专业晋升或调动工作等方面不得出于性别的考虑，而制定对女职工不利的措施。明确规定违法责任，建立违法罚款制度。建议在各级劳动部门设立男女职业平等办公机构，具体监督法律规范的执行情况，实施对违法者的行政制裁。该办事机构可以主动干预，发现有违法现象，主动处理；接受来自职工、工会、妇联等各个方面的举报，对举报进行调查，确定违法后，则对有关单位追究法律责任。最后，完善生育保护社会化，使招用女职工的特殊成本得到分摊，从而创造女性就业的有利环境。

要进一步完善现有法律制度，明确对歧视行为的处罚规定。各级政府应尽快落实社会保险补贴、税费减免等优惠政策，为女性就业创造良好的环境。从就业合同的健全性问题入手，加大法律法规宣传和执法监督力度，推动政府加快《女职工劳动保护规定》的修订。因为，企业虽与女职工签订劳动合同，但合同也极不规范，没有女工特殊保护及社会保险内容。借鉴《中华人民共和国合同法》中的缔约过失制度，制裁就业中的性别歧视。用人单位在招工中公开歧视女性的行为越来越趋于隐蔽，往往是在几番选拔后再以各种借口淘汰女性，根据缔约过失制度，只要能够认定用人单位提出的不予聘用的理由有违诚信原则，就可以追究用人单位的责任，赔偿女性应聘者的损失。

加强对用人单位劳动规章制度的审查，加重对违法劳动规章制度的惩处力度。劳动管理部门主要是通过劳动用工年检对用人单位的劳动规章制度进行审查，但对于劳动规章制度违法的惩处力度不够，一般只是给予警告，责令改正，仅在对劳动者造成损害时，才承担赔偿责任。另外，用人单位的劳动规章制度是否给劳动者造成了损害，大多是在发生劳动争议后才能得到确认，而无论是劳动争议仲裁委员会，还是人民法院，都与劳动管理部门之间没有就此问题进行沟通和联系的法律途径。因此建议：增加规定劳动争议仲裁委员会和人民法院在发现用人单位劳动规章制度违法后，应该向劳动管理部门提出重新审查的建议，该项建议亦应同时告知用人单位的工会组织；劳动管理部门必须对劳动争议仲裁委员会和人民法院的建议作出答复，该项答复亦应同时告知用人单位的工会组织。

三、建立维权机构

近几十年来，各国建立专门的妇女维权机构是一个普遍的现象。很多国家设立"平等机会委员会"等专门机构，这些机构被赋予很大权力，以调解劳资矛盾、发布有约束力的命令等。如日本 1947 年建立劳动省时，即设有妇人少年局，1997 年改称妇人局，2001 年随着厚生劳动省的成立，设立了雇用均等及儿童福利局。韩国在劳动部设有女性雇用科和雇用平等委员会；雇用平等委员会同时设立在地方劳动厅，在用人单位内部建有苦衷处理机构和名誉雇用平等监督员。此外，政府女性部与人权委员会也处理有关性别歧视受害者的问题。在民间部门还有由政府提供资助的雇用平等咨询处。韩国于 1983 年成立了韩国妇女发展机构，作为管理妇女问题的唯一国家机构附设在政府健康和福利部之下，负责对妇女（包括公务员）进行研究、教育和培训，促进妇女参与社会发展，享有社会福利。2001 年 1 月 29 日又成立了性别平等部，又称女性部。其前身是 1998 年成立的韩国总统府妇女事务特别委员会。性别平等部的主要职能是：制定和协调政府级的性别政策；进行性别分析和评估；消除性别歧视，根除对妇女的暴力；调查和纠正在就业、教育、资源分配、设施和服务中的性别歧视；发展与非政府组织和国际组织的合作关系。韩国的性别平等部得到了政府财政预算的有力支持，每年的预算额度不断增加。此外，中央政府部门中与性别问题相关的六个政府部门都设立了性别平等办公室，其他政府部门设有被指派的性别平等办公室。地方政府相应地设有性别平等局。2003 年，韩国成立了直属于总理的妇女政策协调委员会，负责性别平等政策的制定和修订。总理担任主席，性别平等部的部长担任副主席，成员来自 12 个相关部门。同时，建立了妇女政策官员制度，任命每个政府部门都有一名相当于计划管理司司长位置的妇女政策官，协调和加强政府各部门有关妇女政策的执行与合作。此外，还有性别平等促进委员会，其职能是调查性别歧视问题，包括性骚扰；审理、商议、调解、强制执行性别歧视的案件；对有关反歧视的法律和政策提出修改建议。同时建议国家设立专门的妇女维权机构，强化政府保障妇女人权的责任，把妇女人权纳入各级政府的优先事项，设立专门的性别平等政策评价、监督机构。对就业平等进行主动的监督，并接受举报和投诉，检查性别就业比例的落实情况，及时处理性别歧视的行为，从而切实保障妇女的就业权利。

在过去的半个世纪中，中国为提高女性地位、形成全社会关爱女性的氛围作了一系列努力。尽管我们在提升妇女就业方面作了很大的努力，但是各国的经验告诉我们，彻底改变重男轻女的传统观念是一项长期的任务，形成性别平等的政策系统、提高女性地位、促进男女平等是解决问题的关键。1909 年 3 月 8 日，美国芝加哥 1500 名女工和全国纺织、服装界的女工，明确提出了男女同工同酬的要求。为了纪念她们为争取自己经济权利的斗争，以后每年的 3 月 8 日被确定为国际妇女节。在消除或者减少性别歧视的努力中，政府的干预至关重要。很多国家用法律明文规定绝对禁止劳动力市场等一切领域的歧视。但是，反歧视法律并不能保证取消歧视现象，观念的转变、习俗的更改甚至学会用经济理性去思考问题，实行起来异常艰难。200 多年前美国的《独立宣言》因为写有"在美利坚的土地上人人生而平等……"这样的豪言，鼓舞了多少代人把美国当作最向往的地方。然而，马丁·路德·金在 30 多年前仍然梦想着"我的四个小儿女将生活在一个以品格的优劣作为评判标准的国家里"。面对劳动力市场性别歧视和社会性别排斥，需要的是持久不懈的物质文明和精神文明的推进。

第八章　结论及评论

劳动力市场性别歧视及由此广泛波及的社会性别排斥从纵向看，女性的社会和经济地位难以改变，女性劳动者就业困难，性别职业隔离及女性社会边缘化等现象没有得到缓解。新中国成立后，男女同工同酬的原则得到了实施，但是，男高女低的总体趋势依然存在。从横向看，在就业率和招聘性别取向上，女性劳动者的就业机会量显然少于男性，在不同行业和工种中，就业及发展机会存在显著的性别差异。两性在市场中的不平等深刻地反作用于社会的各个方面，女性劳动者因为所参与的社会网络、所享有的社会资本严重不足而积弱积贫，这不仅仅是女性劳动者的悲剧，也应该是社会和谐发展的忧虑，更要成为改变这种现状的逆向激励。

女性在劳动力市场就业过程中面临歧视以至于波及社会各领域的性别排斥是各个国家的普遍现象，也是一个值得关注的问题。因为女性的发展密切关系到社会的效率与公平。2000 年世界银行政策研究报告中指出，性别歧视要求生产力、效率和发展付出代价。女性在就业竞争中的不利境地、男女之间收入存在的相当差距、职业性别隔离等现象都让人们进一步呼唤社会公平、男女平等，并对性别歧视和排斥的原因进行深入思考。同时，认识女性在市场中所面临的歧视和排斥问题，研究和探索其市场及社会存在的根源，防范不平等、低效率现象的扩大，并提出改良建议，具有极强的理论意义和现实意义。

本书的结论有经济学和社会学两个方面。

第一节　经济学研究的结论

在中国，理论研究与市场之间存在有机的联系。经济学关于性别歧视研究的贡献有两个：剥离了性别差异与歧视；论证了性别歧视的市场结果。劳动力市场中的性别取向是企业追求利润最大化的经济理性起作用的结果，企业在招聘、分配、晋升等方面存在严重的社会性别角色的观念，甚至性别歧视，使女性劳动者就业艰难、发展机会有限，甚至遭受社会各领域的排斥，从而造成女性能力的贫困（阿马蒂亚·森，让·德雷兹，2005）。

在劳动力市场上，被歧视者深受其害，歧视者受损甚微，被歧视者与歧视者所分担的歧视成本不成比例，前者多，后者少。市场中，一方获利却是建立在另一方受损的基础上，市场效率低下，福利损失。获利方得到了精神满足，虽然为此支付了相应的成本，但是福利流失只占其总消费支出很少的一部分。劳动力市场不是竞争的，因此效用最大化者主导着市场的形势和方向，得不到足够的惩罚，偏见不能被杜绝，歧视行为难以被市场驱逐。

妇女平等就业是社会可持续发展战略的重要组成部分，将其纳入社会可持续发展战略体系，既有利于从国家长远发展战略的高度保障妇女发展，也进一步丰富和完善了社会可持续发展的战略体系。可持续发展观把社会的发展理解为人的生存质量及自然、人文环境的全面优化，强调社会有机体的良性协调运行和整体的长远利益。女性劳动者是国家重要的劳动资源，她们是推动社会发展的动力，忽视了她们就等于忽视了近一半的社会资源。妇女作为整个人类发展不可或缺的具体载体，如果不能得到与整个社会的同步发展，那么全社会的可持续发展都将会受到直接的影响。从可持续发展的本质特征思考人类社会的发展，男女两性发展的均衡问题、公平问题、协调问题就不再仅仅是性别之间的问题，而是整个社会发展的均衡问题。

第二节 社会学研究的结论

劳动力市场毕竟有别于产品市场和资本市场，因为它更不自觉地、更多地受社会性因素的影响。实际上，市场本身就存在着具有深厚历史渊源的工资和就业差别。清楚地解释性别歧视行为，单靠经济学的假设还远远不够，根植于文化、约定俗成的观念等社会因素的探讨也十分必要。

人既是经济的又是社会的。劳动力市场非竞争性因素与效率之间存在着相互制约的关系：劳动力的社会属性或观念能动性要在一定程度上影响经济资源的配置；劳动力的经济得失却很难在一定程度上影响价值观念的变化。就性别歧视而言，它更应该是作为一种社会观念性的行为被延续的，市场效率和经济福利也许没有实现最大或最优，但受损也许不会太大。在劳动生产率方面，女性可媲美男性的毕竟为数不多，在比较优势方面，女性的得失实在难以估算；在劳动力生理和心理属性方面，甚至女性自己寻找的正是那些要求不苛刻、职业性别差异小的工作。因此，在劳动力市场上，所谓性别歧视性的经济结果，很难影响人们价值观念的转变。反而，劳动者秉承的观念、偏好淹没了经济资源配置的效率损失，非竞争性因素非常强大，使性别歧视蔓延开来，最终形成了对女性的排斥。

性别歧视和排斥影响社会稳定。保持社会稳定是维持社会发展的前提。就业性别歧视是社会不稳定的根源之一。首先，受到性别歧视的个人就是导致社会不稳定的因素。在受到歧视后，歧视受害者就会产生不平衡感，有的受歧视者甚至会把所受到的歧视迁怒于社会。其次，就业性别歧视会导致贫困。由于受到歧视而不能获得公平的就业机会，就会长期处于劳动力市场的最低端，甚至被排斥在劳动力市场之外。因此，较低的收入或者根本没有工资收入必然产生贫困。再次，就业性别歧视还会导致社会对立。由于存在劳动力市场的高端与低端之分，处于劳动力市场高端的劳动者逐渐成为强势群体，反之亦然。最终，就业歧视导致强势群体和弱势群体之间的对立，进而影响社会的可持续发展。

1995 年北京召开的世界妇女大会提出性别平等主流化，让性别平等深入到政府规划、教育科研和生产生活等领域中。在社会保障制度中推进性别平等主流化，拓展的不仅是女性的保障和发展空间，而且通过提高女性的生存质量，也会大大缓解男性的压力，以期实现男女两性的共同权益保障。

实现性别平等主流化，必须构建平等的性别文化，为女性就业创造宽松的社会环境。要消除就业领域的性别歧视，就必须改变传统的性别差异观念，建立以人为中心，以两性全面、和谐地发展为目标的新型性别文化，这是实现男女平等就业的根本。当然，作为女性群体自身也应该逐步从传统的性别角色中解放出来，不断加强自身的科学文化素养，不断提升人格的独立性、自主性和社会化水平，从而为进入社会、参与合理的职业竞争储备足够的内在条件。

另外，随着市场经济的深化，在女性劳动者的遭遇面前，中国存在制度造成的不平等、体制阻碍了妇女就业平等机会和权利的获得。面对市场性别歧视和社会性别排斥，一方面，政府或个人理性的成长十分必要，理性的成熟可以使人客观地认识女性群体，重视女性人力资本的投资，提高女性劳动者的综合素质和竞争力；另一方面，政府的激励和约束也十分必要，加强立法，防止市场性别歧视的存在和恶化，提供公平对待每个人的保证，无疑是政府作用的最好体现。

新中国成立以来，先后颁布了《中华人民共和国宪法》、《中华人民共和国劳动法》和《中华人民共和国妇女权益保障法》等重要法律，关于就业歧视的规定散见于《中华人民共和国劳动法》、《中华人民共和国妇女权益保障法》等条款中，这不但不利于对歧视作出详细的规定，也不利于形成规范的法律体系。同时，《中华人民共和国宪法》、《中华人民共和国劳动法》中对妇女享有与男子平等的劳动权利的保护，只作了原则上的规定，而没有形成一整套具体的司法诉讼程序，因此对妇女劳动权益的保护无法落到实处。对于就业中存在的侵犯妇女劳动权益的行为，因惩处和补偿条款的缺失，所以使这类案件得不到有效处理。同时，也没有建立保障机制，缺乏有组织地、职责权限明确地、行之有效地对就业中歧视妇女的行为进行监督查处的管理办法和管理机构，女性就业歧视和排斥没有得到相应的保护。

《中华人民共和国妇女权益保障法》、《女工劳动保护规定》等对怀孕和育龄女性的特殊保护，维护了女性的利益，但同时这种保护又增加了女性所在企业的负担，增加了企业的劳动力成本，事实上给女性就业带来了不利影响，从而在一定程度上限制了女性就业权利的实现。改革开放后进一步出台的一系列劳动力市场用工政策，都是基于男女平等的理想状态而制定的，而政策中缺乏性别视角，忽视了现实中男女由于社会历史原因所造成的差别和不平等的事实，使看似男女平等的就业政策，由于男女在社会现实中的起点不一致以及差别的存在，而无法真正实现平等就业。法律和制度不健全、政策缺乏性别意识，加之监管及可操作性不强，所有这些在一定程度上均造成了女性在劳动力市场中的不利地位，成为体制性排斥女性的集中表现。

第三节　评价及建议

妇女平等就业能够促进实现社会公平和正义。一个公正的社会，应该尊重每一个人的尊严，保证每个人的自由和平等。就业性别歧视及社会性别排斥剥夺了女性劳动力的公平就业权，进而剥夺了女性更多地参与社会的机会，既有违公平与正义原则，也会进一步导致社会不公和市场在低效率中徘徊。针对这一陈腐观念与弊端行为，无论经济学还是社会学的论证结果都是要坚决摒弃，具体的建议和评论如下。

（一）经济学的评价及建议

劳动力市场中性别歧视的根源是存在追求偏好效用最大化的个体，而偏好具有商品属性，这一点也恰恰体现了劳动力市场性别歧视的商品性特点。性别歧视直接降低了被歧视者的福利，但也没有因此而增加歧视者的收入，甚至使歧视者的市场利益部分地流失，从而不得不面对机会成本和被法律惩罚的风险（张抗私，2001）。之所以这种"劣根性"的行为还在延续，是因为目前市场中被歧视群体与歧视群所分担的歧视成本不成比例，前者负担的太多，而后者负担的太少。相比于弱势群体，强势群体虽然有利益损失，却只占其总消费支出很少的部分，因此，他们还有力量主导市场的雇用与价格。

由经济学的分析可以得到启发，要减少或消除劳动力市场中的性别歧视，建议至少要作三个方面的努力。

1. 降低女性雇用成本

当今市场愿意选择同等情况下生产率水平更高或雇用成本支出更少的劳动者，女性因为承担生育和抚育孩子的重任，不能与男性劳动力一样全心投入、坚守工作，且需要相应的补偿或照顾，被视为雇用成本高或被看做是拒绝其进入劳动力市场的正当理由。建议建立由政府承担更多责任、企业和个人相应承担责任的女性生育保险机制，或政府建立针对女性劳动者的生育和其他福利保障机制。

女性承担着人类再生产的重任，不能因为客观上会造成企业成本的增加（生育成本、带薪产假、哺乳时间等）而被差别性地对待。改革生育保障制度，设立生育基金，由社会承担生育成本、产假补贴等人类的再生产成本，也以此来大大降低市场中女性的雇用成本，使那些所谓理性的厂商在用男还是用女方面不再犹豫或有差别。

2. 提高女性劳动者的资源禀赋

首先，教育、培训和健康保健等是人力资本投资的重要手段，也是提高女性人力资源禀赋值的途径，知识和技能存量增加的直接结果是劳动生产率水平的提高。在竞争的劳动力市场中，改变性别弱势地位最有效的做法就是增强女性的能力。建议建立由政府积极组织成立民间团体、企业或个人均可以加入的各类女生（包括中小学、大学、农村、边远山区）教育基金、女员工职业培训基金、女性健康保健基金等，为培育女性劳动者的能力、规避市场性别歧视和社会性别排斥作出实质性的努力。其次，发展才是硬道理，经济力量的壮大是女性劳动者根本上改变弱势地位的关键。为此，建议建立由政府积极筹办的各类女性发展基金，帮助女性就业和创业，为女性劳动者开创更多的发展机会。同时，积极组织各类女性发展项目，并在政策上适当给予优惠或支持，比如，税收的减让或一定额度长期低息贷款的帮助等。建议各级政府在制定相应的财政、金融、工商及税收等方面的经济政策时，鼓励在招聘、晋升等方面性别平等政策落实好的企业，惩罚具有性别歧视倾向的企业。

女性人力资本具有很强的正外部性，法国有一句谚语：推动摇篮的手可以推动地球，为此，着眼于社会福利最大化的政府更需要激励企业形成平等的性别意识。比如，通过适当补贴来提高选择女性企业的雇用成本，或者适量减免税收来降低选择女性企业的雇用成本，使企业不会感受到因为雇用性别选择的不同而影响回报的高低。这不仅会极大地激发女性人力资本投资的热望，更会帮助劳动力市场实现两性公平就业的理想。总之，女性劳动力资源禀赋值越高，歧视者越"购买"不起对她的歧视，女性的市场和社会地位才能发生根本的转变。

3. 提高歧视成本

在降低女性雇用成本、提高女性资源禀赋的同时，还需要制度和法律的建设与完善。如果说劳动力市场歧视者为获得精神的满足而支付了相应的价格，那么迄今为止仍然横行的歧视行为就说明歧视者支付的价格太低，而且低到只占他们总消费支出很少的比例，因此对他们来说无关痛痒。鉴于此，强烈建议政府制定反歧视的专门法律，要对包括性别歧视概念、类型、判断标准、抗辩事由等事项作出明确规定，且规定对相应的违法行为应追究的法律责任。对违反"反歧视法"者严惩不贷，并对造成的损害给予赔偿，同时还要规定对受到歧视者给予援助的办法。强烈建议政府建立平等就业委员会专门机构，并赋予其监督、仲裁和执行等功能，加强罚款和民事赔偿的惩罚力度。这种政府的积极干预，将会大大提高歧视的成本，做到使那些持有性别偏见者望而却步。当违法者清楚地意识到为了"节约成本"而歧视或排斥女性劳动者换来的是更严厉的法律惩罚和更大的经济支付时，违法者才能够自觉地遵守相应的法律法规，从而有力地保障妇女劳动者的合法权益不受到侵害。

这方面的国际经验也值得我们借鉴：1992 年美国国会通过《实习妇女和非传统行业法》，从 1994 年开始，美国联邦政府每年拨出 100 万美元，用于促进女性在诸如信息技术和建筑等男性占优势的高薪行业就业。美国政府还成立了"公平就业委员会"，专门负责调查歧视申诉和代表申诉者进行起诉。[①] 欧盟于 2000 年出台了一个共同体性别平等框架性战略（2001～2005 年），要求共同体的活动都要为消灭性别不平等的现象作贡献。欧盟还建立了执行、检查的组织机构与支持网络，专门进行统一监测指标基础上的监控和评估。日本 1985 年颁布《男女雇用机会均等法修订案》，1999 年再次颁布实施《男女共同参与社会基本法》，2000 年又通过了《男女共同参与基本计划》。日本厚生劳动省还专门设置了雇用均等局，各都道府县的劳动局开设了雇用均等室，向企业和女性劳动者提供咨询和指导服务。

（二）社会学的评价及建议

无论市场抑或社会，人们对女性劳动者的偏见大多来自社会性别刻板的印象，男强女弱的观念与当今的生产力发展水平格格不入，因此打破这个观念势在必行。观念的更新是改善目前中国职业性别隔离和提高女性社会地位的一个重要前提。对于性别刻板印象的改造将是一个困难和漫长的过程，因为它与传统习俗和文化联系在一起，并以制度化或非制度化的形式存在。有关研究显示，中国的

---

① 联邦法院判定歧视的标准：a. 差别待遇歧视标准。如果个人由于他们的民族、性别、肤色、宗教信仰或祖籍来源而受到不同的对待（支付不同的工资或福利），且明显看出存在一种故意的歧视，就可以说存在差别待遇性歧视。如口试面试，中立的行为，都可能存在歧视。b. 差别结果歧视标准。如果政策看上去是中立的，但是实际上却导致因种族、性别等方面原因而出现差别性结果，就是差别性结果歧视。c. 应该重视的问题。实际被雇主雇用、晋升、培训或被解雇的那些工人群体的性别或种族构成与本来可以接受挑选的整个候选工人群体的种族或性别构成之间的一致性程度。接受的举证：其一，招聘广告。除非性别或年龄是工作的实际职业资格，否则不得在广告中表明性别或年龄要求。其二，受教育程度要求。不可要求少数民族不太可能具备的教育水平；不得要求与工作无关的学历资格。其三，身高、体重及身体特征。不能询问有关求职者身体（精神）残疾的问题。其四，拘捕记录。不能打听或利用一个人的拘捕记录以自动取消其从事某工作的资格。惩罚措施：其一，损失赔偿。对未来的金钱损失、感情痛苦、损害、不便、精神烦恼、生活享乐损失以及其他非金钱损失的偿付。其二，罚金。根据歧视者的恶意或漠不关心的态度要求罚款。

女性就业存在两个主要问题：一是广泛存在的对于女性能力的怀疑；二是女性对自身能力的不自信。在传统文化、观念和习俗的影响下，大多数女性劳动力长期遭受歧视和社会性别排斥却反抗不足。她们就业艰难，即使同样就业也得不到同样的待遇，她们积弱积贫，因为贫弱所以被排斥在社会各项参与的边缘，由此更加低微和不自信……这种恶性循环使性别社会角色牢牢定位，严重影响了女性的发展和社会的和谐。

社会学的分析至少启发笔者提出以下三个方面的建议。

1. 文化建设

当今社会对女性的角色期待和评价仍然以传统的性别分工要求为标准，要消除劳动力市场中的性别歧视和社会性别排斥，建议政府逐渐引导建立以两性全面、和谐发展为目标的先进性别文化[①]，在全社会树立尊重妇女的进步观念。但是，过往的实践证明，单方面的宣传力量有限，激励型的制度效果却反响不凡。这方面瑞典的经验值得借鉴。瑞典政府制定了一系列涉及家庭、劳动力市场和税务方面的公共政策，比如，福利托儿所、育婴假期、子女生活费补贴标准等，其中家庭育儿假保险是瑞典有关鼓励妇女参与劳动力市场最有力的政策。"男方女方都可以申请育儿假"，具体时间的分配则由夫妇双方根据自己的愿望和需要自行决定，法律保证休假的父母在假期结束后可以重新回到原来的工作岗位。20世纪60年代，瑞典就公开倡导男人和女人在家庭中分担家务劳动，到1986年为止，25～54岁的瑞典妇女中，有89.8%的人都进入了劳动力市场。总之，瑞典的国家政策为家庭生活和妇女就业提供了大量的资金与服务，创造了宽松的就业环境，营造了两性平等的就业文化氛围（周群英，周文，2006）。

除此以外，转变观念还需要女性自身的努力，建议女性劳动者积极强化自身的素质和能力，逐渐磨炼坚强的心理和顽强的意志，增加竞争和市场意识，积极主动地寻求发展机会，依靠自己的勤奋及成就改变社会的评价。

2. 社会联系网络建设

劳动力市场性别歧视导致女性劳动者在经济方面表现为就业和发展机会不如男性，在社会方面表现为网络弱化，社会关系疏离、社会地位降低，并被排斥于社会各项参与的边缘，进而逐渐贫弱化。社会网络以及社会关系都是一种社会资源，它们提供着信息、机会和支持。社会网络弱化意味着女性劳动者可利用的社会资源减少、可能得到的经济援助匮乏或干脆得不到相关的帮助和支持。社会资

---

① 先进的性别文化以承认妇女的社会主体地位、承认男女具有同等的人格和尊严为基础，以立足现代、推进性别关系的和谐、推进男女共同全面发展和自由发展为目标，以权利的个性化、选择的多样化和向弱势群体的倾斜为原则，并具有批判性、超前性和挑战传统以及大众所接受的特点（周群英，2004）。

源是与个体直接或间接相连的人们所拥有的财富、地位、权利，以及社会关系（Lin Nan，1982）。一个人在经济生活和社会生活中，能够接受或取得社会资源（信息与财富）是非常重要的，因为社会资源在网络中发挥着比个人资源更宽阔、更重要的直接影响。因此，如果能够与重要社会资源掌握者建立亲密关系，无疑将大大增强动员资源的能力。由于女性劳动者长期被市场歧视、被社会排斥，她们扩宽自己社会网络、营建社会关系的能力和机会都不充分，这在很大程度上影响了她们社会资源的获取。在以经济关系为主导的社会里，市场性别歧视造成女性劳动者贫困，而贫困又将形成她们社会交往方面的心理和资源障碍，进而陷入社会排斥的漩涡。这是一个女性劳动者难以摆脱的歧视与排斥、经济与社会的恶性循环。鉴于此，特别建议政府积极组织或建立各种女性社团，承担起更多的经济援助和社会支持的责任，帮扶那些无助的女性劳动者，使她们有基本的力量迎接一次又一次竞争的考验。当然，也特别建议民间有识之士甚至是女性劳动者自己组织和建立"互助会"，团结起来，积弱成强，勇敢地应对市场和社会的种种不如意、不公平。毕竟，世界上从来就没有什么救世主，改变经济境况也好，提高社会地位也好，最可信赖的是要靠女性自己。

3. 公共政策性别意识建设

公共政策对市场和社会有直接或间接的引导作用，公共政策不仅要赋予两性经济和社会的平等权利，也需要根据客观的生理属性给予女性以特别的保障。建议政府在社会保障制度改革的目标中纳入性别平等的意识。各项保障制度改革中均应有性别平等意识。因而，以实现社会公平为目标的政府，需要特别关心女性劳动者的生存状况，通过就业及社会保障制度的改革与创新，从根本上营造公平的经济、社会和法律的制度环境，保障并实现女性劳动者的基本权益。

社会保障制度通过调节国民收入的分配，将保障基金以税收或转移性支付等手段再分配给受保障者或有需要者，以保障劳动者之间的公平。建议政府积极承担起主导的社会保障职责，如制定统一的生育保险条例，确立统一的社会统筹生育保险模式，将女性的生育"负担"社会化分担。建立非正规就业中的女性养老保障体系，取消诸如退休年龄两性差别性对待的政策条款。政府的积极举措，可以在很大程度上减少甚至消除就业中的性别歧视和社会性别排斥，消除社会不公平现象。

无论何种性别，劳动者在就业或失业过程中都享有保险和其他社会保障待遇，这种权利并不单纯是希望获得经济的补偿和救济，更重要的是借助于制度的帮助，使劳动者自然融入社会，并承担自己的社会角色和责任。制度或政策的价值所在也不仅仅是使失业者在经济上获得保险金的保障，更可以防范因就业歧视而被排斥于主要社会生活或工作环境之外所形成的各种社会问题。

性别歧视是一个亘古的世界性问题，3000年的父系文明根本就没有给两性提供过真正平等的竞争机会。社会学的研究认为，文化对人的影响一般比政治、经济等更有延续性和普遍性，社会用宗教、哲学、习俗、道德和法律等手段，维护和传承了经济上歧视和社会上排斥妇女的观念和行为。经济学的研究认为，性别歧视和社会性别排斥是非经济的行为，因为它使承受者与施加者双方的福利都受到损害，而且受益者的所得不足以补偿受害者的损失，市场不会实现帕累托最优，社会福利流失。无疑，劳动力市场性别歧视及社会性别排斥，这个非理性的行为使市场劳动资源不能最优配置。作为人类社会的一个"痼疾"，它不仅使女性劳动者广受伤害，更会使她们因就业和发展机会的不平等而陷入能力不足及生活贫困的状况，以致被排斥于社会主要参与之外。因此，反对性别歧视，建立新的伦理关怀，实现市场与社会的成长和成熟，是十分必要的。

在研究劳动力市场性别歧视及社会性别排斥问题之后，期望在社会各领域摒弃腐旧观念、建立新的伦理关怀。一部分人的幸福和发展不一定非要以另一部分人的痛苦和受压抑为代价，市场平等应不断发展、社会制度应日趋完善、世界伦理应愈加懂得关怀，这一切都是经济与社会成长和成熟的方面。为此，需要在市场竞争和社会发展中，坚持反对性别歧视，尽可能最优地配置劳动力资源，坚持反对社会性别排斥，尽可能最宽容地接受和爱护每一个社会成员。性别平等是人类社会的最高理念，是文明开泰、盛世祥和的最高境界。在社会各个领域，特别是在劳动力市场上，认识劳动者的共性，关怀特殊差异性，至关重要；尽可能克服观念的羁绊，尊重每一个生灵的价值和权利，实现经济与社会的成长和成熟也至关重要。而那些对某个群体生理特征的夸大、渲染甚至是贬斥，那些顽固的社会角色的概念和观念，那些市场的歧视、权益的剥夺以及社会排斥等所有狭隘至极、陈腐至极、粗鄙至极的行为，理应得到及时的修整和彻底的批判。

参 考 文 献

阿马蒂亚·森.2000.伦理学与经济学.王宇等译.北京：商务印书馆

阿马蒂亚·森.2002.以自由看待发展.于真等译.北京：中国人民大学出版社

阿马蒂亚·森.2005.论社会排挤.王燕燕译.经济社会体制比较（双月刊），（3）

阿马蒂亚·森，让·德雷兹.2005.论社会排斥.王燕燕译.经济社会体制比较，（3）

阿瑟·刘易斯.1989.二元经济论.施炜，谢兵，苏玉宏译.北京：北京经济学院出版社

阿瑟·刘易斯.1994.经济增长理论.周师铭，沈丙杰，沈伯根译.上海：上海人民出版社

阿特金森.2005.社会排斥、贫困和失业.丁开杰译.经济社会体制比较，（3）

埃德蒙·S 费尔普斯.1996.新帕尔格雷夫经济学大词典.北京：经济科学出版社

艾尔泽.2000.减少贫困的政治.国际社会科学杂志（中文版），（4）

艾家静.2007-2-14.200万人、60亿美元：沃尔玛因性别歧视麻烦大了.国际金融报

艾里斯·扬.1997.超越不幸的婚姻——对二元理论的批判.见：李银河.妇女：最漫长的革
    命.北京：生活·读书·新知三联书店

安德烈·比尔基埃，克里斯蒂娜·克拉比什·朱伯尔等.1998.家庭史（第一卷上、下册；第
    二卷）.袁树仁等译.上海：上海三联书店

安东尼·吉登斯.2002.第三条道路及其批评.北京：中共中央党校出版社

安塞尔·M 夏普，查尔斯·A.雷吉斯特，保罗·W.格里米斯.2000.社会问题经济学.郭庆
    旺译.北京：中国人民大学出版社

奥古斯特·倍倍尔.1995.妇女与社会主义.葛斯，朱霞译.北京：中央编译出版社

巴里·克拉克.2001.政治经济学——比较的观点（第二版）.王询译.北京：经济科学出
    版社

白琳.2008.社会排挤理论视角下的中国残疾人就业问题.人口与经济，（1）

班超.1958.女诫：妇行第四.全上古三代秦汉三国六朝文（一）.北京：中华书局

保罗·萨缪尔森，威廉·诺德豪斯.1999.经济学（第十六版）.萧琛等译.北京：华夏出
    版社

鲍晓兰.1995.西方女性主义研究评介.上海：上海三联书店

北京大学法学院妇女法律研究与服务中心.2001.当代中国妇女权益保障的理论与实践——消
    除对妇女一切形式歧视公约在中国执行情况的调查研究.北京：中国工人出版社

贝蒂·弗里丹.1988.女性的奥秘.巫漪云，丁兆敏，林无畏译.南京：江苏人民出版社

贝蒂·弗里丹.2000.女性白皮书.邵文实等译.哈尔滨：北方文艺出版社

彼得·科斯洛夫斯基.1997.伦理经济学原理.孙瑜译.北京：中国社会科学出版社

边燕杰，李煜.2000.中国城市家庭的社会网络资本.清华社会学评论，（2）

布劳格 M.1976.人力资本理论的经验研究：一个回顾.经济文献，（9）

不列颠百科全书公司.简明不列颠百科全书（第9卷）.1986.北京：中国大百科全书出版社

蔡磊.1995.平等、发展：当代国际妇女的目标与实践.太原：山西经济出版社

查尔斯·霍顿·库利.1999.人类本性与社会秩序.包凡一等译.北京：华夏出版社

常凯.1995.公有制企业中女职工的失业及再就业问题的调查与研究.社会学研究，（3）

陈光金 . 1998. 克尔评传 . 太原：山西经济出版社

陈桂蓉，黄爱玲，韩诗福等 . 2007. 和谐社会与女性发展 . 北京：社会科学文献出版社

陈庆斌 . 2006. 社会排挤视角下的"新失业群体"现象研究 . 青年研究，(7)

陈世伟 . 2007. 反社会排斥：失地农民和谐就业的社会政策选择 . 求实，(3)

陈树强 . 2002 – 11 – 11. 社会排挤：对社会弱势群体的重新概念 . 中国社会科学院社会政策研究中心研究报告

陈向明 . 1996. 社会科学中的定性研究方法 . 中国社会科学，(6)

成南 . 2005. 破除就业中的性别歧视 . 数据，(4)

仇逸 . 2007-11-19. 女青年失业增多，上海女性就业问题凸显 . 新华网上海频道 . http：//www. sh. xinhuanet. com/2007-11/19/co ntent_ 11711591. htm.

从日云 . 1998. 西方民主化思潮 . 天津：天津人民出版社

崔凤，毛凤彦 . 2005. 社会排挤与城市贫困家庭的住房问题 . 学习与探索，(5)

崔凤垣，程深 . 1997. 妇女地位研究方法新探——性别平等发展指数 . 妇女研究论丛，(1)

大卫·桑普斯福特，泽弗里斯·桑纳托斯 . 2000. 劳动经济学前沿问题 . 卢昌崇，王询译 . 北京：中国税务出版社，北京腾图电子出版社

大卫·休谟 . 1997. 人类理解研究 . 关文运译 . 北京：商务印书馆

戴建中 . 1996. 私营企业雇工及劳资关系调查报告 . 社会学研究，(6)

戴维·波普诺 . 1999. 社会学（第十版）. 李强等译 . 北京：中国人民大学出版社

单士兵 . 2000 – 08 – 24. 男女应该同龄退休 . 中国青年报

德里克·博斯沃恩 . 2003. 劳动市场经济学 . 何璋，张晓丽译 . 北京：中国经济出版社

邓春黎 . 1996. 女性角色教育：走出"陷阱". 妇女研究论丛，(2)

东方网文汇报 . 2001-09-14. 上海八中组织教学新方式：部分班级男女生分开上课 . http：// edu. sina. com/1/2001-09-14/16144. html

董家民，张丽君，陈夜明 . 2002. 退休年龄与女性权益的探讨 . 中国妇运，(5)

杜芳琴 . 1998. 中国社会性别的历史文化寻踪 . 天津：天津社会科学院出版社

杜洁 . 2000. 女性主义与社会性别分析——社会性别在发展中的应用 . 浙江学刊，(2)

端木美，周以光，张丽 . 2001. 法国现代化进程中的社会问题：农民、妇女、教育 . 北京：中国社会科学出版社

端木美等 . 2000. 法国现代化进程中的社会问题 . 北京：中国社会科学出版社

段然 . 1993. 漫谈性别差异研究 . 妇女研究论丛，(1)

法国《世界报》. 2002-05-14. 中国存在性别歧视现象 . 中国网 . http：//www. china. com. cn/ chinese/ch-yuwai/148012. html

范里安 H. 2000. 微观经济学：现代观点 . 费方域等译 . 上海：上海三联书店，上海人民出版社

方刚 . 2002. 21 世纪的两性关系 . 广州：花城出版社

菲力浦·劳顿，玛丽·路易丝·毕肖普 . 1988. 生存的哲学 . 胡建华等译 . 长沙：湖南人民出版社

费孝通 . 1998. 乡土中国，生育制度 . 北京：北京大学出版社

冯沪祥 . 2002. 两性之哲学 . 北京：北京大学出版社

弗朗西斯·福山.2001.信任：社会美德与创造经济繁荣.彭志华译.海口：海南出版社

弗朗西斯·福山.2002.大分裂——人类本性与社会秩序的重建.刘榜离等译.北京：中国社
　会科学出版社

弗里德里希·恩格斯.2000.家庭、私有制和国家的起源.中共中央文史编译局译.北京：中
　国社会出版社

富士谷笃子.1986.妇女学入门.张萍译.北京：中国妇女出版社

甘肃省人口和计划生育委员会.2006-02-06.第二期中国妇女社会地位抽样调查主要数据报告.
　http：//www.gsjsw.gov.cn/html/dczltjsj/22_39_09_397.html

高小贤.1994.当代中国农村妇女转移及农业女性化趋势.社会学研究，（2）

葛罗莉亚·斯坦能.1998.内在革命.罗勒译.呼和浩特：内蒙古人民出版社

葛忠明.2007.实践为本的中国本土社会工作研究.北京：社会科学文献出版社

古德 W J.1986.家庭.魏章玲译.北京：社会科学文献出版社

关信平.1999.中国城市贫困问题研究.长沙：湖南人民出版社

郭戈.1995.妇女教育的发展和对策.教育研究，（9）

郭士征.1996.社会保障——基本理论与国际比较.上海：上海财经大学出版社

国际劳工局.1999.世界就业报告1998~1999.国际劳工与信息研究所译.北京：中国劳动与
　社会保障出版社

国际劳工局.2001.劳动力市场主要指标体系1990年.国际劳工与信息研究所译.北京：中国
　劳动与社会保障出版社

国家统计局人口和社会科技统计司.1999.中国社会的男人和女人——事实和数据.北京：中
　国统计出版社

国家统计局.1992.中国统计年鉴.北京：中国统计出版社

国家统计局.2006.中国劳动统计年鉴（2006）.北京：中国统计出版社

国家统计局.2008.中国统计年鉴.北京：中国统计出版社

国务院新闻办公室.2004-04-26.《中国的就业状况和政策》白皮书.新华网.http：//
　news.xinhuanet.com/newscenter/2004-04/26/content-1440079-6htm

哈里·布雷弗曼.1978.劳动与垄断资本.方生等译.北京：商务印书馆

海迪·哈特曼.1997.资本主义、家长制与性别分工.见：李银河.妇女：最漫长的革命.北
　京：生活·读书·新知三联书店

海伦·费希尔.2001.第一性.王家湘译.沈阳：辽宁人民出版社

海斯.1990.危险性.上海：上海人民出版社

侯小伏,1997.试论现代化与中国妇女经济地位的变迁.东岳论丛，（3）

胡苏云.1997.妇女对经济发展贡献的再评估.上海社会科学院学术季刊，（2）

胡苏云,赵敏.1998.世界妇女与发展的现状研究.学术季刊，（1）

怀谷.1995.中国妇女就业问题研究动态.劳动理论与实践，（3）

荒林等.2001.中国女性文化（NO.1，NO.2）.北京：中国文联出版社

黄小英.2001-04-02.女性就业新行情.南方日报

加里·S贝克尔.1995.人类行为经济分析.王业宇等译.上海：上海三联书店，上海人民出
　版社

加里·S贝克尔. 1987. 人力资本. 梁小民译. 北京：北京大学出版社

加里·S贝克尔. 1997. 歧视经济学. 蓝科正译. 台北：台湾中正书局

加里·S贝克尔. 1998. 家庭论. 王献生等译. 北京：商务印书馆

加里·S贝克尔. 2000. 口味的经济学分析. 李杰等译. 北京：首都经济贸易大学出版社

加里·S贝克尔, 吉蒂·贝克尔. 2003. 生活中的经济学. 薛迪安译. 北京：华夏出版社

加里·德斯勒. 1999. 人力资源管理. 刘昕等译. 北京：中国人民大学出版社

江立华, 胡杰成. 2006. 社会排斥与农民工地位的边缘化. 华中科技大学学报, (6)

姜继红, 汪庆尧. 2007. 社会资本与就业行为的实证研究. 扬州大学学报（人文社会科学版），(6)

蒋永平. 2003. 世纪之交的中国妇女社会地位. 北京：当代中国出版社

蒋永萍, 张艳霞. 1997. 非公有制企业女工的生存与发展, 妇女研究论丛, (3)

金璞. 2006-12-08. 经济普查数据揭示女性就业困扰. 中国信息报

金一虹. 1995. 农村妇女职业分化研究. 学海, (2)

金一虹. 1998. 非农化过程中的农村妇女. 社会学研究, (5)

景晓芬. 2004. "社会排挤"理论研究综述. 甘肃理论学刊, (3)

凯琳·萨克斯. 1998. 重新解读恩格斯——妇女、生产组织和私有制. 见：王政, 杜芳琴. 社会性别研究选译. 北京：生活·读书·新知三联书店

凯特·米利特. 1999. 性的政治. 钟良明译. 北京：社会科学文献出版社

科尔曼 J. 1990. 社会理论基础. 邓方译. 北京：社会科学文献出版社

克莱尔·肖特. 2000. 消除贫困与社会整合：英国的立场. 国际社会科学杂志（中文版），(4)

肯尼思·约瑟夫·阿罗. 2000. 社会选择：个性与多准则. 钱晓敏等译. 北京：首都经济贸易大学出版社

孔子. 1980. 论语·阳货. 第十七, 十三经注疏（下）. 北京：中华书局

赖德胜. 1998. 教育、劳动力市场与收入分配. 经济研究, (5)

赖因哈德·西德尔. 1996. 家庭的社会演变. 王志乐等译. 北京：商务印书馆

雷蒙德·弗思. 2002. 人文类型. 费孝通译. 北京：华夏出版社

李保平. 2002. 关注社会和谐的多维视角——西方社会排挤概念的演变及其现实意义. 长白学刊, (2)

李保平. 2008. 西方社会排斥理论的分析模式及其启示. 吉林大学社会科学学报, (3)

李斌. 2002. 社会排斥与中国城市住房改革制度. 社会科学研究, (3)

李航. 2007. 中国转型期弱势群体社会风险管理探析. 成都：西南财经大学出版社

李鸿泉. 1990. 谈妇女就业与社会参与. 内蒙古社会科学, (6)

李慧英. 2002. 社会性别和公共政策. 北京：当代中国出版社

李景治, 熊光清. 2006. 中国城市中农民工群体的社会排斥问题. 江苏行政学院学报, (6)

李娟. 2007. 养老金分配中性别差异的研究综述. 兰州学刊, (9)

李军峰. 2003. 就业质量的性别比较分析. 市场与人口分析, (6)

李葵南, 周芝石. 2003-03-10. 在两会期间提出的议题. 新商报

李路路, 孙志祥. 2002. 透视不平等：国外社会阶层理论. 北京：社会科学文献出版社

李培林. 1996. 流动民工的社会网络和社会地位. 社会学研究, (4)

李培林.1997.法国福利体制的危机及对中国的启示.社会学研究,（2）

李秋芳.1997.日本妇女传统就业模式正在改变.妇女研究论丛,（4）

李实.1997.中国经济转轨中的劳动力流动模型.经济研究,（1）

李实.2001.农村妇女的就业与收入.中国社会科学,（3）

李实,李文彬.1994.中国教育投资的个人收益率的估计.中国居民收入分配研究.北京：中
国社会科学出版社

李实,魏众,古斯塔夫森.2000.中国城镇居民的财产分配.经济研究,（4）

李实,赵人伟.1999.中国居民收入分配再研究.经济研究,（4）

李树茁,莫尼卡·达·古普塔.1999.家庭资源约束、性别歧视和女孩生存.人口与经济,（3）

李小江,朱虹,董秀玉.1997.平等与发展.上海：上海三联书店

李小江,朱虹,董秀玉.1999.主流与边缘.上海：上海三联书店

李小江,朱虹,董秀玉.2000.批判与重建.上海：上海三联书店

李小江,朱虹,董秀玉.2002.历史、史学与性别.南京：江苏人民出版社

李银河.1997.妇女：最漫长的革命.北京：生活·读书·新知三联书店

李银河.1997.女性权力的崛起.北京：中国社会科学出版社

李玉子.2003.中韩日老年妇女的福利政策及生活.云南民族大学学报（哲学社会科学版）,（3）

李珍.2001.社会保障理论.北京：中国劳动社会保障出版社

李忠民.1999.人力资本：一个理论框架及其对中国一些问题的解释.北京：经济科学出版社

理查德·T德·乔治.2002.经济伦理学（第五版）.李布译.北京：北京大学出版社

丽贝卡·J库克.2001.妇女的人权——国家和国际的视角.黄列译.北京：中国社会科学出
版社

联合国.2000-04-19.消除对妇女歧视委员会的报告.http：//www.un.org/chinese/

联合国经济与社会事务部统计司等.1970～1990年世界妇女状况.联合国出版物编号ST/ESA/
STAT/SER·K/8.1993.纽约

廖泉文.2000.中国劳动力市场的理论与实践.济南：山东人民出版社

林爱冰等.2001.社会变革与妇女问题.北京：中国社会科学出版社

刘伯红.1995.中国女性就业状况.社会学研究,（2）

刘鸿雁,顾宝昌.1998.中国农村地区性别偏好及其行为表现.中国人口科学,（2）

刘继同.2001.经济排挤与社会边缘：广州市社区企业就业女工的经验.香港"华人社会：社
会排挤与边缘性问题研讨会"演讲论文

刘继同.2003a.妇女与福利：女性主义福利理论评介.妇女研究论丛,（4）

刘继同.2003b.经济排挤与社会边缘：广州市社区企业就业女工的经验调查."华人社会排挤
与边缘性问题"论文集.香港：香港理工大学应用社会科学系政策研究中心

刘明辉.2008.论我国社会保险制度中的歧视问题.中华女子学院学报,（10）

刘霓.2001.西方女性学：起源、内涵与发展.北京：社会科学文献出版社

刘宁元.1999.中国女性史类编.北京：北京师范大学出版社

刘秋容.2003-03-10.扩大深圳特区十大猜想.南方都市报

刘雯,李文明.2004.农民工"自救式犯罪"分析.社会,（6）

刘晓玲.2001-08-24.半边天因我们而灿烂.中国妇女报

柳适等.1998.诺贝尔经济学奖得主演讲集 1969~1977.柳适等译.呼和浩特：内蒙古人民出版社

卢玲.2000.屈辱与风流——图说中国女性.北京：团结出版社

鹿立.1997.妇女经济地位与妇女人力资本关系的实证研究.人口研究，(2)

鹿立.2001.山东农村女性教育收益实证研究.市场与人口分析，(5)

路德珍.1999.女性人力资源优先开发与管理的战略思考.中华女子学院报，(3)

罗伯特·F墨菲.1994.文化与社会人类学引论.王卓君等译.北京：商务印书馆

罗慧兰.2002.女性学.北京：中国国际广播出版社

罗纳德·伊兰伯格，罗伯特·史密斯.1999.现代劳动经济学.潘功胜等译.北京：中国人民大学出版社

罗琼.1986.妇女解放问题基本知识.北京：人民出版社

马尔科姆·沃特斯.2000.现代社会学理论.北京：华夏出版社

马红娟.1996.战后日本女性社会地位的变化.日本学刊，(1)

马克·格兰诺维特.2007.镶嵌：社会网与经济行为.罗家德译.北京：社会科学文献出版社

马克·赫特尔.1988.变动中的家庭——跨文化的透视.宋践，李茹等译.杭州：浙江人民出版社

马克思，恩格斯.1975.论历史科学.中共中央编译局译.北京：人民出版社

马克思.1965.《摩尔根古代社会》一书摘要.中国科学院历史研究所翻译组译.北京：人民出版社

马歇尔.1997.经济学原理.朱志泰译.北京：商务印书馆

马元曦等.2000.社会性别与发展译文集.上海：上海三联书店

玛丽·沃斯通克拉夫特.1996.女权辩护.王蓁译.北京：商务印书馆

美国之音向千名受歧视妇女赔偿 5 亿多.2000-03-24.人民日报网络版.http：//web.peopledaily.com.cn/zdxw/13/20000324/20000324132.html

蒙娜·德·波伏娃.1998.第二性（I、II）.陶铁柱译.北京：中国书籍出版社

孟宪范等.1995.农村女童受教育权的保护.中国社会科学，(5)

闵冬潮.1991.国际妇女运动：1789~1989.郑州：河南人民出版社

闵家胤.1995.阳刚与阴柔的变奏：两性关系和社会模式.北京：中国社会科学出版社

摩狄曼·J阿德勒.1989.六大观念：真、善、美、自由、平等、正义.陈珠良等译.北京：团结出版社

莫文秀.2008.中国妇女教育发展报告——改革开放 30 年.北京：社会科学文献出版社

牧原.1995.给女人讨个说法.北京：华龄出版社

尼采.1990.查拉斯图拉如是说.周国平译.北京：文化艺术出版社

欧共体所得税与男女平等对待委员会.1995.欧共体所得税与男女平等对待备忘录.国际财政文献局新闻简报，39 (6)

欧阳洁.2000.女性与社会权力系统.沈阳：辽宁画报出版社

潘锦.2002.养老社会保险制度中的性别利益：兼评关于男女退休年龄的讨论.中国社会科学，(2)

潘锦棠.2003.中国生育保险制度的历史与现状.社会保障制度，(6)

潘锦棠 . 2005. 北京市女工劳动保护费用调查分析 . 妇女研究论丛，(3)

裴小革 . 2000. 论国外劳动经济学中的人文因素 . 经济研究，(5)

彭华民 . 2003. 社会排斥概念解析 . 中国社会工作研究，(2)

彭华民 . 2005a. 社会排挤与社会融合：一个欧盟社会政策的分析路径 . 南开学报，(1)

彭华民 . 2005b. 转型中的城市贫困社群与就业：一个社会排斥的制度分析 . 中国社会学网 .
    http://www.sachina.edu.cn/Htmldata/article/2005/12/677.html，2005-12-03

皮埃尔·布尔迪厄 . 2002. 男性统治 . 刘晖译 . 深圳：海天出版社

齐小玉 . 2001. 社会保障制度：女性就业权和发展权的基本前提 . 妇女研究论丛，(4)

钱铭怡，苏彦捷，李宏 . 1995. 女性心理与性别差异 . 北京：北京大学出版社

钱志鸿，黄大志 . 2004. 城市贫困、社会排挤和社会极化——当代西方城市贫困研究综述 . 国
    外社会科学，(1)

乔纳森·H 特纳 . 1988. 现代西方社会学理论 . 范伟达等译 . 天津：天津人民出版社

青木昌彦 . 1998. 政府在东亚经济发展中的作用——比较制度分析 . 赵辰宁等译 . 北京：中国
    经济出版社

全国妇联妇女研究所 . 1997. 中国妇女研究年鉴 1991～1995. 北京：中国妇女出版社

全国老龄工作委员会办公室，中国老龄协会 . 2004. 关于“中国城乡老年人口状况一次性抽样
    调查”项目的总结报告 . 中国老龄工作年鉴（1982～2002）. 北京：华龄出版社

全国维护妇女儿童权益协调组办公室（全国妇联权益部）. 2002-12-04.《妇女权益保障法》
    实施情况调查报告 . 中国网

让·雅克·卢梭 . 1996. 论人类不平等的起源和基础 . 李常山译 . 北京：商务印书馆

日本劳动省妇女局 . 女性劳动白皮书——劳动女性的实际状况（平成 9 年版）

日本劳动省妇女局 . 女性劳动白皮书——劳动女性的实际状况（平成 10 年版）

萨尔·D 霍夫曼 . 1993. 劳动力市场经济学 . 崔伟等译 . 上海：上海三联书店

山西省统计局 . 2008. 山东女性就业状况良好 第三产业就业增幅较快 . 金融界，(6)

沈奕斐 . 2005. 被建构的女性当代社会性别理论 . 上海：上海人民出版社

石彤 . 2002a. 城市“最低收入保障”政策过程的社会排斥 . 见：中国社会工作研究 . 北京：社
    会科学文献出版社

石彤 . 2002b. 性别排挤研究的理论意义 . 妇女研究论丛，(7)

石彤 . 2003. 社会排斥：一个研究女性劣势群体的新的理论视角和分析框架 . 中国社会工作研
    究（第一辑）. 北京：社会科学文献出版社

石彤 . 2004. 中国社会转型时期的社会排挤：以国企下岗失业女工为视角 . 北京：北京大学出
    版社

史柏年 . 2003. 边缘化的城市二代移民 . 第二届香港华人社会：社会排斥于边缘性问题：公民
    身份的再思与打造研讨会演讲论文

世界银行 . 1992. 1991 年世界发展报告（中译本）. 北京：中国财政经济出版社

束鹏 . 2005. 冲突、排斥和边缘化：当代农民工在社会化困境原因探究 . 求实，(2)

宋月萍 . 2007. 职业流动中的性别差异：审视中国城市劳动力市场 . 经济学（季刊），6 (2)

孙炳耀 . 2001. 转型过程中的社会排挤与边缘化——以中国大陆的下岗职工为例 . 香港理工大
    学“华人社会排挤与边缘性问题”研讨会论文

孙承斌，李薇薇，杨维汉．2003－08－26．女性就业难在哪——妇女九大代表剖析妇女就业四大难．人民网．新华社北京．http//womengda. people. com. cn/GB/29109/2037805. html

孙青．1996．走向新世纪的职业女性．北京：中国社会科学出版社

孙戎．1997．妇女地位变迁研究的理论思路．妇女研究论丛，(4)

谭兢常，信春鹰．1995．英汉妇女与法律词汇释义．北京：中国对外翻译出版公司

谭琳．2006.1995～2005年：我国性别平等与妇女发展报告．北京：社会科学文献出版社

谭琳，陈卫民．2001．女性与家庭．天津：天津人民出版社

谭琳，文波．1995．中国在业人口职业、行业性别隔离状况及其成因．妇女研究论丛，(1)

谭深．1995．当代中国妇女状况的分析与预测．社会学研究，(3)

谭深．1994．社会变革与中国妇女就业．浙江学刊，(2)

坦丁．1997．中国妇女运动史研究概述．复印报刊资料．妇女研究，(2)

唐钧．2002．社会政策的基本目标：从克服贫困到消除社会排斥．江苏社会科学，(4)

唐钧，王婴．2002．城市低保政策过程中的社会排挤．社会政策网

唐矿．2003-10-08．用人单位和毕业生存在观念偏差毕业生择业要注意需求变化．中国教育报，(八版)

唐郢．2001-03-08．职业女性遭遇性别歧视．新浪网．http：//edu. sina. com. cn/jl21902. shtm/

陶春芳，蒋永萍．1993．中国妇社会地位概观．北京：中国妇女出版社

陶春芳．1985．女性的过去和现在．北京：北京出版社

天津师范大学妇女研究中心译编．1987．妇女与发展．天津：天津师范大学出版社

田梅英．2005．女性发展障碍分析．中华女子学院山东分院学报，(1)

佟新，龙彦．2002．反思与重构：对中国劳动性别分工研究的回顾．浙江学刊，(4)

佟新．2007．社会性别研究导论——两性不平等的社会机制分析．北京：北京大学出版社

外企女性——成功靠什么．2001- 12- 09．职场网站．http：//www. zhichang. com/？action-viewnews-itemid-305

万敏．2007．社会性别视角下的中国女性与福利．新余高专学报，(10)

汪和建．1996．现代经济社会学．南京：南京大学出版社

王海明．2000．公正平等人道．北京：北京大学出版社

王洪春，王金营．1997．女性人力资本的经济社会效益分析．河北大学学报（哲社版），(1)

王慧博．2008．失地农民社会排挤机制研究．南京社会科学，(3)

王金玲．2006．中国妇女发展报告．北京：社会科学文献出版社

王莉莉．2007．将性别平等观念纳入中国的养老保险体系——国外遗属津贴制度介绍．人口与经济，(1)

王立剑，刘佳．2008．企业职工基本养老金的性别差异测算．统计观察，(10)

王美红．2004．女性人力资本初探．中国人才，(12)

王美艳．2005．中国城市劳动力市场上的性别工资差异．经济研究，2005 (12)

王瑞鸿．2002．人类行为与社会环境．上海：华东理工大学出版社

王思斌．2002．中国社会工作研究．北京：社会科学文献出版社

王小波．2002-12．大学生劳动力市场入口处的性别差异与性别歧视——以天津南开大学应届毕业生调查为例

王询.1995.文化传统与经济组织.大连:东北财经大学出版社

王裕国,陈爱民.2000.中国劳动力市场与就业问题.成都:西南财经大学出版社

王政.1995.女性的崛起.北京:当代中国出版社

王政,杜芳琴.1998.社会性别研究选择.上海:上海三联书店

魏国英.2000.女性学概论.北京:北京大学出版社

魏文彪.2002-10-30.只有"官员"是人才?法制日报

文小勇,石颖.2005."三农"问题:社会公正与社会排斥.华南农业大学学报(社会科学版),(2)

闻英.2005.农民工群体的社会门槛与社会排斥.学习论坛,(9)

邬小平.1998.从妇女就业看市场经济、性别平等和妇女发展.前沿,(2)

吴光正.2000.女性与宗教信仰.沈阳:辽宁画报出版社

吴可昊.2002.我国养老保险制度应考虑性别差异.人口研究,(4)

吴忠吉,林昭祯.1991-03-08.两性工作平权对女性就业的冲击.http://old.npf.org.tw/manthly/00205/theme-174.html

西奥多·W,舒尔茨.1990.人力资本投资.吴珠华译.北京:商务印书馆

西蒙娜·德·波伏娃.1998.第二性.陶铁柱译.北京:中国书籍出版社

希梅尔·韦特,莫恩.1991.新帕尔格雷夫大词典.北京:经济科学出版社

肖巍.1999.女性主义关怀伦理学.北京:北京出版社

肖扬.2005.社会性别平等倡导项目组.对高层决策者社会性别意识的调查与分析.新华文摘,(2)

谢尔曼 J A,登马克 F L.1987.妇女心理学.高佳,高地译.北京:中国妇女出版社

谢振荣,刘晓华.1998.世纪之交女性素质面临的挑战.齐齐哈尔大学学报(哲学版),(6)

熊道庚.1996.女工就业与社会保障.江西社会科学,(6)

熊光清.2008.欧洲的社会排斥理论与反社会排斥实践.国际论坛,(1)

熊主梅,刘小聪,曲雯.1992.中国妇女理论研究十年.北京:中国妇女出版社

徐勤.2003.女性老年群体特征分析.中国城乡老年人口状况一次性抽样调查数据分析(中国老龄科学研究中心).北京:中国标准出版社

徐文丽.2005.以社会保障促进女性发展——从社会性别视角分析我国的社会保障制度改革.江西行政学院学报,(7)

徐延辉.2005.社会保障与女性成才.经济社会体制比较,(6)

许涤新.1980.政治经济学辞典.北京:人民出版社

许琳,张艳妮.2007.社会排斥理论与残疾人就业问题分析.北华大学学报(社会科学版),(5)

薛在兴.2005.社会排斥理论与城市流浪儿童问题研究.青年研究,(10)

雅格布·明塞尔.2001.劳动供给研究.张凤林译.北京:中国经济出版社

晏月平.2008.当代中国女性人力资本投资研究.北京:人民出版社

杨大文,郭建梅.2001.当代中国妇女权益保障的理论与实践.北京:中国工人出版社

杨河清.2006.劳动经济学.北京:中国人民大学出版社

杨团.2002.社会政策研究范式的演化及其启示.中国社会科学,(4)

姚鹏.2008-08-21.湖北:政策得力没有投诉,广东:人员分流男女平等退休年龄不平等导致

女性权益受损系列报道之三.中国妇女报.http：//www.lw23.com/paper_ 88251931

姚洋.2001.社会排斥与经济歧视：东部地区移民的现状调查.战略与管理，(3)

伊恩·布鲁玛.1989.日本文化中的性角色.北京：光明日报出版社

伊兰伯格，史密斯.1999.现代劳动经济学——理论与公共政策（第六版）.潘功胜等译.北京：中国人民大学出版社

伊兰伯格，史密斯.1999.现代劳动经济学.潘功胜，刘昕译.北京：中国人民大学出版社

银平均.2007.社会排斥视角下的中国农村贫困.思想战线，(1)

余红，刘欣.2000.女性天生是弱者吗？——妇女就业难的理论分析.人大复印资料.劳动经济与人力资源管理，(9)

约翰·勃雷.2000.对劳动的迫害及其救治方案或强权时代与公理时代.赵建兵译.北京：中国社会科学出版社

约翰·杜威.1986.人的问题.傅统先等译.上海：上海人民出版社

约翰·奈特，李实.1994.中国居民教育水平的决定因素.见：赵人伟等.中国居民收入分配研究.北京：中国社会科学出版社

约翰·奈特，宋丽娜.1994.中国城市工资差异的原因.见：赵人伟.中国居民收入分配研究.北京：中国社会科学出版社

约翰·斯图亚特·穆勒.1995.妇女的屈从地位.汪溪译.北京：商务印书馆

约翰·伊特韦尔，默里·米尔盖特，彼得·纽曼.1991.新帕尔格雷夫大词典.陈岱孙等译.北京：经济科学出版社

约瑟芬·多诺万.2003.女权主义的知识分子传统.赵育春译.南京：江苏人民出版社

曾群，魏雁滨.2004.失业与社会排斥：一个分析框架.社会学研究，(3)

曾群.2006.青年失业与社会排斥风险：一项关于社会融合的社会政策研究.上海：学林出版社

扎比内·里特尔，芭芭拉·斯魏德.2000.男性和女性的差异.王悦蓉译.上海：上海三联书店

战捷.1994.性别差异对妇女地位的影响.人口研究，(3)

张恩超.2002－08－08.城市粉领一族：诱惑和困惑.南方周末，(8)

张红等.2008.社会资本差异对大学生就业机会的影响.湖北社会科学，(2)

张锴.2000-10-21.男人女人，永远的伙伴——全国公众性别意识调查报告.中国妇女报

张抗私.2001a.劳动力市场歧视成本分析.财经问题研究，(4)

张抗私.2001b.人力资本投资中性别歧视的经济解析.财经问题研究，(7)

张李玺，张丽琍.2005.中国女性人才资源开发与利用的现状与对策.中华女子学院学报，(6)

张苙云.1986.组织社会学.台北：三民书局

张嵩.2007－01－15.期待根除女大学生的就业歧视.光明网

张晓玲.1998.妇女与人权.北京：新华出版社

张兴.2006.社会断裂、社会排斥与和谐社会.白城师范学院学报，(1)

张岩冰.2001.女权主义文论.济南：山东教育出版社

张翼轸.2002.赋知识以社会性别.思想评论，(4)

郑功成.2002.中国社会保障制度变迁与评估.北京：中国人民大学出版社

郑晓瑛 . 2008. 中国女性人口问题与发展 . 北京：北京大学出版社

郑勇 . 2005. 反社会排挤：支持弱势群体的政策选择 . 南京政治学院学报，（5）

中共中央马克思、恩格斯、列宁、斯大林著作编译局 . 1972. 马克思恩格斯选集 . 北京：人民
出版社

中共中央马克思、恩格斯、列宁斯大林著作编译局 . 家庭、私有制和国家的起源 . 北京：中
国社会出版社

中国社会科学院人口研究所 . 1994. 当代中国妇女地位抽样调查资料 . 北京：万国出版社

中华全国妇女联合会，中国妇女研究会 . 2004. 中国非政府妇女组织对中国政府执行（行动纲
领）和（成果文件）的评估报告

中华全国妇女联合会妇女研究所，陕西省妇女联合会研究室 . 1991. 中国妇女统计资料 . 北京：
中国统计出版社

中华人民共和国劳动部，联合国开发计划署，中国国际经济技术交流中心和国际劳工组织北
京局 . 1996. 国际合作项目：《中国社会保险制度改革与立法》

中美联合编审委员会 . 1986. 简明不列颠百科全书（第 9 卷）. 北京：中国大百科全书出版社；
美国：美国不列颠百科全书公司

周家望 . 2002-12-05. 房产证上署名多是老公，女性遭遇更多不平等 . 北京晚报

周林刚 . 2004. 论社会排斥 . 社会，（6）

周庆行，谷诗卉 . 2006-11-17. 从性别角度审视我国公共政策的发展趋势和方向 . 社会性别与
公共政策网站 . http：//www. xingbie. org/newsdetail. asp？Id = 1068

周群英 . 2004. 先进性别文化与先进文化的同建 . 中国矿业大学学报（社会科学版），（4）

周群英，周文 . 2006. 就业性别歧视的文化机制分析 . 中国矿业大学学报（社会科学版），（3）

周仲秋 . 2002. 平等观念的历程 . 海口：海南出版社

朱冬梅 . 2005. 我国社会保险制度中的性别差异分析 . 中华女子学院山东分院学报，（4）

朱国宏 . 1999. 经济社会学 . 上海：复旦大学出版社

朱舟 . 1999. 人力资本投资的成本与收益分析 . 上海：上海财经大学出版社

诸建芳，王伯庆，恩斯特·使君多福 . 1995. 中国人力资本投资的个人收益率研究 . 经济研
究，（12）

庄平 . 1996. 论女性教育的社会回报 . 社会学研究，（2）

《1995 年世界发展报告》编写组 . 1995. 世界银行 . 1995 年世界发展报告：一体化世界中的劳
动者 . 北京：中国财政经济出版社

Adelmen, Irma, Sunding D. 1987. Economic policy and income distribution in China. Journal of Com-
parative Econmics，（11）

Ahmad, Ehtisham, Wang Yan. 1991. Inequality and poverty in China：institutional change and public
policy，1978 to 1988. The World Bank Economic Review，5（2）

Alchian A A, Kessel R A. 1962. Competition, monopoly and the pursuit of money. In：Aspects of La-
bor Economics. Princeton：National Bureau of Economic Research

Anand S, Kanbur S. 1993. The kuznets process and the inequality-development relationship. Journal of
Development Economics，（40）

Arrow K J. 1972a. Models of job discrimination. In：Pascal A H. Racial Discrimination in Economic

Life. Lexington, Mass: D. C. Health

Arrow K. 1973. The theory of discrimination. *In*: Ashenfelter O, Rees A. Discrimination in Labor Markets. Princeton: Princeton University Press

Atkinson R. 2000. Combating social exclusion in Europe: the new urban policy challenge. Urban Studies, 37 (5/6)

Berger S, Piore M J. 1980. Dualismand Discontinuity in Industrial Societies. New York: Cambridge University Press

Blau F D, Kahn L M. 2000. Gender differences in pay. Journal of Economic Perspectives, 14, Number

Bramall C. 2001. The quality of China's household income surveys. China Quarterly, (167)

Burchardt, Le Grand T J, Piachaud D. 1999. Social exclusion in Britain 1991 ~ 1995. Social Policy and Administration, 33 (3)

Burt R S. 1998. The gender of social capital. Rationality and Society, 10 (1)

Cain G G. 1976. The challenge of segmented labor market theories to orthodox theories, a survey. Journal of Economic Literature, 14 (4)

Camphell, Chosenfeld. 1997. Explanations of gender differences in labor market. Literature Review, (19)

Castel R. 2000. The roads to disaffiliation: insecure work and vulnerable relationships. International Journal of Urban and Regional Research, 24 (3)

Cook, Sarah. 1996. Employment and income distribution in rural China: household responses to market transition. Ph D Dissertation, Harvard University

Dong X, Bowles P, Ho S. 2002. The determinants of employee ownership in China's privatized rural industry: evidence from jiangsu and shandong. Journal of Comparative Economics, (30)

Dong Xiaoyuan. 2001. Segmomation and discrimination in China's emerging industrial labor market. Journal of Economic Literature Classification Numbers: J42, J71, O53, P23

Doringer P M. 1971. Piore, Internal Labor Markets and Manpower Analysis. Lexington, Mass: D. C. Heath

Edgeworth F. Y. 1920. Equal pay to men and women for equal work. Economic Journal, (32)

Eisenstein Z. 1979. Introduction. *In*: Eisenstein Z. Capitalist Patriarchy and the Case for Socialist Feminism. New York: Monthly Review

Elliott J R. 1999. Social isolation and labor market insulation: network and neighborhood effects on less-educated urban workers. The Sociological Quarterly, 40 (2)

Fawcett M. 1918. Equal pay for equal work. Economic Journal, (28)

Figueroa A, Altamirano T, Sulmont D. 1995. Social exclusion and social inequality in Peru. *In*: Rodgers G, Gore C, Figueiredo J B. Social Exclusion: Rhetoric, Reality and Responses. International Labour Organization (International Institute for Labour Studies)

Fisher C, Oliver S. 1983. A research note on friendship, gender and the life cycle. Social Forces, (62)

Fraser N. 1997. Justice Interruptus: Critical Reflections on the Post-socialist Condition. London and

New York: Routledge

Freidl E. 1975. Women and Men: An Anthropologist's View. New York: Holt, Rinhart and Winston

Gibson, Huang, Rozelle. 2001. Why is income inequality so low in China compared to other countries. The effect of household survey methods. Economics Letters, 71 (3)

Gilman H J. 1965. Economic discrimination and unemployment. American Economic Review, (55)

Gordon, David, et al. 2000. Poverty and Social Exclusion in Britain. New York: Joseph Rowntree Foundation

Gore C. 1995. Introduction: Markets, citizenship and social exclusion. In: Rodgers G, Gore C, Figueiredo J B. Social Exclusion: Rhetoric, Reality and Responses. International Labour Organization (International Institute for Labour Studies)

Griffin K, Saith A. 1982. The pattern of income inequality in rural China. Oxford Economic Papers, 34 (1)

Griffin K, Zhao Renwei. 1993. The Distribution of Income in China. The MaCmilland Press

Gustafsson B, Li Shi. 2001. Income inequality within and across counties in rural China 1988 and 1995. Forthcoming in Journal of Development Economics, (5)

Gustafsson B, Li Shi. 1998. Inequality in China at the end of the 1980s: locational aspects and household characteristics. Asian Economic Journal, (3)

Hussain A, Lanjouw P, Stern N. 1994. Income inequalities in China: evidence from household survey data. World Development, (22)

Hymowitz C, Schellhardt T. 1986. The glass ceiling: why women can't seem to break the invisible barrier that blocks them from the top gobs. The Wall Street Journal, (3)

Kabeer N. 2000. Social exclusion, poverty and discrimination: towards an analytical framework, IDS bulletin, (31). Brighton: IDS

Kabeer N. 1999. The concept of social exclusion: what is its value-added for thinking about social policy. Paper predared for the international Conference, Revisioning Social Policy for the 21st Century: what are the key challenges? Institute of Development studies, University of Sussex, 28 ~ 29th, October

Khan, Azizur, Griffin K, et al. 1992. Household income and its distribution in China. China Quarterly, (132)

Khan, Azizur, Riskin C. 1998. Income and inequality in China: composition, distribution and growth of household income, 1988 to 1995. China Quarterly, (154)

Knight, John, Song L. 1993. The spatial contribution to income inequality in rural China Cambridge Journal of Economics, (17)

Knight, John, Song L. 1999. The Rural-urban Divide. Economic Disparities and Interactions in China. Oxford: Oxford University Press

Knight, John, Li Shi. 2001. Three poverties in urban China. Unpublished report

Li Shi. 2000. Economic insecurity of urban households in China in 1990s. Prepared for Workshop on Development Toward Human Economic, Social and Environmental Security, October 30-November 1, 2000, Beijing

Lennon M C, Rosenfield S. 1994. Relative fairness and the division of housework: the importance of option. American Journal of Sociology, (100)

Lindbeck A, Snower D J. Wage setting, unemployment, and insider-outsider relations. The American Economic Review, 76 (2)

Lin Nan, 1982. Social resources and instrumental action, social structure and network analysis. In: Peter V M, NanLin. SagePublications

Littlewood P, Herkommer S. 1999. Identifying social exclusion: some problems of meaning. In: Littlewood P, Glorieux I, Herkommer S, et al. Social Exclusion in Europe: Problems and Paradigms. Aldershot: Ashgate Publishing Limited

Mill J S. 1985. Principles of Political Economy. New York: Appleton

Percy-Smith J. 2000. Introduction: the contours of Social exclusion. In: Percy-Smith J. Policy Responses to Social Exclusion. Buckingham: Open University Press

Phelps E S. 1972. The statistical theory or racism and sexism. American Economic Review, (62)

Pigou A C. 1952. Essays in Economics. London: Macmillan

Ravallion, Chen. 1999. When economic reform is faster than statistical reform: measuring and explaining income inequality in rural China. Oxford Bulletin of Economics and Statistics, 61 (1)

Rayna R. 1975. Reiter: Toward an Anthropology of Women. New York: Monthly Review Press

Reich M, Gordon D M, Edwards R C. 1973. A theory of labor market segmentation. The American Economic Review, (63)

Roche M, van Berkel R. 1997. European citizenship and social exclusion, an introduction. In: Roche M, van Berkel R. European Citizenship and Social Exclusion. Ashgate, Aldershot

Rodgers G. 1995a. What is special about a "social exclusion" approach. In: Rodgers G, Gore C, Figueiredo J B. Social exclusion: Rheto-ric, Reality and Responses. International Labour Organization (International Institute for Labour Studies)

Room G. 1990. New Poverty in the European Community. London: Macmillan

Rosaldo M Z, Lamphere L. 1974. Woman, Culture & Society. Stanford: Stanford University Press

Sen A K. 1987. The Standard of Living. Cambridge: Cambridge University Press

Sen A. 2000. Social Exclusion. Concept, Application and Scrutiny, Asian Development Bank, June

Shapiro C, Stiglitz J E. 1984. Equilibrium unemployment as a worker discipline device. The American Economic Review, 74 (3)

Siegel P M. 1971. Prestige in the American Occupation Structure. Unpublished Ph D Dissertation, University of Chicago, Chicago

Silver H, Wilkinson F. 1995. Policies to combat social exclusion: a french-British comparison. In: Rodgers G, Gore C, Figueiredo J B. Social Exclusion: Rhetoric, Reality and Responses. International Labour Organization (International Insti tute for Labour Studies)

Silver H. 1995. Reconceptualizing social disad-vantage: three paradigms of social exclusion. In: Rodgers G, Gore C, Figueiredo J B. Social Exclusion: Rhetoric, Reality and Responses

Social Exclusion Unit. 2001. Preventing Social Exclusion, Social Exclusion Unit at the Office of the Deputy Prime Minister in the Cabinet. London, United Kingdom

Somerville P. 1998. Explanations of social exclusion: where does housing fit in? Housing Studies, Harlow, 13 (6)

Strobel P. 1997. 从贫困到社会排挤：工资社会抑人权社会. 冯炳昆译. 国际社会科学杂志（中文版），(5)

Talcott Parsons, Bales R F. 1988. Family, Socialization and Interaction Process. London: Routledge

Thurow L C, Lucas R E B. 1972. The American Distribution of Income: a Structural Problem. A Study for the Joint Economic Committee, US Congress. Washington D C: Government Printing Office

Tsui, Kai-yuen. 1998. Trends and inequalities of rural welfare in China: evidence from rural households in Guangdong and Sichuan. Journal of Comparative Economics, 26 (4)

Turner J H. 2001. 社会学理论的结构（上）. 邱泽奇等译. 北京：华夏出版社

Williams C C, Windebank J. 2002. The "exclu-ded consumer": a neglected aspect of social exclusion. Policy and Politics, 30 (4)

Wilson W J. 1987. The Truly Disadvantaged. The City, the Under Class and Public. Chicago: Chicago University Press

后　记

本书是本人承担的国家社会科学基金项目的研究成果。虽历经四年，但收笔之时，依然眷恋不舍，无论情感还是研究，都有些意犹未尽。

我对性别问题的兴趣和疑问源自"谁说女子不如男"的好胜心，"争强"的结果确实也得到过一定的满足。然而，难以回避的是，这种争来的强掩饰不过真实的脆弱。女性的弱究竟弱在哪里？是生理的、心理的、劳动生产率的还是社会观念的？对疑问的思考逐渐凝结成兴趣，偏激之心也渐趋平复，转而开始慢慢阅读一篇篇论文、一部部著作……

男女的确大不相同，在生产力水平不高的时代，生理和心理的差别使他（她）们在劳动分工方面各占比较优势，"男耕女织"、"男主外、女主内"是极其自然的选择，由此，对性别"男强女弱"的评价也悄然滋生。在漫长的文明之路上，性别被不断地打造和定位，以致约定俗成为社会性别固定的角色。纵使生产力水平发生了质的变化，难以改变的却还是社会对待性别的观念。劳动力市场性别歧视正是源于这个"借口"，而歧视的结果却使女性劳动者的能力及拥有的经济资源都比较贫弱，就被进一步排斥在了市场与社会主流之外……经济学的逻辑非常独特，其主张以加大歧视成本的方式强迫人们理性地减少或干脆放弃歧视；社会学则认为公共政策的性别意识、完善的制度、法律及严格的监管体系是制约社会性别排斥的好办法。所有这些研究都抱定了努力实现性别平等及社会和谐发展的目标，而毫无疑问的是，正因为这个目标的召唤和激励，我情不自禁地沉浸在这个领域的学习和研究之中，并且乐此不疲！

本书十分荣幸地获得了国家社会科学基金项目的研究资助，还有幸获得了大连市科技局学术专著出版资助，并得到了科学出版社的厚爱。在书稿即将付梓之际，由衷地感谢国家社会科学基金。项目研究是一个十分难得的机会，这个过程充满了对一个学者成长的历练；感谢大连市科技局，来自政府对研究的理解与支持是学术昌明的保障；感谢科学出版社及郭勇斌编辑，郭编辑审慎严格的精神风貌令人感念不忘；感谢该研究领域的同行专家们，他们的真知灼见令我叹佩不已；感谢我的导师王询教授，他的指导和启发、他无形的精神魅力深深地影响着我；感谢我可爱的研究生们，无论是社会调研还是书稿后期的文字校对，他们都付出了宝贵的劳动。

劳动力市场性别歧视与社会性别排斥问题是一个涉猎众多学科的复杂课题，

并且是一个有关女性劳动者经济和社会生存质量的大问题。这使我从一名普通学者沉迷于研究兴趣转而领悟到了一种使命感，而这个使命是一个神圣的目标，它激励我沿着这个清晰的方向走下去，不悔不怠。

张抗私

2009 年 4 月 25 日于大连小书斋

"21 世纪科技与社会发展丛书"
第一辑书目

《国家创新能力测度方法及其应用》

《社会知识活动系统中的技术中介》

《软件产业发展模式研究》

《软件服务外包与软件企业成长》

《追赶战略下后发国家制造业的技术能力提升》

《城市科技体制机制创新》

《休闲经济学》

《科技国际化的理论与战略》

《创新型企业及其成长》

《劳动力市场性别歧视与社会性别排斥》

《开放式自主创新系统理论及其应用》